Klaus O. W. Müller, Neokeynesianismus

Klaus O. W. Müller

Neokeynesianismus

Kritische Untersuchung
einer modernen staatsmonopolkapitalistischen
Wirtschaftslehre

2., bearbeitete und erweiterte Auflage

AKADEMIE-VERLAG · BERLIN
1974

Erschienen im Akademie-Verlag 108 Berlin, Leipziger Str. 3–4

Lizenznummer: 202 · 100/230/74
Umschlag: Rolf Kunze
Gesamtherstellung: IV/2/14 VEB Druckerei »Gottfried Wilhelm Leibniz«,
445 Gräfenhainichen/DDR · 4264
Bestellnummer: 751 893 1 (5904) LSV 0395
Printed in GDR
EVP 18,–

Inhalt

Vorwort zur zweiten Auflage

Zwischen dem Erscheinen der ersten und der Vorbereitung der zweiten Auflage der vorliegenden Arbeit liegt eine Zeitspanne von nur etwas mehr als einem halben Jahr. Der Wunsch des Verlages, das sich an der hier behandelten Thematik zeigende rege Interesse ohne große Verzögerung durch eine Neuauflage weiter zu befriedigen, war für den Autor Anlaß, diesem Wunsch kurzfristig zu entsprechen.
Die Zuspitzung der ökonomischen und sozialen Widersprüche in der BRD, wie auch im imperialistischen Lager insgesamt, haben die bisher getroffenen Einschätzungen über den Neokeynesianismus im Grunde nur bestätigt: der Neokeynesianismus als staatsmonopolistische Regulierungstheorie erweist sich außerstande, die Widersprüche des heutigen Kapitalismus zu lösen. Diese monopolbourgeoise wirtschaftstheoretische Doktrin bildet jedoch nach wie vor, auch trotz ihrer zutage tretenden Schwächen und trotz kritischer Einwände aus Kreisen der bürgerlichen Ökonomen, die vorherrschende politökonomisch-theoretische Konzeption der Monopolbourgeoisie im Bereich der staatsmonopolistischen Regulierungstheorien. Auf der 9. Tagung des ZK der SED, die Ende Mai 1973 stattfand, wurden u. a. auch die grundlegenden Entwicklungsprozesse des heutigen Kapitalismus eingeschätzt. In diesem Zusammenhang wurde hervorgehoben, daß „die Verschärfung der allgemeinen Krise des Kapitalismus unübersehbar ist", daß „der gegenwärtige Kapitalismus ein Bild (bietet), das durch eine Häufung von Widersprüchen und Krisenerscheinungen gekennzeichnet ist", und daß sich selbst im Urteil der monopolbourgeoisen Wortführer der heutige Kapitalismus als „kranke Gesellschaft" repräsentiert.[1] Diese grundlegenden Charakteristika des zeitgenössischen Kapitalismus stellen an die bürger-

1 Vgl. Erich Honecker, Zügig voran bei der weiteren Verwirklichung der Beschlüsse des VIII. Parteitages der SED, Berlin 1973, S. 23ff.

liche politische Ökonomie in ihrer Gesamtheit erhöhte Anforderungen auch hinsichtlich der Effektivität des staatsmonopolistischen Regulierungsinstrumentariums, aber auch hinsichtlich ihrer ideologisch-apologetischen Funktion. Das gilt uneingeschränkt auch in bezug auf den Neokeynesianismus. Mehrere Aspekte dürften dabei von genereller Bedeutung sein für die weitere Entwicklung dieser politökonomischen Doktrin: die beschleunigte Internationalisierung des Monopolkapitals, insbesondere im Rahmen der EWG, das rasche Voranschreiten der Konzentration und Zentralisation des Kapitals und die damit einhergehende wachsende Rolle der imperialistischen Unternehmerverbände, die enorm gesteigerte Ausbeutung einschließlich der Verschärfung des ökonomischen Klassenkampfes sowie nicht zuletzt die permanenten Währungskrisen der letzten Zeit und die galoppierende Inflation, die zu einer chronischen Krankheit des Kapitalismus geworden ist.

Es versteht sich fast von selbst, daß diese Entwicklungstendenzen im gegenwärtigen Kapitalismus die weitere Gestaltung des Neokeynesianismus beeinflussen werden. In dem Maße beispielsweise, wie die Rolle der imperialistischen Unternehmerverbände auch als Institution zur Regulierung des gesellschaftlichen Reproduktionsprozesses zunimmt, wird für sie die keynesianische Wirtschaftstheorie von gesteigertem Interesse werden, wobei die Neokeynesianer ihrerseits den konkreten Regulierungsbedürfnissen von Gruppeninteressenvertretern werden Rechnung zu tragen haben. Oder aber: Mit der Internationalisierung des Monopolkapitals wird sich zweifellos der Einfluß der keynesianischen Wirtschaftstheorie weiter vertiefen. Die sich im internationalen Rahmen komplizierter gestaltenden Reproduktionsbeziehungen zwingen die Monopolbourgeoisie dazu, den ökonomisch-theoretischen Aspekten dieser Entwicklung, und sie werden bekanntlich durch die Neokeynesianer abgedeckt, wachsende Aufmerksamkeit zu widmen. Die Zuspitzung des Klassenkampfes wiederum wird die ideologischen Aktivitäten der Monopolbourgeoisie intensivieren. Dabei wird man sich künftighin auch auf die keynesianischen Dogmen stützen müssen.

In der vorliegenden zweiten Auflage konnte auf die hier skizzierten Probleme noch nicht detaillierter eingegangen werden, da deren Entfaltung selbst erst noch näher zu beobachten ist. Jedoch war es notwendig, neben einer Reihe von Aktualisierungen, der in jüngster Vergangenheit sich entfaltenden Diskussion in bürgerlichen Kreisen um die Attraktivität der keynesianischen Wirtschaftslehre für die Interessen der Monopolbourgeoisie im Zusammenhang mit den geldmengentheoretischen Regulierungsvorschlägen der Anhänger des amerikanischen Ökonomen Milton Friedman breiteren Raum zu widmen. Diese zusätzlichen kritischen Überlegungen wurden dort eingefügt, wo sie ihrem Gegenstand entsprechend einzuordnen sind: im Abschnitt „Grenzen der staatsmonopolistischen Wirtschaftsregulierung“ des 6. Kapitels.

Der Autor wünscht sich für die zweite Auflage seines „Neokeynesianismus“ eine ebenso schnelle Verbreitung, wie sie bei der vorhergehenden gegeben war, denn der letzte Zweck dieser Arbeit besteht nach wie vor darin, einen Beitrag zur ideologischen Auseinandersetzung mit der modernen bürgerlichen politischen Ökonomie zu leisten.

Kritischen Hinweisen, Anregungen und Vorschlägen zur Verbesserung der vorliegenden Schrift sieht der Autor mit Interesse und Dankbarkeit entgegen.

Berlin, im Juni 1973 Klaus Müller

Einführung

In dem weltweiten historischen Entwicklungsprozeß des Übergangs vom Imperialismus zum Sozialismus nimmt in unserer Epoche die ideologische Auseinandersetzung zwischen den beiden Gesellschaftssystemen an Schärfe zu. Den Gesellschaftswissenschaftlern der DDR ist mit den Beschlüssen des VIII. Parteitages der SED in diesem Zusammenhang die Aufgabe gestellt, das Wesen des Imperialismus zu enthüllen und einen offensiven Kampf gegen *alle* Spielarten und Formen der reaktionären imperialistischen Ideologie zu führen. Im Bericht des ZK an den VIII. Parteitag der SED wird hierzu hervorgehoben, daß „die verschärfte Auseinandersetzung zwischen den beiden Weltsystemen ... es notwendig (macht), das menschenfeindliche Wesen des Imperialismus vollständig und wirksam zu enthüllen. Dafür ist die Leninsche Lehre vom Imperialismus, die zugleich Wurzel und Wesen des Opportunismus aufdeckt, unser geistiges Rüstzeug"[1]. Als ein Teilkomplex im Gesamtsystem der heutigen imperialistischen Ideologie nimmt innerhalb der modernen bürgerlichen politischen Ökonomie der *Neokeynesianismus* eine exponierte Stellung ein. Dieser reaktionären und allein den Interessen der Monopolbourgeoisie dienenden Richtung der heutigen bürgerlichen politischen Ökonomie ist mit aller Entschlossenheit entgegenzutreten.

Der Neokeynesianismus hat in den wirtschaftstheoretischen und wirtschaftspolitischen Auffassungen des englischen bürgerlichen Ökonomen und Politikers *John Maynard Keynes* (1883–1946) seine theoriengeschichtliche Wurzel. Keynes' Lehre nimmt seit den dreißiger Jahren unseres Jahrhunderts eine gewichtige Position im Gesamtsystem der modernen bürgerlichen politischen Ökonomie ein. Seit dem Erscheinen des politökonomischen Hauptwerkes von Keynes im Jahre 1936 sind heute dreieinhalb Jahrzehnte

[1] Vgl. E. Honecker, Bericht des Zentralkomitees an den VIII. Parteitag der Sozialistischen Einheitspartei Deutschlands, Berlin 1971, S. 97.

vergangen. Keine andere Wirtschaftsdoktrin feierte derart glänzende Triumphe in den Reihen der bürgerlichen Ökonomen und Politiker. Hier sprach man sogar von einer „Keynesschen Revolution" der politischen Ökonomie und ging sogar so weit, Keynes' Beitrag für die Ökonomie mit den Leistungen Kopernikus' und Darwins für die Astronomie bzw. Entwicklungslehre zu vergleichen. Erst unlängst schrieb ein amerikanischer Keynes-Anhänger über das Schicksal dieser Lehre in den imperialistischen Ländern: „Fünfundzwanzig Jahre nach Keynes' Abgang von der wirtschaftspolitischen Bühne (Keynes war bis zu seinem Tode eng mit der Politik der britischen Monopolbourgeoisie verbunden, K. M.) stellt sich die Wirtschaftspolitik, welche die Vereinigten Staaten, Großbritannien und die anderen westlichen Staaten seither betrieben haben, als ein einziger langer Keynesscher Epilog dar. Und auch dieser Epilog gehört recht eigentlich noch zur Lebensgeschichte dieses ungewöhnlichen Mannes.
Es ist behauptet worden, wir seien heutzutage allesamt ‚Keynesianer' ... Diese Feststellung ist im Grunde gerechtfertigt, wenn auch leicht überspitzt. Endgültig durchgesetzt hat sich eine neue Idee, wenn sie zum Allgemeingut von Gelehrten wie Laien, zum geistigen Rüstzeug von Kaufleuten, Politikern und Professoren geworden ist: Und genau das trifft auf die Keynessche Lehre zu."[2]

„Schöpferischer Genius", „Revolutionär des Kapitalismus", „ein Mann, der unserer Welt zum Wohlstand verhalf", – diese und ähnliche Termini begegnen uns, wenn bürgerliche Ökonomen heute auf die Keynessche Wirtschaftslehre zu sprechen kommen. Es wird in der vorliegenden Arbeit aufzuzeigen sein, was wirklich hinter diesen Lobeshymnen auf Keynes steckt.

Der *Keynesianismus*, von der bürgerlichen politischen Ökonomie auch als sogenannte „Neue Wirtschaftslehre" (New Economics) gefeiert, ist heute in seiner weitergeführten und modifizierten Form als *Neokeynesianismus* existent. Im bürgerlichen Sprachgebrauch ist hierfür der Begriff „Postkeynesianismus" (Nachkeynesianismus) gebräuchlich. Auch in Westdeutschland hat diese Wirtschaftslehre, zwar mit einer gewissen zeitlichen Verzögerung, dafür aber um so stärker in den Kreisen der bürgerlichen Ökonomen ihre allgemeine Anerkennung und in der staatsmonopolistischen Wirtschaftspolitik die praktische Durchsetzung gefunden. Im einzelnen wird dies alles dargestellt werden.

Es liegen eine Reihe höchst verdienstvoller Arbeiten seitens marxistischer Ökonomen zur kritischen Einschätzung der Lehre von Keynes und des

[2] Vgl. R. Lekachman, John Maynard Keynes: Revolutionär des Kapitalismus. Wie ein Mann unserer Welt zum Wohlstand verhalf, München-Zürich-Wien 1970, S. 16/17.

Keynesianismus insgesamt vor. Indessen fehlen – nach Wissen des Verfassers – noch zusammenfassende kritische Untersuchungen vor allem über die *neokeynesianische* Wirtschaftsdoktrin hinsichtlich ihres Wesens, ihrer Funktionen und Stellung im Gesamtsystem der bürgerlichen politischen Ökonomie, inbesondere in Westdeutschland. Auf der IV. Internationalen Konferenz marxistischer Ökonomen zur Kritik der modernen bürgerlichen politischen Ökonomie in Budapest, die 1970 tagte, wurde mit Nachdruck auf die Notwendigkeit zur kritischen Auseinandersetzung mit dem Neokeynesianismus verwiesen.[3]

In der Auseinandersetzung zwischen dem sozialistischen und dem imperialistischen Weltsystem wird in den vor uns liegenden Jahren dem Neokeynesianismus eine erhöhte Bedeutung zukommen. Diese imperialistische Wirtschaftsdoktrin erfüllt sowohl allgemeine Bedürfnisse der Monopolbourgeoisie in ideologischer und politischer Hinsicht als auch spezielle Anforderungen an die bürgerliche Wirtschaftstheorie im Prozeß der wissenschaftlich-technischen Revolution unserer Epoche. Die Erfahrungen aus der Entwicklung des Kapitalismus der letzten Jahre zeigen, wie in den Materialien des XXIV. Parteitages der KPdSU überzeugend nachgewiesen wird, daß sich der Imperialismus der neuen Lage in der Welt anpaßt. Dabei nutzen u. a. die Monopole im großen Umfang die Errungenschaften des wissenschaftlich-technischen Fortschritts aus, um ihre Positionen zu festigen, um die Effektivität und das Entwicklungstempo der Produktion zu erhöhen sowie die Ausbeutung und Unterdrückung der Werktätigen zu verstärken.[4] In diesem Anpassungsprozeß nimmt die staatsmonopolistische Regulierung des gesellschaftlichen Reproduktionsprozesses für die Versuche der Monopolbourgeoisie zur ökonomischen und damit letztlich auch politischen Stabilisierung dieses Gesellschaftssystems zwangsläufig einen immer gewichtigeren Platz ein, ohne daß damit aber – wie der XXIV. Parteitag ebenfalls nachwies – eine Stabilisierung des Kapitalismus als System erreicht wird. Im Gegenteil, die allgemeine Krise des Kapitalismus vertieft sich weiter. In bezug auf die Erarbeitung der wirtschaftstheoretischen Grundlagen für die staatsmonopolistische Regulierung des gesellschaftlichen Reproduktionsprozesses im heutigen Kapitalismus kommt der neokeynesianischen Wirtschaftsdoktrin eine prinzipielle Bedeutung zu. Hiervon ausgehend, werden in der vorliegenden Arbeit die entscheidenden ökonomisch-theoretischen Bauelemente, die wichtigsten wirtschaftspolitischen

[3] Vgl. Konferenzbericht, in: Wirtschaftswissenschaft, 1/1971, S. 123f.

[4] Vgl. hierzu: L. I. Breshnew, Rechenschaftsbericht des Zentralkomitees der KPdSU an den XXIV. Parteitag der Kommunistischen Partei der Sowjetunion, Moskau und Berlin 1971, S. 21.

Ableitungen aus dieser Wirtschaftslehre sowie ihre ideologische Stoßrichtung kritisch einzuschätzen sein.
Die vorliegende Arbeit bezieht sich in erster Linie auf die Analyse des Neokeynesianismus in Westdeutschland. Der Untersuchung der Keynesschen resp. neokeynesianischen Wirtschaftstheorie, vor allem im angelsächsischen Sprachbereich, haben sich bereits ausführlicher sowjetische Ökonomen gewidmet.[5] Unsere Untersuchung ergänzt so durch ihre Konzentration auf die Gegebenheiten in Westdeutschland die kritische Einschätzung dieser internationalen Erscheinung der modernen bürgerlichen Wirtschaftstheorie.
Neben den bereits genannten Grundproblemen sind von uns auch solche aktuellen Fragen zu beantworten, wie: Welche Ökonomen repräsentieren den Neokeynesianismus in Westdeutschland, welche Gründe sind dafür ausschlaggebend, daß diese wirtschaftstheoretische Konzeption nach dem zweiten Weltkrieg hier zunächst auf Widerstand stieß und sich mit Verspätung durchsetzte, in welcher Weise wird sie in der wirtschaftspolitischen Praxis ausgenutzt usw.
J. M. Keynes beeinflußte die bürgerliche politische Ökonomie nicht nur unter wirtschaftspolitischem Aspekt. Er förderte im starken Maße auch die Aktivität der Monopolbourgeoisie auf ideologisch-apologetischem Gebiet. Sein Beitrag in dieser Hinsicht besteht darin, den angeblich wissenschaftlich exakten Beweis erbracht zu haben, daß das kapitalistische Wirtschaftssystem – trotz aller zugegebenen Mängel – grundsätzlich lebensfähig sei und, werden bestimmte Bedingungen erfüllt, angeblich auch eine reale Entwicklungsperspektive besitze. Die Erscheinungen der Agonie des Spätkapitalismus verwandeln sich so unter der Feder von Keynes und seiner heutigen Nachfolger in zwar unangenehme, aber doch letztlich überwindbare negative Seiten des Imperialismus. Aber so, wie man bekanntlich seinen eigenen Schatten nicht zu überspringen vermag, so sicher entgeht auch der Imperialismus nicht seinem Untergang, trotz aller Keynesschen und neokeynesianischen ökonomisch-theoretischen Rettungsversuche und wirtschaftspolitischen Manöver.
Das Keynessche Dogma von einer angeblich möglichen Verbesserung des kapitalistischen Wirtschaftssystems und dessen apologetische Verherrlichung drangen nach dem zweiten Weltkrieg im bestimmten Maße auch in die Reihen der Arbeiter- und Gewerkschaftsbewegung in den imperialistischen Ländern ein. Bereits kurz nach Ende des zweiten Weltkrieges warnte der damalige Vorsitzende der Kommunistischen Partei der USA, William Z. Foster, vor dem verderblichen Einfluß der Keynesschen Ideen auf

[5] Vgl. hierzu u. a. L. B. Alter, Die bürgerliche politische Ökonomie der USA, Moskau 1961 (russ.), S. 540ff.

die Arbeiterklasse.[6] Seitdem hat sich in dieser Hinsicht Grundlegendes nicht geändert. Vor allem rechtssozialistische Theoretiker und Politiker sowie reformistische Gewerkschaftsführer, zum Teil auch liberale bürgerliche Ökonomen, griffen die Keynesschen und neokeynesianischen Gedanken auf und versuchten den Arbeitern glaubhaft zu machen, daß durch die Ausnutzung dieser Theorie ihren Interessen entsprochen werden kann. Im Grunde genommen handelt es sich hierbei darum, auf kapitalistischer Grundlage die Schattenseiten des Kapitalismus überwinden zu wollen. Das ist der Natur der Sache nach ein aussichtsloses Unterfangen. Die kapitalistische Produktionsweise beruht auf dem Privateigentum an den Produktionsmitteln und der Ausbeutung der Arbeiterklasse durch das Kapital. Sie schließt den Klassenantagonismus von Kapitaleigentümern und Lohnarbeitern in sich ein. Eine fühlbare Verbesserung der sozialen und ökonomischen Lage der Arbeiterklasse, und natürlich auch der anderen werktätigen Schichten, wird generell nur im erbitterten Klassenkampf erzielt. An den realen Machtstrukturen im Imperialismus ändert sich dadurch nichts. Was die Lage speziell in der BRD anbelangt, so hat „insbesondere während der letzten Jahre ... in der BRD die Konzentration des Kapitals in den Händen weniger Superkonzerne sprunghaft zugenommen. Charakteristisch sind das Entstehen eines militärisch-industriellen Komplexes, eine krebsartig wuchernde Rüstungswirtschaft sowie ein nie gekannter Grad der Verschmelzung zwischen den Monopolen und dem Staat. Hinzu kommt eine fortschreitende ökonomische und militärische Verflechtung mit den USA.“[7]

Diese Entwicklung ist durch die neokeynesianische Wirtschaftstheorie gefördert worden. Die rechten Führer der Sozialdemokratie der BRD bekennen sich nach wie vor[8] zu dieser Wirtschaftsdoktrin. Vertreter von ihnen im Range von Mitgliedern der Bonner Regierung haben wiederholt ihre Wirtschafts- wie auch Finanzpolitik als von Keynes beeinflußt interpretiert. Damit wurde von regierungsoffizieller Seite nichts anderes als die Durchsetzung der Profitinteressen der Monopole verkündet. Sie praktizierten also tagtäglich das „staatsmonopolistische Regierungstheater“, wobei sie so tun, als ob die Regierung im Interesse des Volkes handeln würde, und

[6] Vgl. G. S. Siskind, John Maynard Keynes – ein falscher Prophet, Berlin 1959, S. 13f.

[7] Vgl E. Honecker, Bericht des Zentralkomitees an den VIII. Parteitag der Sozialistischen Einheitspartei Deutschlands, a. a. O., S. 21f.

[8] Vgl. K. Langendorf/R. Sieber, Der Keynesianismus und das SPD-Grundsatzprogramm, in: Einheit, 2/1960, S. 315ff.; K. O. W. Müller, Probleme des gegenwärtigen Einflusses der keynesianischen Wirtschaftstheorie in Westdeutschland, in: Wirtschaftswissenschaft, 16. Jg., Berlin 1968, S. 150ff.

das ausgerechnet auf ökonomischem Gebiet, wo Abs nach wie vor Abs und Flick weiterhin Flick bleiben und nach wie vor die Macht ausüben.

Die kritische Analyse und Zurückweisung der neokeynesianischen Wirtschaftsdoktrin ist auch unter einem weiteren Aspekt von Bedeutung, und zwar in der Hinsicht, daß der *moderne Revisionismus* auf ökonomisch-theoretischem Gebiet u. a. auch aus dem Arsenal der Keynesschen und neokeynesianischen Theorie seine Argumente schöpft. Es handelt sich um eine gesonderte Thematik, auf deren noch ausstehende detaillierte Untersuchung hier aufmerksam gemacht wird.

Die gegenwärtig tiefgreifende Wirksamkeit der neokeynesianischen Wirtschaftstheorie sowohl im System der modernen bürgerlichen politischen Ökonomie und in der staatsmonopolistischen Regulierung des gesellschaftlichen Reproduktionsprozesses in den imperialistischen Ländern als auch in der ideologischen Auseinandersetzung zwischen Sozialismus und Imperialismus im Weltmaßstab und die sich daraus ableitende Notwendigkeit zur kritischen Überwindung dieser Strömung innerhalb der heutigen bürgerlichen politischen Ökonomie sind der unmittelbare Anlaß zur vorliegenden Schrift. Unsere Untersuchung beginnen wir mit einem historischen Abriß über die Entstehung und Entwicklung der Keynesschen Wirtschaftstheorie bis in die heutige Zeit und verschaffen uns damit den nötigen theoriengeschichtlich-wissenschaftlichen Hintergrund für die kritische Analyse des Neokeynesianismus.

1. Zur Herausbildung und zu den Grundzügen der politökonomischen und wirtschaftspolitischen Auffassungen von John Maynard Keynes

1.1. Die ökonomischen und sozialen Bedingungen für das Entstehen der Keynesschen Wirtschaftstheorie in England. Leben und Werk von J. M. Keynes

Die allgemeine Krise des Kapitalismus erfaßt als Krise des Gesamtsystems dieser Gesellschaftsformation alle Seiten des gesellschaftlichen Lebens. Die antagonistischen Widersprüche der kapitalistischen Gesellschaftsordnung erreichen hier eine neue Entwicklungsstufe. Die ökonomischen Widersprüche sind jetzt fast ausnahmslos auch mit politischen Widersprüchen verbunden.

Mit dem ersten Weltkrieg als dem offenen Ausbruch der ökonomischen und politischen Widersprüche zwischen der deutschen Monopolbourgeoisie und den Repräsentanten des französischen, englischen und amerikanischen Monopolkapitalismus begann die allgemeine Krise des Kapitalismus. In der *ersten* Etappe dieses Entwicklungsabschnittes im Verfallsprozeß des Kapitalismus als Weltsystem wird mit dem Ausbruch des zaristischen Rußlands aus diesem System und der Errichtung der Sowjetmacht offenkundig, daß der Kapitalismus historisch in sein Untergangsstadium eingetreten ist. Der Kapitalismus hört mit dem Sieg der Großen Sozialistischen Oktoberrevolution auf, das *einzige* und *allumfassende* sozialökonomische Weltsystem zu sein. Damit ist eine neue Etappe in der welthistorischen Entwicklung eingeleitet worden.

Bekanntlich ging die in den ersten Jahren nach dem ersten Weltkrieg zu beobachtende revolutionäre Entwicklungsphase in den wichtigsten europäischen Industriestaaten in eine Phase der *relativen Stabilisierung* des kapitalistischen Systems über, die erst durch die akuten Ereignisse der großen Weltwirtschaftskrise gegen Ende der zwanziger Jahre beendet wurde. Für die Existenz des kapitalistischen Wirtschaftssystems bedeutete die Weltwirtschaftskrise eine ernste Gefahr. In den dreißiger Jahren bereitete sich allmählich eine erneute Verschärfung der imperialistischen Widersprüche vor. Hierfür sind ausschlaggebend der Beginn des Zerfalls des imperialistischen Kolonialsystems, die schnelle Zuspitzung der ökonomischen Widersprüche zwischen den imperialistischen Staaten und in den

einzelnen Ländern selbst (wobei vor allem die permanente Massenarbeitslosigkeit im zunehmenden Maße das kapitalistische Wirtschaftssystem belastete), die beginnende Militarisierung des gesamten gesellschaftlichen Lebens in den wichtigsten imperialistischen Ländern, der verstärkt einsetzende Druck zur Liquidierung der demokratischen Errungenschaften der Arbeiterklasse durch die fortschreitende Faschisierung des politischen Lebens insbesondere in Deutschland, Italien und Spanien, sowie offene Krisenzeichen im Gesamtsystem der bürgerlichen Ideologie im allgemeinen und der bürgerlichen politischen Ökonomie im speziellen.
In der entscheidenden Schaffensperiode seines Lebens vollzieht sich also vor den Augen des bürgerlichen ökonomischen Theoretikers und Wirtschaftspolitikers J. M. Keynes im Gesamtsystem der kapitalistischen Wirtschaft, d. h. im internationalen Maßstab gesehen, ein Wandlungsprozeß, der in erster Linie durch den Beginn der allgemeinen Krise des Kapitalismus und ihre erste Entwicklungsetappe charakterisiert ist.
In England sind die spezifischen ökonomischen Voraussetzungen für das Entstehen einer wirtschaftstheoretischen Konzeption, die diesen neuen gewandelten ökonomischen Bedingungen im Interesse der herrschenden Klasse entspricht, im Vergleich zu den anderen entwickelten imperialistischen Staaten am ausgeprägtesten. Einer der besten marxistischen Sachkenner der modernen bürgerlichen politischen Ökonomie, der leider viel zu früh verstorbene sowjetische Ökonom I. G. Bljumin, charakterisiert die Entstehungsbedingungen des Keynesianismus gerade in England sehr zutreffend, wenn er schreibt: „Der Keynesianismus entstand nicht zufällig in England. Großbritannien war das Land, in dem Fäulnis und Verfall des Kapitalismus in der ersten Etappe der allgemeinen Krise des Kapitalismus am deutlichsten und schärfsten auftraten. In der Periode zwischen den beiden Weltkriegen gab es in England keinen industriellen Aufschwung. In dieser Zeit übertraf die englische Industrie nur in wenigen Jahren das Niveau von 1913 und blieb fast durchweg weit darunter. Einen starken Rückgang verzeichneten in dieser Periode derart wichtige und alte Wirtschaftszweige wie die Kohleindustrie, die Textilindustrie und der Schiffbau. Charakteristisch für die englische Wirtschaft dieser Zeit war das Vorhandensein sogenannter Depressionsbezirke oder Affektionsherde, die die Ansatzpunkte für die chronische Depression waren. In dieser Lage befanden sich die ältesten Industriegebiete Englands: Südwales, Midland, der Nordosten Englands, die wichtigsten Zentren der Kohle- und metallurgischen Industrie, Westschottland, insbesondere Clyde, ein großes Zentrum des Schiffbaus und der Metallurgie, Lancashire, die Heimat und das wichtigste Zentrum der Baumwollindustrie. Schon damals machte sich eine Schwächung des britischen Imperialismus bemerkbar. In den dreißiger Jahren war England nicht in der Lage, durch

die laufenden Exporteinnahmen seinen ungleich wachsenden Import zu decken, der durch die parasitäre Struktur der englischen Volkswirtschaft bedingt war. Bereits vor dem zweiten Weltkrieg begann England, seine Auslandsinvestitionen zu verbrauchen. Im Zusammenhang mit all diesen Prozessen verschärften sich die sozialen Widersprüche im Innern des Landes, verschärften sich die zentrifugalen Tendenzen im Britischen Empire. Unter diesen Bedingungen wurde die Staatsmaschine von den kapitalistischen Monopolen immer mehr für die Unterdrückung der Arbeiterklasse in England selbst und zur Niederhaltung der Befreiungsbewegung in den Kolonien sowie für den Kampf gegen die ausländischen Konkurrenten und für die Durchdringung der äußeren Märkte mit englischen Waren, für die Finanzierung der monopolistischen Betriebe und die Erteilung von staatlichen Aufträgen an sie eingesetzt. In den Reihen der Monopolisten wird die Losung vom starken Staat und von der Einmischung des Staates in die Wirtschaft populär. Die alten Freihandelstheorien, die in der englischen Literatur noch bis zu Beginn des 20. Jahrhunderts herrschten, verlieren ihre Bedeutung. Sie werden vom Keynesianismus, einer der Theorien vom regulierten Kapitalismus, abgelöst."[1]
An wenigen markanten Zahlen läßt sich die besondere Zugespitztheit der Lage der englischen Monopolbourgeoisie charakterisieren:[2] (siehe Tabelle 1) International gesehen, geht innerhalb dieser Entwicklungsperiode des Kapitalismus die Bedeutung des britischen Imperiums beträchtlich zurück, sein Anteil an der Weltindustrieproduktion sinkt erheblich, während der Anteil anderer imperialistischer Länder sich erhöht oder aber in diesem Zeitraum zumindest konstant bleibt.

Tabelle 1
Weltindustrieproduktion, 1920 und 1937 (Anteile in Prozent)

Jahr	England	Deutschland	Frankreich	USA	Japan
1920	14	9	5	47*	2
1937	9	10	4	35	4

* Extremwert, der aus besonderen Umständen zu erklären ist, der Anteil der USA betrug im Jahre 1913 nur 36 Prozent.

Diese für die internationale Position der englischen Monopolbourgeoisie ungünstige Entwicklung vollzieht sich in Großbritanien auf der Grund-

[1] I. G. Bljumin, Die Krise der modernen bürgerlichen politischen Ökonomie, Berlin 1962, S. 306/307.
[2] Vgl. J. Kuczynski, Die Geschichte der Lage der Arbeiter in England von 1640 bis in die Gegenwart, Bd. IV, Dritter Teil, seit 1832, Berlin 1955, S. 170f.

lage einer langfristigen Stagnation des Volumens des Nationaleinkommens auf relativ niedrigem Niveau. Betrug das Volumen des Nationaleinkommens zu Beginn der ersten Etappe der allgemeinen Krise des Kapitalismus noch rund 6 Mrd. £ (1918 = 5,5 Mrd. £, 1919 = 6,0 Mrd. £), so stieg es in den folgenden Jahren (mit Ausnahme des Jahres 1920) nicht über 5 Mrd. £ an, überschritt erst im Jahre 1937 die 5-Mrd.-Grenze und erreichte erst im Laufe der ersten Kriegsjahre des zweiten Weltkrieges das Niveau vom Beginn der ersten Etappe der allgemeinen Krise des Kapitalismus.[3]

Im sozialen Bereich spitzen sich die Widersprüche in dieser Zeit in England ebenfalls zu. Jürgen Kuczynski charakterisiert die Lage der englischen Arbeiterklasse in dieser Periode zusammenfassend wie folgt: „Grausam verschlechterte sich die Lage der Arbeiter in der ersten Etappe der allgemeinen Krise des Kapitalismus. Immer stärker brach sich das ökonomische Grundgesetz des modernen Kapitalismus Bahn. Wohin wir sehen, Elend, Fäulniserscheinungen, Not und – Widerstand gegen diese verkommende, lebenszerstörende Gesellschaft.“[4]

Diese für die englische Monopolbourgeoisie alarmierenden Prozesse und Erscheinungen im ökonomischen und sozialen Bereich während der ersten Etappe der allgemeinen Krise beeinflussen zwangsläufig auch die Aktivität der englischen bürgerlichen Ökonomen jener Zeit. John Maynard Keynes als Ideologe der Monopolbourgeoisie spürte stärker als andere Zeitgenossen aus dem Lager der bürgerlichen politischen Ökonomie den Ernst und die Gefahr dieser Situation für die Interessen der herrschenden Klasse.

Die bürgerliche politische Ökonomie der zwanziger und dreißiger Jahre entsprach im wesentlichen nicht den neu herangereiften Bedingungen in der ökonomischen Basis des Imperialismus. Für sie war es deshalb erforderlich geworden, diese neuen Bedingungen und Veränderungen theoretisch zu verarbeiten. Die bürgerliche politische Ökonomie, vor allem im professoralen Bereich, hatte es bis dahin nicht verstanden, die zunehmende Herausbildung des staatsmonopolistischen Charakters der kapitalistischen Wirtschaft in die theoretische Analyse einzubeziehen. Das Fehlen eines in sich abgerundeten Lehrsystems der bürgerlichen politischen Ökonomie über den staatsmonopolistischen Kapitalismus führt zu einem wachsenden Unbehagen, das die bürgerlichen Ökonomen zu befallen beginnt. Ihnen wird allmählich bewußt, daß ihre Auffassungen noch weitgehend den Bedingungen des vormonopolistischen Kapitalismus angepaßt sind. In diesem Zusammenhang sei hier nur am Rande erwähnt, daß diese Vertreter der bürgerlichen

3 Vgl. ebenda, S. 241.

4 Ebenda, S. 176. (Detaillierte Untersuchungen über die Lage der Arbeiter in dieser Zeit findet der Leser in der hier zitierten Arbeit.)

politischen Ökonomie auch diese Entwicklungsstufe der kapitalistischen Produktionsweise niemals wissenschaftlich erfaßt haben. Ihr Unbehagen widerspiegelt sich u. a. in einer breit einsetzenden Diskussion unter diesen Ökonomen über die „Krise der (bürgerlichen) Nationalökonomie“.

Selbst Keynes' Lehrer auf politökonomischem Gebiet waren im wesentlichen solche bürgerliche Ökonomen, die zwar in der Periode des monopolistischen Kapitalismus lebten, deren Auffassungen aber diesen neuen Bedingungen keineswegs Rechnung trugen.

Es bedarf wohl sicher keines weiteren Beweises, daß eine politökonomische Schrift, die bestimmte Grenzen und Schwächen der zeitgenössischen bürgerlichen politischen Ökonomie zu überwinden versucht und die sich den *neuen* ökonomischen Bedingungen, wie sie in der ersten Etappe der allgemeinen Krise gegeben sind, zuwendet, die darüber hinaus das akute Hauptproblem des Imperialismus in den Jahren der großen Weltwirtschaftskrise und der nachfolgenden Zeit zum Schwerpunkt ihrer Untersuchung erhebt, nämlich die Frage nach einer möglichen Überwindung der Massenarbeitslosigkeit auf kapitalistischer Grundlage, und die schließlich in ihren wirtschaftspolitischen Empfehlungen an den imperialistischen Staat und an die Monopolbourgeoisie den Bedingungen des sich aus dieser Periode entwickelnden staatsmonopolistischen Kapitalismus voll entspricht, in bürgerlichen Kreisen einen durchschlagenden Erfolg haben muß. In der Tat war dies bei Keynes' „Allgemeiner Theorie der Beschäftigung, des Zinses und des Geldes“, seinem Hauptwerk, der Fall.

Es gab natürlich auch in Deutschland und in anderen kapitalistischen Ländern zu dieser Zeit bürgerliche ökonomische Theoretiker, die solche, den theoretischen Auffassungen von Keynes in den Grundzügen identische Überlegungen entwickelt hatten und sie propagierten. Es war aber dem englischen bürgerlichen ökonomischen Theoretiker J. M. Keynes beschieden, durch eine gewisse Konfrontation zur überkommenen bürgerlichen Theorie und durch die Konzentration auf die ernstesten Probleme des zeitgenössischen Kapitalismus, deren Zuspitzung gerade in England am ausgeprägtesten war, den unrühmlichen Erfolg eines exponierten Ökonomen des staatsmonopolistischen Kapitalismus für sich verbuchen zu können. Hier spielen also historische Umstände mit hinein. Wie ein kurzer Überblick über das Leben und Gesamtwerk von J. M. Keynes zeigt, beruht dieser Erfolg nun nicht etwa darauf, daß ihm zur rechten Zeit auch die „rechte Idee“ einfiel. Sein politökonomisches Hauptwerk ist das Produkt einer langwährenden weltanschaulichen, politischen und persönlichen Haltung, deren Ziel kurz so zu charakterisieren ist: stets im Interesse des Monopolkapitals handeln, gleich ob als ökonomischer Theoretiker und reaktionärer Ideologe oder als Verfechter der wirtschaftspolitischen

Ziele und Interessen der Monopolbourgeoisie im nationalen wie internationalen Maßstabe. Jedoch sind diese mehr personenbezogenen Umstände primär nicht ausschlaggebend dafür, daß sich eine solche wirtschaftstheoretische Konzeption, wie sie von Keynes propagiert wurde, so schnell und breit durchsetzen konnte. Hier wirken im entscheidenden Maße folgende Umstände mit: Die Auseinandersetzung zwischen Sozialismus und Kapitalismus im Weltmaßstab trat in den dreißiger Jahren in eine Phase ein, wo der Monopolbourgeoisie und ihren ökonomischen Theoretikern durch die Erfolge der sozialistischen Planwirtschaft in der UdSSR einerseits und die verheerenden ökonomischen, sozialen und politischen Auswirkungen der großen Weltwirtschaftskrise im imperialistischen Lager andererseits die gesamte historische Bedeutung des ökonomischen Wettbewerbs zwischen Kapitalismus und Sozialismus ernsthaft ins Bewußtsein zu dringen begann. Das bis dahin von den bürgerlichen Ideologen lauthals propagierte Geschwätz vom schnellen Zusammenbruch des „bolschewistischen Wirtschaftsexperiments" verschwindet jetzt auch; die Polemik gegen die sozialistische Planwirtschaft wird mit weniger plumpen, geschickteren Mitteln geführt. Dies ist eine Seite in der ideologischen Reflektion der im Weltmaßstab geänderten Bedingungen zu Beginn der dreißiger Jahre; die andere Seite besteht darin, daß jetzt die bürgerliche politische Ökonomie selbst ernsthaft gezwungen wird, sich den Fragen der staatsmonopolistischen Regulierung des gesellschaftlichen Reproduktionsprozesses im Imperialismus zuzuwenden. Die Monopolbourgeoisie stellt sich, bedingt durch den Gang der historischen Ereignisse, die Frage, welche praktischen Ergebnisse sie durch permanenten staatlichen Eingriff in den gesamtwirtschaftlichen Reproduktionsprozeß erzielen kann. In dieser historischen Situation legt J. M. Keynes Mitte der dreißiger Jahre eine Arbeit vor, die über die von der bürgerlichen politischen Ökonomie bis dahin erreichten Ansätze in Richtung einer staatsmonopolistischen Regulierung hinausgeht. Sein ökonomisches Hauptwerk „The General Theory of Employment Interest and Money" (Allgemeine Theorie der Beschäftigung, des Zinses und des Geldes) erschien 1936; sie wurde noch im selben Jahre in deutscher Übersetzung herausgegeben.[5] Die „Allgemeine Theorie" wurde die „Bibel" der Keynesianer. Keynes' Lebenswerk gipfelt, wie sich zeigen wird, in dieser Schrift.

John Maynard Keynes wurde 1883 in Cambridge als Sohn des für seine Zeit namhaften bürgerlichen Ökonomen und Philosophen John Neville Keynes

[5] Vgl. J. M. Keynes, Allgemeine Theorie der Beschäftigung, des Zinses und des Geldes, München-Leipzig 1936. (Nach 1945 in der BRD in mehreren Nachauflagen erschienen. Im folgenden wird nach der deutschen Erstauflage zitiert.)

geboren.[6] Er studierte am King's College in Cambridge neben Mathematik, Philosophie und klassischer Literatur bei den zur neoklassischen Richtung innerhalb der modernen bürgerlichen politischen Ökonomie[7] zuzurechnenden Ökonomen A. Marshall und Francis Y. Edgeworth politische Ökonomie. Nach seinem Studium war er vorübergehend im britischen Indienministerium beschäftigt. 1909 kehrte er nach Cambridge zurück und übernahm dort Lehraufgaben. An diesem College waren ihm in den Jahren zwischen den beiden Weltkriegen auch verschiedene Leitungsfunktionen übertragen worden.

In den Jahren von 1911 bis 1945 fungierte Keynes als Herausgeber des in den Kreisen der bürgerlichen Ökonomen international angesehenen „Economic Journal". Der editorischen Arbeit widmet er stets besondere Beachtung, wobei er dem „Economic Journal" eine besondere Bedeutung für die Entwicklung und Propagierung der bürgerlichen ökonomischen Theorie beimaß. An der Herausgabe anderer bürgerlicher ökonomischer und auch politischer Zeitschriften war er ebenfalls beteiligt.

Auf seiner Jagd nach persönlichem Reichtum konnte Keynes gleichfalls beachtliche Erfolge verbuchen. Er verstand es, nicht nur für sein College, sondern auch für sich persönlich ein beträchtliches Vermögen zu „erwerben". Das bot ihm u. a. die Möglichkeit für ein beachtliches Mäzenatentum.

Keynes war zeitlebens durch aktives Mitwirken mit der britischen, und damit im bestimmten Maße auch mit der internationalen monopolbourgeoisen Wirtschaftspolitik engstens verbunden. Bereits 1913 wurde er zum Mitglied der Kommission für indische Währung bestellt und seitdem immer wieder von der britischen Regierung zur Lösung entscheidender wirtschaftspolitischer Fragen herangezogen. Während des ersten Weltkrieges (seit 1915 war Keynes im britischen Schatzamt tätig)[8] machte er schnell Karriere. Er wurde als Vertreter des Schatzamtes zum Mitglied der englischen Delega-

[6] Zur Biographie von John Maynard Keynes vgl. u. a. R. F. Harrod, The Life of John Maynard Keynes, London 1952; E. A. G. Robinson, John Maynard Keynes, in: John Maynard Keynes, Politik und Wirtschaft. Männer und Probleme, Tübingen–Zürich 1956, S. 1ff.(Vorwort); A. Paulsen, Neue Wirtschaftslehre. Einführung in die Wirtschaftstheorie von John Maynard Keynes und die Wirtschaftspolitik der Vollbeschäftigung, 4. Aufl., (West-)Berlin–Frankfurt a. M. 1959, S. 16f.

[7] Zur neoklassischen Richtung der modernen bürgerlichen politischen Ökonomie vgl. S. 166 der vorliegenden Arbeit.

[8] Keynes hat hier „... an den mit der Finanzierung des Krieges verknüpften Fragen an einflußreicher Stelle mitgearbeitet". (Vgl. J. M. Keynes, Die wirtschaftlichen Folgen des Friedensvertrages, München–Leipzig 1920, S. III.)

tion bei den sogenannten Friedensverhandlungen von Versailles berufen. Ausgerüstet mit intimen Kenntnissen über das Versailler Diktat – mit dessen Festlegungen er nicht einverstanden ist und deshalb aus der Delegation ausscheidet –, veröffentlicht er eine größere Schrift[9] *gegen* die in Versailles getroffenen Entscheidungen und erregt damit in Fachkreisen internationales Aufsehen.[10] Keynes muß wegen der Veröffentlichung dieser Denkschrift eine scharfe Kritik seitens der englischen Monopolbourgeoisie über sich ergehen lassen.

W. I. Lenin hat in seiner Rede auf dem II. Kongreß der Kommunistischen Internationale[11], auf einer Aktivsitzung der Moskauer Organisation der KPR(B)[12] sowie in seiner Rede auf dem IX. Gesamtrussischen Sowjetkongreß[13] auf diese Arbeit Bezug genommen.[14] „Niemand hat den Versailler Vertrag so treffend geschildert, wie Keynes . . .[15], bemerkte Lenin zu dieser Schrift. Keynes zieht in den „Wirtschaftlichen Folgen des Friedensvertrages“ vom kleinbürgerlich-pazifistischen Standpunkt aus gegen das Versailler Schanddiktat zu Felde. Er ist „zu der Schlußfolgerung gekommen, daß Europa und die ganze Welt durch den Versailler Frieden zum Bankrott getrieben werden“.[16] Sein praktischer Vorschlag nach allgemeiner Annullierung der Staatsschulden entsprach den objektiven historischen Erfordernissen.

Später, nach dieser die internationale Finanzoligarchie schockierenden Einschätzung des Versailler Vertrages, die ihm die Monopolbourgeoisie nie „verzeiht“, steht Keynes der englischen Monopolbourgeoisie noch des öfteren in exponierter wirtschaftspolitischer Funktion zur Verfügung. Abgesehen davon, übte er auch die Funktion eines der Direktoren der Bank von England aus. Vor allem ist auch an seine führende Teilnahme an den anglo-amerikanischen Währungsverhandlungen während des zweiten Weltkrieges zu erinnern, die im Vertragswerk von Bretton-Woods und der sich daraus ergebenden Milliarden-Anleihe an Großbritanien ihren Niederschlag fanden.

[9] Vgl. J. M. Keynes, The Economic Consequences of the Peace, London 1919 (dt. unter dem Titel: Die wirtschaftlichen Folgen des Friedensvertrages, München –Leipzig 1920).

[10] Vgl. E. A. G. Robinson, John Maynard Keynes, a. a. O., S. 21ff.

[11] Dieser Kongreß tagte vom 19. Juli bis 7. August 1920.

[12] Diese Aktivsitzung fand am 6. Dezember 1920 statt.

[13] Der IX. Gesamtrussische Sowjetkongreß tagte vom 23. bis 28. Dezember 1921.

[14] Vgl. W. I. Lenin, Werke, Bd. 31, Berlin 1959, S. 206ff; S. 445f; ders., Werke, Bd. 33, Berlin 1962, S. 128.

[15] Vgl. W. I. Lenin, Werke, Bd. 31, a. a. O., S. 445.

[16] Vgl. ebenda, S. 207.

Keynes' vielseitige Verdienste um die Interessen der englischen Monopolbourgeoisie wurden im Jahre 1942 durch die Verleihung des Lord-Titels gewürdigt.
Als J. M. Keynes, erst zweiundsechzigjährig, starb – in erster Linie hatte seine politische Aktivität seine Lebenskräfte aufgezehrt[17] –, hinterließ er ein umfangreiches ökonomisch-theoretisches Lebenswerk.

Es wurde bereits darauf hingewiesen, daß das Werk „Allgemeine Theorie der Beschäftigung, des Zinses und des Geldes" das Ergebnis eines längerfristigen Prozesses der Auseinandersetzung Keynes' mit den aktuellen Problemen der Entwicklung des Kapitalismus, insbesondere des englischen, nach dem ersten Weltkrieg ist. Tatsächlich ist eine gewisse Kontinuität von Keynes' frühen Schriften bis zu seiner „Allgemeinen Theorie" nachzuweisen. Worin bestehen deren Hauptzüge? In erster Linie darin, immer danach zu streben, einen ökonomisch-theoretischen Beitrag zur Förderung und Verteidigung der Interessen des Monopolkapitals zu leisten. Keynes orientierte von Anbeginn seiner ökonomisch-theoretischen Forschungen – in seinen frühen Schriften zwar nur in den ersten Keimformen und vielleicht auch noch unbewußt – auf die Herausarbeitung eines den Bedingungen des staatsmonopolistischen Kapitalismus in der Epoche der allgemeinen Krise des Kapitalismus adäquaten wirtschaftspolitischen Instrumentariums, auf die allseitige politökonomische Rechtfertigung dieses Wirtschaftssystems sowie auf die ideologische Bekämpfung des sich schnell entwickelnden ersten sozialistischen Staates in der Welt, der Sowjetunion, und der revolutionären marxistisch-leninistischen Theorie. Auf dem zweiten Kongreß der Kommunistischen Internationale im Jahre 1920 charakterisierte W. I. Lenin John Maynard Keynes trotz seiner berechtigten Angriffe gegen den Versailler Vertrag als einen „ausgesprochenen Bourgeois",

[17] So schreibt Harrod über die Ursachen des frühen Todes von Keynes: „1937 warf ihn eine Koronarthrombose nieder; aber obwohl die Schwere der Krankheit zeitweilig nur geringe Hoffnung auf seine volle Rekonvaleszenz ließ, war seine vielfältige Tätigkeit nie gänzlich unterbrochen. Noch bei Ausbruch des 2. Weltkrieges war seine Arbeitskraft erst zum Teil wieder hergestellt; aber binnen eines Jahres war seine Gesundung doch soweit fortgeschritten, daß er erneut voll tätig sein konnte, und bereits vor Kriegsende hatte er sich wieder eine Arbeitslast aufgebürdet, die auch die Kräfte eines gesunden Mannes überfordert haben würde. Im Grunde hat er sich von seiner Krankheit nie wirklich erholt, und daß ihm neun Jahre weiteren Lebens vergönnt waren, ist nur der aufopfernden Betreuung und sorgfältigen geduldigen Pflege seiner Gattin zu danken." (F. Harrod, John Maynard Keynes, in: Handwörterbuch der Sozialwissenschaften, Fünfter Band, Stuttgart–Tübingen–Göttingen 1956, S. 609.)

einen „englischen Spießer“ und „eingefleischten Gegner des Bolschewismus“.[18]

Als Politökonom ist Keynes im Geiste der vulgärökonomischen neoklassischen Schule der bürgerlichen politischen Ökonomie von Alfred Marshall und Francis Y. Edgeworth erzogen worden. Seine ersten Buchpublikationen, die „Indian Currency and Finance“[19], die „The Economic Consequences of the Peace“[20] und „A Tract on Monetary Reform“[21] basieren noch ganz auf den theoretischen Grundlagen der neoklassischen Lehre. Aber schon in diesen frühen Schriften, in den späteren zeigt es sich stärker, finden sich die Ansätze für das Eingeständnis seitens Keynes', daß der staatsmonopolistische Kapitalismus eine Entwicklungsstufe des kapitalistischen Wirtschaftssystems insgesamt darstellt, dessen innerer Mechanismus nur noch durch permanente staatliche Wirtschaftsregulierung funktionsfähig erhalten werden kann. Dieses Eingeständnis drückt sich vor allem in der These vom Ende des Laissez-Faire-Kapitalismus, also des Endes des Kapitalismus der freien Konkurrenz aus.

Keynes' ökonomisch-theoretische Ausgangsthese vom Ende des Kapitalismus der freien Konkurrenz, des weiteren seine These vom Nachlassen der profitablen Investitionschancen, und damit der Leistungsbasis des angeblich freien kapitalistischen Unternehmertums, seine These über die veränderte Funktion des Sparens im gesellschaftlichen Reproduktionsprozeß des Kapitalismus, die Ansätze für die Stagnationsthese u. a. sind in ihren Keimformen in seinen frühen Schriften bereits enthalten.

Zwar findet sich in Keynes' erstem Buch[22], das sich mit der indischen Währung und den indischen Finanzen befaßt, noch keines der spezifischen politökonomischen Theoreme der späteren „Allgemeinen Theorie“, aber er hegt bereits hier ernste Zweifel an der Kraft des Wirkungsmechanismus der kapitalistischen Wirtschaft. Er stellte den Funktionsautomatismus der zeitgenössischen kapitalistischen Wirtschaft in Frage. Seine Untersuchungen beziehen sich dabei speziell auf die finanziellen Seiten des kapitalistischen gesellschaftlichen Reproduktionsprozesses. Er spricht offen seine Skepsis gegenüber dem Wirkungsmechanismus des bis dato gehuldigten

18 Vgl. W. I. Lenin, II. Kongreß der Kommunistischen Internationale, 19. Juli bis 7. August 1920, in: W. I. Lenin, Werke, Bd. 31, Berlin 1959, S. 207.

19 Vgl. J. M. Keynes, Indian Currency and Finance, London 1913.

20 Vgl. J. M. Keynes, Die wirtschaftlichen Folgen des Friedensvertrages, a. a. O.

21 Vgl. J. M. Keynes, A Tract on Monetary Reform, London 1923 (dt. unter dem Titel: Ein Traktat über Währungsreform, München—Leipzig 1932).

22 Im folgenden ist nicht nur auf die hier genannten Buchpublikationen, sondern auch auf Aufsätze aus dieser Frühperiode im Keynesschen Schaffen einzugehen.

Goldstandard-Mechanismus aus und schreibt: „Möglicherweise ist die Epoche nicht mehr weit, wo es Europa, dessen Handelsmechanismus auf dem Goldstandard beruht, für möglich halten wird, von einem *vernünftigeren und stabileren Prinzip* auszugehen.“[23]

Während Keynes in den „Indian Currency and Finance“ zunächst nur dem Goldstandard die Eigenschaft eines Regulators abspricht, wird in den weiteren Schriften aus der Zeit der ersten Nachkriegsjahre die Existenz eines *wirtschaftlichen Gleichgewichts* überhaupt in Frage gestellt und die Forderung nach einem staatlichen regulierten! Geldsystem zur Rettung des kapitalistischen Wirtschaftssystems erhoben.

Keynes' ökonomisch-theoretische Grundauffassung in jener Zeit läßt sich in wenigen Worten so umreißen: Mit dem Beginn des ersten Weltkrieges ist die Periode des Laissez-Faire-Kapitalismus zu Ende gegangen, und die profitablen Investitionschancen sind im raschen Schwinden begriffen. Damit ist auch die soziale Funktion des angeblichen Sparbetriebes der Bourgeoisie als Akkumulationsgrundlage hinfällig geworden. Zum ersten Male begegnet uns in ihrer Keimform die moderne bürgerliche Stagnationsthese[24], die dann in der „Allgemeinen Theorie“ zu einem Eckpfeiler des gesamten politökonomischen Lehrsystems von Keynes ausgebaut wird. Die wohlmeinende kritische Einstellung J. M. Keynes' zu den offensichtlichsten Mängeln und Schwächen des kapitalistischen Wirtschaftssystems läßt sich in seinen frühen Schriften ebenfalls nachweisen. In dieser Hinsicht unterscheidet sich sein politökonomisches Hauptwerk nicht von diesen frühen Arbeiten.

Der entscheidende Unterschied zwischen den Frühschriften und dem Hauptwerk von Keynes liegt im Bereich der jeweils aus der Einschätzung der konkreten Lage der kapitalistischen Wirtschaft getroffenen ökonomisch-theoretischen Ableitungen und wirtschaftspolitischen Empfehlungen.[25]

23 J. M. Keynes, Indian Currency and Finance, London 1913, S. 101 (Hervorhebung vom Autor).

24 Die von der bürgerlichen politischen Ökonomie vertretene Stagnationsthese geht von der Grundüberlegung aus, daß die dynamischen, die Entwicklung des kapitalistischen Wirtschaftssystems vorantreibenden Kräfte erlahmen und schließlich zum Erliegen kommen. In dieser These drückt sich ein pessimistischer Grundzug in der Haltung der bürgerlichen Ökonomen über die Perspektive des Kapitalismus aus. Diese These wird heute jedoch nicht mehr vertreten.

25 J. A. Schumpeter erkennt diesen spezifischen Zusammenhang zwischen den Keynesschen Frühschriften und dem späteren politökonomischen Hauptwerk, wenn er, eingehüllt in eine idealistische Konzeption von der sogenannten Vision des bürgerlichen Theoretikers, über diese Beziehungen zwischen den

In allen seinen Entwicklungsetappen war Keynes' Kritik am Kapitalismus immer untrennbar mit der Sorge um die Bereitstellung eines wirksamen wirtschaftspolitischen Instrumentariums zur Überwindung der Schwierigkeiten dieses Systems verbunden. Sein Hauptanliegen blieb es zeitlebens, einen praktikablen Beitrag zur Stabilisierung des kapitalistischen Systems zu leisten.

Mit dem Sieg der sozialistischen Oktoberrevolution in Rußland hatte sich die Lage für das kapitalistische System insgesamt verschärft. Keynes' wirtschaftspolitische Vorschläge im „Tract on Monetary Reform" waren keinesfalls aufsehenerregend.[26] Er polemisiert zwar gegen bestimmte vorherrschende Auffassungen unter den bürgerlichen Ökonomen, bleibt im Grunde aber doch konservativ. Er sieht die erheblichen Erschütterungen im Preis- und Beschäftigungsniveau der kapitalistischen Wirtschaft der Nachkriegszeit und fühlt, daß diese die kapitalistische Wirtschaft als System bedrohen. So auferlegt er den staatlichen Stellen zunächst die Sorge um die Ausmerzung der zyklischen Preisbewegungen.[27]

Natürlich finden sich bereits einzelne Bausteine des kategorialen Apparates der späteren „Allgemeinen Theorie" im „Tract on Monetary Reform". Keynes' Eintreten für geldpolitische Maßnahmen wäre hier nicht erwähnenswert, würde er sie nicht mit besonderem Nachdruck als allgemeines und dringend anzuwendendes wirtschaftspolitisches Mittel propagiert haben.

einzelnen Schriften von Keynes bemerkt: „Jede umfassende ‚Theorie' der wirtschaftlichen Situation einer Gesellschaft besteht aus zwei sich ergänzenden, aber ihrem Wesen nach sehr verschiedenen Elementen. Da ist zunächst die Ansicht des Theoretikers über die Grundzüge der gesellschaftlichen Situation über das, was richtig und was unrichtig ist, um das Leben zu einem bestimmten Zeitpunkt zu erfassen. Nennen wir dies einmal seine Vision. Daneben steht zweitens der technische Apparat des Theoretikers, ein Apparat, mit dem die Vision begrifflich erfaßt und mit dem sie in konkrete Sätze oder in Theorien verwandelt wird. In den Economic Consequences of the Peace findet sich nichts von den theoretischen Werkzeugen der General Theory. Aber wir finden dort die Gesamtvision der sozialen und wirtschaftlichen Belange, deren technische Ergänzung dieser Apparat ist. Die General Theory ist das Endergebnis eines langen Bemühens, jene Vision unseres Zeitalters analytisch zu erfassen." (J. A. Schumpeter, John Maynard Keynes, 1883–1946, in: J. A. Schumpeter, Dogmenhistorische und biographische Aufsätze, Tübingen 1954, S. 312.)

[26] Vgl. J. M. Keynes, A Tract on Monetary Reform, London 1923.

[27] Vgl. ebenda, S. 38ff. Keynes empfiehlt im wesentlichen die Stabilisierung des Preisniveaus im Lande mit dem Ziel einer Festigung der wirtschaftlichen Situation. Zugleich tritt er dafür ein, die kurzfristigen Schwankungen der Wechselkurse abzuschwächen.

Zum ersten Male begegnet man in dieser Arbeit auch dem ökonomisch-theoretischen Zentralproblem im Lehrsystem von Keynes: dem Problem der staatsmonopolistischen Sicherung maximaler Unternehmerprofite, eingebettet in die ökonomisch-theoretische Fragestellung nach dem allgemeinen Zusammenhang von Sparen und Investieren und Sparen und Produzieren.[28] Seine Skepsis hinsichtlich der Perspektive des kapitalistischen Systems läßt sich – und das versteht sich nach dem bisher Entwickelten fast von selbst – auch hier nachweisen.

Keynes' letzte große Schrift vor der „Allgemeinen Theorie", „A Treatise on Money"[29], erschien im Jahre 1930. In der zweiten Hälfte der zwanziger Jahre publizierte er eine Reihe kleinerer Schriften, die seinen grundsätzlichen Standpunkt in der Einschätzung der politökonomischen Probleme des Kapitalismus seiner Zeit *im Detail* präzisieren und die Notwendigkeit staatlicher Regulierungseingriffe in die Wirtschaft schon stärker anklingen lassen. Der wohl bekannteste bürgerliche Biograph Keynes', Roy F. Harrod, charakterisierte diese Schaffensperiode im Keynesschen Leben wie folgt: „In diese Zeit fallen seine ersten Zweifel an der Möglichkeit, der Übel von Arbeitslosigkeit und wirtschaftlicher Depression allein mit monetären Mitteln Herr zu werden. Sein Glaube an die Notwendigkeit zusätzlicher Maßnahmen verstärkte sich, als England mit der Rückkehr zum Goldstandard im Jahre 1925 sich zum großen Teil der Möglichkeit begab, die Arbeitslosigkeit auf monetärem Wege zu beseitigen. *Er wurde zum Anwalt öffentlicher Arbeitsbeschaffung.* Er war der Ansicht, der Staat müsse mit den verfügbaren Methoden Einfluß auf das Gesamtvolumen der inländischen Investitionen nehmen. Für diesen Sektor bedurfte es nach seiner Überzeugung der Ergänzung der Privatinitiative durch Maßnahmen der öffentlichen Hand; aber auch in anderen Bereichen schien ihm eine Verstärkung der staatlichen Aktivität unerläßlich. 1926 veröffentlichte er seine Broschüre ‚The End of Laissez-Faire', in der er die Notwendigkeit vorbeugender monetärer Politik gegen Inflation und Arbeitslosigkeit sowie ergänzender Maßnahmen der öffentlichen Arbeitsbeschaffung begründete."[30]

Auch der Freund von J. M. Keynes, der bürgerliche Ökonom E. A. G. Robinson, bestimmt die Mitte der zwanziger Jahre als den Zeitpunkt, wo seitens Keynes' eine stärkere Hinwendung zu Fragen der staatlichen Wirtschaftsregulierung erfolgte.[31]

28 Vgl. J. M. Keynes, A Tract on Monetary Reform, a. a. O., S. 25f., S. 33f.

29 Vgl. J. M. Keynes, A Treatise on Money, London 1930 (dt. unter dem Titel „Vom Gelde", München–Leipzig 1932).

30 R. F. Harrod, J. M. Keynes, a. a. O., S. 609 (Hervorhebung vom Autor).

31 Vgl. J. M. Keynes, Politik und Wirtschaft, Männer und Probleme, Tübingen–Zürich 1956, S. 36ff. (Vorwort von E. A. G. Robinson).

In unserem kurzen Abriß über den Prozeß der Herausbildung der ökonomisch-theoretischen Grundkonzeption der „Allgemeinen Theorie“ ist der Arbeit „A Treatise on Money“ (1930)[32] ein gewichtiger Platz einzuräumen. Wir haben das Buch „Vom Gelde“ unter dem speziellen Aspekt einzuschätzen, inwieweit hier in der von Keynes vertretenen ökonomisch-theoretischen Grundauffassung hinsichtlich der Einschätzung des Charakters des Kapitalismus eine Weiterführung in Richtung der Doktrinen der „Allgemeinen Theorie“ gegeben ist. Hierzu kann generell festgestellt werden: In ausgeprägter Form findet sich in dieser Arbeit Keynes' Auffassung von der dringend rettende Hilfe bedürftigen kapitalistischen Wirtschaft, soll es nicht zu einem katastrophalen Zusammenbruch kommen. Er schreibt dazu: „Mir ist während der vergangenen elf Jahre die Rolle der Kassandra[33] zugefallen, zuerst bezüglich der wirtschaftlichen Folgen des Friedensvertrages und sodann bezüglich derjenigen einer Rückkehr zum Golde; ich hoffe, daß es bei dieser Gelegenheit nicht auch so sein wird.“[34]
Seine größte Furcht bezieht sich auf eine mögliche Gewinndeflation mit einhergehender Einkommensdeflation. „Wenn das eintritt“, meint Keynes, „so wird das gegenwärtige Regime des kapitalistischen Individualismus sicherlich durch einen weitgehenden Sozialismus ersetzt werden.“[35]
Hinsichtlich der Herausbildung des kategorialen Systems des entwickelten Keynesschen politökonomischen Lehrsystems sind im „Vom Gelde“ weitere Fortschritte zu verzeichnen. So werden z. B. Spar- und Investitionsentscheidungen voneinander getrennt, private Sparsamkeit wird als für den Funktionsmechanismus der kapitalistischen Wirtschaft negativ beurteilt. „Vieles liest sich wie unvollkommene und wirre erste Formulierungen von Sätzen der General Theory“, bemerkt der bürgerliche Dogmenhistoriker Schumpeter zu diesem Werk.[36]
Ansätze für die Ableitung der für das Keynessche Lehrsystem so wichtigen Theorie der sogenannten Grenzleistungsfähigkeit des Kapitals, wie die profittragende Eigenschaft des Kapitals umschrieben wird, lassen sich ebenfalls nachweisen. Dem Profit ist eine tragende Rolle für die wirtschaftliche Entwicklung zuerkannt worden. Der Vollbeschäftigungskonzeption wird, im Gegensatz zu früheren Schriften, wo besonderes Schwergewicht auf Preisprobleme gelegt wurde, mehr Aufmerksamkeit

[32] Vgl. hierzu und zum folgenden: J. M. Keynes, Vom Gelde, München–Leipzig 1932.
[33] Kassandra – wie die griechische Mythologie zu berichten weiß – warnte vor Unheil. Ihre Warnung bleibt aber unbeachtet.
[34] Vgl. J. M. Keynes, Vom Gelde, a. a. O., S. 608.
[35] Ebenda, S. 609.
[36] Vgl. J. A. Schumpeter, J. M. Keynes, 1883–1946, a. a. O., S. 322.

gewidmet. Wirtschaftspolitisch ergab sich aus dieser Konzeption, daß Keynes beispielsweise anläßlich der staatlichen Versuche zur Überwindung der damals gerade herrschenden Weltwirtschaftskrise in einem Bericht an die englische Regierungskommission unter Leitung von Macmillan empfahl, den kapitalistischen Unternehmern staatlicherseits höhere Gewinne in Aussicht zu stellen.[37]

Dem Buch „Vom Gelde“ war nur mäßiger Erfolg beschieden. Offensichtlich lag dies an zwei Umständen: Zunächst war die ökonomisch-theoretische Gesamtkonzeption von Keynes, sein eigentliches politökonomisches Anliegen, noch nicht in ein solches Reifestadium eingetreten, wo sie der Monopolbourgeoisie zur unmittelbaren Anleitung für ihr wirtschaftspolitisches Handeln hätte dienen können, oder, anders formuliert, die „Ernte“ wurde zu früh eingebracht. Zum anderen wurde das Werk zu einer ungünstigen Zeit, die durch die verheerenden Wirkungen der Krise der kapitalistischen Weltwirtschaft chrakterisiert ist, veröffentlicht. Unter derartigen Bedingungen sind für die Monopolbourgeoisie in erster Linie konkrete wirtschaftspolitische Empfehlungen, weniger theoretische Erörterungen, von Interesse.

Mitte der dreißiger Jahre legt Keynes dann mit seinem politökonomischen Hauptwerk die „reife Frucht“ seiner über zwei Jahrzehnte betriebenen ökonomisch-theoretischen Studien und langjährigen wirtschaftspolitischen Erfahrungen vor und erzielt damit einen durchschlagenden Erfolg.

Es wurde bereits darauf verwiesen, daß sich Keynes nicht nur der Erarbeitung eines den Bedingungen des Kapitalismus in der Periode seiner allgemeinen Krise adäquaten ökonomisch-theoretischen Lehrgebäudes zuwandte, sondern daß er auch der ideologischen Bekämpfung des in jener Zeit ersten und zunächst einzigen sozialistischen Staates in der Welt, der Sowjetunion, besondere Aufmerksamkeit widmete. Keynes reagierte in seiner Schrift „Die wirtschaftlichen Folgen des Friedensvertrages“ mit üblen Verleumdungen auf die Diktatur des Proletariats. Er bezeichnet sie als „. . . äußerste Formen jener Lehren der Gewalttätigkeit und Tyrannei, die die Kinder des Krieges und der Verzweiflung sind“.[38] Sein Anti-

37 In diesem Bericht formulierte Keynes unmißverständlich: „Vor allem müssen Sie etwas zur Anhebung der Gewinne unternehmen und sich dann darauf verlassen, daß die privaten Unternehmer die Bewegung in Gang setzen.“ (Vgl. P. Lambert, Die Lehre John Maynard Keynes‘, in: Annalen der Gemeinwirtschaft, 32. Jg., Lüttich und Genf 1963, Heft 4 (Sonderdruck), S. 14; vgl. auch R. F. Harrod, The Life of John Maynard Keynes, London 1952, S. 417.)

38 Vgl. J. M. Keynes, Die wirtschaftlichen Folgen des Friedensvertrages, a. a. O., S. 240/241.

kommunismus setzte sich fort über die Diffamierung des Leninismus als „Religion und Geschäft"[39], die „sicherlich mit einer Niederlage enden werden"[40] und findet sich später in einzelnen Äußerungen immer wieder.[41] Sein Aufsatz „Ein kurzer Blick auf Rußland" (A Short View of Russian (1925)) ist eines der gehässigsten Pamphlete gegen die junge Sowjetmacht und den wissenschaftlichen Sozialismus.[42] Jedoch keines seiner Argumente *gegen* den Sozialismus bewahrheitete sich. Der Sozialismus wächst und gedeiht – trotz der Anfeindungen eines Keynes' und aller übrigen bürgerlichen Ökonomen.

Keynes hegte bereits damals Besorgnis um den Ausgang der Systemauseinandersetzung zwischen Kapitalismus und Sozialismus. Er war ein zu intelligenter Vertreter der Interessen der Monopolbourgeoisie, um nicht zu sehen, daß der zeitgenössische Kapitalismus für einen solchen welthistorischen Kampf zumindest noch nicht ausreichend genug gerüstet war. Schon 1925 mahnte er: „Solch ein System (der moderne Kapitalismus, K. M.) muß, um überleben zu können, nicht nur einigermaßen, sondern außerordentlich erfolgreich sein ... Heute ist er nur noch mäßig erfolgreich. Wenn der unreligiöse Kapitalismus schließlich den religiösen Kommunismus *besiegen* soll, so genügt es nicht, wenn er wirtschaftlich leistungsfähiger wäre, sondern er müßte um viele Male leistungsfähiger sein."[43]

Es ist das Hauptgeschäft von John Maynard Keynes und seiner heutigen Nachfolger, den Kapitalismus, der sich bereits in einer fortgeschrittenen Phase seiner Agonie befindet, in höchstmöglichem Maße leistungsfähig zu erhalten, damit er in der Systemauseinandersetzung mit dem Sozialismus „überlebt".

39 Vgl. J. M. Keynes, Ein kurzer Blick auf Rußland (1925), in: J. M. Keynes, Politik und Wirtschaft ..., a. a. O., S. 237.

40 Vgl. ebenda, S. 238.

41 So bestätigt er z. B. in einem Brief an Hayek seine Übereinstimmung mit den Darlegungen Hayeks in dem Werk „Der Weg in die Knechtschaft" (vgl. R. F. Harrod, The Life of John Maynard Keynes, a. a. O., S. 436 f.).

42 Keynes ist nicht nur ein erbitterter Feind des Sozialismus, er ist auch anmaßend, wenn er schreibt: „Wie kann ich ein Bekenntnis annehmen (er meint mit diesem Bekenntnis die Theorie des wissenschaftlichen Sozialismus – K. M.), daß, indem es den Schlamm dem Fisch vorzieht, das klobige Proletariat über Bürgertum und Intelligentia emporsteigt, die trotz aller Fehler doch die Werte des Lebens darstellen und wahrhaftig die Saat aller menschlichen Vervollkommnung enthalten?" (J. M. Keynes, Ein kurzer Blick auf Rußland, a. a. O., S. 239.)

43 J. M. Keynes, Ein kurzer Blick auf Rußland, a. a. O., S. 243. (Hervorhebung vom Autor.)

Die Grundzüge des von Keynes entwickelten Lehrsystems sind im folgenden kritisch einzuschätzen. Diese Untersuchung verschafft uns zugleich auch die Grundlagen für die kritische Auseinandersetzung mit den *neokeynesianischen* Auffassungen.

1.2. Die Grundzüge der politökonomischen und wirtschaftspolitischen Auffassungen von J. M. Keynes

Die wirtschaftstheoretischen und wirtschaftspolitischen Auffassungen von J. M. Keynes erlangen ihre endgültige Fassung in seinem 1936 erschienenen Hauptwerk „Allgemeine Theorie der Beschäftigung, des Zinses und des Geldes". In den späteren, nur noch kleineren Schriften werden vor allem Grundsätze zur wirtschaftspolitischen Realisierung dieser Konzeption untersucht.

Die kritische Einschätzung der philosophischen Grundlagen, der kategorialen Bauelemente und der Grundzüge des Keynesschen Lehrsystems in seiner ursprünglichen Form erleichtert zweifelsohne die kritische Analyse dieser wirtschaftstheoretischen Konzeption in ihrer heutigen, modifizierten und weiterentwickelten Fassung. Die von uns bereits erwähnte[44], auf die Interessen des Monopolkapitals ausgerichtete Kontinuität im Keynesschen Denken vollendet sich in seinem politökonomischen Hauptwerk.

Die ersten Worte seines Hauptwerkes richtet Keynes gegen die vorangegangenen Ökonomen. „Ich nenne dieses Buch", schreibt er, „die allgemeine Theorie der Beschäftigung, des Zinses und des Geldes und hebe dabei das Wort allgemein hervor. Ich wähle diesen Titel, weil ich die Art meiner Beweisführung und Folgerungen jenen der klassischen Theorie über das Thema entgegenstellen will, jener Theorie, in deren Anschauungen ich erzogen worden bin, und welche heute, genau wie während der letzten hundert Jahre, das wirtschaftliche Denken und Handeln unserer regierenden und akademischen Kreise beherrscht."[45]

Keynes wendet sich gegen die klassische Lehre. Die Periode der Klassik, genauer formuliert, die Periode der klassischen bürgerlichen politischen Ökonomie, erreichte bekanntlich im politökonomischen Lebenswerk von David Ricardo[46] ihren Gipfelpunkt. Die klassische bürgerliche politische

[44] Vgl. S. 15ff. der vorliegenden Arbeit.

[45] J. M. Keynes, Allgemeine Theorie der Beschäftigung, des Zinses und des Geldes, München–Leipzig 1936, S. 3.

[46] D. Ricardos Hauptwerk „Über die Grundsätze der politischen Ökonomie und Besteuerung" erschien im Jahre 1817, also zu einer Zeit, da die industrielle Revolution im Kapitalismus in vollem Gange war.

Ökonomie, zu der u. a. W. Petty (1623–1687) und Adam Smith (1723 bis 1790) in England, François Quesnay (1694–1774) und Jaques Turgot (1727–1781) in Frankreich zählen, ist eine der Quellen des Marxismus. Alle wissenschaftlichen und revolutionären Bestandteile der bürgerlichen Klassik gingen in das Arsenal der marxistischen politischen Ökonomie ein. Karl Marx unterzog das Gesamtsystem der klassischen bürgerlichen politischen Ökonomie einer kritischen Analyse und übernahm alle wertvollen Elemente dieses Lehrsystems. Wir wollen hier nicht weiter darauf eingehen, daß Keynes' Definition der gesamten bürgerlichen politischen Ökonomie bis hin zu den dreißiger Jahren unseres Jahrhunderts als „klassische Ökonomie"[47] absolut unzutreffend ist. Eine derartige Periodisierung der Geschichte der ökonomischen Theorie läßt sich nur als ein Ausdruck des persönlichen Ehrgeizes von Keynes einschätzen, nämlich als Begründer eines *neuen* Abschnittes in der Geschichte der politischen Ökonomie, gleichsam als Begründer der *nach*klassischen Periode fungieren zu wollen.

Keynes polemisiert gegen die „Klassik". Sie geht von der für ihn irrigen These aus, daß durch die konkurrenzwirtschaftliche Preisbildung im Kapitalismus eine Tendenz zum ökonomischen Gleichgewicht gegeben sei. Demgegenüber vertritt er die Auffassung, daß durch diese Form der Preisbildung die Gesamtnachfrage und das Gesamtangebot an Waren in der kapitalistischen Wirtschaft *nicht* so gesteuert sein muß, daß diese Größen unbedingt übereinstimmen. Er bestreitet generell die Steuerungsfunktion der Preisbildung im modernen Kapitalismus in Richtung der Sicherung eines gesamtwirtschaftlichen Gleichgewichts.

Mit seiner Kritik an der These über die regulierende Funktion der konkurrenzwirtschaftlichen Preisbildung, die bis zu Keynes' Zeiten zu den allgemein anerkannten Grundtheoremen der bürgerlichen politischen Ökonomie zählte, paßte er sich zweifelsohne den *neuen* Bedingungen in der kapitalistischen Wirtschaft in ihrem staatsmonopolistischen Stadium an. Bekanntlich ist im Kapitalismus der freien Konkurrenz, also dem *vormonopolistischen* Kapitalismus, die gesellschaftliche Produktion durch die Ausbeutung der gesellschaftlich produzierenden Produzenten, durch die private Aneignung des gesellschaftlichen Gesamtprodukts und durch

[47] Die Periode der Klassik in der Geschichte der bürgerlichen politischen Ökonomie definiert Keynes wie folgt: „Ich habe mich daran gewöhnt, obschon ich dabei vielleicht einen großen Sprachfehler begehe, in der ‚klassischen Schule' die Nachfolger Ricardos einzuschließen, das heißt jene, welche die Ricardosche Theorie angenommen haben und vervollkommnet, einschließlich (z. B.) J. S. Mill, Marshall, Edgeworth und Prof. Pigou." (J. M. Keynes, Allgemeine Theorie ..., a. a. O., S. 3.)

die Erzielung von Profit charakterisiert. Die Regulierung der gesellschaftlichen Produktion erfolgt dementsprechend „durch den Profit und bewegt sich in diesem Rahmen (über Unternehmergewinn, Zins, Handels- und Bankprofit, Grundrente, vermittels der verschiedenen Preise). Sie kann sich unter kapitalistischen Bedingungen nur über das Konkurrenzprinzip durchsetzen: durch den Konkurrenzmechanismus bewegen sich die kapitalistischen Kategorien und setzen sich die ökonomischen Gesetze durch. Die Konkurrenz bildet das Milieu des Kapitalismus. Naturnotwendig ist diese kapitalistische Regulierung eine blind wirkende, spontane und anarchische Regulierung. Das Funktionieren eines nach solchen Prinzipien organisierten Wirtschaftssystems (seine ganze Aneignungs- und Verteilungsweise) ist vom ungehinderten Wirken des Konkurrenzmechanismus abhängig."[48] Auf einer bestimmten Entwicklungsstufe geraten jedoch die durch den Kapitalismus selbst entwickelten Produktivkräfte mit diesem System in Konflikt. Es entsteht die Herrschaft der Monopole; der vormonopolistische wandelt sich zum monopolistischen Kapitalismus, zum Imperialismus. Dem monopolistischen Kapitalismus entspricht die Regulierung durch den Monopolprofit. Dies bedeutet das Gegenteil der freien Konkurrenz. Jedoch beseitigt die Monopolherrschaft keinesfalls das Konkurrenzprinzip, sie „stellt nur eine neue Form der Herrschaft des Privateigentums dar, der die monopolistische Konkurrenz entspricht".[49] Schließlich wird im Verlauf dieses Entwicklungsprozesses der staatsmonopolistische Kapitalismus zum herrschenden System. Im staatsmonopolistischen Kapitalismus – und Keynes ist von uns als Theoretiker dieses Entwicklungsstadiums des Kapitalismus charakterisiert – erhält die staatsmonopolistische Regulierung eine besondere Bedeutung. Diese liegt in der erreichten Entwicklungsstufe der gesellschaftlichen Produktivkräfte und ihres Widerspruchs zu den herrschenden Produktionsverhältnissen begründet und macht eine Regulierung über die engen Grenzen der Profitinteressen hinaus erforderlich.

Das Wesentliche bzw. die besondere Bedeutung der staatsmonopolistischen Regulierung besteht offensichtlich darin, „daß es für den Kapitalismus, der bekanntlich mit der Zuspitzung der Konflikte nicht automatisch zusammenbricht, nur eine Möglichkeit gibt, diesen Erfordernissen im Rahmen des Kapitalismus zu entsprechen, nämlich neue, höhere Formen der Monopolisierung zu schaffen, die das kapitalistische Ausbeutersystem, die Grundlage und das eigentliche innere Wesen jeder kapitalistischen

[48] Vgl. R. Gündel, H. Heininger, P. Hess, K. Zieschang, Zur Theorie des staatsmonopolistischen Kapitalismus, Berlin 1967, S. 318.

[49] Vgl. ebenda, S. 319.

Produktion auf eine neue Stufe heben. Dies sind letztlich die einzigen kapitalistischen Methoden, um die Schranken des Privatkapitals, des Profits und des sich daraus ergebenden Konkurrenzmechanismus relativ durchbrechen zu können. Hierin besteht auch die ökonomische Grundproblematik des staatsmonopolistischen Kapitalismus im allgemeinen und seiner Regulierungsfunktion im besonderen.
Daraus ergibt sich die erste und wichtigste Feststellung bezüglich der Wirkung des staatsmonopolistischen Kapitalismus auf das kapitalistische Regulierungssystem. Da der staatsmonopolistische Kapitalismus nicht die kapitalistischen Grundlagen der Produktionsweise, das kapitalistische Eigentum, beseitigt, kann die Regulierung nur nach kapitalistischen Prinzipien erfolgen. Der staatsmonopolistische Kapitalismus kann keine neuen Prinzipien der Regulierung in dem Sinne schaffen, daß diese den Erfordernissen der Vergesellschaftung voll entsprechen. Diese neuen Prinzipien kann erst die Überwindung der kapitalistischen Grundlagen der Produktion, d. h. der Sozialismus, hervorbringen."[50]
Keynes polemisierte also nicht zu Unrecht gegen die von den praktischen Gegebenheiten des staatsmonopolistischen Kapitalismus überholten Auffassungen in der herrschenden bürgerlichen politischen Ökonomie seiner Zeit von der Wirkung der konkurrenzwirtschaftlichen Preisbildung. Diese Preisbildungsform hatte in der Tat durch die Monopole und die beginnende Entwicklung des staatsmonopolistischen Kapitalismus weitestgehend aufgehört, Gesamtangebot und -nachfrage zu regulieren. Damit schaffte sich Keynes die theoretische Ausgangsbasis für seine spätere Ableitung, daß dieses Fehlen des *ausgleichenden* konkurrenzwirtschaftlichen Preisregulierungsmechanismus durch die staatliche Wirtschaftsregulierung zu egalisieren ist. Er brauchte dabei den Fragen der weitgehenden Ausschaltung des Preisregulierungsmechanismus unter den Bedingungen des *monopolistischen* Kapitalismus insofern keine ausgedehnte Analyse zu widmen, als die tägliche Praxis hierfür überzeugendes Anschauungsmaterial zur Genüge bot.
Dieser ökonomisch-theoretische Ausgangspunkt seines politökonomischen Lehrsystems über die Rolle der kapitalistischen Preisbildung kam aber im weiteren Verlauf der wirtschaftstheoretischen Ableitungen nicht weiter zur Entfaltung. Für Keynes wurde die Frage, wie groß das *Nationaleinkommen* (in der Terminologie von Keynes, und überhaupt der modernen bürgerlichen Ökonomen: das Sozialprodukt) der kapitalistischen Wirtschaft sein muß, damit bei deren Produktion unter den Bedingungen höchstmöglicher Profite *alle* verfügbaren Produktionselemente, vor allem die

[50] Vgl. ebenda, S. 320.

Arbeitskräfte, eingesetzt sind, zum zentralen ökonomisch-theoretischen Problem. Er wendet sich damit den Fragen des kapitalistischen gesellschaftlichen Reproduktionsprozesses in seiner Gesamtheit zu. Dies ist insofern wichtig, als es für die Monopolbourgeoisie in jener kritischen Zeit darauf ankommt, diesen Prozeß in seinem konkreten Ablauf in den Griff zu bekommen. Keynes' Orientierung der politökonomischen Analyse entspricht also den objektiven Bedürfnissen der herrschenden Klasse. Er versucht dabei in Anlehnung an die subjektiv-idealistische Theorie der Erwartungen der zeitgenössischen Stockholmer Schule innerhalb der bürgerlichen politischen Ökonomie durch die Einbeziehung *psychologischer Faktoren* in der ökonomisch-theoretischen Analyse voranzukommen. Wir berühren damit einen gewichtigen Komplex der charakteristischen Grundzüge im Keynesschen Lehrsystem. In diesem Teil findet Keynes' idealistische philosophische Grundposition ihren markanten Ausdruck.[51] Keynes argumentiert so: Die Menschen sind in ihren wirtschaftlichen Entscheidungen von den von ihnen erwarteten künftigen Daten, vor allem von den Preisen der Waren, abhängig. Diese *erwarteten* wirtschaftlichen Daten stehen, so meint er, unter dem Einfluß psychologischer Faktoren. Zu diesen Faktoren zählt er u. a. den Hang zum Verbrauch, die Sparneigung, den Hang zur Liquidität usw. Wie verbindet sich nun diese subjektiv-idealistische Konzeption mit Keynes' auf den gesellschaftlichen Reproduktionsprozeß bezogenen ökonomisch-theoretischen Auffassungen?
Nach Auffassung von Keynes ist der Umfang des Nationaleinkommens, und damit auch weitgehend das Niveau Gesamtbeschäftigung, durch *drei* grundlegende Faktoren bestimmt: durch den Hang zum Verbrauch (Verbrauchsfunktion), durch die sog. Grenzleistungsfähigkeit des Kapitals, d. h. durch die Profitaussichten der kapitalistischen Unternehmer, sowie durch den Zinsfuß.[52] Damit stoßen wir auf die Grundelemente des Keynesschen Lehrsystems. Hierzu einige kritische Bemerkungen.
Keynes' Auffassung vom individuellen Verbrauch geht von dem angeblich allgemeingültigen psychologischen Gesetz aus, daß die Menschen bei wachsendem Einkommen ihren konsumtiven Verbrauch erhöhen, aber nicht im gleichen Maße, wie das Einkommen steigt. In formallogischer

[51] Es ist das Verdienst von K.-H. Schwank, in seiner Schrift „Lord Keynes' Theorie – weder revolutionär noch wissenschaftlich" (Berlin 1961) den Subjektivismus in der Keynesschen politischen Ökonomie einer vernichtenden Kritik unterzogen zu haben. Die hier entwickelten Grundgedanken bleiben in bezug auf den *Neo*keynesianismus voll gültig.

[52] Vgl. auch die schematische Darstellung des kategorialen Zusammenhangs des Keynesschen Lehrsystems auf S. 44 der vorliegenden Arbeit.

Konsequenz ergibt sich aus diesem Theorem eine permanente Lücke in der Nachfrage nach Konsumtions-, und damit auch nach Produktionsmitteln, die für die Konsumtionsmittelproduktion direkt und indirekt erforderlich sind.

Diese Keynessche allgemeine These vom abnehmenden Verbrauchszuwachs[53] läßt offensichtlich in ihrer mechanistisch-abstrakten Fassung die Aufspaltung der kapitalistischen Gesellschaft in antagonistische Klassen und die unterschiedlichen Wesenszüge im Verbrauch der Arbeiterklasse und der die Produktionsmittel besitzenden Klasse und anderer sozialer Schichten unberücksichtigt. Sowohl für die Arbeiterklasse als auch für die Kapitaleigentümer wird die Konsumtion letztlich durch die Höhe ihres Anteils am Nationaleinkommen, also durch die Größe des variablen Kapitals (v) und des Mehrwertes (m) bestimmt. Die Existenz angeblich allgemeingültiger psychologischer Gesetze läßt sich nicht nachweisen. Die überwiegende Mehrheit der individuellen Konsumenten, also die Arbeiterklasse und andere werktätige Volksschichten, verfügen im Kapitalismus nur über einen solchen Anteil am Nationaleinkommen, der in der gesamten bisherigen Geschichte des Kapitalismus keine Grundlage für ein anwachsendes Sparguthaben dieser Menschen geboten hat.

Im Keynesschen Lehrsystem, und auch später bei den Neokeynesianern, hat die Verknüpfung der Theorie des konsumtiven Verbrauchs mit psychologischen Gesetzen offenbar keine andere Bedeutung, als eine gleichsam aus der Wirkung von natürlichen Faktoren herrührende *Nachfragelücke* nach Konsumtionsmitteln zu konstruieren. Der Ausgleich dieser Lücke wurde für Keynes und seine heutigen Nachfahren zur ökonomisch-theoretischen Basis der Apologetik jeglichen Verbrauchs, auch des unproduktiven und des parasitären. Dies erklärt übrigens, daß Keynes für den bürgerlichen Vulgärökonomen Robert M. Malthus, den Stammvater der Apologetik des parasitären Verbrauchs in der bürgerlichen politischen Ökonomie, eine besondere Vorliebe bekundet.[54] Nach dem zweiten Weltkrieg sind vor allem die Rüstungsausgaben in den imperialistischen Ländern im Bereich des unproduktiven Verbrauchs an die erste Stelle getreten. Im Lehrsystem von Keynes selbst kommt noch den Investitionen zur Ausgleichung der Nachfragelücke nach Konsumtionsmitteln eine besondere Stellung zu. Die Investitionen haben, so meint Keynes, solch ein Ausmaß anzunehmen, daß die unzureichende konsumtive Nachfrage

[53] Keynes hat dieses Theorem in das „Gesetz vom abnehmenden Grenzhang zum Verbrauch" gekleidet.

[54] Vgl. J. M. Keynes, Allgemeine Theorie . . ., a. a. O., S. 27f.

kompensiert wird. Er übersieht bei seinen investitionstheoretischen Überlegungen allerdings, daß sich die Investitionstätigkeit nur bis zu einem bestimmten Grade unabhängig von der individuellen Konsumtion vollzieht und auch nur vollziehen kann. Die antagonistischen Verteilungsverhältnisse in der kapitalistischen Gesellschaft bilden eine äußerst schmale Basis für die Erweiterung der Konsumtionsmittelproduktion als Voraussetzung für die Ausdehnung der produktiven Konsumtion. Der grundlegende Irrtum in Keynes' Lehre von den Investitionen besteht darin, den objektiven Widerspruch des Kapitalismus zwischen dem Drang nach schrankenloser Ausdehnung der Produktion zur Profitsteigerung und der Begrenzung der Konsumtionsmöglichkeiten der breiten werktätigen Volksschichten zu ignorieren.

Mit Keynes' investitionstheoretischer Auffassung ist die Theorie der Grenzleistungsfähigkeit des Kapitals, also der zweite grundlegende kategoriale Baustein im Keynesschen Lehrsystem, eng verbunden. Keynes macht die ebenfalls psychologisch determinierte Investitionsneigung des kapitalistischen Unternehmers zum Bestimmungsgrund für das Ausmaß der Kapitalakkumulation. Diese „Neigung" wäre dann erschöpft, so meint er, wenn die Grenzleistungsfähigkeit des Kapitals – damit meint er nichts anderes als die Profitrate – auf das Niveau des Marktzinsfußes abgesunken ist. Hohe Zinssätze und niedrige Profitraten beschleunigen demzufolge das Zusammentreffen beider Größen unter Umständen bereits in einem solchen Entwicklungsstadium der kapitalistischen Wirtschaft, wo noch keine Auslastung der verfügbaren ökonomischen Ressourcen, vor allem der Arbeitskräfte, gegeben ist. Die Wirtschaftspolitik des imperialistischen Staates hat in diesem Fall durch Beeinflussung sowohl des Zinsniveaus als auch der Verbesserung der Verwertungsbedingungen des Kapitals die Bedingungen für eine wirtschaftliche Expansion bis hin zur Vollbeschäftigung zu schaffen.

Keynes' ökonomisch-theoretische Begründung der Investitionsneigung beruht auf unzulänglichen Prämissen sowohl, was die Theorie von der angeblich abnehmenden Grenzleistungsfähigkeit des Kapitals anbelangt, als auch hinsichtlich der Rolle und Funktion der subjektiven Neigung zur Kapitalakkumulation. Überhaupt ist es Ausdruck eines idealistischen weltanschaulichen Standpunktes, wenn Keynes subjektive Erwartungen der Kapitalisten über Profitaussichten und Zinssatzentwicklung zu objektiven Faktoren deklariert bzw. diese Erwartungen in eine selbständige Kraft verwandelt, die die Bewegung der Kapitalakkumulation bestimmt. So schreibt I. G. Bljumin hierzu sehr richtig: „Ein rein abgeleiteter Faktor, der Stimmungswechsel des Kapitalisten, der auf den objektiven Ursachen des jeweiligen Standes der Wirtschaftskonjunktur beruht, wird als das bestimmende Moment behandelt, das die Veränderungen in der objektiven Sachlage hervorruft."[55]

Keynes stellt das Verhältnis von Objektivem und Subjektivem im Prozeß der Kapitalakkumulation auf den Kopf. Darüber hinaus ist seine These von der angeblich absinkenden Leistungsfähigkeit oder auch „Produktivität" des Kapitals nichts anderes als die Übertragung des berühmt-berüchtigten „Gesetzes vom abnehmenden Ertragszuwachs" der bürgerlichen politischen Ökonomie auf die Kapitaltheorie. Er geht sogar so weit, daß er behauptet, der Profit werde überhaupt verschwinden, indem er schreibt: „Wenn ich recht habe in meiner Annahme, daß es verhältnismäßig leicht sein sollte, Kapitalgüter so reichlich zu machen, daß die Grenzleistungsfähigkeit des Kapitals Null ist, mag dies der vernünftigste Weg sein, um allmählich die verschiedenen anstößigen Formen des Kapitalismus los zu werden. Denn ein wenig Überlegung wird zeigen, was für gewaltige gesellschaftliche Änderungen sich aus einem allmählichen Verschwinden eines Verdienstsatzes auf angehäuftem Reichtum ergeben würde."[56]

Keynes' These von der angeblichen Selbstliquidierung des Profits widerspricht allen praktischen Erfahrungen. Unter den heutigen Bedingungen der wissenschaftlich-technischen Revolution ergeben sich für die Profitmaximierung der Monopole sogar neue, weitaus größere Möglichkeiten. So kann sich der Verzicht auf die Wahrnehmung eines augenblicklichen Profitvorteils unter Umständen in der Zukunft sogar in einen wahren Profitsegen verwandeln.

Das dritte entscheidende kategoriale Bauelement im Keynesschen Lehrsystem bezieht sich auf den Zins. Nach Keynes ist der Zinsfuß durch die Menge des zirkulierenden Geldes (Geldmenge) und durch die psychologisch determinierte „Vorliebe für Liquidität" (Liquiditätspräferenz)[57] bestimmt, also als ein rein monetäres Phänomen erklärt. Obgleich Keynes mit diesen seinen recht trivial-banalen zinstheoretischen Auffassungen

[55] Vgl. I. G. Bljumin, Über die moderne bürgerliche politische Ökonomie, Berlin 1960, S. 63.

[56] Vgl. J. M. Keynes, Allgemeine Theorie . . ., a. a. O., S. 185.

[57] Die von Keynes eingeführte Kategorie „Liquiditätspräferenz" bedeutet „. . . eine wählende Entscheidung, bei der auf den Nutzen, der durch Verausgabung oder durch Verleihung des Geldes zu erzielen wäre, bewußt verzichtet wird, weil es vorgezogen wird, bereits Kaufkraft zur Verfügung zu haben und abzuwarten, welche Geldverwendung sich als die vorteilhafteste erweisen wird." (Vgl. A. Paulsen, Neue Wirtschaftslehre. Einführung in die Wirtschaftstheorie von John Maynard Keynes und die Wirtschaftspolitik der Vollbeschäftigung, (West-)Berlin-Frankfurt (Main) 1959, S. 38.)

selbst die Kritik aus Kreisen der bürgerlichen Ökonomen auf sich zog, hielt er an diesen fest, da er sie als theoretische Stützen seiner These brauchte, daß letztlich der Staat durch geldpolitische Maßnahmen den Zinsfuß bestimmen könne.
Die Bewegung der Rate des Marktzinses ist im Kapitalismus natürlich in letzter Konsequenz von der Bewegung des gesamtwirtschaftlichen Reproduktionsprozesses abhängig. Insofern die Zentralbanken neue Zins-(Diskont)raten festsetzen, passen sie sich den veränderten Bedingungen im zyklischen Ablauf des gesellschaftlichen Reproduktionsprozesses an. Die Bewegung des Leihkapitals und die der allgemeinen Rate der Kapitalverwertung bilden die objektive Basis für die Bewegung der Zinsrate. Die staatliche Geldmengenpolitik kann die Bewegung der Zinsrate bis zu einem gewissen Grade manipulieren und in den Dienst einer anti-zyklischen Konjunkturpolitik stellen, sie ist jedoch der Wirkungsweise der objektiven ökonomischen Gesetze der Profitproduktion, des Kapitalumschlages sowie der Bewegung des zinstragenden Kapitals unterworfen.
Keynes' Zinstheorie ist eng mit seinen geldtheoretischen Auffassungen verbunden. Dem Gelde sprach Keynes neben der Funktion als Wertmaß und Tauschmittel auch eine eigenständige Bedeutung als *Mittel zur Wertaufbewahrung* zu. Er charakterisierte mit der Einführung dieser Kategorie in das System der modernen bürgerlichen politischen Ökonomie den Prozeß der Geldhortung innerhalb der Sphäre der kapitalistischen Geldzirkulation. Mit seiner Kategorie Geld als Mittel der Wertaufbewahrung wurde von ihm indirekt auf die in der entwickelten Warenproduktion millionenfach anzutreffende Erscheinung des zeitlichen Auseinanderfallens der Zirkulationsakte W – G und G – W (resp. G – W und W – G) aufmerksam gemacht.
Keynes teilte die gesamte Geldmenge innerhalb der kapitalistischen Wirtschaft – und diese Unterteilung ist u. a. für das Verständnis der aus seinem Lehrsystem abgeleiteten wirtschaftspolitischen Schlüsse wichtig – in *aktives* und *inaktives* Geld ein.[58] Dieser Einteilung wurden ebenfalls psychologische Erklärungsgründe, und zwar das sogenannte Transaktions-, Vorsichts- und das Spekulationsmotiv zugrunde gelegt.
Aus dem bisher über das Keynessche Lehrgebäude Dargelegten ergibt sich also, daß Keynes den subjektiven Faktoren und zwar den psychologischen Faktoren und subjektiven Erwartungen der sogenannten Wirtschafts-

[58] Aktives Geld sind die Zahlungsmittel, die für den normalen Ablauf der Warenzirkulation erforderlich sind. Dieses Geld steht in enger Beziehung zum Kreislauf des Warenkapitals. Inaktives Geld resultiert aus der Verwirklichung des Spekulationsmotivs. Es dient der Haltung eines sogenannten Spekulationsfonds.

individuen, das können sowohl Kapitalisten als auch Arbeiter sein, eine *primäre* Bedeutung im gesellschaftlichen Reproduktionsprozeß zuerkennt. Subjektive Erwartungen, die es zweifelsohne gibt, sind in ihrer Bedeutung und Tragweite aber entscheidend von den herrschenden Produktionsverhältnissen geprägt. Die Sparneigung beispielsweise eines Finanzoligarchen ist anders determiniert als die eines Arbeiters im Kapitalismus. Die Beispiele ließen sich leicht mehren. Da nach Keynes die erwarteten wirtschaftlichen Daten unter dem bestimmenden Einfluß subjektiver psychologischer Faktoren stehen, kann es demnach in letzter Konsequenz auch keine objektive ökonomische Entwicklung geben. Subjektive Erwartungen determinieren keine objektive Notwendigkeit im Ablauf ökonomischer Prozesse. Das heißt aber nicht, daß Keynes – und seine geistigen Nachfolger bis auf den heutigen Tag – nicht auch bestimmte ökonomische Zusammenhänge und Prozesse in der kapitalistischen Wirtschaft in ihrer realen Bewegung erkannt hätten. Was Keynes – und auch die Neokeynesianer – hier erfassen, sind bestimmte Funktionalbeziehungen der unterschiedlichsten Art und Bedeutung, wie sie an der *Oberfläche* des kapitalistischen gesellschaftlichen Reproduktionsprozesses in Erscheinung treten. Derartigen Funktionalbeziehungen sprechen sie einen realen Charakter zu.[59] Keynes und seine heutigen Nachfahren stoßen jedoch nicht zu den objektiven ökonomischen Gesetzen und Grundbeziehungen der modernen kapitalistischen Wirtschaft vor, so beispielsweise zum Mehrwertgesetz oder zum Grundwiderspruch des Kapitalismus. Deren Erkenntnis ist ihnen durch ihre Klassenposition als bürgerliche Theoretiker versperrt.

Was also die speziell philosophischen Aspekte der Keynesschen Lehre anbelangt, so zeigt sich zusammenfassend, daß die weltanschaulichen Grundlagen des Keynesianismus im Bereich der idealistischen Philosophie angesiedelt sind. Da die wirtschaftlichen Vorgänge letztlich als vom menschlichen Verhalten abhängig angesehen und dieses Verhalten, oder, wie Keynes auch formuliert, die Neigung resp. der Hang zu einer bestimmten wirtschaftlichen Handlung, durch psychologische Faktoren bestimmt sei, könnte die philosophische Basis des Keynesschen wirtschaftstheoretischen Lehrgebäudes als eine Abart des *Voluntarismus* bezeichnet werden. Bei

[59] So schreibt u. a. G. Söder in seiner Arbeit über die philosophischen Aspekte im Keynesschen Gesamtwerk: „Aus der Gesamtarbeit von Keynes geht hervor, daß er die Existenz der objektiven Realität und die Wirkung objektiver Faktoren auf die Entwicklung der Gesellschaft nicht gänzlich leugnet." (Vgl. W. Haak, H. Lauterbach, E. Rossade, G. Söder, H.-D. Tautz, Mensch und Wirtschaft. Zur Kritik der Auffassung des Menschen in der bürgerlichen politischen Ökonomie, Berlin 1967, S. 184.)

Keynes erscheint in letzter Konsequenz die gesamte wirtschaftliche Entwicklung als eine von der Geisteshaltung der Menschen bestimmte und abhängige Größe. Es ist das Verdienst des marxistischen Philosophen Günter Söder, in einer neueren Arbeit diesen philosophischen Kern des Keynesschen Lehrgebäudes im einzelnen herausgeschält und aufgedeckt zu haben.[60]

Den ideellen Motiven räumt Keynes einen zentralen Platz in seinem Lehrsystem ein. Besondere Bedeutung mißt er den *Zukunftserwartungen* bei. Durch die Überbetonung des subjektiv determinierten Zukünftigen für das gegenwärtige ökonomische Geschehen hat Keynes auch in philosophischer Hinsicht theoretische Grundlagen und Anknüpfungspunkte für die heutige bürgerliche Gesellschafts- und Wirtschaftstheorie gelegt. Enge Beziehungen bestehen in dieser Hinsicht vor allem zur modernen bürgerlichen Prognostik und Programmierung sowie zur imperialistischen Zukunftsforschung, der Futurologie. Keynes wirkte auch allen fatalistischen Stimmungen innerhalb der herrschenden Klasse seiner Zeit entgegen. Seine philosophische Position impliziert letztlich, daß durch die Manipulierung der Geisteshaltung der Menschen die wirtschaftliche Entwicklung beeinflußbar sei. Die Zukunft des Kapitalismus wäre demnach bei aktivem Handeln der herrschenden Klasse keinem schicksalshaften Verlauf ausgesetzt. Eine derartige philosophische Grundauffassung findet in der Gegenwart in solchen reaktionären Gesellschaftstheorien wie die von der „Industriegesellschaft“, der „mündigen Gesellschaft“, der „Leistungsgesellschaft“ u. dgl. mehr ihre individuell nuancierte Konkretisierung. Diese Gesellschaftstheorien gehen im Grunde davon aus, daß das kapitalistische System durch die geistige und materielle Manipulierung des Einzelnen im Interesse der Monopolbourgeoisie lebensfähig erhalten werden könne. Den Arbeitern soll glaubhaft gemacht werden, daß bei einer sachkundigen Wirtschafts- und Gesellschaftspolitik ihnen das kapitalistische System eine sichere und solide Perspektive biete.

Natürlich war Keynes in erster Linie kein philosophischer Theoretiker; seine philosophische Weltanschauung ist von ihm auch nicht detailliert dargestellt worden. Sie wirkt aber über sein politökonomisches Lehrgebäude noch heute fort.

Allein die Kritik an Theoremen der überkommenen bürgerlichen politischen Ökonomie sowie die Hervorhebung psychologischer Faktoren zu Grundelementen eines ökonomisch-theoretischen Lehrsystems konnten noch nicht eine den neu entstandenen Bedingungen des Kapitalismus in der Periode der allgemeinen Krise entsprechende monopolbourgeoise

[60] Vgl. G. Söder, Auffassung des Menschen bei Keynes ..., a. a. O., S. 167ff.

ökonomische Theorie begründen. D. h. Keynes mußte aus dem Bereich der Theorienkritik hinaus und zur Weiterführung der ökonomischen Theorie selbst übergehen. Indem er hierbei – wie bereits kurz angedeutet – bewußt *gesamtwirtschaftliche* Probleme des Kapitalismus, die in jener Zeit durch die permanente Massenarbeitslosigkeit während der großen Weltwirtschaftskrise unübersehbar ins Blickfeld der bürgerlichen Ökonomie getreten waren, auf die Tagesordnung der politökonomischen Forschung setzte, entsprach er vollauf den Anforderungen der Monopolbourgeoisie an die bürgerliche politische Ökonomie jener Zeit. Die Bedeutung von John Maynard Keynes für die Entwicklung der bürgerlichen politischen Ökonomie besteht gerade darin, die Probleme des gesellschaftlichen Reproduktionsprozesses der kapitalistischen Wirtschaft in einem für die Lebensinteressen der Monopolbourgeoisie historisch wichtigen Zeitpunkt auf die Tagesordnung der bürgerlichen politökonomischen Forschung gesetzt zu haben. Der sowjetische Ökonom I. G. Bljumin bemerkt in seiner Einschätzung des Keynesianismus völlig zu Recht: „Das grundlegende ‚Neue', was Keynes der bürgerlichen politischen Ökonomie hinzugefügt hat, besteht darin, unter volkswirtschaftlichem Aspekt die Frage der Reproduktion aufzuwerfen. In Wirklichkeit ist das jedoch nicht neu. Man braucht nicht nur an François Quesnay zu erinnern, der schon im Jahre 1758 sein ‚Tableau économique' herausgab, in dem er den genialen Versuch unternahm, die Reproduktion des gesellschaftlichen Gesamtkapitals darzustellen. Aber die bürgerlichen Ökonomen haben die Theorie der Reproduktion des gesellschaftlichen Gesamtkapitals so gründlich vergessen, daß sie in der Keynesschen Fragestellung gewissermaßen eine neue Entdeckung sehen."[61]

Keynes' Kritik an der sogenannten „klassischen Ökonomie", seine von der Stockholmer Schule übernommenen psychologischen Faktoren sowie die von ihm entwickelten Grundkategorien über die Nachfrage, Investitionen usw. fließen in seine Konzeption über den kapitalistischen gesamtwirtschaftlichen Reproduktionsprozeß ein und lassen ein wirtschaftstheoretisches Gebilde entstehen, dessen wesentliche Konturen in Folgendem bestehen: Im gesellschaftlichen Reproduktionsprozeß entsteht im Zuge der Güterproduktion Nationaleinkommen und ein entsprechendes Geldeinkommen im gleichen Wertumfang. Während nun nach Auffassung der überkommenen bürgerlichen ökonomischen Theorie Größe und Vertei-

[61] I. G. Bljumin, Die Krise der modernen bürgerlichen politischen Ökonomie, a. a. O., S. 349/350. Zur Geschichte und Kritik der bürgerlichen Theorie über die gesamtwirtschaftliche Reproduktion vgl. u. a. K. O. Müller, Die bürgerliche Kreislauftheorie, Berlin 1968.

lung des Nationaleinkommens auf die sogenannten Produktionsfaktoren, also Arbeitskräfte, Kapital und Boden, über das System der konkurrenzwirtschaftlichen Preisbildung als ein *einheitlicher* Vorgang erklärt und in Anlehnung an das „Saysche Ausgleichstheorem"[62] (auch „Parallelen-Axiom" genannt) eine generelle Übereinstimmung zwischen gesamtem Angebot und gesamter Nachfrage postuliert wurde, wird dies von Keynes – durchaus zu Recht – bestritten.[63] Er schreibt: „Es ist die Voraussetzung, daß der Nachfragepreis der gesamten Produktion und der Angebotspreis einander gleich sind, die als das ‚Parallelen-Axiom' der klassischen Theorie betrachtet werden muß. Wird das zugegeben, ergibt sich der Rest von selbst – die sozialen Vorteile privater und nationaler Sparsamkeit, die herkömmliche Stellung zum Zinsfuß, die klassische Theorie der Arbeitslosigkeit, die Mengentheorie des Geldes, die uneingeschränkten Vorteile des Laissez-Faire in bezug auf den Außenhandel und vieles andere, was wir in Frage stellen werden."[64]

Keynes' wichtigstes Argument innerhalb seiner Theorie des gesellschaftlichen Reproduktionsprozesses im modernen Kapitalismus besteht nun

62 Der der nachklassischen bürgerlichen Vulgärökonomie zuzurechnende J. B. Say postuliert in diesem Theorem, daß sich die Gesamtproduktion eine ihr adäquate Gesamtnachfrage automatisch verschaffe. (Zur Kritik dieses Theorems vgl. u. a.: H. Meißner, Bemerkungen zur Entwicklung des bürgerlichen Gleichgewichtsbegriffs als Ausdruck des Verfallsprozesses der bürgerlichen politischen Ökonomie, in: Konjunktur und Krise, 3. Jg., Berlin 1959, S. 90ff.

63 Eine realistische Argumentation gegen das Saysche Theorem unter den Bedingungen des heutigen staatsmonopolistischen Kapitalismus bringt J. K. Galbraith, wenn er schreibt: „Eine der vertrauten Antiquitäten der Wirtschaftswissenschaft ist das Saysche Marktgesetz. Es besagt, daß jede wirtschaft stets einen Bedarf schafft, der ausreicht, um ihren Produktionsausstoß zu absorbieren. Ein Versagen von Kaufherrschaft oder Nachfrage wäre demnach unmöglich. Das Saysche Gesetz ist nicht mehr glaubwürdig. In der Welt seines Urhebers, vor zweihundert Jahren, kam ihm große Bedeutung zu." (Vgl. J. K. Galbraith, Die moderne Industriegesellschaft, München–Zürich 1968, S. 248.) Wenn Galbraith schreibt, das Saysche Gesetz „ist nicht mehr glaubwürdig" und es kam ihm nur in der Welt seines Urhebers große Bedeutung zu, so enthält diese Einschätzung offenbar nur die halbe Wahrheit. Weder vor 200 Jahren noch heute war dieses „Saysche Gesetz" jemals gültig. Auch im vormonopolistischen Kapitalismus hat die ständige Wiederkehr zyklischer Überproduktionskrisen dieses angebliche Gesetz ad absurdum geführt. Die bürgerlichpolitische Ökonomie des 19. und bis hinein in unser Jahrhundert sagte sich von dieser „vertrauten Antiquität" nicht los; offenbar ein markantes Beispiel vom Wunschdenken in der bürgerlichen politischen Ökonomie.

64 J. M. Keynes, Allgemeine Theorie ..., a. a. O., S. 18.

darin, daß er behauptet, Einkommen entstehe letztlich nur dadurch, daß *Ausgaben* für die sogenannten Produktionsfaktoren, d. h. Arbeit, Kapital und Boden, getätigt werden. Er untersucht also die gesellschaftliche Reproduktion von der Nachfrageseite her, tritt also nicht von der Analyse der Produktionssphäre als der grundlegenden Sphäre der gesellschaftlichen Reproduktion an das Problem heran. Diesem methodologischen Ausgangspunkt seiner weiteren ökonomisch-theoretischen Ableitungen verleiht Keynes im sogenannten *Prinzip der wirksamen Nachfrage* kategoriale Existenz. Entsprechend diesem von Keynes vertretenen Prinzip wird in einer gegebenen Reproduktionsperiode das Nationaleinkommen (Sozialprodukt) nur dann reproduziert, wenn in gleicher Höhe wie das Nationaleinkommen wirksame, d. h. *zahlungsfähige* Nachfrage danach existent ist; anderenfalls ist eine Kontraktion resp. Expansion des Nationaleinkommenskreislaufes gegeben.
Es ist keinesfalls zu bestreiten, daß für den ungestörten Ablauf des gesellschaftlichen Reproduktionsprozesses im Kapitalismus die Kreislaufphase der Realisierung des Warenkapitals – worauf sich Keynes bezieht – von erheblicher Bedeutung ist. Der heute in allen imperialistischen Ländern riesenhaft aufgezogene Reklamerummel und die zahlreichen Methoden zur Stimulierung des Massenabsatzes sind die äußeren Erscheinungsformen dieses Tatbestandes. Stockungen innerhalb der Zirkulationssphäre führen zwangsläufig, nehmen sie größere Ausmaße an, zu Störungen im gesamtwirtschaftlichen Reproduktionsprozeß. Dies gilt es im Interesse der Systemerhaltung unter allen Umständen zu verhindern.
Die von Keynes entwickelten reproduktionstheoretischen Auffassungen stützen sich auf die Verwirklichung des Prinzips der sogenannten wirksamen Gesamtnachfrage, orientieren also darauf, den Realisierungsschwierigkeiten in der abschließenden Zirkulationsphase des gesamtwirtschaftlichen Reproduktionsprozesses im Kapitalismus entgegenzuwirken. Da nach diesem Keynesschen Prinzip das Nationaleinkommen – und damit auch im weiten Maße das Niveau der Gesamtbeschäftigung – in der gegebenen Höhe nur dann reproduziert wird, wenn im bisher gegebenen gleichen Umfang zahlungsfähige Nachfrage vorhanden ist, mußte Keynes notwendigerweise im Fortgang seiner theoretischen Ableitungen die Komponenten dieser gesamtwirtschaftlichen Nachfrage aufdecken. Diese auf den antagonistischen Produktionsverhältnissen beruhenden ökonomischen Grundbeziehungen des kapitalistischen Wirtschaftssystems, die bekanntlich die bestimmende Seite der vielfältigen Beziehungen im kapitalistischen gesamtwirtschaftlichen Reproduktionsprozeß darstellen, werden von ihm bei seinen weiteren Untersuchungen zwar nicht unbeachtet gelassen, jedoch nicht in ihrer entscheidenden Rolle erfaßt.

Das Nationaleinkommen, das *verteilungs*seitig entsprechend der von Keynes übernommenen alten vulgärökonomischen Produktionsfaktorentheorie angeblich gerecht verteilt wird, d. h. angeblich entsprechend dem Beitrag der einzelnen sogenannten Produktionsfaktoren zum Nationaleinkommen auf die Arbeiter- und Kapitalistenklasse, wird unter dem Aspekt seiner *Verwendung* – im Sinne von Keynes also unter dem speziellen Aspekt der wirksamen Nachfrage – entweder individuell verbraucht (hieraus leitet sich die Keynessche Verbrauchsfunktion ab) oder gespart (hieraus leitet sich die Keynessche Sparfunktion ab.)
Der Teil des Nationaleinkommens, der in den individuellen Verbrauch eingeht, trägt über dessen Realisierung als wirksame Nachfrage zur Reproduktion des Nationaleinkommens in seiner vollen Höhe bei; der Teil des Einkommens, der dem Sparfonds zufließt, wird von Keynes zunächst generell als ein Ausfall an wirksamer Nachfrage behandelt. Während nun für die gesamte bürgerliche politische Ökonomie *vor* Keynes gespartes Einkommen über die Wirkung des Zinsautomatismus als Verlagerung der Nachfrage von Konsumtionsmitteln zu solcher nach Produktionsmitteln (Investitionsgütern) nachfragewirksam wurde, lehnt Keynes dieses Theorem mit der Antithese von der angeblichen Identifizierung von Sparen mit Horten, d. h. mit dem angeblichen Wunsch nach Vermögen als solchem ab. Ob nun das Nationaleinkommen in Form von noch nicht verausgabtem Arbeitslohn einerseits und realisiertem, aber ebenfalls noch nicht verausgabtem Mehrwert[65] akkumuliert wird, ist für ihn bekanntlich durch *psychologische* Faktoren bestimmt. Wir erinnern in diesem Zusammenhang daran, daß Keynes bei der Bestimmung der Akkumulationsentscheidung subjektiven Faktoren den Rang von Kausalfaktoren verleiht. Unter anderem macht er die Laune und das gerade am Tage einer Investitionsentscheidung gegebene Verdauungsgefühl des kapitalistischen Unternehmers für das Ausfallen dieser Entscheidung mit verantwortlich.[66] Die Bestimmungsgründe für die Kapitalakkumulation sind natürlich anderer Natur, als dies von Keynes angenommen wird. Bereits Karl Marx wies nach, daß die Akkumulation von Mehrwert – bei Strafe des Untergangs des einzelnen Kapitalisten – für diesen eine *objektive* Notwendigkeit darstellt.[67]

65 Es versteht sich von selbst, daß der weitaus überwiegende Teil des gesparten Gesamteinkommens aus dem Mehrwert stammt.

66 So schreibt er: „In der Schätzung der Aussichten einer Investition müssen wir daher die Nerven und Hysterien, sogar die Verdauung und die Wetterabhängigkeit jener berücksichtigen, auf deren plötzliche Tätigkeit sie zum großen Teil angewiesen ist." (Vgl. J. M. Keynes, AllgemeineTheorie . . ., a. a. O., S. 137.)

67 Vgl. K. Marx, Das Kapital. Bd. I, 22. Kapitel, 3. Abschnitt, Teilung des Mehrwertes in Kapital und Revenue. Die Abstinenztheorie, in: Karl Marx/Friedrich

Zwischen Ausmaß der Kapitalakkumulation einerseits und zyklischer Bewegung der Reproduktion des gesellschaftlichen Gesamtkapitals andererseits – das Problem also, welches Keynes beschäftigt – besteht ein objektiver Zusammenhang. Dieser wird vor allem dadurch gekennzeichnet, daß massenhafte Kapitalanlage, vor allem in fixem Kapital, mit der Phase des Aufschwungs verbunden ist, während in der Krisenphase ein stärkerer Drang nach Liquidität und Zurückhaltung in der langfristigen Anlage zu beobachten ist. Die Abhängigkeit des individuellen Kapitalisten in seiner Entscheidung über Kapitalakkumulation reflektiert sich *subjektiv* in der verschiedenen Haltung desselben Kapitalisten zum Investitionsentscheid in der Aufschwungs- bzw. in der Depressions(krisen)phase des kapitalistischen Zyklus. Wenn Keynes also meint, daß die subjektive Stimmung des einzelnen Kapitalisten darüber entscheidet, ob der als Sparfonds auftretende Teil des Nationaleinkommens investiert wird oder nicht, so ist dies vom Standpunkt einer wissenschaftlichen ökonomisch-theoretischen Analyse der Probleme des gesellschaftlichen Reproduktionsprozesses im Kapitalismus nicht haltbar, da er abgeleiteten Erscheinungsformen (unterschiedliche subjektive Stimmungen) den Rang von Kausalfaktoren einräumt. Diese Keynessche Theorem hat aber einen spezifisch apologetischen Auftrag zu erfüllen. Hiermit soll „bewiesen" werden, daß zur Verbesserung der psychologischen Stimmung der investierenden Unternehmer die Investitionsbedingungen attraktiver gestaltet werden müssen. Vor allem bedingt durch die große Weltwirtschaftskrise und deren Auswirkungen, die das kapitalistische Wirtschaftssystem in seinen Grundfesten erschütterten, ist in den dreißiger Jahren das Vertrauen der Bourgeoisie in ihre eigene Zukunft im beträchtlichen Maße angegriffen worden. Hierzu kommt noch der sich auf das Perspektivbewußtsein der Monopolbourgeoisie deprimierend auswirkende erfolgreiche wirtschaftliche Aufstieg des ersten sozialistischen Staates der Welt, der Sowjetunion, in jener Periode. Es war eine Aufgabe der bürgerlichen politischen Ökonomie in dieser Zeit, das Vertrauen der herrschenden Klasse zu sich selbst wieder herzustellen resp. zu festigen. Optimistische und pessimistische Stimmungen waren in ein für die herrschende Klasse

Engels, Werke (MEW) Bd. 23, Berlin 1962, S. 617ff. „Außerdem macht die Entwicklung der kapitalistischen Produktion eine fortwährende Steigerung des in einem industriellen Unternehmen angelegten Kapitals zur Notwendigkeit", schreibt Marx, „und die Konkurrenz herrscht jedem individuellen Kapitalisten die immanenten Gesetze der kapitalistischen Produktionsweise als äußere Zwangsgesetze auf. Sie zwingt ihn, sein Kapital fortwährend auszudehnen, um es zu erhalten, und ausdehnen kann er es nur vermittelst progressiver Akkumulationen." (Ebenda, S. 618.)

rechtes Verhältnis zu setzen. Keynes geht in dieser Situation davon aus, daß die Profiterwartungen keinesfalls optimistisch anzusehen sind. Er „begründet“ dies – wie bereits angedeutet wurde – mit psychologischen Faktoren. Da diese offenbar nur im begrenzten Maße beeinflußbar sind, muß also der imperialistische Staat – so Keynes' apologetische Argumentation – alles weitere unternehmen, um den kapitalistischen Unternehmern solche Profitaussichten zu eröffnen, die zu einer für eine reibungslos verlaufende gesellschaftliche Reproduktion genügend große Investitionstätigkeit führen.

Im ökonomisch-theoretischen Lehrsystem von J. M. Keynes gibt es also im Hinblick auf die Reproduktion des Nationaleinkommens sowie der damit verbundenen Aufrechterhaltung des erreichten Niveaus in der Beschäftigung, wie von Keynes demagogisch die Ausbeutung der Arbeiterklasse umschrieben wird, einen relativ stabilen Teil in der wirksamen Gesamtnachfrage, die Verbrauchsausgaben sowie einen relativ instabilen, d. h. Schwankungen unterworfenen und manipulierbaren restlichen Teil: die Unternehmerinvestitionen.

Der Umfang des sich reproduzierenden Nationaleinkommens hängt, so meint Keynes, vom *Verhältnis* zwischen Sparfonds und dessen Investierung ab. Wird beabsichtigtes und realisiertes Sparen über die Investitionen nicht in gleicher Höhe nachfragewirksam, so setzt nach Ansicht von Keynes eine Kontraktion des Nationaleinkommenskreislaufes ein, und das Beschäftigungsniveau geht zurück.[68] Für Keynes sind die Spar- und die Investitionsentscheidungen in der kapitalistischen Wirtschaft jedoch durch *unterschiedliche* Faktoren bestimmt. Beim Sparen ist es die angeblich psychologisch begründete Vorliebe des Menschen zum Horten, beim Investieren sind es die psychologisch bestimmten Ertrags(Profit)erwartungen der Unternehmer, zwei unterschiedliche Medien also, die diese Entscheidungen begründen. Nun bedarf es wohl keines weiteren Beweises, daß unter kapitalistischen Wirtschaftsbedingungen das Sparen kaum etwas mit irgendwelcher „psychologischer Vorliebe zum Horten“ zu tun hat, als vielmehr, was die Kapitaleigentümer als Mehrwertbezieher angeht, durch die harten Gesetze der kapitalistischen Profitakkumulation, und, soweit es die Arbeiterklasse als Lohnempfänger betrifft, durch

68 In einer sogenannten vollbeschäftigten Wirtschaft – nach moderner bürgerlicher Auffassung heißt das, es existiert nur im geringfügigen Maße Arbeitslosigkeit – ist ein weiteres größeres Sparvolumen allerdings Voraussetzung für die Expansion des gesellschaftlichen Reproduktionsprozesses. Ist dagegen eine Nichtauslastung der vorhandenen Produktionskapazitäten sowie Arbeitslosigkeit gegeben, ist Sparen *nicht* Bedingung für die Erweiterung des Reproduktionsprozesses, da freie Kapazitäten existieren.

deren notwendige Vorsorge für ihre weitere Existenzsicherung bestimmt wird. Was die psychologisch begründeten Profitaussichten als Bestimmungsgründe für die Kapitalakkumulation anbelangt, so wurde hierzu das Nötige bereits gesagt: Die mit der Zyklizität des kapitalistischen gesellschaftlichen Reproduktionsprozesses korrelierende Kapitalakkumulation hat mit der Unternehmerpsychologie offenbar nur so viel zu tun, als in solchen für den Kapitalisten ökonomisch schlechten Zeiten auch dessen psychologische Neigung zur Investition nicht die beste ist. Mit einem Wort: Die Unternehmerpsychologie ist die abgeleitete Komponente, nicht aber der Bestimmungsgrund für die Akkumulation von Mehrwert.

Die nach Keynes' Auffassung bestehenden *unterschiedlichen* Bestimmungsgründe vom Sparen und Investieren implizieren zwangsläufig die Frage nach der Herstellung der notwendigen Übereinstimmung beider Größen. Der sich so notwendig ergebende *Ausgleichsvorgang* zwischen Sparen und Investieren im gesellschaftlichen Reproduktionsprozeß der modernen kapitalistischen Wirtschaft wird deshalb im Keynesschen Lehrsystem zu einem zentralen Punkt in den ökonomisch-theoretischen Ableitungen. Was verbirgt sich dahinter?

Es ist nicht zu übersehen, daß Keynes mit der Herausarbeitung des Ausgleichvorganges zwischen Sparen (S) und Investieren (I) einen gewichtigen Aspekt des gesellschaftlichen Produktionsprozesses im Kapitalismus aufgegriffen hat: Es handelt sich offensichtlich um die Frage, wie realisierter und zunächst angehäufter Mehrwert sowie gesparter Arbeitslohn (auch wenn diese Größe vom Umfang her unbedeutend ist) in den gesamtwirtschaftlichen Reproduktionsprozeß als *fungierendes Kapital* überführt werden. Keynes geht es um die Gleichgewichtigkeit von Sparen und Investieren. „John Maynard Keynes" wird hierzu in einer neueren marxistischen Arbeit zu aktuellen Problemen des heutigen Imperialismus festgestellt, „schuf ein ‚semistationäres Modell', dessen Gleichgewichtszustand gegeben ist, wenn die Investitionen gleich den Ersparnissen sind. Das Hauptproblem für die staatliche Wirtschaftspolitik ergab sich für Keynes aus der Feststellung, daß sich bei wachsendem Einkommen nicht der ganze Zuwachs in zusätzlichen Verbrauch verwandelt, vielmehr ein stetig größer werdender Teil des Einkommens ‚gespart' wird. Dadurch aber müsse das produzierte Angebot die Nachfrage übersteigen. Nach dieser Konzeption ist es Aufgabe der staatlichen Wirtschaftspolitik, den Verbrauch der Ersparnisse zu sichern, wobei es Keynes nicht interessiert, auf welche Art dies geschieht."[69]

[69] Vgl. Spätkapitalismus ohne Perspektive. Tendenzen und Widersprüche des westdeutschen Imperialismus am Ende der 60er Jahre, hg. vom Deutschen Wirtschaftsinstitut Berlin, Berlin 1969, S. 121.

Ein reibungsloser Ablauf der erweiterten kapitalistischen gesellschaftlichen Reproduktion erfordert natürlich, daß der produzierte Mehrwert zum überwiegenden Teil akkumuliert wird. Auch die den Kreditinstituten zufließenden Sparbeträge seitens der werktätigen Volksmassen werden von den Banken investiert. Insofern vollzieht sich also ein Ausgleich von Sparen und Investieren (im Keynesschen Sinne). Dieser Ausgleichsvorgang ist in seiner Bewegung abhängig von den gegebenen Verwertungsbedingungen des gesellschaftlichen Gesamtkapitals. Je günstiger diese Bedingungen sind, um so reibungsloser vollzieht sich dieser Ausgleich und umgekehrt. Bekanntlich herrschten zu der Zeit, da Keynes sein ökonomisches Hauptwerk verfaßte, sehr komplizierte und schwierige Bedingungen für die Kapitalverwertung, die überhaupt nicht mit denen zu vergleichen sind, die beispielsweise in der Restaurationsphase des westdeutschen Imperialismus nach dem zweiten Weltkrieg herrschten, wo bei relativem Kapitalmangel allgemein günstige Verwertungsbedingungen gegeben waren und die meisten Investitionen, die produktionsreif wurden, auf einen breiten Markt unbefriedigter Nachfrage stießen.
In seinen ökonomisch-theoretischen Ableitungen versucht Keynes nachzuweisen, daß der Ausgleich von Sparen (S) und Investieren (I) nur möglich ist, wenn sich das Nationaleinkommen insgesamt in seiner Größe so verändert, daß sich der Sparfonds (als Differenzgröße zwischen Nationaleinkommen und Verbrauchsfonds) dem Investitionsvolumen anpaßt. Der Ausgleichsvorgang ist für Keynes also nur über eine *veränderte* Größe des Nationaleinkommens (und damit auch des Beschäftigungsvolumens) möglich. Nur über dessen Veränderung, und damit seiner Determinanten, gleichen sich S und I entweder aus bzw. ergeben sich bei Nichtausgleich Kontraktion resp. Expansion des Kreislaufes des gesellschaftlichen Gesamtkapitals als Weg zum notwendigen Ausgleich. Der Ausgleichsprozeß endet dann in der Durchsetzung eines neuen Gleichgewichtsniveaus von S und I. Diese Keynessche Deduktion ist nicht zwingend zu begründen, da sie an sich den Fall der *einfachen* gesellschaftlichen Reproduktion ausschließt. Sie entspricht den praktischen Gegebenheiten des kapitalistischen gesellschaftlichen Reproduktionsprozesses aber insofern, als es sich hier im wesentlichen um einen Prozeß der *erweiterten* gesellschaftlichen Reproduktion des Kapitals, und damit auch um eine variable Entwicklung des Nationaleinkommens handelt. Insgesamt beurteilt zeigt sich also, daß Keynes durchaus reale Erscheinungen des gesamtwirtschaftlichen kapitalistischen Reproduktionsprozesses zu analysieren versucht. Er gerät dabei aber in ökonomisch-theoretisch abwegige Bahnen, denn die Veränderung in der Höhe des Nationaleinkommens ist keinesfalls *Ursache* – wie Keynes meint – sondern nur die *Erscheinung* der Wirkung spezifischer Kräfte

innerhalb des kapitalistischen gesellschaftlichen Reproduktionsprozesses. Ziel und treibende Kraft dieses Prozesses ist und bleibt die Profitmaximierung;[70] die Bedingungen der Verwendung von Mehrwert für die Kapitalakkumulation sind dabei vom vorhandenen Menschenpotential weitestgehend unabhängig.[71] Die Schranke für die Ausdehnung der kapitalistischen Produktion ist das Kapital selbst. Der in einer gegebenen Reproduktionsperiode produzierte und realisierte Mehrwert sowie ein Teil des variablen Kapitals, der dem Arbeiter nachträglich auf verschiedenstem Wege abgenommen wird, bilden die obere Grenze für die Erweiterung des gesamtwirtschaftlichen Reproduktionsprozesses. Diese Feststellung gilt ganz allgemein, wobei uns bewußt ist, daß unter den heutigen Bedingungen der Systemauseinandersetzung zwischen Kapitalismus und Sozialismus im Weltmaßstab auf der Basis der Meisterung der wissenschaftlich-technischen Revolution die Verwertungsbedingungen des Kapitals sich kompliziert und die inneren und äußeren Widersprüche des spätkapitalistischen Systems sich derart zugespitzt haben, daß nur noch durch das *ständige* Eingreifen des imperialistischen Staates sowohl durch sein ökonomisches Potential als auch mit seinem heute weitentwickelten Regulierungsinstrumentarium eine umfassende Kapitalverwertung überhaupt garantiert werden kann.

Bei der Darlegung der Grundbeziehungen des ökonomisch-theoretischen Lehrsystems von J. M. Keynes ist im Zusammenhang mit dem Ausgleichsvorgang von I und S auch auf das *Multiplikatorprinzip* zu verweisen. Keynes griff dieses zu Beginn der dreißiger Jahre von R. F. Kahn propagierte Prinzip auf und fügte es als einen wesentlichen Bestandteil in sein Lehrsystem ein. Er entwickelte speziell den Investitionsmultiplikator.

Durch die Einbeziehung des Multiplikatorprinzips wird Keynes' reproduktionstheoretische Konzeption zwar erweitert, aber nicht in ihrer Grundaussage verändert. Mit diesem Prinzip wird an sich nichts anderes zum Ausdruck gebracht, als daß Investitionen, die an einer beliebigen Stelle innerhalb des arbeitsteiligen gesellschaftlichen Reproduktionsprozesses getätigt werden, weitere Investitionen, und diese Investitionen wiederum neue Investitionen, nach sich ziehen und so weiter fort, so daß eine einmal getätigte Investition eine Art Initialzündung auslöst. Dadurch wird die Nachfrage nach Produktions- und Konsumtionsmitteln überproportional stimuliert. Der Aspekt von der multiplikativen Wirkung von Investitionen auf die gesamt-

[70] Vgl. Spätkapitalismus ohne Perspektive, a. a. O., S. 94f.

[71] Bei der Ableitung des kapitalistischen Populationsgesetzes weist Marx nach, daß die Kapitalsakkumulation von Seiten der zu absorbierenden Lohnarbeit auf keine Schranken stößt. (Vgl. K. Marx, Das Kapital, Bd. I, a. a. O., S. 657ff.)

wirtschaftliche Nachfrage macht ohne Zweifel die Keynessche Konzeption von der staatlichen Absicherung der wirksamen Gesamtnachfrage durch staatliche Investitionen noch attraktiver als sie bereits war, etwa nach dem Motto: Kleine Ursachen erzielen große Wirkungen. Dem Multiplikatorprinzip, das später von Keynes' Nachfolgern durch das Akzeleratorprinzip noch ergänzt worden ist, muß im Zusammenhang mit der Einschätzung der neokeynesianischen Theorie weitere Aufmerksamkeit gewidmet werden.[72]

Wir können nunmehr die Grundkonturen des wirtschaftstheoretischen Lehrsystems von Keynes in folgender allgemeiner Form zusammenfassen:[73]

Keynes gesteht, daß der monopolistische Marktmechanismus keine Gewähr für einen reibungslos ablaufenden gesellschaftlichen Reproduktionsprozeß bietet. Bestimmten überkommenen ökonomischen Dogmen, so dem Sayschen Gleichgewichtstheorem, die noch unter den Bedingungen des vormonopolistischen Kapitalismus entwickelt worden sind, tritt er entgegen, da sie der Ausarbeitung einer den Bedingungen des staatsmonopolistischen Kapitalismus adäquaten monopolbourgeoisen ökonomischen Theorie hinderlich sind. Die Hauptursache der ökonomischen Schwierigkeiten im modernen Kapitalismus sieht Keynes in der ungenügenden Entfaltung der zahlungsfähigen Nachfrage. Sein politökonomisches Lehrsystem orientiert über die zentrale Kategorie „wirksame Gesamtnachfrage" durch Sicherung der Realisierung des gesellschaftlichen Gesamtprodukts objektiv auf die Profitrealisierung. Da in den entwickelten kapitalistischen Ländern, so stellt Keynes fest, bei wachsendem Nationaleinkommen der individuelle Verbrauch relativ abnimmt und der Sparfonds (als Differenzgröße zum Nationaleinkommen) dementsprechend relativ zunimmt, kann sich die kapitalistische Wirtschaft *auf die Dauer* nur dann weiterentwickeln, und die Menschen, die unter diesem System leben, angeblich nur dann reicher werden, *wenn der Verbrauch stimuliert wird.* Wachsender Verbrauch impliziert die Sicherung zahlungsfähigen der Gesamtnachfrage. Keynes plädiert deshalb auch für das Anwachsen des *unproduktiven* Verbrauchs resp. die Stimulierung unproduktiver Leistungen einschließlich deren Finanzierung durch den kapitalistischen Staat. Keynes' oft zitiertes Beispiel von der staatlichen Finanzierung des Vergrabens von Flaschen, die mit Banknoten gefüllt sind, in städtischen Müllgruben mit der anschließenden Freigabe dieser „Keynesschen Geldreservoire" zur Rückgewinnung dieser Flaschen auf der Basis privater kapitalistischer Eigeninitiative ge-

72 Vgl. hierzu S. 140ff. der vorliegenden Arbeit.

73 Vgl. hierzu die kritische Analyse des Keynesianismus durch den sowjetischen Ökonomen I. G. Bljumin in seiner Arbeit „Über die moderne bürgerliche politische Ökonomie" (vgl. a. a. O., S. 40ff., insbesondere S. 78ff.)

hört hierher ebenso wie sein Beispiel von den altägyptischen Pyramidenbauten als einer angeblich sinnvollen ökonomischen Maßnahme. Die Verantwortung für die Sicherung einer ausreichenden zahlungsfähigen Nachfrage wird der staatlichen Wirtschaftspolitik übertragen. Damit erhält erstmals in der Geschichte der bürgerlichen politischen Ökonomie die staatsmonopolistische Regulierung eine in sich abgerundete politökonomisch-theoretische Apologetik. Diese theoretische Grundkonzeption nach Sicherung einer ausreichenden zahlungsfähigen Gesamtnachfrage ist eingebettet in ein System von Einzeltheoremen und Kategorien, die dieses Grundanliegen in den Details ergänzen.

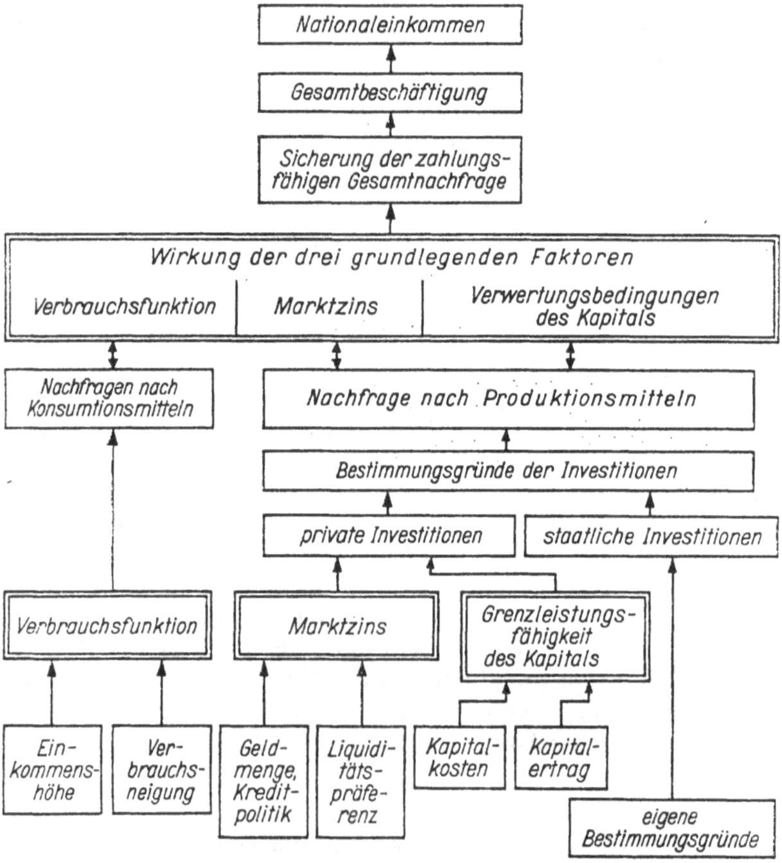

Abb. 1 Kategorialer Systemzusammenhang im Keynesschen Lehrsystem

Der kategoriale Systemzusammenhang im Keynesschen Lehrsystem ließe sich so in etwa wie folgt darstellen:[74] (vgl. Abb. 1)

Wie widersprüchlich das Keynessche politökonomische Lehrsystem in sich ist, zeigt auch folgendes Beispiel: Keynes empfiehlt als Maßnahme zur Verbesserung der Verwertungsbedingungen des Kapitals, und damit als Mittel der Steigerung der Investitionsneigung der kapitalistischen Unternehmer, die Senkung des realen Lebensniveaus der Arbeiterklasse und anderer werktätiger Schichten.

Damit wirkt er aber de facto der Anhebung der zahlungsfähigen Gesamtnachfrage, also seinem Grundanliegen, direkt entgegen. Der objektive Widerspruch innerhalb des kapitalistischen Wirtschaftssystems, vor dem die Bourgeoisie steht, nämlich einerseits den Anteil des variablen Kapitals am Nationaleinkommen zugunsten des Mehrwertes zu drücken, andererseits aber zur Realisierung des gesellschaftlichen Gesamtprodukts auf eine wachsende Massenkaufkraft angewiesen zu sein, reflektiert sich hier in deutlicher Form in den politökonomischen Anschauungen eines exponierten Vertreters der modernen bürgerlichen Ökonomie. An diesem Beispiel zeigen sich aber auch die Grenzen des speziell noch von Keynes selbst entwickelten wirtschaftstheoretischen Lehrsystems für die ökonomisch-theoretische Untermauerung der Profitinteressen der Monopole in unserer Zeit. Worum geht es? Die Zielfunktion des Kapitals besteht bekanntlich in der Maximierung des Profits. Jegliche Ausdehnung der Produktion geht nur insoweit vonstatten, wie dies mit der Profitmaximierung übereinstimmt. Nun kann dieser Zielfunktion dadurch entsprochen werden, daß die Primärverteilung des Nationaleinkommens verstärkt auf Kosten des Arbeitslohnes zugunsten des Profits erfolgt, ohne daß generell eine Politik zur Erhöhung des Nationaleinkommens insgesamt betrieben wird. Dadurch spitzen sich zwangsläufig die Widersprüche im kapitalistischen System zu. Das Keynessche wirtschaftstheoretische Lehrsystem faßt nun die beiden Pole des Nationaleinkommens – Lohn und Profit – mehr oder weniger als starre Gegensätze auf, d. h., wenn der eine Teil des Nationaleinkommens sich erhöht, muß sich der andere Teil vermindern und umgekehrt. Bis zu Keynes' Zeit waren nun „die Bemühungen des Kapitals ... vor allem darauf gerichtet, den Anteil der Profite auf Kosten des Lebensstandards der Arbeiterklasse zu erhöhen. Was dabei mit der gesamten Wirtschaft geschah, interessierte weder die Kapitalisten noch die bürgerlichen Ökonomen. Erst in der neokeynesianischen bürgerlichen Ökonomie veränderte sich dies. Das Hauptanliegen von Keynes war es noch, Mittel und Methoden ausfindig zu machen, die eine möglichst konfliktlose Senkung des Lebens-

[74] Vgl. hierzu auch: A. Paulsen, Neue Wirtschaftslehre ..., a. a. O., S. 46.

standards der Werktätigen ermöglichen. Er glaubte in der Inflation, die nachträglich bereits erfolgte Lohnerhöhungen zunichte machte, indem sie die Kaufkraft der Löhne herabsetzt, dieses Mittel gefunden zu haben. Um das Wirtschaftswachstum kümmerte er sich nicht."[75] Damit ist nicht gesagt, daß die Primärverteilung des Nationaleinkommens zugunsten des Profits auf Kosten des Lohnarbeiters gegenwärtig nicht mehr gültig ist. Diese Methode *allein* reicht zur Verwirklichung der Zielfunktion des Kapitalismus heute jedoch nicht mehr aus. Grundlage für die Profitmaximierung ist unter den Bedingungen der verschärften Systemauseinandersetzung die Intensivierung der Ausbeutung und die Sicherung eines ausreichenden Wirtschaftswachstums, und auf dieser Basis die Sicherung eines möglichst hohen Anteils am *Zuwachs* des Nationaleinkommens. Bei einer insgesamt wachsenden Wirtschaft können die Forderungen der Arbeiterklasse und anderer breiter Volksschichten nach Anhebung ihres Lebensstandards eher berücksichtigt und zugleich *auch* die Profite erhöht werden. Das heißt: „Das Streben der Monopolbourgeoisie nach Steigerung der Profite richtet sich heute vor allem darauf, bei Erzielung eines ausreichenden Wirtschaftswachstums einen möglichst hohen Anteil des Zuwachses des volkswirtschaftlichen Nettoprodukts, wenn nicht den ganzen Zuwachs, in ihre Taschen fließen zu lassen. Die Versuche des staatsmonopolistischen Regimes, den Anteil der Arbeiterklasse am Zuwachs des Nettoprodukts so gering wie möglich zu halten ..., sind daher immanente Bestandteile der imperialistischen Wachstumsstrategie, die letzten Endes immer auf die Erhöhung der Ausbeutung zielt."[76] Gegenwärtig hat in den Betrieben der BRD die Intensivierung der Ausbeutung ein solches Ausmaß angenommen, daß Gewerkschaftsfunktionäre von einer „dauernden Antreiberei" sprechen, daß die Arbeiter „ausgepowert" und „körperlich ruiniert" werden.[77]

Der allgemeine Ausdruck für das Streben der Monopolbourgeoisie nach Erhöhung ihres Anteils am Nationaleinkommen auf Kosten der Arbeiterklasse in einer wachsenden Wirtschaft ist in der Relation

$$\Delta p (= \text{Profitzuwachs}) > \Delta v (= \text{Lohnzuwachs}) \qquad (1)$$

gegeben. Derartige neue objektive Bedingungen für die Profitmaximierung stellen an die wirtschaftspolitische Strategie der Monopolbourgeoisie und des imperialistischen Staates Anforderungen vor allem hinsichtlich einer Wachstums- und Strukturpolitik, die zu Keynes' Zeiten selbst noch

[75] Vgl. Spätkapitalismus ohne Perspektive, a. a. O., S. 96. [76] Vgl. ebenda, S. 97.
[77] Vgl. Erich Honecker, Aus dem Bericht des Politbüros an die 9. Tagung des ZK der SED, Berlin 1973, S. 25.

nicht auf der Tagesordnung standen. Keynes' wirtschaftspolitische Ableitungen tragen deshalb in erster Linie noch weitgehend den konjunkturpolitischen Bedürfnissen der herrschenden Klasse Rechnung.
Die von J. M. Keynes aus seinen ökonomisch-theoretischen Deduktionen getroffenen wirtschaftspolitisch-relevanten Ableitungen wurden von ihm unter der Losung nach der Erreichung und Sicherung des Vollbeschäftigungsniveaus propagiert. Zur Verwirklichung seiner theoretischen Konzeption ist eine permanente staatsmonopolistische Intervention in die Wirtschaft erforderlich.
Keynes übertrug dem kapitalistischen Staat die Verantwortung für die Sicherung eines ausreichenden Niveaus der zahlungsfähigen Gesamtnachfrage. Er beschränkte sich in seinen wirtschaftspolitischen Empfehlungen zwar noch weitestgehend auf indirekte Regulierungsmethoden. Den unmittelbaren Eingriff des Staates in das einzelne Unternehmen, sei es durch materialwirtschaftliche oder Arbeitskräftekontingentierung u. ä. Maßnahmen, lehnte er noch ab. Es sind dies jedoch keine prinzipiellen Einwände gegen die staatsmonopolistische Regulierung überhaupt. Im Gegenteil, er forderte ausdrücklich: „Der Staat wird einen leitenden Einfluß auf den Hang zum Verbrauch teilweise durch sein System der Besteuerung, teilweise durch die Festlegung des Zinsfußes und teilweise vielleicht durch andere Wege ausüben müssen. Ferner scheint es unwahrscheinlich, daß der Einfluß der Bankpolitik auf den Zinsfluß an sich genügend sein wird, um eine Optimumrate der Investitionen zu bestimmen. Ich denke mir daher, daß eine ziemlich umfassende Verstaatlichung der Investition sich als das einzige Mittel zur Erreichung einer Annäherung an Vollbeschäftigung erweisen wird..."[78]
Keynes orientierte die Monopolbourgeoisie auf die Ausdehnung der zahlungsfähigen Gesamtnachfrage bis hin zur Erreichung der Vollbeschäftigung. Die dem kapitalistischen Staat dabei übertragene Verantwortung für die Sicherung dieses Ausmaßes an Nachfrage konzentriert sich auf die folgenden drei Bereiche:
Erstens: Durchsetzung einer modernen Geldpolitik des Staates, d. h. Offenmarkt-Operationen der Zentralbank sowie Durchsetzung einer Politik des sogenannten billigen Geldes.
Durch diese Maßnahmen, die letztlich mit einer Inflationierung des Währungssystems verbunden sind, werden durch den Staat die Verwertungsbedingungen des fungierenden Kapitals gefördert.
Zweitens: Durchsetzung einer neuen Finanz(Fiskal-)politik. Keynes begründete mit seinen wirtschaftstheoretischen Auffassungen die moderne bürgerliche Finanzpolitik, die sogenannte fiscal policy. Er überwand die

[78] Vgl. J. M. Keynes, Allgemeine Theorie ..., a. a. O., S. 318/319.

traditionelle Konzeption über die Staatsfinanzen vom ausgeglichenen Staatshaushalt.

Drittens: Begründung des aktiven Eingreifens des kapitalistischen Staates als Unternehmer (Investor) und als Konsument (Verbraucher) in den kapitalistischen gesellschaftlichen Reproduktionsprozeß.

Keynes' Forderung nach staatlichem Einfluß auf den Verbrauch, auf die Zinspolitik und auf die Investitionen als Mittel zur Erreichung der Vollbeschäftigung wurde von ihm durch den folgenden Hinweis ergänzt: „. . . obschon dies nicht alle Arten von Zwischenlösungen und Verfahren ausschließen muß, durch welche die öffentliche Behörde mit der privaten Initiative zusammenarbeiten wird.“[79] Keynes spricht sich hier offen für die direkte Zusammenarbeit des Staates mit dem Monopolkapital auf wirtschaftlichem Gebiet aus. Eine derartige Zusammenarbeit, wobei der Staat als Unternehmer selbst auftritt, begann bekanntlich nach dem zweiten Weltkrieg größere Ausmaße anzunehmen.

Vor allem in den zwei letzten bedeutenderen Arbeiten von J. M. Keynes, in „How to Pay for the War“ (1940) und in „The Balance of Payments of the United States“ (1946)[80], wird dem aktiven Eingreifen des kapitalistischen Staates in den gesamtwirtschaftlichen kapitalistischen Reproduktionsprozeß eine Bedeutung beigemessen, die über das Maß der zu dieser Frage in der „Allgemeinen Theorie“ entwickelten Forderung hinausgeht. Hier wird bereits angedeutet, in welcher Richtung die Keynessche Theorie in der nachfolgenden Zeit für die Ausnutzung in der staatsmonopolistischen Wirtschaftspolitik weiterentwickelt werden wird.

Mit der Arbeit „How to Pay for the War“, die eine Zusammenfassung von drei unmittelbar nach Ausbruch des Krieges in der „Times“ publizierten Artikeln datellt, entwickelte Keynes die Organisationsprinzipien für den Einsatz der britischen ökonomischen Ressourcen während des zweiten Weltkrieges. Unverblümt gesteht der amerikanische Keynes-Anhänger Robert Lekachman ein, daß „seitens des britischen Finanzministeriums . . . der zweite Weltkrieg mit den Waffen ‚Keynes'scher Finanzpolitik‘ und ‚Keynes'scher Analyse von Gesamtnachfrage und Gesamtangebot‘ geführt (wurde)“.[81] Übrigens sind auch in den USA Keynessche Gedanken zur ökonomischen Absicherung der Kriegführung angewandt worden.[82] Lekach-

[79] Vgl. J. M. Keynes, Allgemeine Theorie . . ., a. a. O., S. 319.

[80] Diese letzte Arbeit von J. M. Keynes zu wirtschaftstheoretischen und wirtschaftspolitischen Fragen wurde aus dem Nachlaß herausgegeben (vgl. The Economic Journal, Bd. LVI, London 1946, S. 172ff.).

[81] Vgl. Lekachman, John Maynard Keynes: Revolutionär des Kapitalismus . . ., a. a. O., S. 167.

[82] Vgl. ebenda, S. 167ff.

man vertritt sogar die Auffassung, daß im zweiten Weltkrieg überhaupt, natürlich auf die wirtschaftspolitisch-instrumentalen Aspekte in den imperialistischen Ländern bezogen, die Keynesschen Grundsätze ihre Anerkennung fanden, wenn er hierzu bemerkt: „Mit dem Tag des Sieges über Japan, dem 2. 9. 1945, endete der erste Krieg, der nach Keynesianischen Grundsätzen geführt wurde. Die Beweise für die Behauptung sind im Überfluß vorhanden."[83] Er unterstreicht damit im Grunde genommen unsere generelle Feststellung vom ausgeprägt staatsmonopolistischen Charakter der Keynesschen Wirtschaftslehre, die gerade in der Rüstungsproduktion die adäquate Inkarnation ihres Wesenszuges findet.[84]
In „How to Pay for the War" setzte sich Keynes für ein staatlich durchgesetztes Zwangssparen als Mittel der Kriegsfinanzierung ein. Er plädiert offen für die Inflationierung der Währung. In seiner postumen Arbeit über den Ausgleich der amerikanischen Zahlungsbilanz betont er zwar nochmals, daß die sogenannte klassische Lehre in dem Augenblick wieder zu ihrem Recht komme, wenn die Vollbeschäftigung der Wirtschaft erreicht ist, er tritt aber ausdrücklich für „schneller wirkende und weniger schmerzvolle (staatliche – K. M.) Mittel", wie z. B. flexible Wechselkurse und Importkontrollen ein.[85]
Die wirtschaftspolitischen Ableitungen aus dem wirtschaftstheoretischen Lehrsystem von Keynes zeigen also, daß die Monopolbourgeoisie in Keynes einen geschickten Vertreter ihrer Interessen gefunden hatte. Sein wirtschaftstheoretisches Lehrsystem apologetisiert die permanente staasmonopolistische Regulierung des gesellschaftlichen Reproduktionsprozesses. Es bietet die Basis für die Ableitung eines detaillierten Systems wirtschaftspolitischer Instrumentarien.

1.3. Die sogenannte Keynessche Revolution

Eine große Anzahl heutiger bürgerlicher Ökonomen vergleichen das Erscheinen des Keynesschen Hauptwerkes „Allgemeine Theorie der Beschäftigung, des Zinses und des Geldes" mit einer *Revolution in* der ökonomischen Wissenschaft.
Der amerikanische Theoretiker Klein veröffentlichte sogar unter dem Titel „The Keynesian Revolution" (Die Keynessche Revolution) eine größere

83 Vgl. ebenda, S. 203.
84 Offenherzig gesteht Lekachman ein: „Der Krieg hat einen Grundsatz Keynes'scher Theorie unterstrichen: Zur Bereitstellung von Arbeitsplätzen haben sich alle Kriege (vor dem Atomzeitalter) als ideal erwiesen." (Vgl. ebenda, S. 177)
85 Vgl. J. M. Keynes, The Balance of Payments of the United States, a. a., S. 186.

prokeynesianische Arbeit.[86] Einige bürgerliche Ökonomen propagierten und propagieren noch heute die Keynessche Wirtschaftstheorie als eine Leistung, die in den gleichen Rang mit der Darwinschen Lehre, mit der Kopernikanischen Revolution in der Astronomie und ähnlichen historischen Großtaten menschlichen Genius zu erheben ist. Robert Lekachman, ein bekannter Anhänger der Keynesschen Wirtschaftslehre in den USA und eifriger Propagandist dieser Doktrin in unseren Tagen, zählt Keynes' politökonomisches Hauptwerk sogar „zu den ganz wenigen wirklich folgenreichen Büchern des zwanzigsten Jahrhunderts".[87]

J. M. Keynes vollzog keineswegs eine *Revolution* in der ökonomischen Wissenschaft. Bereits Karl-Heinz Schwank stellte im Resümee seiner kritischen Arbeit über die politökonomischen Auffassungen von Keynes fest: „Der Keynesianismus ist in seinem Inhalt weder neu – fast alle von Keynes geäußerten Gedanken sind bereits vorher an anderer Stelle entwickelt worden – noch wissenschaftlich. Er bedeutet ebensowenig eine Renaissance der modernen bürgerlichen politischen Ökonomie . . ."[88]

Die von J. M. Keynes beschrittenen Wege innerhalb der modernen bürgerlichen politischen Ökonomie hatten sich bereits in den Arbeiten einiger bürgerlicher Ökonomen in Deutschland, so bei Albert Hahn, Ernst Wagemann, Ferdinand Grünig, Wilhelm Lautenbach u. a., aber auch im angelsächsischen Sprachbereich[89] sowie in den Anschauungen der Vertreter der Stockholmer Schule der modernen bürgerlichen politischen Ökonomie angekündigt. Die notwendige Reaktion der bürgerlichen politischen Ökonomie auf die Entwicklung des staatsmonopolistischen Kapitalismus lag gleichsam in der Luft. Auch hinsichtlich der ökonomisch-theoretischen Prämissen seines Lehrsystems vollzog Keynes keinen *prinzipiellen Bruch* zu der überkommenen bürgerlichen politischen Ökonomie. So entspringen die Grundprämissen des Keynesschen ökonomisch-theoretischen Lehrsystems im wesentlichen dem Gedankengut der nachklassischen bürgerlichen Vulgärökonomie (Robert M. Malthus), der modernen bürgerlichen politischen Ökonomie neoklassischer Richtung (Cambridge-Schule, Alfred Marshall) sowie der Stockholmer Schule innerhalb der modernen bür-

[86] Vgl. Klein, The Keynesian Revolution, 6. Aufl., New York 1954.

[87] Vgl. R. Lekachman, John Maynard Keynes: Revolutionär des Kapitalismus, a. a. O., S. 72.

[88] Vgl. K.-H. Schwank, Lord Keynes' Theorie – weder revolutionär noch wissenschaftlich, Berlin 1961, S. 218.

[89] Für den angelsächsischen Sprachbereich wird in diesem Zusammenhang von G. Kroll, W. T. Foster, W. Catchings, G. B. Adams, Hobson und Johannsen genannt (vgl. G. Kroll, Von der Wirtschaftskrise zur Staatskonjunktur, (West-) Berlin 1958, S. 194ff.).

gerlichen politischen Ökonomie. Keynes selber zählt eine Reihe von bürgerlichen Ökonomen der älteren und neueren Zeit zu seinen geistigen Vorgängern.[90]

Keynes übernimmt grundlegende ökonomische Kategorien und Theoreme aus dem Arsenal der überkommenen bürgerlichen politischen Ökonomie. So vertritt er u. a. in der Theorie des Wertes, des Kapitals, des Profits, des Lohnes und der Rente die Auffassungen seines Lehrers Alfred Marshall. Er entwickelt jedoch im Vergleich zu gleichdenkenden bürgerlichen Theoretikern seiner Zeit die moderne bürgerliche politische Ökonomie in Übereinstimmung mit den Erfordernissen des staatsmonopolistischen Kapitalismus am konsequentesten weiter und paßt sich damit den objektiven Bedürfnissen des Monopolkapitals weitgehendst an. Bljumin zieht aus diesem Umstand den berechtigten Schluß: „Wenn damals in verschiedenen Ländern unabhängig voneinander ökonomische Theorien entstanden, die dem Keynesianismus nahekamen, so zeugt das davon, daß in weiten bürgerlichen Kreisen das Bedürfnis nach einer Theorie herangereift war, welche die Praxis des staatsmonopolistischen Kapitalismus im Zeitalter der verschärften Überproduktionskrisen rechtfertigen sollte."[91]

Der Name J. M. Keynes bedeutet keine revolutionäre Wandlung in der ökonomischen Wissenschaft. Das ergibt sich nicht nur daraus, daß er geistige Vorläufer im Lager der bürgerlichen Ökonomen zu verzeichnen hat. Derartige Umwälzungen, gleich ob in den Gesellschafts- oder Naturwissenschaften, kündigen sich immer an. Ausschlaggebend dürfte folgende Überlegung sein: Wenn sich eine revolutionäre Wende, speziell in der ökonomischen Wissenschaft, vollzieht, und wir verweisen hier auf das Beispiel der Herausbildung der *marxistischen* politischen Ökonomie, so bedeutet dies zweierlei: Erstens vollzieht sich unter dem Aspekt der klassenmäßigen Grundlagen der neuen Entwicklungsetappe der politischen Ökonomie ein genereller Wandel. Konkret bedeutet das, daß Karl Marx bei der Ausarbeitung der politischen Ökonomie der Arbeiterklasse zwar an die realen Erkenntnisse der klassischen bürgerlichen politischen Ökonomie anknüpfte,

[90] So verweist Keynes an verschiedenen Stellen u. a. auf Vertreter des Merkantilismus und auf Repräsentanten der Vulgärökonomie, wie Malthus, N. Johannsen. Außerdem fühlt er sich solchen prominenten modernen bürgerlichen Theoretikern wie K. Wicksell, I. Fisher, Hawtrey, D. H. Robertson, L. v. Mises, J. Schumpeter, A. Hahn, H. Neisser, Hayek u. a. verpflichtet. (Der wohl bekannteste Neokeynesianer in den USA, A. H. Hansen, widmet diesem Problem ein informatives Kapitel seiner Schrift „Business Cycles and National Income", New York 1951, S. 211ff.)

[91] I. G. Bljumin, Über die moderne bürgerliche politische Ökonomie, a. a. O., S. 82.

diese aber vom Klassenstandpunkt der Arbeiterklasse aus kritisch überwindet und ihre Aussage auf eine qualitativ neue Stufe hebt.[92] Zweitens bedeutet das, daß im *methodologischen* Bereich ebenfalls eine grundlegende Wende in bezug auf die vorangegangene bürgerliche politische Ökonomie vollzogen wurde. Karl Marx – und selbstverständlich auch Friedrich Engels – wandten bei der Ausarbeitung der politischen Ökonomie der Arbeiterklasse konsequent die *materialistisch-dialektische Methode* an und überwanden so die mechanistischen und ahistorischen Auffassungen im System der klassischen bürgerlichen politischen Ökonomie. Die Begründer der marxistischen politischen Ökonomie veränderten also sowohl in den Grundlagen und klassenmäßigen Erkenntnissen als auch in der Methodologie die politische Ökonomie und vollzogen so eine wirkliche Revolution in der Wissenschaft. Wenn wir diese hier am Beispiel der marxistischen politischen Ökonomie zu interpretieren versuchten allgemeinen Kriterien für eine Revolution in der ökonomischen Wissenschaft auf das Keynessche Lehrsystem anwenden, so zeigt sich folgendes: Keynes verläßt in seinen wirtschaftstheoretischen und wirtschaftspolitischen Auffassungen nicht den Klassenstandpunkt der herrschenden Klasse. Was Keynes auf politökonomischem Gebiete von seinen geistigen Vorgängern und zeitgenössischen bürgerlichen ökonomischen Theoretikern unterscheidet, ist in seinen klassenmäßigen Grundlagen nicht verschieden. Keynes vertritt die Klasseninteressen der Monopolbourgeoisie sogar konsequenter und weitreichender als andere zeitgenössische bürgerliche Ökonomen. Er hebt hierbei die bürgerliche politische Ökonomie im Interesse des Monopolkapitals auf eine neue Stufe, vollzieht aber keine grundlegende Wende.

Hinsichtlich der Methodologie – also des zweiten allgemeinen Kriteriums – findet sich im Keynesschen Lehrsystem auch keine Wende zur überkom-

[92] Das läßt sich an vielen Einzelbeispielen zeigen. Nehmen wir nur die zentrale Marxsche Kategorie des Mehrwerts. Die klassische bürgerliche politische Ökonomie *vor* Marx hatte bereits die Ausbeutung der Arbeiter durch das Kapital erkannt. D. Ricardo, in dessen Anschauungen die bürgerliche politische Ökonomie als Wissenschaft ihre höchste Entwicklungsstufe erreicht, stößt in der Analyse des Mehrwerts, wie Marx zeigt (vgl. K. Marx, Grundrisse der Kritik der politischen Ökonomie, Berlin 1953, S. 232), am weitesten vor, bleibt aber bei der Untersuchung des Mehrwerts bzw. seiner konkreten Formen bei der Frage nach dem Verhältnis von Arbeitslohn und Mehrwert sowie der Verteilung des Mehrwerts innerhalb der herrschenden Klasse, also bei der quantitativen Seite dieses Problemkreises stehen. Welche Bedeutung dagegen kommt dem Mehrwert im Marxschen System der politischen Ökonomie zu. Aus dem Mehrwertgesetz leiten sich alle grundlegenden ökonomisch-theoretischen Erkenntnisse über den Kapitalismus ab.

menen bürgerlichen politischen Ökonomie. Der Subjektivismus in methodologischen Grundfragen findet in Keynes' psychologisch determinierten Erwartungen sein individuell nuanciertes Fortbestehen. So bemerkt Herbert Meißner hierzu treffend: „Obwohl Keynes in gewissen Partien seiner Arbeiten einige Proportionen des Reproduktionsprozesses behandelte, lag für ihn die Erklärung aller ökonomischen Erscheinungen und Vorgänge in psychologischen Faktoren“[93], und an anderer Stelle: „Im Grunde genommen besteht die ganze sogenannte ‚Keynessche Revolution‘ darin, die subjektive Methode der Vulgärökonomie mit Konsequenz auf einige neue Fakten des staatsmonopolistischen Kapitalismus anzuwenden. Das wird besonders deutlich, wenn man die Keynessche Gleichgewichtsauffassung[94] etwas eingehender unter die Lupe nimmt.“[95]
Es zeigt sich also, daß Keynes keinesfalls eine Revolution in der politischen Ökonomie vollzogen hat. Alle Merkmale für eine derartige Tat fehlen. Zweifelsohne bedarf aber dieser ganze Problemkomplex der Kriterien für eine *revolutionäre* Leistung auf dem Gebiete der politischen Ökonomie noch der weiteren marxistisch-leninistischen Analyse. Uns ging es hier zunächst nur um das konkrete Einzelbeispiel der theoriengeschichtlichen Anmaßung heutiger bürgerlicher Dogmenhistoriker von der angeblichen Keynesschen Revolution in der politischen Ökonomie und deren kritische Zurückweisung.
Es wurde bereits erwähnt, daß Keynes einen durchschlagenden Erfolg in der bürgerlichen politischen Ökonomie erringen konnte. Die nach ihm benannte politökonomische Konzeption entwickelte sich in der Folgezeit zu einer der wichtigsten Richtungen innerhalb der modernen bürgerlichen politischen Ökonomie. Sie lebt heute als Neokeynesianismus im System der bürgerlichen politischen Ökonomie und Wirtschaftspolitik fort. Keynes' Lehre fügte sich organisch in das Gesamtsystem der bürgerlichen ökonomischen Theorie seiner Zeit ein. In den dreißiger Jahren unseres Jahrhunderts vollzogen sich bekanntlich in der bürgerlichen politischen Ökonomie beträchtliche Veränderungen. Im Bereich der einzelwirtschaftlich fundierten, der sog. mikroökonomischen bürgerlichen ökonomischen Theorie erreichten in den dreißiger Jahren die Theorie der ökonomischen Verhaltensweisen, die Produktions- und Kostentheorie, vor allem aber die Markt- und Preistheorie (Marktformenlehre), ihre vollendete Entfaltung. Diese Entwicklungs-

93 Vgl. hierzu H. Meißner, Die Entwicklung der Gleichgewichtstheorie als Ausdruck des Verfallsprozesses der bürgerlichen politischen Ökonomie, in: Probleme der politischen Ökonomie, Bd. 5, Berlin 1962, S. 244.

94 Zur speziell neokeynesianischen Gleichgewichtskonzeption vgl. S. 117ff. der vorliegenden Arbeit.

95 Vgl. H. Meißner, Die Entwicklung der Gleichgewichtstheorie..., a. a. O., S. 243ff.

tendenzen in der bürgerlichen politischen Ökonomie erwiesen sich aber als unzureichend für die wachsenden Ansprüche der Monopolbourgeoisie an die bürgerliche ökonomische Theorie, nämlich ein den Bedingungen des sich entwickelnden staatsmonopolistischen Kapitalismus adäquates wirtschaftspolitisches Instrumentarium zur Verfügung zu stellen.[96] Zugleich waren diese Entwicklungstendenzen in der bürgerlichen ökonomischen Theorie auch in ihrer ideologischen Ausstrahlung wenig massenwirksam. Auf diesem Wege waren also keine weiteren größeren Erfolge im Interesse des Monopolkapitals zu erzielen. Die bis Ende der zwanziger, Anfang der dreißiger Jahre in der gesamten bürgerlichen politischen Ökonomie vorherrschende Ausrichtung auf die Analyse einzelwirtschaftlicher Probleme, die im Grunde nichts anderes als die Exemplifizierung des alten vulgärökonomischen Walrasschen Lehrsystems darstellte[97], verhinderte eine weitere Erhöhung der Attraktivität der bürgerlichen politischen Ökonomie in jeglicher Hinsicht. Der auf die einzelwirtschaftliche Analyse orientierende Grundzug der damaligen bürgerlichen ökonomischen Theorie wirkte sich auch besonders hinderlich für den ebenfalls in jener Zeit einsetzenden Prozeß der Überwindung des speziell *statischen* Charakters der bürgerlichen ökonomischen Theorie aus. Diese unrealistischen Wesenszüge der bürgerlichen ökonomischenTheorie konnten nicht länger aufrechterhalten werden. Ende der zwanziger und in den frühen dreißiger Jahren traten so vermehrt Versuche auf, vor allem von Seiten der Stockholmer Schule der bürgerlichen politischen Ökonomie, diese Mängel der überkommenen bürgerlichen Theorie durch die Begründung einer auf die Analyse gesamtwirtschaftlicher Prozesse ausgerichteten ökonomischen Theorie, die bürgerliche Ökonomie prägte hierfür den Begriff Makrodynamik, zu überwinden.

In dieser Zeit setzte der Drang der Monopolbourgeoisie nach Erforschung der dynamischen Probleme der kapitalistischen Wirtschaft in ihrer Gesamtheit ein. Dieses Drängen ist nur allzu verständlich und wird sofort begreiflich, wenn man sich der zyklischen Wirtschaftsentwicklung des Kapitalis-

[96] Die Marktformenlehre z. B. erhält in dieser Zeit durch den deutschen ökonomischen Theoretiker H. v. Stackelberg mit seiner Arbeit „Marktform und Gleichgewicht“ (Berlin 1934) ihre ausgereifte Darstellung. Stackelberg bemühte sich, den wirtschaftspolitischen Belangen der deutschen Monopolbourgeoisie, die in dieser Zeit bekanntlich am ausgeprägtesten den staatsmonopolistischen Kapitalismus repräsentierte, zu entsprechen. Dies wurde ihm von den Anhängern der traditionellen ökonomischen Auffassungen angekreidet. (Vgl. hierzu u. a. K. O. W. Müller, Heinrich von Stackelberg – ein moderner bürgerlicher Ökonom. Ein kritischer Beitrag zur Geschichte des bürgerlichen ökonomischen Denkens in Deutschland, Berlin 1965.)

[97] Vgl. hierzu H. Lehmann, Grenznutzentheorie, Berlin 1968, S. 171ff.

mus in seiner Periode der allgemeinen Krise erinnert. Hinzu kommt eine weitere, zu dieser Zeit ebenfalls *neue* Tendenz innerhalb des Gesamtsystems der bürgerlichen politischen Ökonomie: der Versuch nach einer Vereinigung von bürgerlicher ökonomischer Theorie und Wirtschaftsstatistik. Dieser Prozeß findet seinen ökonomisch-theoretischen Niederschlag in der entstehenden bürgerlichen *Ökonometrie.*

Die Forderung nach statistischer Verifizierung der ökonomisch-theoretischen Ableitungen, die auf diesem Wege auch ein höheres Maß an wirtschaftspolitischer Praktikabilität erfahren, steigerte natürlich den Trend zur Ausarbeitung einer monopolbourgeoisen gesamtwirtschaftlich orientierten Theorie, die erst die methodologische Voraussetzung für eine Symbiose von Statistik und ökonomischer Theorie auf breiter Basis schafft.

Neben der aufkommenden ökonometrischen Richtung innerhalb der bürgerlichen politischen Ökonomie beeinflußte auch die zeitgenössische bürgerliche Konjunkturforschung die Hinwendung der bürgerlichen politischen Ökonomie zur Analyse der gesamtwirtschaftlichen Prozesse und Erscheinungen. Die imperialistische Konjunkturforschung hatte nach dem ersten Weltkrieg im Gefolge der zunehmenden und tiefergreifenden Zyklizität der kapitalistischen Wirtschaft schnell an Bedeutung und Aktualität gewonnen. Sie beeinflußte zugleich auch die Entwicklung der bürgerlichen Kreislauftheorie, die sich der Untersuchung der Bedingungen und Formen der Reproduktion des gesellschaftlichen Gesamtkapitals widmet, in ebenso starkem Maße, wie sie in den zwanziger Jahren auf die sich zu entwickeln beginnende bürgerliche Statistik der sogenannten Sozialproduktsberechnungen, also der Statistik über das Nationaleinkommen, einwirkte. Die Konjunkturforschung konnte nur durch die Unterstützung einer auf die gesamtwirtschaftlichen Probleme abzielenden theoretischen Analyse weitere Fortschritte erzielen. Zugleich wurde durch die Notwendigkeit einer tiefergehenden Analyse der Rhythmik des kapitalistischen Wirtschaftsprozesses der dynamische Aspekt in der bürgerlichen wirtschaftstheoretischen Forschung hervorgehoben. Auf diesen Aspekt verweist u. a. auch J. A. Schumpeter in seiner „Geschichte der ökonomischen Analyse", wenn er schreibt: „Aber Konjunkturforschung heißt Untersuchung von Sequenzen von Wirtschaftslagen, die gleichzeitig Gegenstand oder ein Teil des Gegenstandes der Makrodynamik sind. Somit ist offensichtlich die Zusammenarbeit dieser beiden Zweige der Volkswirtschaftslehre angezeigt. Und alle Konjunkturforscher, die nicht durch ein mangelndes mathematisches Verständnis daran gehindert werden, hätten dies von Anfang an erkennen sollen. Die formale Logik von Lags (zeitlichen Verzögerungen, K. M.), Veränderungsraten, Kumulationen und den von ihnen herbeigeführten Schwankungen muß bei der Interpretation des beobachteten Verhaltens des Zeitreihen-Materials nützlich sein. Und die Makrodynamik sollte nicht weniger nützlich sein bei jedem Versuch, das bestehende theoretische Material in eine verheißungsvollere Form zu gießen, z. B. bei der Entscheidung von Fragen der Determiniertheit oder bei der Formulierung der Bedingungen der Konjunkturdämpfung oder -überhitzung usw. Die Probleme der Mechanismen, mit deren Hilfe sich Impulse durch das Wirtschaftssystem fortpflanzen, können mit makrodynamischen Methoden geklärt werden, die auf diese Weise unter anderem wesentlich zu unserem Verständnis der Wendepunkte beitragen können."[98]

In dieser neuen Entwicklungsetappe der modernen bürgerlichen politischen Ökonomie der dreißiger Jahre, die ein Ausdruck dafür ist, daß von seiten der bürgerlichen Ökonomie die neu herangereiften historischen Bedingungen in der ökonomischen Basis des Kapitalismus im Interesse des Monopolkapitals verwirklicht werden, veröffentlichte Keynes sein politökonomisches Hauptwerk. Dieses Werk erfüllt – wie wir gesehen haben – am weitgehendsten diese neuen Erfordernisse. Darin liegt der schnelle und so nachhaltig wirkende Erfolg von Keynes und seine Bedeutung für die bürgerliche politische Ökonomie im modernen Kapitalismus begründet. Das Keynessche Lehrsystem stellt, im Unterschied zu anderen zeitgenössischen bürgerlichen ökonomisch-theoretischen Konzeptionen, den umfassendsten Versuch dar, das staatsmonopolkapitalistische Wirtschaftssystem, das durch tiefe Widersprüche und Krisen erschüttert ist, unter Beibehaltung seiner ökonomischen und politischen Grundlagen durch die Ausarbeitung und theoretische Untermauerung eines Systems staatsmonopolistischer Maßnahmen vor dem Untergang zu retten und lebensfähig zu erhalten. Keynes war dabei in der Formulierung seiner wirtschaftspolitischen Empfehlungen an den imperialistischen Staat keinesfalls originell. So stellt I. G. Bljumin hierzu völlig richtig fest: „Als Keynes seine ‚Allgemeine Theorie der Beschäftigung, des Zinses und des Geldes' schrieb, stand vor seinem geistigen Auge das zu dieser Zeit in den bürgerlichen Kreisen schon entwickelte Programm von Krisenbekämpfungsmaßnahmen. Die grundlegenden Elemente dieses Programms waren die Forcierung unproduktiver Ausgaben, die Stimulierung privater Investitionen und das Anwachsen der staatlichen Investitionen verschiedenster Art, unter anderem in Form gesellschaftlicher Arbeiten, in der Verwirklichung einer gemäßigten Inflation, bei bestehender Notwendigkeit in der Gewährung eines Haushaltsdefizits usw."[99]

[98] J. A. Schumpeter, Geschichte der ökonomischen Analyse, Bd. II, Göttingen 1965, S. 1417.

[99] I. G. Bljumin, Die Krise der modernen bürgerlichen politischen Ökonomie, a. a. O., S. 353/354.

Zusammenfassend läßt sich also feststellen: Von allen Einzelströmungen der bürgerlichen politischen Ökonomie der dreißiger Jahre unseres Jahrhunderts hebt sich die Keynessche Konzeption heraus. In einer neueren Definition des staatsmonopolistischen Kapitalismus wird desses *Geschichte* u. a. auch als die Geschichte der Entwicklung des Herrschaftsmechanismus des Monopolkapitals charakterisiert.[100] In den einzelnen imperialistischen Ländern prägten sich bekanntlich, vor allem nach den Ereignissen der großen Weltwirtschaftskrise, die konkreten Erscheinungsformen dieses Herrschaftsmechanismus in differenzierter Form aus. Hier sei nur auf die Rooseveltsche Politik des New Deal verwiesen, die auf eine stärkere Ausnutzung ökonomischer Stimuli ausgerichtet war, oder an die faschistische Politik der Zwangswirtschaft und Kriegsvorbereitung im Nazi-Deutschland erinnert. Den differenzierten Erscheinungsformen des staatsmonopolistischen Kapitalismus entsprach natürlich eine Nuancierung in den ökonomisch-theoretischen Auffassungen der bürgerlichen Ökonomen jener Zeit in den einzelnen Ländern über den staatsmonopolistischen Kapitalismus. Diese Erscheinung reicht übrigens, im internationalen Maßstab gesehen, schon bis in die Zeit vor diesem Entwicklungsabschnitt des staatsmonopolistischen Kapitalismus zurück.[101]

Unmittelbar nach der Weltwirtschaftskrise vermehrten sich in der bürgerlichen Literatur die Empfehlungen zur staatsmonopolistischen Wirtschaftsregulierung im beträchtlichen Umfange. In der Arbeit „Imperialismus heute" wird hierzu festgestellt: „Vor dem Hintergrund der schwersten zyklischen Krise, die die kapitalistische Welt je erlebte, schwoll in diesen sowie in den folgenden Jahren in der bürgerlichen politischen Ökonomie die Zahl jener rasch an, die für staatliche Eingriffe in die Wirtschaft plädierten sowie Vorschläge an Plänen unterbreiteten, wie dies am besten geschehen könnte. Vergrößerte Staatsausgaben, Anregungen der Nachfrage mit staatsmonopolistischen Maßnahmen, Finanzierung durch ein Staatsdefizit waren wesentliche Gedanken, die in jenen Jahren breit entwickelt wurden."[102]

Innerhalb dieser Rettungsversuche der bürgerlichen politischen Ökonomie im Hinblick auf das schwer erschütterte kapitalistische Wirtschaftssystem wurde das von Keynes entwickelte wirtschaftstheoretische Lehrsystem „die bekannteste Variante dieser Richtung in der modernen bürgerlichen politischen Ökonomie, erfuhr die weiteste Verbreitung, erlangte den größten

100 Vgl. Staatsmonopolistischer Kapitalismus, in: Ökonomisches Lexikon, 2. Aufl., Bd. I, Berlin 1970, S. 1042.

101 Vgl. hierzu u. a. Imperialismus heute. Der staatsmonopolistische Kapitalismus in Westdeutschland, Berlin 1965, S. 564 ff.

102 Ebenda, S. 569.

Einfluß, nicht zuletzt deshalb, weil sie zu praktischen wirtschaftspolitischen Schlußfolgerungen führte".[103] J. M. Keynes trat als der erste bedeutende bürgerliche Ökonom hervor, der im Interesse des Monopolkapitals die neuen Bedingungen des staatsmonopolistischen Kapitalismus ökonomisch-theoretisch verallgemeinerte. Das schließt nicht aus, daß sich auch bei ihm neben seinen für die Rettungsversuche des Systems des staatsmonopolistischen Kapitalismus generell gültigen Grundaussagen persönlich nuancierte Passagen finden. Er ging in seinen wirtschaftspolitischen Ableitungen auch nicht so weit wie z. B. die deutschen Faschisten mit ihren demagogisch als Planwirtschaft deklarierten Zwangsmaßnahmen verschiedener Art. Keynes' entscheidende Leistung besteht also darin, die Grundlagen der ökonomisch-theoretischen Fundierung der staatsmonopolistischen Wirtschaftspraxis erarbeitet zu haben.[104] Dies erklärt uns auch, warum gerade seine wirtschaftstheoretische Konzeption eine entscheidende Basis für die Weiterführung der staatsmonopolistischen Wirtschaftslehre nach dem zweiten Weltkrieg wurde. Die generelle Bedeutung von Keynes für die moderne bürgerliche politische Ökonomie besteht des weiteren darin, daß er ein ökonomisch-theoretisches Lehrsystem entwickelt hat, das die auf die Beeinflussung von *Teilbereichen* ausgerichteten wirtschaftspolitischen Operationen der Monopolbourgeoisie über die Ausnutzung des Staates als einen integrierten Teil eines geschlossenen Ganzen mit einheitlicher Zielsetzung und einheitlicher ökonomisch-theoretischer Fundierung entsprechend den Bedingungen des staatsmonopolistischen Kapitalismus erscheinen läßt. Darin besteht das Spezifische des Keynesianismus gegenüber den anderen zeitgenössischen bürgerlichen ökonomisch-theoretischen Versuchen zur Rettung des kapitalistischen Wirtschaftssystems. Diese Versuche waren *isolierter* Natur, d. h. jeweils gesondert ökonomisch-theoretisch begründet. Sie wurden nicht in ihrer notwendigen Komplexität erkannt und entsprechend theoretisch gefaßt.

Das Keynessche Lehrsystem entfaltete sich aber auch deshalb zum Keynesianismus und errang internationale Bedeutung, da es den speziell ideologischen Bedürfnissen der Monopolbourgeoisie unter den Bedingungen des sich entwickelnden staatsmonopolistischen Kapitalismus ebenfalls voll entsprach. Über die militant antisowjetische Haltung von Keynes soll hier nichts wiederholt werden.[105] Außer Zweifel steht sicher auch die Feststellung, daß der Keynesianismus mit seiner reaktionären Zielsetzung objektiv

[103] Vgl. ebenda, S. 570.

[104] Vgl. hierzu auch M. Daskalov, Die Theorien Keynes' – die allgemeine Theorie der staatsmonopolistischen Regulierung, in: Ekon. Misake, Sofia 1969, 14/1969, S. 38f.

[105] Vgl. hierzu S. 21f. der vorliegenden Arbeit.

gegen den Sozialismus/Kommunismus ausgerichtet ist. Der speziell gegen Marx gerichtete Grundzug des heutigen Keynesianismus ist im ideologischen Klassenkampf ebenfalls nachweisbar. Er nimmt dabei die sonderbarsten Formen an.[106]

Die Keynesianismus erweist sich auch noch von einer anderen Seite her als reiches Arsenal für den ideologischen Klassenkampf. Die idealistische philosophische Grundposition von Keynes bietet einen Nährboden für die illusionäre und den Imperialismus beschönigende Auffassung, daß durch die Beeinflussung der Menschen, d. h. durch die Manipulierung ihres wirtschaftlichen Handelns, der Kapitalismus rettbar sei. In der ideologischen Auseinandersetzung zwischen Kapitalismus und Sozialismus spielt diese Konzeption bis auf den heutigen Tag eine gewichtige Rolle. Mit der Beantwortung der speziellen Frage, ob auf der Basis des Keynesianismus resp. Neokeynesianismus die Widersprüche im heutigen Kapitalismus überwunden und dieses System aufrechterhalten werden kann oder nicht, ist die ideologische Position des jeweiligen Wirtschaftstheoretikers bestimmt. Im folgenden ist die Entstehung und historische Entwicklung der Lehre von Keynes bis auf den heutigen Entwicklungsstand der BRD darzustellen. Dieser Abriß trägt dazu bei, das Wesen des Neokeynesianismus konkreter zu erfassen.

106 Vgl. hierzu S. 177ff. der vorliegenden Arbeit. Während der Drucklegung der ersten Ausgabe der vorliegenden Arbeit erschien in der Europäischen Verlagsanstalt Frankfurt am Main bzw. im Europa-Verlag Wien Paul Mattícks Buch „Marx und Keynes“, das vorgibt, „die keynesianische Theorie und Praxis einer marxistischen Analyse zu unterziehen“ (vgl. Paul Mattick, Marx und Keynes, Frankfurt/M. und Wien 1971, S. 8). Vom Standpunkt der wissenschaftlichen marxistisch-leninistischen Analyse der modernen bürgerlichen politischen Ökonomie aus betrachtet, erfüllt Mattik, trotz vieler realistischer Detailansätze, dieses Versprechen nicht. In der Einschätzung von Grundfragen der welthistorischen Entwicklung unserer Epoche als der des Übergangs vom Kapitalismus zum Sozialismus befindet sich Mattick keinesfalls in Übereinstimmung mit marxistisch-leninistischen Positionen.

2. Zur Entwicklung der Keynesschen Wirtschaftstheorie in Deutschland und in der BRD

2.1. Die Keynessche Wirtschaftstheorie im faschistischen Deutschland

Nach dem Erscheinen des Keynesschen Hauptwerkes setzte auch im deutschsprachigen Bereich der bürgerlichen politischen Ökonomie eine breite Reaktion auf dieses Buch ein. Popularisatoren des Keynesschen Gedankengutes im deutschsprachigen Bereich der damaligen bürgerlichen politischen Ökonomie waren solche bürgerlichen Theoretiker, die unabhängig von Keynes zur selben Zeit zu gleichen oder ähnlichen Ergebnissen gelangt waren, sowie alle von den Keynesschen Auffassungen und von den theoretischen Überlegungen der Keynes gleichgesinnten deutschen bürgerlichen Ökonomen beeindruckten ökonomischen Theoretiker in Deutschland.

Als Repräsentant der ersten Gruppe sei hier auf Wilhelm Lautenbach verwiesen, der gleich nach dem Erscheinen des Keynesschen Hauptwerkes für die Verbreitung dessen Gedankengutes in Deutschland eintrat. Zusammen mit einigen anderen Aufsätzen, die „... eine eingehende Analyse des Kreditprozesses in der Depression und im Aufschwung, welche die Grundlage für die Erörterung einer Reihe aktueller Fragen der Kreditpolitik, der Preispolitik und der Produktionspolitik bieten, (enthalten)“[1], veröffentlichte Lautenbach bereits im Jahre 1937 auch eine das Keynessche Lehrgebäude in seiner Gesamtheit verteidigende und erläuternde Arbeit[2]. Seine theoretische Erörterung sollte, so hoffte er, „... Keynes' wirtschaftspolitische Haltung verständlich machen, zumindest aber dartun, daß der Tadel, Keynes verallgemeinere unzulässig eine einmalige historische Situation, ein Wurf mit dem Bumerang ist, ein Wurf, der ... vielleicht den Angegriffenen haarscharf streift, den Werfenden selbst aber beim Rückflug zu fällen droht.“[3]

[1] Vgl. W. Lautenbach, Über Kredit und Produktion, Frankfurt (Main), o. J. Vorwort.

[2] Vgl. ebenda, S. 57ff. [3] Vgl. ebenda, S. 58.

Lautenbach erkannte das Neue innerhalb der Keynesschen ökonomischen Theorie gegenüber der traditionellen bürgerlichen politischen Ökonomie. Zu Recht stellt er die auf die Analyse des gesamtwirtschaftlichen Reproduktionsprozesses durch Keynes gegebene Orientierung heraus. „Während bisher der eigentliche Gegenstand der ökonomischen Theorie die Verteilung des Sozialprodukts war", schreibt Lautenbach, „indem man axiomatisch Vollbeschäftigung und Ausnutzung aller Produktionsfaktoren als Normalzustand annahm und für erwiesen ansah, daß die Wirtschaft naturnotwendig zum Gleichgewicht bei voller Beschäftigung gravitiere, stellt Keynes dies gerade in Frage und untersucht die Faktoren, welche Gesamtbeschäftigung und Gesamtproduktion bestimmen."[4]

Obgleich prokeynesianisch in seiner Grundeinstellung, unterläßt es Lautenbach nicht, Keynes dafür zu rügen, daß er selbst nicht unwesentlich an der Entfachung eines heftigen Streites unter den bürgerlichen Ökonomen um seine Theorie beigetragen hat. Wenn Lautenbach dabei aber solche Faktoren wie eigenwillige Form, eifernde Strenge und Sarkasmus gegen die orthodoxe Theorie, dogmenkritische Versäumnisse[5] und nicht ausdrückliche und ausführliche Darstellung und Begründung seiner eigenen Prämissen anführt[6], so sind damit zwar berechtigte Vorwürfe gegenüber Keynes vorgebracht worden, die entscheidenden Faktoren aber, nämlich die, daß Keynes mit seiner ökonomisch-theoretischen Konzeption vom bürgerlichen Standpunkt aus erstmalig in geschlossener Form die Bedingungen des entwickelten staatsmonopolistischen Kapitalismus reflektiert, nicht angesprochen worden. Indem Lautenbach in seinem hier angeführten Aufsatz in ausführlicher Form die Keynesschen Versäumnisse nachholt, trägt er zur Verteidigung und Weiterentwicklung der Keynesschen Theorie bei. Er gehört damit zu denjenigen deutschen bürgerlichen ökonomischen Theoretikern, die in der Frühperiode des Keynesianismus zu dessen Entfaltung einen *eigenen* Beitrag gelestet haben.

Keynessches Gedankengut wird in den Jahren vor und während des zweiten Weltkrieges auch von solchen deutschen bürgerlichen ökonomischen Theoretikern aufgegriffen und verarbeitet, die zu der Gruppe von bürgerlichen Ökonomen zählen, die unabhängig von der Veröffentlichung des Keynesschen Hauptwerkes in Deutschland zu im wesentlichen gleichen Auffassungen wie Keynes gelangt waren. Der wohl typischste Vertreter

4 Ebenda, S. 64.

5 Die dogmenkritischen Versäumnisse von Keynes sieht Lautenbach besonders darin, daß Keynes die Leistungen der Stockholmer Schule, vor allem K. Wicksells, nicht gebührend würdigt.

6 Vgl. hierzu und zum folgenden W. Lautenbach, Zur Zinstheorie von John Maynard Keynes, in: Weltwirtschaftliches Archiv, 45. Bd., Jena 1937, S. 493ff.

hierfür ist Carl Föhl, der mit seiner Arbeit „Geldschöpfung und Wirtschaftskreislauf“ aus dem Jahre 1937 zu im Prinzip *gleichen* Ergebnissen wie Keynes gelangt war und diese Lehre auch weiterentwickelte.[7] So zählt Carl Föhl zu den ersten Vertretern der keynesianischen Variante in der modernen bürgerlichen wachstums- und kreislauftheoretischen Forschung in Deutschland. Er schreibt u. a.: „In der Form, in der wir die wesentlichen Zusammenhänge, aus denen Keynes seine Theorie des Beschäftigungsgrades errichtet, im vorigen Abschnitt dargestellt haben, bilden sie nicht mehr als eine statische Theorie ... Eine dynamische Theorie müßte darüber hinaus zeigen, wie bei einer Veränderung der Daten der frühere Gleichgewichtszustand in den neuen übergeht, wie also beispielsweise die Hebung des Beschäftigungsgrades verläuft, wenn plötzlich eine größere Investition einsetzt. Zweifellos verbindet auch Keynes mit den dargestellten statischen Zusammenhängen eine bestimmte dynamische Vorstellung, die aber in seiner Theorie nur angedeutet ist. Zu einer vollständigen Darstellung der dynamischen Zusammenhänge, die ein Verfolgen des Ablaufs jedes beliebigen Übergangsvorgangs ermöglicht hätte, fehlen in seiner Theorie die Beziehungen zwischen der Ersparnisbildung und der mittleren Gewinnlage der Unternehmungen, die für die künftigen Ertragserwartungen von größter Bedeutung ist.“[8]
Die von Föhl entwickelte Lösung zur Dynamisierung der Theorie des Beschäftigungsniveaus beruht auf kreislauftheoretischen Überlegungen Keynesscher Prägung.
Föhl macht bei seinen ökonomisch-theoretischen Ableitungen keinen Hehl daraus, daß er in manchen Details mit Keynes' Auffassungen auch nicht übereinstimmt, wenn er feststellt: „Aber die Betrachtung des Kreislaufs und die Beachtung der Rolle des Gewinns der Unternehmerschaft liefert uns nicht nur eine wertvolle dynamische Ergänzung der von Keynes aufgestellten Theorie des Beschäftigungsgrades, sondern sie führt uns auch zu dem Punkt, wo unsere Auffassung von der Keynesschen Theorie abzuweichen beginnt. Die Abweichung ergibt sich in der Darstellung der Rolle des Zinses als Begrenzer der Investitionstätigkeit.“[9]
Noch in späteren Jahren, während des zweiten Weltkrieges, publizierte Carl Föhl größere Arbeiten, in denen der Einfluß und die Rezeption vieler Keynesscher Gedanken, aber auch eine abweichende Haltung gegenüber manchen Theoremen der Keynesschen Theorie zum Ausdruck kommen.[10]

[7] Vgl. hierzu und zum folgenden C. Föhl, Zur Theorie des Beschäftigungsgrades, in: Weltwirtschaftliches Archiv, 46. Bd., Jena 1937, S. 640ff.
[8] Vgl. ebenda, S. 640.
[9] Ebenda, S. 646.
[10] So z. B. in den Arbeiten „Kinematik und Dynamik des Wirtschaftskreislaufes“

Föhl bemühte sich insgesamt um den weiteren Ausbau des ökonomisch-theoretischen Gedankengutes, das sich in der *internationalen* Diskussion der bürgerlichen politischen Ökonomie mehr und mehr mit dem Namen von John Maynard Keynes verband. Er repräsentiert so eine persönlich nuancierte Fortführung des Keynesschen Lehrsystems.
Die Keynessche Lehre fand in Deutschland sofort nach ihrem Bekanntwerden (durch zustimmende und auch kritische, aber auch unentschlossene erste Rezensionen der „Allgemeinen Theorie") eine breite Schar von Anhängern, die von der Keynesschen ökonomisch-theoretischen Argumentation eingenommen war und diese Lehre und ihre Konsequenzen zu studieren und zu propagieren begann. In den Werken dieser deutschen Keynes-Anhänger wirkte das Keynessche Gedankengut in der deutschen bürgerlichen politischen Ökonomie ebenfalls fort. Ohne hier Anspruch auf Vollständigkeit erheben zu wollen, seien repräsentativ für diese Gruppe folgende Theoretiker genannt: Helmut Drahota, der im Jahre 1941 eine umfangreiche und die bis dato widerstreitende Diskussion um Keynes im In- und Ausland in einer die Keynessche Theorie für den deutschen Leserkreis zusammenfassenden sowie interpretierenden Arbeit veröffentlichte.[11]
Zu dieser Gruppe von Keynesadepten gehören auch die nach dem zweiten Weltkrieg zu den führenden westdeutschen bürgerlichen Ökonomen zählenden Theoretiker Erich Schneider und Hans Peter. In den Kriegsjahren veröffentlichten sie Arbeiten, die deutlich die Rezeption Keynesschen Gedankengutes erkennen lassen. So sind beispielsweise die Schneiderschen Aufsätze „Ersparnis und Investition in der geschlossenen Verkehrswirtschaft. Einige Bemerkungen"[12] und „Zur Frage der Wirkung finanzpolitischer Maßnahmen auf die wirtschaftliche Aktivität"[13] als Vorarbeiten für sein nach dem zweiten Weltkrieg veröffentlichtes mehrteiliges Lehrbuch „Einführung in die Wirtschaftstheorie" anzusehen. Bei Hans Peter

sowie „Die Erhaltung der Vollbeschäftigung", beide in: „Nordisk Tidskrift for Teknisk Ökonomie", Jg. 1941. (Letztgenannter Aufsatz wiederabgedruckt in: C. Föhl, Geldschöpfung und Wirtschaftskreislauf, 2. Aufl., (West-)Berlin 1955, S. 409 ff.)

[11] Vgl. H. Drahota, Sparen, Horten und Zins in der modernen Geldtheorie, insbesondere bei John Maynard Keynes, Jena 1941.

[12] Vgl. E. Schneider, Ersparnis und Investitionen in der geschlossenen Verkehrswirtschaft. Einige Bemerkungen, in: Schmollers Jahrbuch für Gesetzgebung, Verwaltung und Volkswirtschaft im Deutschen Reiche, 67. Jg., Berlin 1943, S. 35 ff.

[13] Vgl. E. Schneider, Zur Frage der Wirkung finanzpolitischer Maßnahmen auf die wirtschaftliche Aktivität, in: Finanzarchiv, N. F., Bd. 10, Tübingen 1944, S. 277 ff.

findet man in der für die bürgerliche kreislauftheoretische Forschung grundlegenden Arbeit aus jener Zeit, der „Strukturlehre des Wirtschaftskreislaufes“[14], ebenfalls die Übernahme Keynesscher Theoreme. In seinem Aufsatz „Statische Zinstheorie und ihre Grenzen“ verweist er auf Arbeiten von Keynes und Carl Föhl.[15]

Vom Keynesschen Werk beeinflußt sind außerdem auch solche deutschen bürgerlichen ökonomischen Theoretiker wie beispielsweise Otto Donner, der in seinem Aufsatz „Die Grenzen der Staatsverschuldung“[16] an mehreren Stellen Keynes zustimmend zitiert und dessen Lehre bereits als allgemein bekannt unterstellt. In einer Arbeit von Robert Wilbrandt aus dem Jahre 1941 kommt ebenfalls zum Ausdruck, daß die Keynesschen Gedanken schon zum Allgemeingut des ökonomisch-theoretischen Gedankenfundus der damaligen bürgerlichen Ökonomen in Deutschland gehörten.[17]

Natürlich wurde auch noch in den Kriegsjahren um die Keynessche Theorie unter den deutschen bürgerlichen Ökonomen diskutiert. Ausgesprochene Keynesanhänger, die vorbehaltlos seine Lehre akzeptieren, griffen in diese Diskussionen ein und verteidigten ihren Lehrmeister. Peter Bauer z. B. bezeichnet seinen Aufsatz „Die Allgemeine Theorie von Keynes und ihre Kritiker. (Die Meinungsverschiedenheiten bezüglich der Keynesschen Geldtheorie)“[18] als einen Versuch, “. . . einige Mißverständnisse, welche die Diskussion der Allgemeinen Theorie von Keynes hervorrief, aufzuklären“.[19] Nebenbei bemerkt er: „Kein nationalökonomisches Buch der letzten Jahre wurde soviel besprochen, wie dieses Werk von Keynes. Die Besprechungen zeichnen sich aber nicht nur durch ihre Zahl aus, sondern auch durch die Namen der Verfasser. Das Buch wurde von den besten Geldtheoretikern besprochen, . . .“[20] Bauer selbst unterstützt uneingeschränkt die Keynesschen Gedanken. Keynes' Geld- und Zinstheorie wurde von ihm sogar als bahnbrechender Versuch bezeichnet.[21]

[14] Vgl. H. Peter, Strukturlehre des Wirtschaftskreislaufes, Berlin 1943.

[15] Vgl. H. Peter, Statische Zinstheorie und ihre Grenzen, in: Jahrbücher für Nationalökonomie und Statistik, Bd. 160, Jena 1944, S. 127f.

[16] Vgl. O. Donner, Die Grenzen der Staatsverschuldung, in: Weltwirtschaftliches Archiv, 56. Bd., Jena 1942, S. 183ff.

[17] Vgl. R. Wilbrandt, Giralgeldpolitik, in: Schmollers Jahrbuch für Gesetzgebung, Verwaltung und Volkswirtschaft im Deutschen Reiche, 65. Jg., Berlin 1941, S. 433ff.

[18] Vgl. P. Bauer, Die allgemeine Theorie von Keynes und ihrer Kritiker. (Die Meinungsverschiedenheiten bezüglich der Keynesschen Geldtheorie), in: Zeitschrift für Nationalökonomie, Bd. IX, Wien 1939, S. 99ff.

[19] Vgl. ebenda S. 99

[20] Vgl. ebenda, S. 99.

[21] Vgl. ebenda S. 106.

Auch der deutsche Keynes-Übersetzer, Fritz Waeger, gehört zu dieser Gruppe deutscher Keynesadepten. Waeger griff, ähnlich wie Peter Bauer, in die Diskussion über Keynes' Hauptwerk mit Argumenten ein, die Keynes zu rechtfertigen versuchten. In seiner Arbeit, „Konjukturelle und strukturelle Arbeitslosigkeit. Eine Äußerung zu J. M. Keynes' „Allgemeine Theorie der Beschäftigung'“[22], führte er eine scharfe Polemik gegen den zeitgenössischen bürgerlichen Keynes-Kritiker Albrecht Forstmann[23].

Der breite Einfluß der Keynesschen Theorie auf die deutschen bürgerlichen Ökonomen in den Jahren der faschistischen Herrschaft in Deutschland sei an einem letzten Beispiel illustriert. In einer 1940 erschienenen Arbeit des später in Westdeutschland zu Ansehen gelangten ökonomischen Theoretikers Herbert Timm über Grundprobleme der modernen Vollbeschäftigung[24], also über eine Thematik, die direkt dazu zwingt, zur Keynesschen Konzeption Stellung zu beziehen, wird Keynes' Konzeption, nachdem sie ihren Grundzügen dargestellt worden ist[25], folgendermaßen eingeschätzt: „Ich glaube, daß, wenn man zu diesen Grundannahmen (die des Keynesschen Systems – K. M.) positiv steht, man den neuen Keynes im wesentlichen akzeptiert hat.

Es soll hier nicht bestritten werden, daß es schließlich jene psychologischen Faktoren ... sind, die unmittelbar entscheidend sind für das Ausmaß der Beschäftigung. Ebensowenig kann wohl das ‚grundlegende Gesetz' geleugnet werden, daß die Menschen mit zunehmendem Einkommen einen immer geringer werdenden Teil des Zuwachses zu verzehren pflegen.“[26]

Timm meldet neben dieser zustimmenden Grundhaltung Keynes gegenüber auch Vorbehalte an, die sich aber nur auf die Einschätzung der quantitativen Seite des Keynesschen ökonomisch-theoretischen Kategoriensystems durch Keynes selbst beziehen.

Das im Interesse der Monopolbourgeoisie auf die Untersuchung gesamtwirtschaftlicher Prozesse ausgerichtete Keynessche Gedankengut stieß in Deutschland auf einen in mancher Hinsicht sogar recht gut vorbereiteten theoretischen Nährboden. Der Analyse des gesamtwirtschaft-

22 Vgl. F. Waeger, Konjunkturelle und strukturelle Arbeitslosigkeit. Eine Äußerung zu J. M. Keynes' „Allgemeine Theorie der Beschäftigung“, in: Finanzarchiv, N. F., Bd. 6, Tübingen 1939, S. 258ff.

23 Vgl. A. Forstmann, Arbeit oder Beschäftigung?, in: Finanzarchiv, N. F., Bd. 5, Tübingen 1938, S. 375ff.

24 Vgl. H. Timm, Das Grundproblem der modernen Vollbeschäftigung, Darmstadt–Leipzig 1940.

25 Vgl. ebenda, S. 12ff.

26 Ebenda, S. 17.

lichen Kreislaufprozesses der kapitalistischen Wirtschaft sowie den zyklischen Schwankungen der Wirtschaft war von der bürgerlichen politischen Ökonomie in Deutschland seit der Jahrhundertwende stärkere Beachtung gewidmet worden.[27] Ähnliches galt auch für die bürgerliche Statistik über die gesamtwirtschaftlichen Prozesse. Keynes sah sich deshalb auch gezwungen, die Bedeutung deutschsprachiger bürgerlicher ökonomischer Theoretiker, darunter auch Kreislauftheoretiker, wie z. B. Hans Neisser und N. Johannsen, für die Ausarbeitung seiner ökonomisch-theoretischen Auffassungen anerkennend zu nennen.

Aus dem Kreis jener Ökonomen, die wie Keynes ihre ökonomisch-theoretischen Auffassungen in die Bahnen einer Analyse des gesamtwirtschaftlichen Reproduktionsprozesses des modernen Kapitalismus gelenkt hatten, rekrutierte sich dann auch sofort die Gruppe derjenigen deutschen bürgerlichen ökonomischen Theoretiker, die das Keynessche Hauptwerk freudig begrüßten und in ihren Arbeiten unmißverständlich die Übereinstimmung zwischen Keynes' und ihren eigenen Auffassungen zum Ausdruck brachten. Zu ihnen zählten z. B. auch der bereits erwähnte Theoretiker Carl Föhl, der im Vorwort zu seinem Buch „Geldschöpfung und Wirtschaftskreislauf"[28] feststellte, daß die Ergebnisse der Keynesschen „Allgemeinen Theorie" mit den Ergebnissen seiner Arbeit über den Wirtschaftskreislauf weitgehend übereinstimmen[29], und weiterhin Paul Binder, der in seiner Arbeit „Die Schalthebel der Konjunktur"[30] ähnliche Auffassungen äußerte[31].

[27] Vgl. hierzu u. a. K. O. W. Müller, Die bürgerliche Kreislauftheorie, a. a. O., S. 22f.

[28] Vgl. C. Föhl, Geldschöpfung und Wirtschaftskreislauf, München—Leipzig 1937.

[29] So schreibt C. Föhl: „Die Übereinstimmung unserer eigenen Denkergebnisse mit der Theorie des Beschäftigungsgrades von Keynes ist so weitgehend, daß die Ergebnisse beider Arbeiten, vom Standpunkt des Vorhandenen aus betrachtet, zunächst als identisch erscheinen mögen. Auffallend ist vor allem die Übereinstimmung in der Annahme der Abhängigkeit des Sparens von der Größe des Volkseinkommens und damit vom Beschäftigungsgrad, eine Abhängigkeit, aus der sich bei den Arbeiten die Gleichgewichtsbedingung für den Beschäftigungsgrad ergibt. Auffallend ist auch die Übereinstimmung der Aussagen über die Auswirkungen der Geldschöpfung bei Teillast, über die Frage also, die das Hauptthema unserer Arbeit bildet und der in beiden Arbeiten geführte Nachweis, daß es nicht, wie Wicksell meinte, einen Gleichgewichtszins schlechthin, sondern daß es für jeden Beschäftigungsgrad einen Gleichgewichtszins gibt." (C. Föhl, Geldschöpfung und Wirtschaftskreislauf, a. a. O., S. VII.)

[30] Vgl. P. Binder, Die Schalthebel der Konjunktur. Kaufkrafteinsatz und Kaufkraftstillegung als Bestimmungsgründe des Volkseinkommens, München—Leipzig 1937.

[31] P. Binder schreibt im Vorwort zur a. o. Arbeit: „Die wesentlichen Ergebnisse

Neben diesen Theoretikern treten auch deutsche bürgerliche Ökonomen auf, die entweder das Keynessche Hauptwerk begrüßen oder aber als Verteidiger und Interpret desselben auftreten. Mit Recht verweist Werner Krause hier auf Männer wie Richter-Altschäffer, Paul Berkenkopf und Wilhelm Lautenbach.[32]

Neben den offenen Befürwortern des Keynesschen Hauptwerkes und einer dieses Werk ablehnenden Gruppe bürgerlicher deutscher Ökonomen (auf die wir noch im einzelnen zu sprechen kommen) muß hier auch auf die Existenz einer Art mittleren Gruppe verwiesen werden, deren Vertreter zwar die „Allgemeine Theorie" als einen interessanten Beitrag einschätzen, in der Bewertung dieses Buches aber weitaus zurückhaltender sind, eine politische Stellungnahme vermeiden und sich auf die Diskussion einzelner fachlicher Punkte beschränken. Zu dieser Gruppe ist u. a. auch Hans Peter zu rechnen.[33] Hierzu zählen auch alle jene deutschen bürgerlichen Ökonomen, die, ohne sich direkt mit Keynes' Anschauungen auseinanderzusetzen, dies jedoch stillschweigend ihren ökonomisch-theoretischen Überlegungen zugrunde legen. Hier wären also auch solche bürgerlichen Theoretiker einzuordnen, wie z. B. Heinrich von Stackelberg, die in bestimmten Detailfragen Versuche unternehmen, eine Brücke zu den Keynesschen Dogmen zu schlagen, um auf diesem Wege dem Neuen in den bürgerlichen politökonomischen Theorien, so wie es durch Keynes' Konzeption vertreten wurde, den Weg zu ebnen.[34]

Selbstverständlich gab es bereits damals, also in der zweiten Hälfte der dreißiger Jahre, im Lager der deutschen und der internationalen bürgerlichen politischen Ökonomie Anti-Keynesianer. Einige von ihnen, so z. B. die deutschen Theoretiker Albert Hahn und Adolf Weber, sind es zeit-

seiner Untersuchungen standen im ersten Entwurf bereits fest, als das Buch ‚The General Theory of Employment, Interest and Money' von John Maynard Keynes publiziert wurde. Der Einfluß von Keynes auf die vorliegende Arbeit besteht vor allem darin, daß die hier vorgetragenen Gedanken bei wiederholter Durcharbeitung eine schärfere und mehr auf die praktische Wirtschaftspolitik abgestellte Formulierung erfahren haben." (Ebenda, S. 5)

32 Vgl. W. Krause, Wirtschaftstheorie unter dem Hakenkreuz, Berlin 1969, S. 163.

33 Vgl. H. Peter, Keynes' neue Allgemeine Theorie, in: Finanzarchiv, Bd. 5, Tübingen 1937, S. 51ff.

34 H. von Stackelberg, ein führender bürgerlicher ökonomischer Theoretiker in Hitlerdeutschland, versuchte zu zeigen, daß Keynes' zinstheoretische Auffassung, die bekanntlich zu den Kernpunkten seines Lehrsystems rechnet, nicht im Widerspruch zu den überkommenen Lehren steht. (Vgl. H. von Stackelberg, Zins und Liquidität. Eine Auseinandersetzung mit Keynes, in: Schweizerische Zeitschrift für Volkswirtschaft und Statistik, 83. Jg., Bern 1947. Aus dem Nachlaß herausgegeben.)

lebens geblieben. Sehen wir von den mehr theoretisch orientierten bürgerlichen deutschen Keynes-Kritikern Albert Hahn, Albrecht Forstmann und Adolf Weber ab, so setzt sich diese Gruppe aus bürgerlichen Ökonomen zusammen, die, wie Carl Krämer[35] oder A. von Mühlenfels[36], die praktische Anwendung der Keynesschen Lehre auf Deutschland nicht für sinnvoll hielten.

Der hier gegebene Überblick über die Resonanz des Keynesschen Hauptwerkes im faschistischen Deutschland, der keineswegs Anspruch auf Vollständigkeit erhebt, dokumentiert zwar ein breites, aber nicht durchgängig zustimmendes Echo der deutschen bürgerlichen Ökonomen auf Keynes' Lehre.[37] Im Unterschied zur Entwicklung in den imperialistischen Ländern des angelsächsischen Sprachbereiches kam es im faschistischen Deutschland auch nicht zur Herausbildung des Keynesianismus als einer selbständigen Richtung innerhalb der deutschen bürgerlichen politischen Ökonomie in jener Zeit.

Trotz vieler Ansätze und zahlreicher vielversprechender Keime erfolgte noch nicht der entscheidende Durchbruch des Keynesianismus. Die kritischen Stimmen aus dem Lager der deutschen bürgerlichen Ökonomen gegen die ökonomisch-theoretischen Ableitungen von John Maynard Keynes waren dabei nicht maßgebend. Von genereller Bedeutung ist der Umstand, daß die deutsche Monopolbourgeoisie zur Zeit der Herrschaft des Hitler-Faschismus, bis hinein in die ersten Kriegsjahre, eine für sie so außerordentlich erfolgreiche Ausplünderungspolitik des eigenen Volkes und fremder Völker betrieb, für die sie eine ökonomisch-theoretische Analyse, die in erster Linie auf eine differenziert geführte wirtschaftspolitische Praxis ausgerichtet ist, zur Durchsetzung ihrer räuberischen Ziele nicht dringend benötigte. An deren Stelle trat eine primitive soziale Demagogie und Phraseologie. I. G. Bljumin charakterisiert als wichtiges Merkmal der faschistischen Ideologie auf ökonomischem Gebiet „... die Verflechtung der sozialen Demagogie mit einer hektischen imperialistischen und chauvinistischen Agitation", wobei „die faschistischen Autoren ... darauf ab(zielen), als die Ursache aller Leiden der deutschen Werktätigen

[35] Vgl. C. Krämer, J. M. Keynes über Kapitalersparung und -anlegung, in: Schmollers Jahrbuch für Gesetzgebung, Verwaltung und Volkswirtschaft im Deutschen Reiche, 61. Jg., Leipzig 1937, S. 315ff.

[36] Vgl. A. von Mühlenfels, Allgemeine Theorie der Beschäftigung, des Zinses und des Geldes, in: Schmollers Jahrbuch für Gesetzgebung, Verwaltung und Volkswirtschaft im Deutschen Reiche, 62. Jg., Leipzig 1938, S. 221ff.

[37] Dem speziell interessierten Leser wird zu diesem Problemkomplex die Arbeit von W. Krause, Wirtschaftstheorie unter dem Hakenkreuz, a. a. O., insbes. S. 159ff. empfohlen.

in erster Linie das angeblich nicht ausreichende Territorium Deutschlands auszugeben. Sie stellen die imperialistische Aggression als die radikalste Methode hin, die Lage der Werktätigen in Deutschland zu verbessern und alle sozialen Widersprüche zu lösen".[38] Hinzu kommt, daß von der relativ kleinen Zahl bürgerlicher ökonomischer *Theoretiker* solche Keynesanhänger, wie z. B. Erich Schneider und Carl Föhl, es vorzogen, als Gastdozenten im Auslande zu wirken.[39] Außerdem spielt hier auch eine Rolle, daß die wirtschaftstheoretische Konzeption eines *Engländers*, also eines Ökonomen aus einem mit Deutschland im Kriegszustand lebenden Lande, schon aus Prestigegründen nicht zur offiziellen Doktrin erklärt werden konnte.

Die durch die Ereignisse des Weltkrieges dann noch stärker als zuvor geförderte Isolierung der deutschen bürgerlichen politischen Ökonomie von der internationalen Entwicklung, vor allem auch von der Weiterführung des Keynesianismus im angelsächsischen Sprachbereich, wurde zwar von einigen wenigen deutschen bürgerlichen Ökonomen erkannt, konnte aber nicht aufgehalten werden. Carl Brinkmann beispielsweise verweist in einem im Jahre 1944 erschienenen Aufsatz darauf – mit leisem Hinweis auf die Entwicklung der bürgerlichen ökonomischen Theorie in den USA –, daß bei der künftigen Erneuerung der Wirtschaftstheorie in Deutschland (für Brinkmann im bürgerlichen Sinne) dem Keynesschen Gedankengut der gebührende Platz einzuräumen ist, da diese Lehre die angeblich ausgleichende Wirkung des klassischen Marktmechanismus ad absurdum geführt hat.[40] Auch der schon damals bekannte Theoretiker

[38] Vgl. I. G. Bljumin, Über die moderne bürgerliche politische Ökonomie, a. a. O., S. 169.

[39] Schneider und Föhl waren in Aarhus (Dänemark) tätig; aber auch Vertreter anderer Richtungen, wie z. B. H. v. Stackelberg, hatten es vorgezogen, den Kontakt mit der internationalen Entwicklung der bürgerlichen ökonomischen Theorie über die Annahme von Gastvorlesungen im Auslande aufrechtzuerhalten.

[40] Vgl. C. Brinkmann, Über die Erneuerung der Wirtschaftstheorie, in: Jahrbücher für Nationalökonomie und Statistik, Bd. 160, Jena 1944. So schreibt Brinkmann u. a.: „Gerade in den Ländern beweglichster ökonomischer Dynamik und ausgesprochen liberaler Wirtschaftsgesetzgebung und Wirtschaftsideologie wie in den Vereinigten Staaten von Amerika ergab und ergibt die reich entwickelte statistische Induktion einen sehr langfristigen und hartnäckigen Überhang der Spargelder über die Investitionen. Weder schien also, ganz wie auf den Warenmärkten, wachsendes Angebot die Preise, d. h. hier die Zinsen, der Nachfrage immer entgegenzusenken, noch im umgekehrten Falle durchbrechende Zinssenkung eine lautlose Nachfrage anzuregen. Der klassische Marktmechanismus war offenbar an seinem entscheidenden Mittelpunkt lahmgelegt. Bis im Gefolge der ersten laienhaften, wiederum gerade im liberalen Amerika ent-

Erich Preiser versuchte, der deutschen Monopolbourgeoisie klarzumachen, daß die künftigen wirtschaftspolitischen Aufgaben nicht ohne ernsthafte ökonomisch-theoretische Arbeit zu bewältigen seien und man dabei die Keynessche Theorie beachten muß. Er schreibt hierzu und charakterisiert dabei die Situation in der deutschen bürgerlichen ökonomischen Theorie im Jahre 1944 wie folgt: „Über die Abweichungen hinaus, die ganz natürlicherweise zwischen den Auffassungen der einzelnen Forscher bestehen, zeichnet sich der Gegensatz zweier Richtungen ab, von denen wir die eine als ‚traditionelle Lehre' bezeichnen wollen, während die andere vor allem durch Keynes und durch eine Reihe neuerer deutscher Autoren vertreten wird"[41], und fährt später fort: „Man kann die eine oder die andere der beiden Richtungen, die wir soeben skizziert haben, nicht mit einem Wort abtun. Die Wahrheit liegt auch nicht irgendwo in der Mitte. Vielmehr gilt es, die Berechtigung der einzelnen Thesen in ihren Grenzen zu erkennen, diese Grenzen festzulegen und so eine gemeinsame Diskussionsbasis zu schaffen."[42]

Die Frage nach der Resonanz des für die weitere Ausrichtung der internationalen bürgerlichen politischen Ökonomie so bedeutungsvollen Buches wie der „Allgemeinen Theorie" in den Kreisen der deutschen bürgerlichen Ökonomen während der Zeit des Hitler-Faschismus führt uns natürlich sofort zur Frage nach der Beziehung zwischen der praktischen Wirtschaftspolitik im faschistischen Deutschland und der Theorie von Keynes. Wir verweisen in diesem Zusammenhang darauf, daß von seiten der heutigen bürgerlichen Ökonomie[43] hierzu eine eindeutig *verneinende* Position bezogen wird.

Von verschiedenen marxistischen Ökonomen ist auf die Frage nach der Beziehung von faschistischer Wirtschaftspolitik und Keynesscher Wirt-

standenen Anschauungen vom ‚Unfug des Sparens', die neue Geldtheorie des John Maynard Keynes die Revision auch dieses Teils der klassischen Markttheorie einleitete und durch empirische Erforschung der tatsächlichen Kanäle, in denen die Ersparnis zur Investition kommt, die ‚mono kausale' Erklärung des Vorganges aus dem Zinspreis durch ein ganzes, in Wechselwirkung stehendes System von Bestimmungsgründen mit den langfristigen Unternehmererwartungen, der ‚propensity to consume' und besonders der ‚liquidity preference' (der modernen Hortung!) als Eckpfeiler ersetzte. Damit ist auch hier die mechanistisch-harmonische Ansicht durch eine organische und zugleich für politische Gestaltung offenere abgelöst." (Vgl. ebenda, S. 101/102.)

41 Vgl. E. Preiser, Sparen und Investieren, in: Jahrbücher für Nationalökonomie und Statistik, Bd. 159, Jena 1944, S. 259/260.

42 Vgl. ebenda, S. 264.

43 Vgl. hierzu R. Erbe, Die nationalsozialistische Wirtschaftspolitik 1933 bis 1939 im Lichte der modernen Theorie, Zürich 1958.

schaftstheorie eingegangen worden. Der sowjetische Ökonom W. S. Wolodin bemerkt hierzu: „Alle Keynesianisten sind sich darin einig, daß das zuverlässigste Mittel zur Sicherung einer Hochkonjunktur, sprich das zuverlässigste Mittel, die monopolistischen Maximalprofite zu sichern, in der Militarisierung der kapitalistischen Wirtschaft und im Kriege selbst gegeben ist.
Gerade darauf ist auch die Tatsache zurückzuführen, daß die Keynessche Apologetik seinerzeit bei den Hitlerschen Abenteurern so starken Widerhall gefunden hat; die faschistische Presse erklärte rund heraus, daß die ,Keynesschen Ideen eine theoretische Erklärung und Rechtfertigung der nationalistischen Wirtschaft darstellen'. Kennzeichnend ist auch der Umstand, daß eine Gruppe englischer Keynesianisten aus Oxford in ihrem Buch ,Die Ökonomie der Vollbeschäftigung' Hitler-Deutschland als Beispiel für die praktische Verwirklichung der Keynesschen Theorie angesprochen hat. Das ist ein weiteres Zeugnis dafür, daß das Wesen der Keynesschen Apologetik faktisch darauf hinausläuft, die volksfeindliche imperialistische Praxis des Monopolkapitals irgendwie ,theoretisch' zu fundieren. Sie besteht in erster Linie darin, den Faschismus, die imperialistische Reaktion und den Krieg zu rechtfertigen."[44]
In seiner Geschichte der Lage der Arbeiter in England rechnet Jürgen Kuczynski zu jenen, von denen Keynes als „der große Theoretiker" gepriesen wurde und wird, u. a. die „deutschen Faschisten, die 1936 gleich nach Erscheinen seines Buches feststellten, daß Keynes die Theorie für ihre Praxis geliefert hatte".[45] Karl-Heinz Schwank schreibt in seiner Keynes-Monographie zu dieser speziellen Frage: „Der sogenannte neue Plan der deutschen Faschisten, der unter hervorragender Anteilnahme Schachts entstanden war, und der nach seinem Eingeständnis, so viel ,zur Durchführung der Aufrüstung ... beigetragen hat', beinhaltet praktisch die Gedanken, die Keynes rechtfertigt. Kein Wunder, daß ,Der deutsche Volkswirt' das Erscheinen der Keynesschen ,Allgemeinen Theorie' mit den Worten begrüßt, die Keynesschen Gedanken stellen ,in Wirklichkeit die theoretische Erklärung und Rechtfertigung der nationalsozialistischen Wirtschaftspolitik' dar. Daß die Keynesschen Gedanken dem Faschismus gelegen kamen, zeigt sich auch darin, daß der Begriff ,Vollbeschäftigung' bald aus faschistischem Munde erklang."[46]

44 Vgl. W. S. Wolodin, Keynes – ein Ideologe des Monopolkapitals, Berlin 1955, S. 118f.

45 Vgl. J. Kuczynski, Die Geschichte der Lage der Arbeiter in England von 1940 bis in die Gegenwart, Bd. IV, Dritter Teil, seit 1832, Berlin 1955, S. 317.

46 Vgl. K.-H. Schwank, Lord Keynes' Theorie – weder revolutionär noch wissenschaftlich, a. a. O., S. 55f.

Für solche Vertreter der Monopolinteressen, wie Lautenbach und Föhl, haben wir bereits die engen Bindungen an das Keynessche Lehrsystem im einzelnen dargestellt.[47] Letztendlich verweisen wir auch darauf, daß Keynes selbst im Vorwort zur deutschen Ausgabe seiner „Allgemeinen Theorie" (die noch im selben Jahr wie die englische Originalausgabe erschien) mit Anspielungen auf die Verhältnisse im faschistischen Deutschland bemerkte, daß seine Theorie „... viel leichter den Verhältnissen eines totalen Staates angepaßt werden (kann) als die Theorie der Erzeugung und Verteilung einer gegebenen, unter Bedingungen des freien Wettbewerbs und eines großen Maßes von laissez-faire erstellten Produktion".[48]

Es ist das Verdienst von Werner Krause, den mehr oder weniger exkursorischen Bemerkungen einiger marxistischer Ökonomen zur Frage des Verhältnisses zwischen der Wirtschaftspolitik der deutschen Faschisten einerseits und der Keynesschen Theorie andererseits nachgegangen zu sein und, unter Einbeziehung neuerer Forschungsergebnisse[49], diese Problematik detaillierter untersucht zu haben[50]. Krause setzt sich darüber hinaus auch mit der Interpretation dieser theoriegeschichtlichen Beziehung durch René Erbe auseinander.

Auf Grund eingehender Kenntnisse über die wirtschaftspolitischen Praktiken der deutschen Faschisten und ausgehend von neu vorliegenden Forschungsergebnissen über die Hauptmethoden der Finanzierung im faschistischen Deutschland, die, wie Krause bemerkt, „recht deutlich machen, wie berechtigt oder unberechtigt Vergleiche zur Keynes-Theorie wirklich sind"[51], kommt er zu dem Ergebnis, „daß die Wirtschaftspolitik der Hitlerregierung eher als ‚unkeynesianisch' denn als ‚pro-keynesianisch' zu qualifizieren wäre."[52]

Krause hat insofern Recht, als die *konkreten* wirtschaftspolitischen Tagesaufgaben der deutschen Monopolbourgeoisie zur Zeit des Hitler-Faschismus keinesfalls in allen Punkten mit den konkreten wirtschaftspolitischen Empfehlungen von Keynes übereinstimmten und hier eine Politik betrieben wurde, die in manchen Teilen sogar direkt im Gegensatz zu den Keynesschen Ableitungen stand. Ein markantes Beispiel hierfür dürfte die Sparpolitik der Nazis sein. Von einer Politik zur Reduzierung des Sparfonds kann im faschistischen Deutschland angesichts der chronischen

[47] Vgl. S. 60ff. der vorliegenden Arbeit.

[48] Vgl. J. M. Keynes, Allgemeine Theorie ...; a. a. O., S. IX.

[49] So beispielweise R. Andexel, Imperialismus – Staatsfinanzen, Rüstung, Krieg, Berlin 1968.

[50] Vgl. W. Krause, Wirtschaftstheorie unter dem Hakenkreuz, a. a. O., S. 159ff.

[51] Vgl. ebenda, S. 161.

[52] Vgl. ebenda, S. 161.

Finanzmisere nicht gesprochen werden. Andererseits gab es natürlich auch wirtschaftspolitische Zielsetzungen, so die systematische Senkung des Reallohnes der breiten Volksmassen, die im Interesse der faschistischen deutschen Monopolbourgeoisie lagen, und für die Keynes eine „wissenschaftliche Begründung" gegeben hatte.
Das Kernproblem der ganzen Frage nach der Beziehung zwischen Keynesscher Theorie und faschistischer Wirtschaftspolitik reduziert sich offenbar auf folgenden Umstand: Keynes hat ein wirtschaftstheoretisches Lehrsystem ausgearbeitet, das in seinen Grundzügen den Bedingungen des staatsmonopolistischen Kapitalismus angepaßt ist. Insofern entspricht es in seiner Stoßrichtung, nämlich Ausrichtung auf Stabilisierung des staatsmonopolistischen Systems bei konkreter Zielsetzung nach Sicherung und Erreichung maximaler Profite für die Monopolbourgeoisie, *auch* den Bedürfnissen der deutschen Monopolbourgeoisie zur Zeit des Hitler-Faschismus. Aus unterschiedlichen historisch-konkreten Prämissen in der ökonomischen Basis der einzelnen imperialistischen Länder resultiert nun zweifelsohne auch ein unterschiedlich nuanciertes, die einzelnen Instrumente und Methoden der Wirtschaftspolitik differenziert einsetzendes wirtschaftspolitisches Handeln der herrschenden Klasse. Mit zunehmender Aufrüstung und Eintritt in die Kriegshandlungen gestalteten sich die ökonomischen Probleme der deutschen Monopolbourgeoisie außerdem zunehmend komplizierter (z. B. Rohstoffmangel, ungünstige Devisenlage). Von derartigen, den Mechanismus des staatsmonopolistischen Kapitalismus modifizierenden Umständen hatte Keynes selbsverständlich abstrahiert.
Ein Zeitgenosse dieser Entwicklungsperiode in der deutschen bürgerlichen politischen Ökonomie, und zwar der deutsche Übersetzer der Keynesschen „Allgemeinen Theorie", Fritz Waeger, charakterisiert die Situation um Keynes und seine Beziehung zu den deutschen Faschisten so: „Selbstverständlich gibt es Sonderprobleme, auf welche die Keynessche Allgemeine Theorie nur mit entsprechenden Anpassungen angewandt werden kann, und das bezieht sich zweifellos teilweise auch auf die gegenwärtigen Verhältnisse in Deutschland. Die Zustände aber, die zur Zeit der Machtergreifung der nationalsozialistischen Regierung in Deutschland herrschten, sind geradezu ein Schulbeispiel für unsere Streitfrage ... Die Arbeitslosigkeit hatte ... eine noch nie dagewesene Höhe erreicht. Es handelte sich also offenbar um strukturelle und konjunkturelle Störungen ... Das Mittel aber, durch das die nationalsozialistische Regierung Deutschlands diese Stockung überwand, waren ... in erster Linie öffentliche Arbeiten und eine Senkung des Zinsfußes, also Maßnahmen die sich großenteils mit den Vorschlägen Keynes' decken. Wehrwirtschaftliche Erwägungen

haben die nationalsozialistische Regierung allerdings veranlaßt, einen gewaltigen Teil der Investitionen von produktiven Anlagen auf – ihrem Wesen nach unproduktive – militärische Aufgaben abzuzweigen, mit der Folge, daß zur Zeit die Investitionen Deutschlands die Höhe, die der Hang zu Sparen ohne staatliche Eingriffe erreichen würde, übersteigt. Die nationalsozialistische Regierung hat diese Sonderverhältnisse klar erkannt und durch tiefgreifende Verordnungen, insbesondere durch Lohnregulierungen und Beschränkung der Dividenden, erzwungen, daß die Produktion von Verbrauchsgütern innerhalb der Grenzen bleibt, die mit der wehrwirtschaftlichen Politik der nationalsozialistischen Regierung vereinbar ist, und daß sich die Verbrauchsfrage dieser Produktion von Verbrauchsgütern anpaßt ... Aus einer vollen Erkenntnis der Keynesschen Gedankengänge ergibt sich auch, daß eine weitere Senkung des Zinsfußes, so wünschenswert sie auch für den Staatshaushalt und für die Erstellung von mit dem Blick auf Selbstversorgung vorgenommenen Investitionen wäre, zur Zeit in Deutschland Wirkungen auslösen würde, die von jenen, die sich aus entsprechenden Maßnahmen (z. B.) in England ergeben würden, grundsätzlich abweichen würden. Das bedeutet aber nicht, daß die Keynesschen Vorschläge in Deutschland ihre Berechtigung verloren haben. Sollte später die Produktion von Verbrauchsgütern in Deutschland eine Höhe erreichen, die den Hang zum Verbrauch auf dem seinerzeitigen Niveau des Volkseinkommens übersteigt, dann würde auch der Zeitpunkt für die Wiederaufnahme der Keynesschen Vorschläge gekommen sein, und es besteht wohl auch kein Zweifel, daß die nationalsozialistische Regierung dann einem Umschwung der Hochkonjunktur tatkräftig entgegenwirken würde, und zwar ... durch eine Vermehrung der Investitionen der öffentlichen Hand und vielleicht auch durch eine auf eine Senkung des Zinsfußes abgestellte Geldpolitik. In einem autoritären Staate lassen sich solche Maßnahmen leichter durchführen als in einer Demokratie, und der vorurteilslose Leser wird daher Keynes nur zustimmen können, wenn er in seinem Vorwort zur deutschen Ausgabe seiner Allgemeinen Theorie sagt, daß ‚die Theorie der Produktion als Ganzes', die den Zweck seines Buches bildet, ‚viel leichter den Verhältnissen eines totalen Staates angepaßt werden kann als die Theorie der Erzeugung und Verteilung einer gegebenen, unter Bedingungen des freien Wettbewerbs und eines großen Maßes von laissez-faire erstellten Produktion'."[53]

Werner Krause zieht im Resümee seiner Untersuchungen über Keynes und den deutschen Faschismus zu Recht den Schluß, daß es gewiß ist,

[53] Vgl. F. Waeger, Konjunkturelle und strukturelle Arbeitslosigkeit, in: Finanzarchiv, N. F., Bd. 6, Tübingen 1938, S. 269/270.

„daß die Keynessche Lehre den Theoretikern genügend Diskussionsstoff ... und gleichzeitig den Wirtschaftspolitikern, die für eine weitgehende staatliche Intervention in der Wirtschaft eintreten, in wissenschaftlicher Verpackung beträchtliche Argumente geliefert hat".[54]
Ob die Keynessche Theorie aber wirklich eine Stütze der wirtschaftspolitischen Praxis im faschistischen Deutschland sein konnte, bezweifelt er. In dieser unmittelbaren, direkten Konfrontation von Keynes und der faschistischen Wirtschaftspolitik ist Krause im Prinzip zuzustimmen. Aber obgleich Keynes in vielen konkreten Entscheidungen für die Wirtschaftspolitik der deutschen Faschisten nicht akzeptabel war, war er unabhängig davon als exponierter Theoretiker des staatsmonopolistischen Kapitalismus auch für diese Gruppe des internationalen Finanzkapitals von Interesse, nicht zuletzt auch deshalb, weil er der deutschen Monopolbourgeoisie deutlich machte, was sie in ihrer konkreten Situation zu unterlassen hatte. In den Bemerkungen von Waeger tritt dies deutlich hervor.
Keynes' Theorie entspricht in ihrer Grundaussage, in ihrem Grundanliegen und in ihrer praktischen Umsetzung den Bedingungen des staatsmonopolistischen Kapitalismus. Wie erklärt sich sonst die folgende Feststellung eines zeitgenössischen Ökonomen: „Es ist interessant zu wissen, daß diese Schule (der Keynesianismus – K. M.) anfänglich weniger englische als viel mehr deutsche Volkswirtschaftler zu ihren Anhängern zählte, und zwar diejenigen, die sich die Keynessche Theorie zur Rechtfertigung der nationalsozialistischen Wirtschaftspolitik angeeignet haben."[55]
Heutige bürgerliche ökonomische Theoretiker bemühen sich u. a. darum, den Keynesianismus dadurch in seiner theoriengeschichtlichen Stellung aufzuwerten, indem man die Beziehung zwischen Keynes' Lehre und der faschistischen deutschen Wirtschaftspolitik versucht zu vertuschen. Ein derartiger Vorstoß wurde von René Erbe in seiner Arbeit „Die nationalsozialistische Wirtschaftspolitik 1933–1939 im Lichte der modernen Theorie"[56] unternommen. Erbe kommt zu folgendem Ergebnis: „Mit der Behauptung, sie (die Keynessche Wirtschaftspolitik – K. M.) sei identisch oder auch nur nahe verwandt mit der nationalsozialistischen Politik, tut man ihr hingegen Unrecht."[57] Untersuchen wir die Erbeschen Argumente etwas näher, so erweisen sie sich als nicht stichhaltig. Erbes Rezept besteht im Grunde genommen darin, einzelne Elemente der faschistischen deutschen

54 Vgl. W. Krause, Wirtschaftstheorie unter dem Hakenkreuz, a. a. O., S. 169.
55 Vgl. J. Rakowski, Die „Vollbeschäftigung" im Kreuzfeuer, Bern 1946, S. 11.
56 Vgl. hierzu und zum folgenden R. Erbe, Die nationalsozialistische Wirtschaftspolitik 1933–1939 im Lichte der modernen Theorie, a. a. O., S. 123, insbes. S. 168ff.
57 Ebenda, S. 177.

Wirtschaftspolitik herauszugreifen, und sie einem von ihm konstruierten Keynesianismusbild gegenüberzustellen. Betrachten wir zunächst die Entwicklung des staatsmonopolistischen Kapitalismus im faschistischen Deutschland.

In der Tat erlebte „während des Faschismus der staatsmonopolistische Kapitalismus in Deutschland eine bis zu diesem Zeitpunkt nicht gekannte Entwicklung. Zur Durchsetzung seiner Autarkiebestrebungen, seiner ungeheuren Rüstungsvorhaben und zur Organisierung einer allumfassenden Kriegswirtschaft entstand ein staatsmonopolistisches System, das mit brutaler Gewalt alle Ressourcen den verbrecherischen Revanchezielen des deutschen Imperialismus unterordnete“.[58] Mit dem Machtantritt der Nazis wurde von den Repräsentanten der deutschen Monopolbourgeoisie, u. a. auch von führenden Militärs, ein umfangreiches System staatsmonopolistischer Regulierungsmaßnahmen ausgearbeitet, und, um den zweiten Weltkrieg systematisch vorzubereiten, auch durchgesetzt. Investitionen beispielsweise, die nicht unmittelbar für die Kriegswirtschaft von Bedeutung waren, wurden eingeschränkt. An ihre Stelle traten gezielte Zwangs- und staatliche Rüstungsinvestitionen.[59] Der Lebensstandard der arbeitenden Bevölkerung wurde systematisch gesenkt. Insgesamt verbesserten sich die Verwertungsbedingungen des Kapitals wesentlich. Eine in der neueren Geschichte des Kapitalismus bis dahin nie erreichte Stufe in der Ausbeutung, Knechtung und politischen Entrechtung charakterisiert die Lage der Arbeiter im faschistischen Deutschland. Die Finanzpolitik der deutschen Faschisten läßt sich in wenigen Worten so zusammenfassen: „Zur Finanzierung der Aufrüstung behielt man die in der Weltwirtschaftskrise gestiegenen Steuern und Abgaben bei, erhöhte sie teilweise sogar noch und führte zusätzliche ein. Daneben bediente man sich langfristiger Anleihen und, in Anlehnung an entsprechende Methoden des Jahres 1932, nunmehr in sehr breitem Umfang des Mittels der Defizitfinanzierung. Rüstungsbetriebe legten zum Teil zur Finanzierung ihrer staatlichen Aufträge der 1933 mit einem Kapital von einer Million Reichsmark gegründeten Metallforschungsgesellschaft mbH Wechsel vor (Mefo-Wechsel). Mit dem Akzept dieser Scheinfirma versehen, wurden diese Wechsel von der Reichsbank übernommen und eingelöst. Für die Reichsbank waren sie, wie der ehemalige faschistische Finanzminister ausdrücklich betonte, ‚Deckung für den Druck von Banknoten‘. Bereits frühzeitig bediente man sich also der Notenpresse zur Finanzierung der Aufrüstung und trieb so die inflationistischen Tendenzen

[58] Vgl. Der Imperialismus der BRD, Berlin 1971, S. 48.
[59] Vgl. ebenda, S. 53.

kräftig voran. Insgesamt wurden von 1934 bis 1937 Mefo-Wechsel von rund 12 Milliarden Reichsmark ausgegeben“.[60]

Über den Charakter dieser ausgeprägt staatsmonopolistischen Wirtschaftspolitik der deutschen Faschisten, in der sich entscheidende Merkmale der Keynesschen wirtschaftspolitischen Konzeption nachweisen lassen, nämlich Senkung des Reallohns der Arbeiterklasse als eine Bedingung für die Verbesserung der Verwertungsbedingungen des Kapitals sowie die Politik der hohen Staatsausgaben und der Haushaltsdefizite, treten nun bei René Erbe Zweifel darüber auf, ob diese Entwicklung etwas mit Keynes zu tun habe oder nicht. Diese Zweifel sind dadurch „begründet“, daß in unzulässiger Art und Weise Erbe den Keynesianismus allein auf wohlfahrtsstaatliche, konsumfreundliche und sparfeindliche Auffassungen reduziert.[61] Für ihn ist es eigenartigerweise auch „. . . nicht möglich, aus der ‚Allgemeinen Theorie‘ direkt herzuleiten, was eine ‚Keynesianische‘ Wirtschaftspolitik ist“, denn „die Hinweise auf die Notwendigkeit von durch zusätzliches Geld finanzierten öffentlichen Arbeiten waren sicherlich keine Pionierleistung von Keynes, haben doch in den dreißiger Jahren und vorher viele Autoren die gleiche Meinung vertreten. . . . Als unmittelbar aus der ‚Allgemeinen Theorie‘ hervorgehenden Beitrag könnte man allenfalls die in Überwindung der Stagnationstendenzen vorgeschlagenen Maßnahmen betrachten“.[62]

Nachdem Erbe zum Ausdruck gebracht hat, was seiner Meinung nach Keynesianismus bedeute und was er nicht darstelle – und wenn der Keynesianismus schon mit deficit spending und Inflation identifiziert werde, dann möge man bedenken, so mahnt Erbe, daß schon *vor* Keynes viele Autoren dasselbe gefordert haben, Keynes also gar nicht originell ist –, müssen nun bei Erbe die einzelnen Komplexe der faschistischen Wirtschaftspolitik herhalten, um am konkreten Beispiel zu „beweisen“, daß diese Politik mit dem Keynesianismus angeblich nichts zu tun hatte.[63]

Mit dieser „Beweisführung“ verstrickt sich Erbe zwangsläufig in Widersprüche. Ein Beispiel soll das verdeutlichen. Hinsichtlich der Beziehung zwischen der Keynesschen Theorie und der faschistischen Wirtschaftspolitik auf dem Gebiet der Politik des billigen Geldes bemerkt er: „Ihr sozusagen völliges Fehlen im nationalsozialistischen Deutschland läßt allein schon die These, die Wirtschaftspolitik von Schacht sei keynesianisch gewesen, als fragwürdig erscheinen“.[64] Wir entgegnen dem, indem wir u. a.

60 Vgl. ebenda, S. 53.

61 Vgl. R. Erbe, Die nationalsozialistische Wirtschaftspolitik . . ., a. a. O., S. 168.

62 Vgl. ebenda, S. 167.

63 Vgl. ebenda, S. 168ff.

64 Ebenda, S. 169f.

auf die Einschätzung der faschistischen Geld- und Kreditpolitik durch Erbe selbst verweisen. Im ersten Teil seines hier zitierten Buches macht er selbst darauf aufmerksam, daß von 1933 bis 1938 eine Verflüssigung des Geldmarktes festzustellen war, wobei dieser „Vorgang der durch ‚deficit spending' herbeigeführten Verflüssigung der Kreditmärkte ... in der deutschen Literatur als ‚organische Zinssenkung' bezeichnet (wurde)"[65], und der Diskont für tägliches Geld sowie der Privatdiskont in der Tat sanken. Erbe führt also die Tatsachen gegen sich selbst ins Feld.

Erbes Bemühungen, eine Kluft zwischen Keynes' politökonomischer Lehre und den hieraus abgeleiteten wirtschaftspolitischen Empfehlungen einerseits und der Wirtschaftspolitik der deutschen Faschisten andererseits zu konstruieren, erweisen sich als unhaltbar. In diesem Zusammenhang ist hier auch zu erwähnen, daß er diesen Versuch auch hinsichtlich der Beziehung *heutiger Keynesianismus* zu faschistischer Wirtschaftspolitik in Deutschland vor dem zweiten Weltkrieg unternommen hat. Er bemerkt also nicht, daß er in einen theoriegeschichtlichen Anachronismus verfällt.

Zusammenfassend zeigt sich also: Die von Erbe angeführten einzelnen Teilbereiche der wirtschaftspolitischen Aktivität der deutschen Faschisten können nicht als Beweismaterial für seine die theoriengeschichtlichen Beziehungen verfälschende Behauptung angesehen werden.

2.2. Zur Herausbildung und Entwicklung des Keynesianismus nach dem zweiten Weltkrieg in der BRD

Der Keynesianismus nahm als Produkt der ersten Etappe der allgemeinen Krise des Kapitalismus bereits in diesem Entwicklungsabschnitt der kapitalistischen Gesellschaftsformation eine unterschiedliche Verbreitung in den einzelnen imperialistischen Ländern. Diese Theorie fand vor allem in den USA, in England, in den skandinavischen Ländern[66] und in Deutschland bis in die Jahre des zweiten Weltkrieges hinein eine günstige Aufnahme und erfuhr – wobei wir die besondere Lage in Deutschland zu berück-

[65] ebenda, S. 56ff.

[66] Anfang der dreißiger Jahre entstand in Schweden eine Richtung innerhalb der bürgerlichen politischen Ökonomie – die „Stockholmer Schule" –, die in ähnlicher Weise wie einige Jahre später Keynes eine staatsmonopolistische Antikrisenpolitik in den Mittelpunkt ihrer Überlegungen stellt. Die bedeutendsten Vertreter dieser Richtung sind G. Myrdal, E. Lindahl und B. Ohlin. Die Existenz dieser Schule bereitete die günstige Aufnahme des Keynesschen Gedankengutes in den skandinavischen Ländern vor.

sichtigen haben – hier auch eine Weiterentwicklung. Dagegen ist die Situation beispielsweise in Frankreich zu dieser Zeit völlig entgegengesetzt zur Lage der hier genannten Länder. I. G. Bljumin, der auf diesen Umstand besonders aufmerksam macht[67], beruft sich auf F. Neumark, der hierzu feststellt: „Während die Wissenschaft der politischen Ökonomie und der Finanzen in den angelsächsischen, deutschen und skandinavischen Ländern zwischen beiden Weltkriegen eine tiefgreifende Wandlung durchmachte, blieb die Mehrzahl der französischen Veröffentlichungen mehr oder weniger den klassischen und nichtklassischen Theorien und Doktrinen in der gleichen Weise treu, in der sie im ökonomischen Denken bis zum Jahre 1914 geherrscht hatten. Es ist beispielsweise bezeichnend, daß die Arbeiten von Keynes und seinen Schülern in keinem anderen Land eine so schwache Aufnahme fanden wie in Frankreich.“[68]
Bljumin weist am Beispiel Frankreichs konkret nach, daß für das Verständnis dieses Phänomens in erster Linie die jeweiligen spezifischen ökonomischen Bedingungen des gegebenen Landes der bestimmende Faktor sind, der das Ausmaß der Verbreitung des Keynesianismus (das trifft nicht nur für diese spezielle Richtung innerhalb der modernen bürgerlichen politischen Ökonomie zu) begründet. „Der Umfang der Verbreitung des Keynesianismus“, resümiert er überzeugend, „ist ein eigenartiger Gradmesser für die Stimmung der bürgerlichen Kreise, ihre Einschätzung der Stabilität des modernen Kapitalismus und ihre Position in bezug auf wichtige Fragen der Wirtschaftspolitik. In der Keynesschen Theorie spiegeln sich in irrationaler, mystifizierter Form die Zuspitzung der ökonomischen Widersprüche der kapitalistischen Produktionsweise und die Entwicklungstendenzen des staatsmonopolistischen Kapitalismus wider. Diese Theorie erkennt die Gefahr des Zusammenbruchs des Kapitalismus als Folge der wachsenden ökonomischen Schwierigkeiten offen an und baut dementsprechend ihr Wirtschaftsprogramm auf.“[69]
Diese allgemeine Charakteristik des Keynesianismus erleichtert das Verständnis des keineswegs gradlinig verlaufenden und langwierig-mühsamen Durchsetzungs- und Entwicklungsprozesses der von Keynes begründeten Lehre auch in der BRD.[70]

67 Vgl. I. G. Bljumin, Über die moderne bürgerliche politische Ökonomie, a. a. O., S. 82ff.

68 Zit. nach I. G. Bljumin, Über die moderne bürgerliche politische Ökonomie, a. a. O., S. 82.

69 Vgl. ebenda, S. 83.

70 Vgl. Bürgerliche Ökonomie im modernen Kapitalismus. Ideologische und praktische Bedeutung der westdeutschen Wirtschaftstheorie, hg. von H. Meißner, Berlin 1967, S. 98.

Der schleppende Durchsetzungsprozeß des Keynesianismus in der BRD erklärt sich aus dem Wirken einer Reihe objektiver Faktoren. Er vollzog sich in drei Etappen, die in etwa die Zeitabschnitte Nachkriegsjahre bis erste Hälfte der fünfziger Jahre, Mitte der fünfziger Jahre bis Beginn der zweiten Hälfte der sechziger Jahre und die Entwicklung seit dieser Zeit umfassen. Dieser sich im politökonomischen Überbau vollziehende Durchsetzungsprozeß ist in etwa den ökonomischen Entwicklungsetappen des Imperialismus in der BRD nach dem zweiten Weltkrieg, nämlich Nachkriegsperiode, Restaurationsphase und Entwicklung des vollentfalteten Imperialismus, angepaßt. Es besteht also eine Kontinuität im Ausreifungs- und Durchsetzungsprozeß des Keynesschen politökonomischen Lehrgebäudes in der BRD. Diese drei Entwicklungsetappen sind im folgenden näher zu skizzieren:

Die *erste* Etappe der Durchsetzung des Keynesianismus in der BRD ist als die Periode des „Streits um Keynes" einzuschätzen. Mit der Ablösung des Besatzungswirtschaftsregimes in den ehemaligen Westzonen begann hier in den Jahren 1948/1949 eine polemisch geführte Auseinandersetzung unter den bürgerlichen Ökonomen um die Keynessche Lehre. Dieser „Streit um Keynes" ebbte erst gegen Mitte der fünfziger Jahre ab. Es begann jetzt die Periode der allmählichen, systematischen Durchsetzung dieser Lehre in ihrer weiterentwickelten, d. h. neokeynesianischen Form. Im Grunde genommen ging es hier zunächst darum, Terrain aufzuholen.

Im Unterschied zu den imperialistischen Ländern des angelsächsischen Sprachbereichs, vor allem den USA, wo sich die Keynessche Theorie seit der Veröffentlichung des Keynesschen Hauptwerkes verstärkt weiterentwickelt hatte, kam es für die deutschsprachige bürgerliche politische Ökonomie im Ergebnis der Errichtung der faschistischen Herrschaft in Deutschland zu einem gewissen Bruch in der Weiterführung der ökonomisch-theoretischen Analyse überhaupt, und damit verbunden zu einer Loslösung von der internationalen Diskussion der ökonomisch-theoretischen Probleme im bürgerlichen Lager. Als dann nach der separaten Währungsreform im Jahre 1948 der westdeutschen Bourgeoisie das Signal für das Wiederauflebenlassen des (west)deutschen Imperialismus gegeben wurde, stand dieser Bourgeoisie – und ihren ökonomischen Theoretikern und Ideologen – eine von den angelsächsischen Ökonomen bereits im beachtlichen Maße weitergeführte und schon modifizierte Keynessche Theorie zur Verfügung, deren Anwendbarkeit auf die westdeutschen Verhältnisse der Nachkriegsjahre und des überstandenen Besatzungswirtschaftsregimes es zu prüfen galt. Zuvor mußte diese Doktrin in ihrer verfeinerten und modifizierten Form natürlich überhaupt erst erfaßt werden. Dieser Umstand

war für die im nazistischen Stile erzogenen deutschen bürgerlichen Ökonomen nicht bedeutungslos. Dem überwiegenden Teil dieser Theoretiker war die Handhabung der formalistisch strengen ökonomisch-theoretischen Analyse und abstrakten ökonomisch-theoretischen Forschung fremd.[71] Diese noch relativ leicht zu überwindende Hürde war auch von untergeordneter Bedeutung für das Schicksal der Keynesschen Lehre in den ersten Jahren nach Gründung des westdeutschen Separatstaates. Es mußte hier zwangsläufig zu einer langwierigen Diskussion, genauer Selbstverständigung um den Keynesianismus kommen. Hierfür sind folgende objektive Faktoren ausschlaggebend: Die Ökonomik dieser Periode des Bonner Staates entsprach nicht den Bedingungen für die Anwendung des Keynesschen Instrumentariums. Die wirtschaftlichen Schwierigkeiten, mit denen der wiedererstehende westdeutsche Imperialismus konfrontiert wurde, waren anderer Art als die, die den Keynesschen Deduktionen zugrunde lagen: statt mangelnde Nachfrage im Bereich der individuellen und produktiven Konsumtion herrschte ein massenhafter Nachholebedarf in *allen* Sphären der Volkswirtschaft vor und statt mangelnder Investitionsbereitschaft bestand der Drang der wiedererstehenden westdeutschen Monopolbourgeoisie nach Selbständigkeit und wirtschaftlichem Aufbau. Es ist bekannt, daß das Wirken dieser spezifischen Nachkriegsfaktoren zu einem schnellen und langanhaltenden Wirtschaftsaufschwung in der BRD (ähnlich wie in Japan) geführt hat.
Zu diesen spezifischen Gegebenheiten in den objektiven ökonomischen Bedingungen treten zwei weitere grundlegende Momente hinzu, die zunächst die durchgängige Rezeption des Keynesianismus durch die westdeutsche bürgerliche politische Ökonomie in der hier behandelten Periode ausschließen: einmal das weitgehende Mißverstehen des Keynesianismus durch die westdeutschen bürgerlichen Ökonomen und zweitens pragmatische Überlegungen unter speziell ideologischem Aspekt der bürgerlichen politischen Ökonomie.
Das Mißverstehen der Keynesschen Lehre durch die westdeutschen bürgerlichen Nachkriegsökonomen resultiert aus der Tatsache, daß viele dieser Interessenvertreter des Kapitals den Keynesianismus in erster Linie für eine Theorie der Depression hielten. Das ist übrigens auch ein Ausdruck der Nachwirkung der Isolierung der deutschen bürgerlichen Ökonomen von der internationalen bürgerlichen politökonomischen Diskussion. Diesen Ökono-

[71] Besonders deutlich kommt dies im Bereich der bei vielen dieser Ökonomen anzutreffenden Unfähigkeit bei der Bewältigung des mathematischen und formallogischen Instrumentariums in der bürgerlichen politischen Ökonomie zum Ausdruck.

men kam es nicht zum Bewußtsein, von Einzelfällen abgesehen, daß die durch spezielle wirtschaftshistorische Umstände beeinflußten Partien im Keynesschen Lehrsystem im Prozeß der Weiterführung dieser Konzeption fallen gelassen worden waren und jetzt bereits immer stärker auf die Herausarbeitung und Weiterentwicklung vor allem des generell anwendbaren wirtschaftspolitischen Instrumentariums orientiert wurde. Weiterblickende Anhänger des Keynesianismus in der BRD traten diesen anti-keynesianischen Tendenzen durch bürgerliche Theoretiker entgegen. Hierbei kommt den bereits in der Nazi-Zeit prokeynesianisch eingestellten Ökonomen, wie z. B. Erich Schneider, aber auch neueren Theoretikern, wie z. B. Andreas Paulsen und Alan T. Peacock, eine führende Rolle zu. Sie traten gegen die Fehlinterpretationen der Keynesschen Theorie (in dem hier definierten Sinne) durch solche Theoretiker wie z. B. Albert Hahn, Adolf Weber und Hans Mayer auf. So unternahmen Erich Schneider und A. T. Peacock gegen die von Adolf Weber und Albert Hahn ausgelöste bürgerliche Anti-Keynes-Welle in der BRD ernsthafte Vorstöße, wobei sie sich um die neuzeitliche Interpretation dieser Lehre bemühten. Beide traten der Anti-Keynes-Welle mit der Betonung der wirtschaftspolitischen Funktion dieser Wirtschaftsdoktrin und mit der Herausarbeitung des allgemeingültigen Charakters dieser ökonomisch-theoretischen Konzeption als einem geeigneten Instrument moderner staatsmonopolistischer Wirtschaftspolitik entgegen. Argumente von Hahn, wonach die Keynessche Theorie nur eine spezielle Konjunkturtheorie ist, die zudem noch die Arbeitslosigkeit in den Vordergrund stellt, wies Peacock mit dem Hinweis zurück, daß die neokeynesianische Ökonomie von den speziellen Annahmen Keynes', wie sie in der Periode der großen Weltwirtschaftskrise gegeben waren, abstrahiere und nur das Instrumentarium übernimmt. Keynes' Unterstellung beispielsweise, daß die Verbrauchsfunktion abnehmenden Charakter trage, wurde von Peacock nur als Spezialfall im Keynesschen Lehrsystem behandelt: die Verbrauchsfunktion als solche dagegen habe generelle Bedeutung. In der Kontroverse mit dem neoliberalen Ökonomen Volkmar Muthesius betonte Peacock wiederholt, daß die westdeutschen Ökonomen in ihrer Einstellung zum Keynesianismus endlich davon ausgehen müssen, daß für die ökonomische Analyse das Keynessche Instrumentarium angewandt werden kann, gleich ob sich die Wirtschaft im Zustand der Inflation oder Deflation befindet, da heute nur noch seine Methode wichtig ist. A. T. Peacock verwies auch auf den Tatbestand, daß die für die Keynessche Wirtschaftstheorie so entscheidenden Einkommenskreislaufgleichungen den konkreten ökonomischen Bedingungen entsprechend weiterentwickelt wurden und an ihrem weiteren Ausbau noch gearbeitet wird, wobei die kompliziertesten Formen dieser Gleichungen bei der Dynamisierung der Keynesschen Theorie in Form von Differentialgleichungen auftauchen.

Bestimmte Schwächen des Keynesschen Systems, die ihm auf Grund seines statischen Charakters anhaften, wurden den Kritikern gegenüber offen eingestanden. Schneider konnte auch bereits auf die Anstrengungen zur Dynamisierung des Keynesschen Lehrsystems verweisen. Die Stagnationsthese, die sich in der „Allgemeinen Theorie" nachweisen läßt, jedoch für die Rezeption des Keynesschen Gedankengutes nicht mehr den Nachkriegsbedingungen entspricht, wurde einfach als für das Keynessche Lehrsystem unbedeutend dargestellt. Es zeigt sich also, daß die Vertreter dieser Wirtschaftstheorie zum Zweck der Vertiefung ihres Einflusses ausdrücklich auf die Modifizierung dieses Lehrgebäudes hinwiesen.
Zusammenfassend ist festzustellen, daß es Erich Schneider und den anderen Gleichgesinnten in jenen ersten Jahren der Existenz der BRD nicht nur um die Anerkennung des Keynesschen ökonomischen Hauptwerkes ging, sondern ihnen die umfassende Rezeption der Grundgedanken des Keynesschen Lehrgebäudes am Herzen lag. Schneider lobte deshalb beispielsweise auch Erich Preisers Versuch aus dem Jahre 1950, mit Hilfe des Keynesschen Instrumentariums die für die BRD in dieser Periode adäquate Wirtschaftspolitik darzustellen.[72]
Die vorherrschende Auslegung des Keynesianismus in den Kreisen der bürgerlichen Ökonomen als Depressionstheorie (allg. als Konjunkturtheorie) ließ natürlich eine so verstandene Lehre für die ökonomischen Bedingungen des Mangels und des Wiederaufbaus undiskutabel erscheinen. Auch Überlegungen hinsichtlich seiner ideologisch-apologetischen Wirksamkeit ließen im Urteile der deutschen bürgerlichen Nachkriegstheoretiker den Keynesianismus ebenfalls als nicht opportun erscheinen. Bedingt durch die Praktiken der deutschen Monopolbourgeoisie zur Zeit des Faschismus, war die direkte und weitreichende staatsmonopolistische Wirtschaftsregulierung nicht nur den werktätigen Volksschichten, sondern auch der Klein- und Mittelbourgeoisie, und selbst Teilen der Monopolbourgeoisie, verhaßt. Dem dirigistisch orientierten Keynesianismus waren dadurch auch von dieser Seite her, im Gegensatz zu den neoliberalen Auffassungen, wenig Chancen gegeben. Bekanntlich setzte sich in jener Zeit zunächst erst der Neoliberalismus als die *führende* Richtung innerhalb der bürgerlichen politischen Ökonomie in der BRD durch.
Von Seiten der westdeutschen Neoliberalen war der Keynesianismus ebenfalls polemischen Angriffen ausgesetzt.[73] In dieser Zeit wurde der Kampf um die Durchsetzung des Keynesianismus übrigens auch in starkem Maße durch die politische Gesamtsituation und deren mögliche Entwicklung be-

[72] Vgl. Bürgerliche Ökonomie im modernen Kapitalismus, a. a. O., S. 104/106.
[73] Vgl. A. Krawczewski, Der Antikeynesianismus der deutschen Neoliberalen, in: Ekonomista, Warschau 1962, 1/1962, S. 100ff.

stimmt. Den Kräften der CDU/CSU ging es mit der Verteidigung und Propagierung der neoliberalen Konzeption von der angeblichen „sozialen und freien Marktwirtschaft" und mit ihren Angriffen gegen die, wie sie vorgaben, zur sozialistischen Zwangswirtschaft führenden Keynesschen Theorie auch darum, auf diesem Wege einen möglichen politischen Sieg der SPD, die an Keynessche Gedanken anknüpfte, zu verhindern. Die SPD hatte sich bereits in dieser Periode, in Anlehnung an das Vorbild Englands und der skandinavischen Länder, unter Ausnutzung des Keynesianismus, wie es das Beispiel von Paul Sering zeigt[74], ihre eklektische ökonomisch-theoretische Plattform geschaffen. Für die CDU/CSU war deshalb der Kampf gegen die Keynessche Theorie zugleich auch ein Kampf gegen die wirtschaftstheoretischen Vorstellungen der SPD in der BRD.

Erich Schneiders Aufsatz „Der Streit um Keynes. Dichtung und Wahrheit in der neueren deutschen Keynes-Diskussion"[75] zieht vom bürgerlichen Standpunkt aus Bilanz über diese erste Entwicklungsperiode der Durchsetzung des Keynesianismus in der BRD und schafft hier klare Fronten zwischen Anti- und Pro-Keynesianern im Lager der bürgerlichen Ökonomen.

Die *zweite* Entwicklungsetappe ist dadurch charakterisiert, daß jetzt Schritt um Schritt die moderne keynesianische Wirtschaftstheorie auch in der BRD festen Fuß zu fassen beginnt, ohne sich aber sofort als die *dominierende* wirtschaftstheoretische Konzeption der Monopolbourgeoisie zu etablieren. Diese Position ist zunächst noch dem Neoliberalismus vorbehalten, der aber gegen Ende dieser Periode zunehmend an Einfluß verliert und dem Neokeynesianismus Platz machen muß.

Die realen ökonomischen Grundlagen für die allmähliche Durchsetzung des Keynesianismus, vor allem in seiner durch die angloamerikanische bürgerliche politische Ökonomie weiterentwickelten Form, sind im Wiedererstehen des Imperialismus in der BRD sowie in der schnellen Ausprägung seines staatsmonopolistischen Charakters zu suchen. Dadurch wurde der Boden für die Rezeption der neokeynesianischen Wirtschaftsdoktrin günstig und die Anwendung der praktischen Ergebnisse dieser Lehre notwendig und auch durchgeführt.

Das bedeutet keinesfalls, daß die neoliberale Wirtschaftsdoktrin etwa anti-staatsmonopolistischen Charakter getragen hätte. Das Gegenteil ist der Fall. Unter der Flagge des Neoliberalismus vollzog sich in den fünfziger Jahren, bis in die sechziger Jahre hinein, eine kontinuierliche Entwicklung

[74] Vgl. P. Sering, Jenseits des Kapitalismus. Ein Beitrag zur sozialistischen Neuorientierung, Nürnberg 1946.

[75] Vgl. E. Schneider, Der Streit um Keynes. Dichtung und Wahrheit in der neueren deutschen Keynes-Diskussion, in: Jahrbücher für Nationalökonomie und Statistik, Stuttgart 1953, Bd. 165, S. 89ff.

des staatsmonopolistischen Kapitalismus in der BRD. Der Neoliberalismus[76] war die offizielle Wirtschaftsdoktrin der CDU/CSU und ihrer Koalitionspartner. Hermann Turley weist in seiner Arbeit über die „Neoliberale Monopoltheorie und ‚Antimonopolismus'" nach, daß „die Neoliberalen im Unterschied zu den Verfechtern des laissez faire (also des Liberalismus des 19. Jahrhunderts – K. M.) einen ‚starken Staat' fordern, (was) sie eindeutig als Apologeten des staatsmonopolistischen Kapitalismus (kennzeichnet)."[77] Der staatsmonopolistische Grundzug innerhalb der neoliberalen Wirtschaftstheorie tritt aber nicht offen zu Tage und wird auch nicht offen bekundet. Im Gegenteil, die Apologetik des staatsmonopolistischen Wirtschaftsdirigismus wird hinter seinem sog. marktwirtschaftlichen Mäntelchen verhüllt. Turley charakterisiert die Neoliberalen treffend als *demagogische* Verfechter des staatsmonopolistischen Kapitalismus.[78]
Der wiedererstandene und erstarkte westdeutsche Imperialismus hatte jedoch die verhüllte Apologetik des staatsmonopolistischen Kapitalismus nicht mehr nötig. Mit der zunehmenden Schärfe in der Systemauseinandersetzung zwischen Sozialismus und Kapitalismus auf deutschem Boden zu Beginn der sechziger Jahre wurden die Anforderungen der Monopolbourgeoisie an die bürgerliche ökonomische Theorie nach allseitiger Verteidigung und Unterstützung des imperialistischen Systems und nach Bereitstellung praktikabler Instrumentarien für die staatsmonopolistische Regulierung des gesellschaftlichen Reproduktionsprozesses höher und auch konkreter. Bei der Erfüllung wirtschaftspolitischer Bedürfnisse der Monopolbourgeoisie und des Staatsapparates, gestellt an die bürgerliche ökonomische Theorie, wirkten sich die sog. marktwirtschaftlichen Vorbehalte der Neoliberalen gegenüber den erforderlichen staatsmonopolistischen Regulierungsmaßnahmen hemmend aus. Die nur schwach entwickelte theoretische Fundierung speziell des staatsmonopolistischen Regulierungsinstrumentariums bei den Neoliberalen mußte demzufolge der in den anderen imperialistischen Ländern bereits allgemein akzeptierten staatsmonopolistischen neokeynesianischen Wirtschaftsdoktrin auch in der BRD das Feld überlassen. Die Veränderungen in der ökonomischen Basis führten zwangsläufig zu Wandlungen im politökonomischen Überbau dieser Basis.

[76] Aus dem zahlreichen marxistischen Schrifttum zur Kritik des Neoliberalismus vgl. u. a. R. Naumann, Theorie und Praxis des Neoliberalismus. Das Märchen von der freien oder sozialen Marktwirtschaft, Berlin 1957; H. Turley, Neoliberale Monopoltheorie und „Antimonopolismus", Berlin 1961; Bürgerliche Ökonomie im modernen Kapitalismus, a. a. O., S. 48ff.

[77] Vgl. H. Turley, Neoliberale Monopoltheorie und „Antimonopolismus", a. a. O., S. 103.

[78] Vgl. ebenda, S. 103.

Gleichzeitig wurde dieser Entwicklungsprozeß innerhalb der bürgerlichen politischen Ökonomie in der BRD auch durch spezifische Veränderungen im Überbau selbst beschleunigt. Die Zuspitzung der Systemauseinandersetzung auf deutschem Boden führte in dieser Zeit zu einer Verschärfung des politischen und ideologischen Klassenkampfes. Die neoliberale Argumentation mußte unter diesen Bedingungen durch für die Monopolbourgeoisie schlagkräftigere Konzeptionen ersetzt werden. Das bedeutet keineswegs, daß die Neoliberalen nicht bestimmte Doktrinen in das Gesamtarsenal der heutigen bürgerlichen politischen Ökonomie eingebracht hätten, die auch nach dem Abtreten dieser Richtung noch heute Anerkennung finden. So wäre beispielsweise die Forderung nach Aufrechterhaltung des sog. marktwirtschaftlichen Ordnungsprinzips in der kapitalistischen Wirtschaft zu erwähnen, womit an sich nichts anderes als die Aufrechterhaltung des privatkapitalistischen Eigentums an den Produktionsmitteln und die darauf beruhende Ausbeuterordnung umschrieben wird.

Auf literarischem Gebiete dokumentiert sich der fortschreitende Keynes-Einfluß in jener zweiten Entwicklungsetappe u. a. in der Publikation zahlreicher Monographien über den modernen Keynesianismus[79], in Neuauflagen von Keynes' Hauptwerk[80], in pro-Keynesschen Lehrbüchern[81], in modernen Einführungswerken und erläuternden Schriften zum Keynesschen Hauptwerk[82], aber auch – und das ist von ausschlaggebender Bedeutung – in der Integration des neokeynesianischen Gedankengutes in die spezielle Detailforschung. Das bedeutet, daß Keynessche und neokeynesianische Theoreme nunmehr auch Eingang in eine Reihe von modernen bürgerlichen Problemlehren finden, die – in Wechselbeziehung zur allgemeinen Rezeption des Keynesschen Gedankengutes – jetzt sprunghaft an Bedeutung gewin-

79 Vgl. hierzu u. a. A. Paulsen, Neue Wirtschaftslehre. Einführung in die Wirtschaftstheorie von John Maynard Keynes und die Wirtschaftspolitik der Vollbeschäftigung, (West-) Berlin–Frankfurt (Main), seit 1950 in mehreren Auflagen.

80 Keynes Hauptwerk wurde erstmalig 1952 in unverändertem Nachdruck neu aufgelegt. Im Jahre 1955 folgte eine weitere Neuauflage.

81 Als die bekanntesten Lehrbücher dieser Art sind die folgenden, in Massenauflage verbreiteten Arbeiten anzusehen: E. Schneider, Einführung in die Wirtschaftstheorie, 1.–3. Teil (1. Teil 1947), Tübingen, vor allem 1. und 3. Teil; A. Paulsen, Allgemeine Volkswirtschaftslehre, 4 Bde. (1. Bd. 1956), seitdem in mehreren Auflagen, vor allem Bd. I, III und IV; P. A. Samuelson, Volkswirtschaftslehre. Eine Einführung, 2. vollständig neu bearbeitete Auflage, Köln–Deutz 1955.

82 Vgl. hierzu u. a. A. H. Hansen, Keynes' ökonomische Lehren. Ein Führer durch sein Hauptwerk, Stuttgart und Düsseldorf 1959.

nen. Wir erinnern in diesem Zusammenhang an das schnelle Aufblühen der bürgerlichen kreislauf- und wachstumstheoretischen Forschung, an die moderne bürgerliche volkswirtschaftliche Gesamtrechnung, an den Aufschwung der verteilungstheoretischen Untersuchungen, an die neuere konjunkturtheoretische Forschung in den imperialistischen Ländern, an die Beeinflussung der Finanztheorie und dgl. mehr.

In der wirtschaftspolitischen Praxis der Monopolbourgeoisie finden in dieser zweiten Entwicklungsetappe der Durchsetzung des Neokeynesianismus in der BRD die Keynesschen und neokeynesianischen Rezepte bereits in Einzelfällen immer dann ihre Anwendung, wenn für die Monopolbourgeoisie bedrohliche Situationen abzuwenden sind. In dem Buch „Imperialismus heute" wird hierzu zusammenfassend festgestellt: „Mit der Vertiefung der Widersprüche des kapitalistischen Systems in der dritten Etappe der Allgemeinen Krise des Kapitalismus, mit rückläufigen Wachstumsraten der westdeutschen Industrieproduktion gegenüber den fünfziger Jahren, mit zunehmenden Schwierigkeiten, hervorgerufen unter anderem durch die anwachsenden Kosten der aggressiven Politik des westdeutschen Imperialismus, werden auch westdeutsche bürgerliche Ökonomen gezwungen, ihre entsprechende Argumentation zu verändern. Vor allem seit dem Ende der fünfziger Jahre wurde mehr und mehr die Forderung erhoben, der Marktwirtschaftspolitik zur Selbsterhaltung in Zukunft einen ‚planwirtschaftlichen Zuschuß' zu geben.

In dem Umfang, wie sich der westdeutsche Staat gezwungen sah, in stärkerem Maße sichtbare staatsmonopolistische Regulierungsmaßnahmen in der Wirtschaft zu ergreifen, wuchs faktisch auch die Bedeutung solcher politisch-ökonomischer Überlegungen, die insbesondere mit dem Namen John Maynard Keynes verknüpft sind. Sie dienten vor allem zur Rechtfertigung der Maßnahmen im – wie gesagt wird – Interesse der Vollbeschäftigung, der Geldwertstabilität und der Steigerung der Außenexpansion. Die Vertiefung der Schwierigkeiten des kapitalistischen Systems zwingt die Verfechter dieser Ordnung, mehr auf solche Theorien zurückzugreifen, die für unmittelbare staatsmonopolistische Regulierungsmaßnahmen plädieren."[83]

Natürlich stehen in dieser zweiten Entwicklungsetappe den Anhängern dieser Wirtschaftsdoktrin auch bürgerliche Gegner gegenüber. Die prominentesten Repräsentanten dieser zwar zunehmend an Einfluß und Gehör verlierenden Gruppe innerhalb der bürgerlichen politischen Ökonomie sind Albert Hahn[84]

83 Vgl. Imperialismus heute . . ., 4. Auflage, Berlin 1967, S. 551.

84 Vgl. hierzu Hahns Aufsätze: Die Grundirrtümer in Lord Keynes' General Theory of Employment, Interest and Money, in: ORDO-Jahrbuch, Bd. 2, Godesberg 1949, S. 171ff.; Grundirrtümer J. M. Keynes' Allgemeiner Theorie der

und Adolf Weber.[85] Noch in seiner letzten Arbeit aus dem Jahre 1963 warnte Weber vor der „Neuen Wirtschaftslehre". Seitdem ist nur noch von Albert Hahn ein nennenswerter Anti-Keynesianismus vertreten worden. Er setzte sich damit allerdings der Gefahr aus, ein Musterexemplar dogmenhistorischen Anachronismus in der bürgerlichen politischen Ökonomie unserer Tage zu werden.

Es versteht sich von selbst, daß bürgerliche Keynes-Kritiker des Auslandes in der BRD ebenfalls zu Gehör kamen. Nur ein Jahr später, nachdem Henry Hazlitts Buch „The failure of the New Ecomonics", die vom Standpunkt der bürgerlichen politischen Ökonomie wohl umfassendste Schrift gegen Keynes, erschienen war, wurde eine deutsche Übersetzung herausgegeben.[86] Im Vorwort zu dieser Auflage wird dieses Buch als „... die endgültige und unwiderlegbare Zergliederung und Vernichtung des Keynesianismus, jenes dogmatischen Gebräus ..."[87], angepriesen. Die Zeit für eine destruktive Kritik an dieser Wirtschaftslehre seitens andersdenkender bürgerlicher Ökonomen ist aber bereits vorüber. Die Entwicklung des staatsmonopolistischen Kapitalismus ist jetzt auch in der BRD so weit vorangeschritten, daß eine ökonomisch-theoretische Fundierung und apologetische Begründung sowie vor allem eine Verfeinerung des staatsmonopolistischen Regulierungsinstrumentariums im Interesse der reaktionären Systemerhaltung nicht mehr entbehrt werden kann. Seit Herbst 1966, da in der BRD die wirtschaftliche Entwicklung in eine akute Krise geraten war, setzt die Monopolbourgeoisie im breiten Maße das moderne keynesianische wirtschaftspolitische Instrumentarium ein. Der Neokeynesianismus hat sich jetzt auch hier fest etabliert.[88] Das muß selbst ein so prominenter bürgerlicher Keynes-Kritiker und Anhänger des Neoliberalismus, wie Volkmar Muthesius, wenn auch deprimiert und resignierend, eingestehen. Wer

Beschäftigung, des Zinses und des Geldes, in: Jahrbücher für Nationalökonomie und Statistik, Bd. 162, Stuttgart 1959, S. 336ff.; Wirtschaftswissenschaft des gesunden Menschenverstandes, Frankfurt (Main) 1954; Ende der Ära Keynes? in: Kyklos, Bd. 20, Basel 1967, S. 270ff.

85 Vgl. hierzu A. Webers Aufsätze: ‚New Economics' – Revolution oder Konfusion?, in: Zeitschrift für das gesamte Kreditwesen, 5. Jg., Frankfurt (Main) 1952, S. 413ff.; Überbeschäftigung als volkswirtschaftliches Problem, in: Schmollers Jahrbuch für Gesetzgebung, Verwaltung und Volkswirtschaft, 83. Jg., (West-)Berlin 1963, S. 1ff.

86 Vgl. H. Hazlitt, Das Fiasko der Keynesschen Wirtschaftslehre. Eine Analyse ihrer Fehlschlüsse, Frankfurt (Main) 1960.

87 Vgl. ebenda, S. 9.

88 Vgl. hierzu auch K. O. W. Müller, Probleme des gegenwärtigen Einflusses der keynesianischen Wirtschaftstheorie in Westdeutschland, in: Wirtschaftswissenschaft, 16. Jg., 1968, S. 750ff.

tritt heute noch polemisch gegen den Keynesianismus auf?, fragt Muthesius. Auf die Frage kann er nur noch „einige Unentwegte“ nennen, die als „Paläoliberale verschrien“ sind. So zitiert er L. v. Mises, H. Hazlitt, J. Rueff, A. Hahn, einige Vertreter der Chikagoer Schule und Einzelgänger in Skandinavien und Südamerika.[89] Im Zusammenhang mit der Verschärfung der ökonomischen Widersprüche zu Beginn der siebziger Jahre kam seitdem – ähnlich wie nach dem Vorbild der USA – eine gewisse anti-keynesianische Stimmung auf, die von Anhängern der Friedmanschen geldmengentheoretischen Konzeption getragen wurde und noch wird. Die jüngste Entwicklung in dieser Kontroverse zwischen den Keynesianern und den Neoquantitätstheoretikern, wie die Friedman-Anhänger auch genannt werden, deutet aber immer mehr darauf hin, daß die Friedmansche Konzeption in das umfassendere Keynessche System integriert wird.[90]

Zusammenfassend zeigt sich: Seit Mitte der sechziger Jahre datiert die *dritte*, gegenwärtige Entwicklungsetappe im Durchsetzungsprozeß der Keynesschen Lehre in der BRD. Diese Etappe ist in ihrer Gesamtheit als die Periode des allgemeinen Siegeszuges dieser Wirtschaftsdoktrin in der BRD in dem Sinne zu charakterisieren, daß die Monopolbourgeoisie dieses Landes ihr eine Vorrangstellung vor anderen politökonomischen Auffassungen einräumt. Mit der Übernahme der Regierungsgeschäfte durch die Koalitionsregierung von CDU/CSU und SPD im Herbst 1966 und später unter der SPD-FDP-Regierung hat die keynesianische Wirtschaftsdoktrin in der BRD ihren bisher größten Einfluß erlangt.

89 Vgl. V. Muthesius, Was würde Keynes heute sagen? in: Industriekurier, Nr. 15 v. 30. 1. 1968, S. 3.

90 Vgl. hierzu auch S. 225ff. der vorliegenden Arbeit.

3. Keynesianismus und Neokeynesianismus

Bereits während des zweiten Weltkrieges, im zunehmenden Maße aber in der darauffolgenden Zeit, wurde mit dem Ausbau der Keynesschen Wirtschaftstheorie begonnen. Dabei wurde sie in bestimmtem Maße Modifikationen und Erweiterungen unterworfen. Dieser Entwicklungsprozeß ist in seinen Einzelheiten an sich nicht von Belang. Uns interessiert dessen bisheriges Endresultat, da wir hiermit in der ideologischen Klassenauseinandersetzung zwischen Sozialismus und Imperialismus in unserer Zeit konfrontiert werden. Dieser theoriegeschichtliche Prozeß bringt zugleich aber auch die Kontinuität zum Ausdruck, die sich im Keynesschen ökonomisch-theoretischen Denken vollzogen hat. Davon ausgehend, daß der Ausbau und die Modifikation des Keynesianismus bisher ein beträchtliches Ausmaß angenommen haben, ist die Feststellung abzuleiten, daß uns diese Wirtschaftsdoktrin heute in ihrer weiterentwickelten Form als *Neokeynesianismus* begegnet. Im angelsächsischen Sprachbereich der bürgerlichen politischen Ökonomie ist hierfür der Terminus „Post-Keynesian-Economics“ (nachkeynesianische Ökonomie) gebräuchlich, ein Begriff, der, weil er vom sprachlichen her allein nur den zeitlichen Aspekt heraushebt, nicht als geeignet zur Charakterisierung des Wesens der neuen Erscheinung im Keynesianismus angesehen werden kann. In der marxistischen Literatur ist hierfür der Begriff „Neokeynesianismus“ geprägt worden.[1]

Neokeynesianismus ist der entsprechend den geänderten objektiven ökonomischen Bedingungen im staatsmonopolistischen Kapitalismus und den sich daraus ableitenden neuen Anforderungen der Monopolbourgeoisie an die bürgerliche politische Ökonomie weitergeführte und modifizierte Keynesianismus. Er ist Bestandteil des Gesamtsystems der heutigen bürgerlichen politischen Ökonomie. Innerhalb des Systems der modernen bürgerlichen politi-

[1] Vgl. Neokeynesianismus, in: Ökonomisches Lexikon, 2. Aufl., Bd. 2, Berlin 1971; K. O. W. Müller, Probleme des Neokeynesianismus. Eine Studie, in: Probleme der politischen Ökonomie, Bd. 13, Berlin 1970, S. 147ff.

schen Ökonomie nehmen bekanntlich die Regulierungstheorien, d. h. all jene Konzeptionen und Theorien, die auf die Apologetik und Perfektionierung der staatsmonopolistischen Regulierung in ihren vielfältigsten Formen ausgerichtet sind, einen dominierenden Platz ein. Dazu gehört auch der Neokeynesianismus.

Die auf Keynes beruhende Wirtschaftslehre erfüllt sowohl *allgemeine* Bedürfnisse der Monopolbourgeoisie, vor allem in politischer, ideologischer und wirtschaftstheoretischer Hinsicht, als auch *spezielle*, an konkrete wirtschaftshistorische Umstände gebundene Anforderungen der herrschenden Klasse. Die jeweils spezifischen Anforderungen der Monopolbourgeoisie beeinflußten den Modifizierungsprozeß innerhalb der bürgerlichen politischen Ökonomie insgesamt, und natürlich auch speziell die Wandlung des Keynesianismus hin zum Neokeynesianismus.

Der Neokeynesianismus bringt in Weiterführung der Lehre von Keynes sowohl hinsichtlich ökonomisch-theoretischer Ableitungen als auch praktischer wirtschaftspolitischer Schlüsse für die Durchsetzung der Interessen der Monopolbourgeoisie eine Reihe von Erfordernissen, insbesondere unter den Bedingungen der wissenschaftlich-technischen Revolution, zum Ausdruck. Wie sich noch zeigen wird, widmet die neokeynesianische Wirtschaftstheorie solchen aktuellen Fragen wie der des Wirtschaftswachstums, der Investitionen, der Verteilung des Nationaleinkommens, der Staatsfinanzen und ihren Auswirkungen auf den Ablauf des gesellschaftlichen Reproduktionsprozesses u. a. besondere Aufmerksamkeit. Dies trifft auch auf die Strukturprobleme zu. Aus dieser Orientierung des Neokeynesianismus auf die gegenwärtig und zukünftig relevanten Entwicklungsbedingungen des spätkapitalistischen Systems leitet sich die These ab, daß dieser Richtung in der monopolbourgeoisen Wirtschaftstheorie auch noch künftighin eine gewichtige Rolle zukommen wird.

Nach dem zweiten Weltkrieg sind viele Konzeptionen von den bürgerlichen Ökonomen und Ideologen über die moderne kapitalistische Gesellschaft propagiert worden, angefangen mit der Theorie von der angeblich freien und sozialen Marktwirtschaft über die staatsmonopolistische Konzeption von der sog. formierten Gesellschaft bis hin zu den konvergenztheoretischen Auffassungen von der modernen Industriegesellschaft, der Konsumgesellschaft und der gegenwärtig aktuellen demagogischen Propagierung einer „klassenlosen Leistungsgesellschaft". Die historische Entwicklung ist über diese Konzeptionen hinweggegangen und wird auch weiterhin an ihnen vorübergehen. Beziehen wir uns wieder auf unsere Einschätzung der theoriegeschichtlichen Stellung des Keynesianismus resp. Neokeynesianismus im Gesamtsystem der modernen bürgerlichen politischen Ökonomie, so zeigt sich, daß diese Wirtschaftsdoktrin die anderen gesamtgesellschaftlich orien-

tierten modernen bürgerlichen Theorien überlebte und nach dem zweiten Weltkrieg sogar einen breiten Aufschwung nahm. Dies erklärte sich daraus, daß Keynes und seine heutigen Anhänger nicht bei allgemein-verbalen Ideologiekonstruktionen stehen blieben, sondern sie ihre gesamtgesellschaftliche Konzeption – die natürlich genau so apologetisch und reaktionär ist, wie all die anderen hier genannten Ideologiegebilde – nur als den Rahmen für ihr hauptsächlichstes Anliegen, nämlich die Bereitstellung eines für die Profitinteressen der Monopolbourgeoisie praktikablen Instrumentariums, ansahen und noch immer ansehen. Damit ist keinesfalls gesagt, daß der Keynesianismus und der Neokeynesianismus nicht auch ideologienbildend wären. Dies ist, wie sich noch später zeigen wird, in weitem Maße der Fall. Die Hauptaufgabe liegt aber vorrangig auf dem Gebiet der wirtschaftspolitischen Funktion der modernen bürgerlichen politischen Ökonomie. Mit der Herausarbeitung der Keynesschen Wirtschaftstheorie wurde eine praktikable ökonomisch-theoretische Fundierung der staatsmonopolistischen Regulierung geschaffen. Mit der Entfaltung des Keynesianismus zum Neokeynesianismus wurde diesem Grundanliegen zunehmend entsprochen. Zwischen der bürgerlichen Wirtschaftstheorie einerseits und den wirtschaftspolitisch-praktischen Maßnahmen der Monopolbourgeoisie andererseits bestehen natürlich verbindende Zwischenglieder. Auch wirken zahlreiche äußere Faktoren auf die konkrete Gestaltung der staatsmonopolistischen Regulierung ein. Die bürgerliche Wirtschafts*theorie* entwickelt die generell anwendbaren Empfehlungen für die herrschende Klasse und trifft nur allgemeine Ableitungen, die von den konkreten, die monopolbourgeoise Aktivität modifizierenden Bedingungen abstrahieren. Dies gilt auch für den Neokeynesianismus.
Diese hier in allgemeiner Form entwickelten Überlegungen zur Beziehung zwischen moderner bürgerlicher Wirtschaftstheorie und staatsmonopolistischer Regulierung deuten an[2], daß diese Beziehung nur im politökonomisch-theoretischen Sinn direkter Natur ist; in ihrer konkreten Entäußerung im imperialistischen Wirtschaftsgeschehen selbst tritt sie nur über eine Reihe von Zwischengliedern in Erscheinung und ist von Ort und Zeit und den konkreten, vorherrschenden Bedingungen abhängig: Dies gilt voll und ganz auch für die Erfüllung der wirtschaftspolitischen Funktion des Neokeynesianismus, wie noch später im einzelnen zu zeigen sein wird.

Weiterentwicklung und Modifikation der Keynesschen zur neokeynesianischen Wirtschaftstheorie verliefen in doppelter Richtung:

[2] Dieser Fragenkomplex bedarf zweifelsohne noch der weiteren marxistisch-leninistischen Durchforschung.

1. Das Keynessche wirtschaftstheoretische Lehrsystem wurde um eine Reihe für die Untersuchung des modernen staatsmonopolistischen gesellschaftlichen Reproduktionsprozesses zusätzlicher Aspekte erweitert. Dazu zählen beispielsweise die Erweiterung des Keynesschen Lehrsystems durch die Berücksichtigung der Wirtschafts*dynamik*, die Modifizierung der Einkommenskreislaufgleichungen, die Erweiterung des Multiplikatortheorems durch die Berücksichtigung des Akzelerationsprinzips, durch die Entwicklung u. a. eines Staatsausgaben- und Außenhandelsmultiplikators und dergleichen mehr.

2. Eine Reihe von Keynesschen Dogmen und Theoremen wurde nicht mehr übernommen bzw. wird heute nur noch in stark modifizierter Weise akzeptiert. Die noch von Keynes vertretene Stagnationsthese beispielsweise, wonach das kapitalistische Wirtschaftssystem seine vitalen Kräfte eingebüßt habe, wird heute keinesfalls mehr vertreten. Die Monopolbourgeoisie ist unter den Bedingungen der verschärften Systemauseinandersetzung mit dem Sozialismus daran interessiert, ein Perspektivbewußtsein aller unter dem Imperialismus lebenden Menschen zu entwickeln. Die Stagnationsthese widerspricht derartigen Bestrebungen. Auch hinsichtlich der Keynesschen Annahmen über den Verlauf z. B. der Verbrauchsfunktion, der Sparfunktion u. a. herrschen heute bei den bürgerlichen Ökonomen vom Vorbild Keynes abweichende Auffassungen vor.

Diese hier skizzierte Erweiterung und Modifikation des Keynesschen wirtschaftstheoretischen Lehrsystems ist mit einer neueren Entwicklungstendenz innerhalb der modernen bürgerlichen politischen Ökonomie eng verbunden. Das auf die angestrebte Beherrschung der gesamtwirtschaftlichen Prozesse im Imperialismus ausgerichtete Keynessche und neokeynesianische Lehrsystem beeinflußte im Verlauf der Nachkriegszeit bestimmte wirtschaftstheoretische Bereiche innerhalb der modernen bürgerlichen politischen Ökonomie und gab diesen das Gepräge. Dieser Entwicklungsprozeß innerhalb der modernen bürgerlichen politischen Ökonomie hat dazu geführt, daß das keynesianische Gedankengut im Gesamtsystem der heutigen bürgerlichen politischen Ökonomie fest integriert ist.[3] Aus diesem spezifischen Entwicklungsprozeß ergibt sich, daß sich durch die verstärkte Ausstrahlung des Neokeynesianismus auf die verschiedenartigsten Einzeltheorien innerhalb der bürgerlichen ökonomischen Theorie ein *tendenzieller* Prozeß zu einer gewissen Vereinheitlichung in der ökonomisch-theoretischen Analyse innerhalb der modernen bürgerlichen politischen Ökonomie

[3] Vgl. hierzu u. a. K. O. W. Müller, Zu aktuellen Problemen in der westdeutschen bürgerlichen Ökonomie, in: Wirtschaftswissenschaft, 4/1969, Berlin 1969, S. 481 ff., insbesondere S. 493 ff.

geltend macht. Der Ausstrahlungsprozeß des Neokeynesianismus auf das Gesamtsystem der heutigen bürgerlichen politischen Ökonomie bezieht sich nicht nur auf diese oder jene Einzeltheorie, die Problemlehren, er erreicht auch die Systemlehren, d. h. jene imperialistischen Ideologiegebilde, die über die kapitalistische Gesellschaft *als Ganzes* Aussagen treffen. Im System der modernen bürgerlichen politischen Ökonomie unterscheidet die marxistisch-leninistische Theorienkritik bekanntlich die System- von den Problemlehren. Letztere beziehen sich auf bestimmte Detailaspekte des Wirtschaftsprozesses (z. B. Preistheorie, Kreislauftheorie u. a.), während die Systemlehren über die gesamte Wirtschafts- (bzw. Gesellschafts-)system Aussagen treffen.[4]

Hinsichtlich der Durchsetzung der Tendenz zur Vereinheitlichung der heutigen bürgerlichen politischen Ökonomie kommt dem Neokeynesianismus aus folgenden weiteren Gründen eine gewichtige Rolle zu: Der Beitrag von Keynes und seinen heutigen Nachfolgern zur modernen bürgerlichen Ökonomie bezieht sich nicht nur auf speziell ökonomisch-theoretische Fragen. Die Keynesianer haben auch in politischer und philosophischer Hinsicht Grundlagen für die staatsmonopolistische Wirtschaftsführung erarbeitet, die zum Allgemeingut der Monopolbourgeoisie geworden sind. Hinsichtlich der politischen Aspekte sei hier nur an die Heraushebung der Verantwortung des imperialistischen Staates für das gesamtwirtschaftliche Geschehen und an seine Verpflichtung zur allseitigen Bekämpfung des sozialistischen Systems erinnert.

Auf philosophischem Gebiet entspricht der Subjektivismus der Keynesanhänger hinsichtlich der Auffassung von der Rolle des Menschen in der Gesellschaft und der Triebkräfte des sozialen Handelns ganz den heutigen Anforderungen der Monopolbourgeoisie nach geistiger Manipulierung der Volksmassen. Das von Keynes entwickelte Menschenbild sowie die von ihm und seinen Schülern propagierten Auffassungen über die Rolle und soziale Bedeutung der Bourgeoisie und der Arbeiterklasse sind in das Arsenal des modernen Antikommunismus eingegangen. G. Söder bemerkt hierzu in seiner Arbeit über die Auffassung des Menschen bei Keynes sehr treffend: „So ist auch das Modell, das Keynes vom Menschen des Volkes, speziell der Arbeiterklasse entwirft, unwahr, grob verzerrt, kurzum ein Reflex der gesellschaftlichen Situation der Bourgeoisie, die ein Menschenbild vom Klassenfeind benötigt, das geeignet ist, im ideologischen Kampf eine der Bourgeoisie nützliche Rolle zu spielen. Was die Aussagen der imperialisti-

[4] Die Frage nach dem Charakter und den Beziehungen zwischen den Problem- und den Systemlehren innerhalb der modernen bürgerlichen Ökonomie bedarf noch einer weiteren Erforschung durch die marxistisch-leninistischen Ökonomen.

schen Ideologen über die Masse des Volkes, insbesondere über die Arbeiterklasse angeht, so zielen sie sämtlich darauf ab, die Erkenntnis der historischen Mission des Proletariats durch das Proletariat zu verhindern."[5] Diese Einschätzung der Keynesschen Auffassung von der historischen Mission der Arbeiterklasse wird von Söder noch ergänzt, indem er feststellt: „Es ist eine weitverbreitete, aber darum nicht weniger falsche Methode des modernen Antikommunismus, die marxistische Lehre von der historischen Mission des Proletariats als Idealisierung und als eine Art Heilslehre hinzustellen. Genau in diesem Sinne argumentiert Keynes, wenn er die marxistische Theorie von der Rolle der Arbeiterklasse mit berühmten Religionen gleichsetzt. Diese Auffassung über den bürgerlichen und den proletarischen Menschen sind ganz einfach sachlich unrichtig. Unter der Herrschaft des Bürgertums sind in der Welt viele Verbrechen an der Menschheit begangen worden, so daß es beträchtlicher Ignoranz bedarf, dieser Klasse den Alleinanspruch auf die Vervollkommnung der Menschheit zusprechen zu wollen. Andererseits hat die internationale Arbeiterklasse den historischen Beweis ihrer politischen, wissenschaftlichen und kulturellen Leistungsfähigkeit vielfach erbracht. Aber abgesehen von diesen historischen Fakten, löst Keynes den Menschen aus seiner lebendigen Wirklichkeit und betrachtet ihn aus der dogmatischen Klassenposition des späten Bürgertums."[6]
Diese wenigen Beispiele deuten bereits an, daß von seiten der auf Keynes basierenden Wirtschaftstheorie in vielfältiger Weise auf das Gesamtsystem der modernen bürgerlichen politischen Ökonomie Einfluß ausgeübt wird. Entsprechend ihrem ausgeprägt staatsmonopolistischen Charakter wird dieser Wirtschaftsdoktrin nicht nur einfach zugestimmt, sondern sie prägt in maßgeblicher Weise mit das Profil des Gesamtsystems der heutigen monopolbourgeoisen ökonomischen Theorie und fördert damit die Tendenz zu ihrer Vereinheitlichung. Das generelle, d. h. allen Sonderinteressen einzelner Monopolgruppen übergeordnete *allgemeine* Monopolinteresse nach Erhaltung und Stabilisierung des imperialistischen Wirtschaftssystems erfordert in der heutigen Entwicklungsetappe des Imperialismus von den ökonomischen Theoretikern der Monopolbourgeoisie verstärkte Anstrengungen, um auf dem Weg einer angestrebten Vereinheitlichung in den theoretischen Grundlagen der bürgerlichen politischen Ökonomie die komplizierter gewordenen Probleme der Existenzsicherung des spätkapitalistischen Systems sowie dessen ideologische Verteidigung komplex wie im

[5] Vgl. W. Haack, H. Lauterbach, E. Rossade, G. Söder und H.-D. Tautz, Mensch und Wirtschaft . . ., a. a. O., S. 178f.
[6] Vgl. ebenda, S. 182.

Detail besser als bisher in den Griff zu bekommen. Dieser spezifische theoriegeschichtliche Entwicklungsprozeß in der gegenwärtigen bürgerlichen theoretischen Ökonomie ist als eine Ausdrucksform der tiefgreifenden Krise anzusehen, in der sich die bürgerliche Ideologie insgesamt wie auch die bürgerliche politische Ökonomie befindet. „Der gegenwärtige Kapitalismus", heißt es im Rechenschaftsbericht des Politbüros an die 9. Tagung des ZK der SED, „bietet ein Bild, das durch eine Häufung von Widersprüchen und Krisenerscheinungen gekennzeichnet ist, wie nie zuvor."[7] Im Gefolge der allgemeinen Krise des Kapitalismus ist auch die bürgerliche politische Ökonomie in eine tiefe Krise geraten. Das Streben nach Vereinheitlichung der ökonomisch-theoretischen Basis soll dazu beitragen, diese kritische Lage zu überwinden. Offenkundig bahnt sich hier innerhalb der bürgerlichen politischen Ökonomie ein Prozeß an, der durch eine tiefe dialektische Widersprüchlichkeit gekennzeichnet ist. Trotz der Bestrebungen zur Synthese innerhalb der heutigen bürgerlichen ökonomischen Theorie kann es keine einheitliche und in sich abgerundete monopolbourgeoise Wirtschaftstheorie geben. Die Monopolbourgeoisie selbst spaltet sich in einzelne Gruppen mit zum Teil divergierenden Interessen in ihrem Kampf um maximalen Profit auf. Die Frage danach, wie dieses Ziel, die Profitmaximierung, zu erreichen ist, läßt bekanntlich durchaus unterschiedlich nuancierte wirtschaftspolitische Taktiken und Praktiken der Monopolbourgeoisie hervortreten.[8] Das gilt übrigens auch im internationalen Rahmen. So bestehen z. B. durchaus unterschiedliche Auffassungen über die staatsmonopolistische Regulierung zwischen der französischen Monopolbourgeoisie mit ihrer „Planification" und den westdeutschen Repräsentanten des Finanzkapitals.

Allgemein läßt sich hierzu feststellen: Ihre gleichlaufenden Interessen als Kapitaleigentümer und ihr Konkurrenzkampf zur Durchsetzung dieser ihrer Grundinteressen untereinander bei gleichzeitiger Existenz des antagonistischen Klassengegensatzes zwischen Kapital und Lohnarbeit ergeben eine ökonomische Basis, die eine einheitliche und in sich geschlossene politökonomische Auffassung der Monopolbourgeoisie nicht ermöglicht. Sie begründet jedoch das Streben der Monopolbourgeoisie nach einer solchen Vereinheitlichung als objektive Tendenz, weil auch auf diesem Wege die histo-

7 Vgl. Erich Honecker, Zügig voran bei der weiteren Verwirklichung der Beschlüsse des VIII. Parteitages der SED, a. a. O., S. 23.

8 Dies gilt auch im weiteren Sinne. Eines der allgemeinen Kennzeichen des heutigen Imperialismus besteht darin, daß sich auch die Widersprüche innerhalb der herrschenden Kreise der imperialistischen Länder selbst vertiefen. (Vgl. hierzu E. Honecker, Bericht des Zentralkomitees an den VIII. Parteitag der Sozialistischen Einheitspartei Deutschlands, a. a. O., S. 21.)

rische Überfälligkeit dieses ganzen Gesellschaftssystems hinausgezögert werden soll.

Es wurde bereits angedeutet, daß der Neokeynesianismus im weiten Maße die Problemlehren beeinflußt. Bevor hierauf näher einzugehen ist, sei am Einzelbeispiel einer *Systemlehre*, und zwar der Galbraithschen Konzeption von der sog. modernen Industriegesellschaft, gezeigt, daß das keynesianische Ideengut auch auf die Systemlehren einwirkt.
Gleich allen anderen Varianten der reaktionären bürgerlichen Ideologie ist auch der im Grunde konvergenztheoretischen Konzeption von der sog. Industriegesellschaft die Feindschaft gegenüber Theorie und Praxis des Sozialismus gemeinsam.[9] Die konvergenztheoretischen Konzeptionen der unterschiedlichsten Schattierungen sind unter den Bedingungen der Verschärfung des weltweiten ideologischen Kampfes zu einem wichtigen Instrument der imperialistischen Globalstrategie geworden.[10] Im folgenden ist am Beispiel der Galbraithschen Industriegesellschaftskonzeption der keynesianische Einfluß auf diesen Bereich der imperialistischen Ideologie aufzudecken.
John Kenneth Galbraith zählt zu den bekanntesten Politökonomen der westlichen Welt. Er selbst ist mit höchsten Regierungsämtern betraut gewesen. Unter anderem war er einer der Berater von Präsident John F. Kennedy. Seinem ökonomischen Hauptwerk „Die moderne Industriegesellschaft“[11] ist eine große Breitenwirkung beschieden.
In den bisherigen marxistisch-leninistischen Auseinandersetzungen mit der Galbraithschen Industriegesellschaftskonzeption wurde insbesondere auf den apologetischen Grundzug dieser Doktrin, auf ihre klassenmäßigen Hintergründe und auf das vulgärökonomische Wesen ihrer einzelnen kategorialen Bausteine, vor allem auf die Kategorie „Technostruktur“, näher eingegangen. Wir fügen dem hier hinzu, daß speziell für die ökonomisch-theoretische Untermauerung des staatsmonopolistischen Regulierungsinstrumentariums im Galbraithschen Industriegesellschaftsmodell die Keynessche und neokeynesianische Wirtschaftstheorie herangezogen wird. Zwei in ihrer reaktionären Zielsetzung gleiche imperialistische Ideologiegebilde, nämlich der Neokeynesianismus und die Theorie der Industriegesellschaft, gehen so auf ökonomisch-theoretischem Gebiet eine enge Verbindung ein.
Galbraith spricht stets mit größter Hochachtung über die wirtschaftstheo-

9 Vgl. E. Honecker, Bericht des Zentralkomitees an den VIII. Parteitag der Sozialistischen Einheitspartei Deutschlands, a. a. O., S. 97.

10 Zur kritischen Analyse des konvergenztheoretischen Denkens vgl. u. a. H. Meißner, Konvergenztheorie und Realität, 2., veränd. Aufl., Berlin 1971.

11 Vgl. J. K. Galbraith, Die moderne Industriegesellschaft, a. a. O.

retischen Leistungen von Keynes.[12] Angriffen gegen Keynes trat er mit dem Argument entgegen, daß „die Keynessche Revolution ... auch ein epochemachender Beitrag zum Industriesystem und zur Erhaltung dessen (war), was man gemeinhin als Kapitalismus bezeichnet. Die Architekten einer so nützlichen Revolution sollten auf ihr Werk stolz sein".[13]
Es ist hier darauf aufmerksam zu machen, daß über die Verflechtung von neokeynesianischer Wirtschaftstheorie mit der konvergenztheoretischen Industriegesellschaftskonzeption von Galbraith die wirtschaftstheoretischen und -politischen Dogmen des Keynesianismus und Neokeynesianismus auch in die sozialistischen Länder eingeschmuggelt werden sollen. Bekanntlich hat Galbraiths Konzeption angeblich nicht nur für den staatsmonopolistischen Kapitalismus Gültigkeit. Sie wird auch als angeblich richtig und gültig für die entwickelte sozialistische Wirtschaft propagiert. Eine solche Auslegung der Industriegesellschaftskonzeption entspricht übrigens auch vollauf den Absichten der modernen Revisionisten und Rechtssozialisten.
Dem modernen Revisionismus und Rechtssozialismus ist in der weltweiten Auseinandersetzung zwischen Kapitalismus und Sozialismus in der internationalen kommunistischen und Arbeiterbewegung bekanntlich die Aufgabe zugedacht, „die revolutionären Kräfte zu spalten und die Kampfkraft des Sozialismus in der politisch-ideologischen Auseinandersetzung mit dem Imperialismus zu schwächen".[14] Sie spielen gleichsam die Rolle des Trojanischen Pferdes bei der Umsetzung der Globalstrategie des Imperialismus. Über sie soll bürgerliches Gedankengut in die Reihen der kommunistischen und Arbeiterbewegung eindringen.
Galbraiths Anlehnung an die Keynessche Wirtschaftstheorie überrascht keinesfalls. Er huldigt keinerlei marktwirtschaftlichen Illusionen. Vorbehaltlos setzt er sich für eine staatsmonopolistische Regulierung auf breiter Front ein. Bereits bei der Bestimmung der ökonomischen Prämissen seiner wirtschaftstheoretischen Ableitungen geht er davon aus, daß das moderne kapitalistische Gesellschaftssystem der staatlichen Wirtschaftsregulierung nicht zu entbehren vermag. Hierbei stützt sich Galbraith auf ausgesprochene keynesianische Argumente, so z. B. auf das Argument von der staatlichen Sicherung einer ausreichenden zahlungsfähigen Gesamtnachfrage und des angeblich notwendigen Ausgleichs von Sparen und Investieren.

[12] Vgl. J. K. Galbraith, Came the Revolution, in: The New York Times Book Review, Bd. 20, New York 1965, Nr. 20, S. 34ff.
[13] Vgl. J. K. Galbraith, Die moderne Industriegesellschaft, a. a. O., S. 252.
[14] Vgl. R. Sieber/G. Söder, Politik und Ökonomie im sozialistischen Gesellschaftssystem, Berlin 1970, S. 67.

So schreibt er u. a.: „Daher kann man sich in einer Wohlstandsgesellschaft auf das Geldausgeben und damit auf eine kontinuierliche Nachfrage weniger verlassen als in einer armen Gesellschaft. Sie verliert ihre Verläßlichkeit genau in dem Augenblick, wo die von der modernen Technologie auferlegten hohen Kosten und langen Anlaufzeiten eine vermehrte Sicherstellung von Absatzmärkten nötig machen. Die *Keynessche Revolution* fand genau zu dem Zeitpunkt statt, wo andere Veränderungen sie unentbehrlich machten."[15]

Es verwundert also überhaupt nicht, wenn Galbraith, ausgehend von diesen Grundsätzen, ganz in Keynesscher Manier das Verbrauchen als Credo des Individuums in der „modernen Industriegesellschaft" hervorhebt. „Genauer ausgedrückt", vermerkt er, „parallel zur Produktion von Waren laufen sehr energische und keineswegs minder wichtige Bemühungen um die Sicherstellung des Absatzes. Dabei werden Gesundheit, Schönheit, soziales Ansehen und sexueller Erfolg – alles in allem also das Glück – betont, das man sich mit dem Besitz oder Gebrauch eines bestimmten Artikels sichert. Diese Beeinflussung ergibt insgesamt ein unwiderstehliches Argument zugunsten des Konsums . . . Damit wird sichergestellt, daß die Produktion und in der Folge der Verbrauch zum primären Maßstab für die gesellschaftliche Stellung erhoben wird."[16]

Es zeigt sich, daß Galbraith das Bemühen um die Lösung der Realisierungsschwierigkeiten des gesellschaftlichen Gesamtkapitals unter den heutigen Bedingungen des Spätkapitalismus offen ausspricht. In der Tat kommt der Lösung des Realisierungsproblems generell eine prinzipielle Bedeutung zu.[17] Dieses Problem ist auf *kapitalistischer* Basis zwar nicht lösbar, durch die Erhöhung des Anteils der Arbeiterklasse und der anderen werktätigen Bevölkerungsschichten am Nationaleinkommen ließe es sich jedoch in seinen sozialen Auswirkungen mildern. Bereits Karl Marx wies nach, daß das Nachfrageproblem im Kapitalismus im wesentlichen sozialer Natur ist. „Es sei hier ganz im Vorbeigehen bemerkt", stellte Marx hierzu fest, „daß das ‚gesellschaftliche Bedürfnis', d. h. das, was das Prinzip der Nachfrage regelt, wesentlich bedingt ist durch das Verhältnis der verschiedenen Klassen zueinander und durch ihre respektive ökonomische Position, namentlich also erstens durch das Verhältnis des Gesamtmehrwerts zum Arbeitslohn und zweitens durch das Verhältnis der verschiedenen Teile, worin sich der Mehrwert spaltet . . ."[18]

[15] Vgl. J. K. Galbraith, Die moderne Industriegesellschaft, a. a. O., S. 17/18.
[16] Vgl. ebenda, S. 52.
[17] Zum Realisierungsproblem vgl. W. I. Lenin, Die Entwicklung des Kapitalismus in Rußland, in: Werke, Bd. 3, Berlin 1956, S. 39ff.
[18] Vgl. K. Marx, Das Kapital, Bd. 3, in: MEW, Bd. 25, Berlin 1964, S. 207.

Nehmen wir hier das Beispiel der entwickelten kapitalistischen Länder. Gegenwärtig gibt es hier rd. 10 Millionen registrierter Arbeitslose.[19] Auf der Grundlage der Anhebung des materiellen Lebensniveaus dieser Bevölkerungsschichten sowie durch eine umfassende Hilfe für die während des imperialistischen Kolonialjochs unterdrückten und so in ihrer Entwicklung zurückgebliebenen Länder müßten die Probleme der kapitalistischen Überproduktion angegangen werden. Was sollen hier Galbraiths Worte von „Schönheit", „sozialem Ansehen" oder gar von „sexuellem Erfolg" nutzen?
Im Zusammenhang mit seinen Darlegungen über den gesellschaftlichen Reproduktionsprozeß apologetisiert Galbraith die staatsmonopolistische Regulierung mit Keynesschen und neokeynesianischen Theoremen. Wir übersehen dabei nicht, daß Galbraith in seinem Buch „Die moderne Industriegesellschaft" in oftmals realistischer Weise ein detailliertes Bild von den staatsmonopolistischen Wirtschaftspraktiken in den USA entwirft. Zur Rechtfertigung der staatsmonopolistischen Regulierung greift Galbraith auf die Argumentation über den notwendigen Ausgleich von Sparen und Investieren zurück. So stellt er hierzu fest: „Der Staat setzt über Steuern und Staatsausgaben seine Machtmittel ein, um einen Ausgleich zwischen den Ersparnissen und ihrem Einsatz herbeizuführen, den das Industriesystem selbst nicht gewährleisten kann."[20]
Galbraith muß an Hand vieler äußerer Erscheinungsformen zur Kenntnis nehmen, daß das imperialistische Wirtschaftssystem ohne permanente staatsmonopolistische Regulierung des gesellschaftlichen Reproduktionsprozesses nicht mehr funktionsfähig ist. Als *bürgerlicher* Theoretiker begreift er jedoch die Ursachen und Hintergründe dieses objektiven Entwicklungsprozesses innerhalb der kapitalistischen Produktionsweise nicht. Er glaubt, in den Keynesschen und neokeynesianischen Dogmen ihre ökonomisch-theoretische Erklärung gefunden zu haben.

Wesen und Erscheinungsform des Neokeynesianismus im System der modernen bürgerlichen ökonomischen Theorie und Wirtschaftspolitik, speziell in der BRD, sind in den folgenden Kapiteln kritisch einzuschätzen. Es zeigt sich dabei, daß die neokeynesianische Wirtschaftstheorie vor allem in all jenen Problemlehren ihren Einfluß ausübt, die sich auf den gesellschaftlichen Reproduktionsprozeß im modernen Kapitalismus in seiner Gesamtheit beziehen. Eine derartige Ausrichtung des Neokeynesianismus entspricht ganz dem Wesen dieser Wirtschaftsdoktrin.

[19] Vgl. E. Honecker, Zügig voran bei der weiteren Verwirklichung der Beschlüsse des VIII. Parteitages der SED, a. a. O., S. 26.
[20] Vgl. J. K. Galbraith, Die moderne Industriegesellschaft, a. a. O., S. 58.

Die im folgenden zu lösende Aufgabe besteht natürlich nicht darin – und sie kann auch nicht darin bestehen –, die hier angezogenen Problemlehrenkomplexe in ihrer Gesamtheit kritisch zu durchforschen. Für manche dieser Problemlehren liegen bereits kritische marxistische Untersuchungen vor; zum Teil ist von der marxistisch-leninistischen Theorienkritik hier aber noch Terrain aufzuholen. Die kritische Herausarbeitung des Beitrages und des Einflusses des Neokeynesianismus auf diese Problemlehren soll ein Beitrag zur Erfüllung dieser an die marxistischen Ökonomen gestellten Aufgabe sein.

4. Neokeynesianismus und die moderne bürgerliche ökonomisch-theoretische Analyse des gesellschaftlichen Reproduktionsprozesses im staatsmonopolistischen Kapitalismus

4.1. *Zur ökonomisch-theoretischen Grundauffassung der modernen bürgerlichen politischen Ökonomie über den gesellschaftlichen Reproduktionsprozeß*

J. M. Keynes' fortwirkender Beitrag zur modernen bürgerlichen politischen Ökonomie besteht darin, mit seinem ökonomischen Hauptwerk „Allgemeine Theorie der Beschäftigung, des Zinses und des Geldes" der Hinwendung der bürgerlichen politischen Ökonomie zu den gesamtwirtschaftlichen Prozessen und Erscheinungen des staatsmonopolistischen Kapitalismus zum Durchbruch verholfen zu haben. Innerhalb der bürgerlichen politischen Ökonomie ist hierfür der Begriff „Makroökonomie" gebräuchlich. Hierüber bestehen kaum noch Meinungsverschiedenheiten. So wird in dem in der BRD erschienenen Kompendium der Volkswirtschaftslehre hierzu bemerkt: „Ihre zentrale Stellung im Gebäude der Wirtschaftstheorie hat die Makroökonomie jedoch erst durch John Maynard Keynes erhalten, der in seinem 1936 erschienenen Werk ,The General Theory of Employment, Interest and Money' ein geschlossenes makroökonomisches Modell vorlegte."[1] Hierzu einige theoriegeschichtliche Anmerkungen.

In den dreißiger Jahren unseres Jahrhunderts vollzog sich in der Methodologie der modernen bürgerlichen politischen Ökonomie eine Wende von der vorrangig auf einzelwirtschaftliche Erscheinungen und Probleme ausgerichteten zu der mehr gesamtwirtschaftlich orientierten ökonomisch-theoretischen Untersuchung. Damit ging eine Veränderung im Forschungs*objekt* der bürgerlichen ökonomischen Theoretiker in Richtung der Untersuchung von Problemen und Erscheinungen des gesellschaftlichen Reproduktionsprozesses der modernen kapitalistischen Wirtschaft einher. Obgleich zwar das bis zu diesem Zeitpunkt vorherrschende und der vulgärökonomischen Grenznutzenschule vom Ende des vorigen Jahrhunderts entstammende Lehrsystem von Leon Walras auch auf die Analyse gesamtwirtschaftlicher Beziehungen ausgerichtet war, es sich dabei aber eines

[1] Vgl. K. H. Hansmeyer, Lehr- und Methodengeschichte, in: Kompendium der Volkswirtschaftslehre, Bd. 1, Göttingen 1967, S. 51.

praktisch nicht mehr überschaubaren Systems von einzelnen Gleichgewichtspreisgleichungen bediente[2], konnte dieses Lehrsystem aus eben diesen Gründen die gewachsenen Anforderungen der Monopolbourgeoisie an die staatsmonopolistischen Regulierungen nicht mehr befriedigen. Die mit der weiteren Entwicklung des Kapitalismus immer dringender werdende Notwendigkeit einer Regulierung des gesellschaftlichen Reproduktionsprozesses *in seiner Komplexität* drängte die Theoretiker der Monopolbourgeoisie zur intensiven Ausarbeitung eines für die monopolbourgeoisen Interessen praktikablen wirtschaftspolitischen Instrumentariums. Eine der Voraussetzungen dazu war es, die gesamtwirtschaftlichen Zusammenhänge und Prozesse durch ein *überschaubares* Maß an Kategorien und Beziehungen so darzustellen, daß diese sich zugleich auch für die Lösung der wirtschaftspolitischen Aufgaben als ausbaufähig erwiesen.

Keynes entsprach diesem Erfordernis vollauf. Auf der Basis seiner auf die gesamtwirtschaftlichen Prozesse und Erscheinungen ausgerichteten Wirtschaftslehre konnte außerdem ein Brückenschlag zur statistischen Verifikation der theoretischen und wirtschaftspolitischen Ableitungen im breiten Umfange erfolgen. Am Beispiel der ökonomisch-theoretischen Analyse des gesellschaftlichen Reproduktionsprozesses im modernen Kapitalismus, die den Gegenstand der modernen bürgerlichen *kreislauftheoretischen Forschung* bildet,[3] und die in ihren Grundlagen auf der

[2] Vgl. H. Lehmann, Grenznutzentheorie, a. a. O., S. 171ff.

[3] Unsere hier behauptete Identität von moderner bürgerlicher *kreislauftheoretischer* mit *reproduktionstheoretischer* Forschung beruht darauf, daß die bürgerlichen Kreislauftheoretiker die *Totalität* der Bewegung der individuellen Kapitalkreisläufe in ihrer äußeren Erscheinungsform zum Gegenstand ihrer Analyse erhoben haben. Es ist nicht zu übersehen, daß die Gesamtheit der individuellen materiellen und finanziellen Kreislaufströme in ihrer gegenseitigen Verflechtung innerhalb der kapitalistischen Wirtschaft Gegenstand der bürgerlichen Kreislaufforschung ist. In diesem Zusammenhang sei vermerkt, daß gelegentlich sowohl von Karl Marx als auch von Friedrich Engels zur begrifflichen Charakterisierung des gesellschaftlichen Reproduktionsprozesses der Terminus Wirtschaftskreislauf, auch volkswirtschaftlicher Kreislauf, verwandt worden ist. Engels bezeichnet Marx' Analyse der Reproduktion und Zirkulation des gesellschaftlichen Gesamtkapitals im zweiten Band des ‚Kapital' als „... eine ganz ausgezeichnete Darstellung des hier seit den Physiokraten zum ersten mal behandelten Gesamtkreislaufs von Waren und Geld in der kapitalistischen Gesellschaft ..." (Brief von Engels an V. Adler vom 16. März 1895), und Marx selbst setzt Reproduktionsprozeß mit dem Begriff volkswirtschaftlicher Kreislauf gleich, wenn er über das Quesnaysche Tableau économique, der theoriegeschichtlich ersten Darstellung des gesamtwirtschaftlichen Kreislaufes, schreibt, daß „... diese ebenso einfache wie für ihre Zeit geniale Darstellung des jährlichen Repro-

Keynesschen resp. neokeynesianischen ökonomisch-theoretischen Konzeption aufbaut, zeigt sich dies in deutlicher Form. Die Zusammenführung von moderner bürgerlicher ökonomischer Theorie *und* bürgerlicher Wirtschaftsstatistik hat des weiteren zur Hebung der wirtschaftspolitischen Praktikabilität beider Einzeldisziplinen beigetragen. Die moderne bürgerliche volkswirtschaftliche Gesamtrechnung beweist dies zur Genüge.

Die Orientierung auf den gesellschaftlichen Reproduktionsprozeß im Kapitalismus und seiner Beziehungen ist durch die Keynessche und neokeynesianische Theorie zu einem Schwerpunkt der modernen bürgerlichen Wirtschaftstheorie geworden. Die Grundlage für die Untersuchung des gesellschaftlichen Reproduktionsprozesses im modernen Kapitalismus bildet dabei die moderne bürgerliche Kreislauftheorie, einschließlich der Theorie des gesamtwirtschaftlichen Gleichgewichts, so wie sie nach dem zweiten Weltkrieg auf Keynesscher und neokeynesianischer Basis ausgearbeitet worden sind.[4] Über die volkswirtschaftliche Gesamtrechnung, die als die *empirische* bürgerliche Kreislaufforschung einzuschätzen ist, werden die diesbezüglichen theoretischen Erkenntnisse und Ableitungen statistisch verifiziert und für wirtschaftspolitische Entscheidungen genutzt.[5] Dadurch wird zugleich der weitere theoretische Ausbau der bürgerlichen politischen Ökonomie selbst stimuliert.[6] Entsprechend der exponierten Stellung der modernen bürgerlichen Kreislauf- und Gleichgewichtstheorie für die Untersuchung der gesamtwirtschaftlichen Prozesse und Erscheinungen des modernen Kapitalismus ist hierauf detaillierter einzugehen.

duktionsprozesses, wie er durch die Zirkulation vermittelt wird, sehr genau darauf antwortet, was aus diesem Nettoprodukt im volkswirtschaftlichen Kreislauf wird . . ." (vgl. F. Engels, Herrn Eugen Dührings Umwälzung der Wissenschaft, in: MEW, Bd. 39, Berlin 1968, S. 436, Bd. 20, Berlin 1962, S. 236. Dieser Abschnitt im Engelsschen Werk wurde von Marx verfaßt).

4 Vgl. K. O. W. Müller, Die bürgerliche Kreislauftheorie, Berlin 1968, insbes. S. 60ff.

5 Vgl. u. a. W. Krelle, Volkswirtschaftliche Gesamtrechnung einschl. input-output-Analyse mit Zahlen für die Bundesrepublik Deutschland, 2., veränd. Aufl., (West-)Berlin 1967, insbes. S. 132ff.

6 So vermerkt u. a. H. G. Nutzinger in seinem Artikel „Kreislauf": „. . . ihre weitgehende formale Entwicklung verdankt sie (die Kreislauftheorie – K. M.) aber überwiegend ihrer Relevanz als Instrument zur Untersuchung (Diagnose), Prognose und aktiven Gestaltung (Planung) der empirisch beobachteten oder beobachtbaren Interaktionen und Transaktionen zwischen den verschiedenen Wirtschaftseinheiten." (Sowjetsystem und demokratische Gesellschaft. Eine vergleichende Enzyklopädie, Freiburg–Basel–Wien 1969, Bd. 3, S. 1020.)

Im Gesamtsystem der modernen bürgerlichen ökonomischen Theorie nimmt die Kreislauftheorie eine zentrale Stellung ein. Sie wird damit zu einem Grundelement für die Ausprägung des Charakters derjenigen modernen bürgerlichen Problemlehren, die sich speziellen Seiten des gesellschaftlichen Reproduktionsprozesses widmen. Dies bezieht sich z. B. auf die Einkommenstheorie, die Wachstums- und Konjunkturtheorie, die Verteidigungstheorie u. a.

Die exponierte Stellung der Kreislauftheorie im Gesamtsystem der modernen bürgerlichen ökonomischen Theorie verdeutlicht auch eine Einschätzung im Kompendium der Volkswirtschaftslehre, wenn dort im Zusammenhang mit der Hervorhebung ihrer spezifisch Keynesschen und neokeynesianischen Grundlagen betont wird: „Eines der zentralen Probleme der Wirtschaftspolitik besteht darin, die Endnachfrage so zu steuern, daß die vorhandenen Produktionsfaktoren, insbesondere die menschliche Arbeitskraft, gerade voll ausgenutzt werden ... Es ist nun Aufgabe der volkswirtschaftlichen Theorie herauszufinden, durch welche Mittel die Gesamtnachfrage so gesteuert werden kann, daß etwa Vollbeschäftigung bei Preisstabilität und Zahlungsbilanzgleichgewicht gleichzeitig erreicht werden. *Dazu muß man auf die der Kreislaufanalyse bekannten Aggregate zurückgreifen* und etwa fragen, wovon die Höhe und Zusammensetzung der Konsumausgaben der privaten Haushalte, die Investitionsentscheidungen der Unternehmungen, die Nachfrage der öffentlichen Haushalte nach Sachgütern und Diensten, die Nachfrage ausländischer Wirtschaftssubjekte nach Exportgütern des Inlandes und schließlich die inländische Nachfrage nach Importgütern abhängt. Diese Fragen lassen sich heute im großen und ganzen zutreffend beantworten, *was die Bedeutung der Kreislaufanalyse als Grundlage der makroökonomischen Theorie und damit der Wirtschaftspolitik zeigt.*“[7]

Auf die inhaltliche Ausprägung der modernen bürgerlichen Kreislauftheorie hat das Keynessche und neokeynesianische Gedankengut dominierenden Einfluß ausgeübt. Die heutige bürgerliche Kreislaufforschung ist als solche keynesianischer Prägung anzusehen. Den Ausgangspunkt der modernen bürgerlichen kreislauftheoretischen Überlegungen bildet dabei die Annahme, daß sich das Problem der gesamtwirtschaftlichen Reproduktion auf die Darstellung in sich geschlossener zirkulativer Beziehungen zwischen aggregierten Wirtschaftsgruppen (z. B. Summe aller Betriebe und Haushalte, Staat, Außenwirtschaft, Summe aller dienstleistenden Unternehmen usw.) reduzieren ließe. Damit ist offensichtlich der gesell-

[7] A. Stobbe, Wirtschaftskreislauf und Sozialprodukt, in: Kompendium der Volkswirtschaftslehre, Bd. 1, Göttingen 1967, S. 72 (Hervorhebung vom Autor).

schaftliche Reproduktionsprozeß im Kapitalismus auf die Untersuchung und Beschreibung von Zirkulationsbeziehungen reduziert. Die antagonistischen Widersprüche innerhalb dieses Prozesses werden damit umgangen. Zu den bestimmenden Grundfaktoren und Gesetzmäßigkeiten der gesellschaftlichen Reproduktion wird nicht vorgestoßen.

Über die Beziehungen und grundlegenden ökonomischen Gesetzmäßigkeiten des gesellschaftlichen Reproduktionsprozesses im modernen Kapitalismus bestehen bei den marxistischen Ökonomen klare Vorstellungen. Die von Karl Marx herausgearbeiteten und von W. I. Lenin weiterentwickelten allgemeingültigen Gesetzmäßigkeiten, Grundbeziehungen und Hauptproportionen des gesellschaftlichen Reproduktionsprozesses im Kapitalismus sind nach wie vor gültig. Des weiteren gilt, daß unabhängig davon, daß die Monopolisierung im staatsmonopolistischen Kapitalismus alle Bereiche der gesellschaftlichen Reproduktion erfaßt, das *Profitmotiv* als das herrschende und treibende Motiv erhalten bleibt. Hieraus leiten sich alle anderen Grundbeziehungen ab.

Um die neokeynesianische kreislauftheoretische Argumentation voll zu erfassen, seien einige generelle Bemerkungen über die Grundkategorien dem gesellschaftlichen Reproduktionsprozeß vorangestellt. Hinsichtlich der fundamentalen Kategorien des gesellschaftlichen Reproduktionsprozesses: gesellschaftliches Gesamtprodukt und Nationaleinkommen, sind dies vor allem die Marxschen Darlegungen über den Inhalt dieser Kategorien als die entscheidenden Größen des gesellschaftlichen Reproduktionsprozesses, die Begründung der Rolle des Nationaleinkommens als *Quelle* der erweiterten gesellschaftlichen Reproduktion sowie die Ableitungen der Grundbeziehungen und Grundproportionen sowohl innerhalb des gesellschaftlichen Gesamtprodukts und des Nationaleinkommens als auch zwischen diesen beiden Kategorien sowie die Darlegungen über den Kreislauf des Nationaleinkommens bzw. des gesellschaftlichen Gesamtprodukts.

Da das Nationaleinkommen selbst nur ein Teil des gesellschaftlichen Gesamtprodukts ist, und zwar der Teil, der den neugeschaffenen Wert verkörpert (Wertprodukt), ist zunächst die Kategorie *gesellschaftliches Gesamtprodukt* näher zu charakterisieren.

Das gesellschaftliche Gesamtprodukt ist die Summe aller materiellen Güter und produktiven Leistungen, die in einer gegebenen Periode im Ergebnis der verausgabten vergegenständlichten und lebendigen Arbeit entsteht. Somit hängt der Umfang des gesellschaftlichen Gesamtprodukts

a) von der Masse

und

b) von der Produktivität (Effektivität)

der zu seiner Herstellung verausgabten gesellschaftlichen Arbeit (vergegenständlichte und lebendige Arbeit) ab. Es besteht wertmäßig sowohl aus dem Ersatzfonds als dem Teil des gesellschaftlichen Gesamtprodukts, der den im Reproduktionsprozeß übertragenen Wert der verbrauchten Produktionsmittel repräsentiert, als auch aus dem Neuwert, stofflich gesehen das Nettoprodukt bzw. Nationaleinkommen, das den im gesellschaftlichen Reproduktionsprozeß neugeschaffenen Wert in Form des notwendigen Produkts darstellt. Im Kapitalismus ist dies das variable Kapital (v) und das Mehrprodukt in Form des Mehrwerts (m).
Aus der Definition für das gesellschaftliche Gesamtprodukt ist ersichtlich, daß die Entwicklung (Dynamik) des Nationaleinkommens von der Bewegung sowohl des gesellschaftlichen Gesamtprodukts als auch des Ersatzfonds abhängt. Diese Relation, in erster Linie aber das Verhältnis der Entwicklungstempi dieser beiden ökonomischen Parameter, gehört zu den grundlegenden Beziehungen des gesellschaftlichen Reproduktionsprozesses überhaupt.
Wenn auch die entscheidende Bedeutung des Nationaleinkommens, seiner Größe, seines Zuwachses und seiner wertmäßigen wie stofflichen Zusammensetzung für den gesamten Reproduktionsprozeß nicht in Abrede gestellt wird, wäre es jedoch falsch, die Reproduktion des gesellschaftlichen Gesamtprodukts als Ganzes wie auch die Größe und Struktur des Ersatzfonds zu vernachlässigen. Man darf die Größenordnung, die Wert- und Naturalstruktur des gesellschaftlichen Gesamtprodukts sowie seiner Glieder bei der Analyse des Reproduktionsprozesses keinesfalls außer Betracht lassen. Auf das Verhältnis z. B. des Wachstumstempos von Ersatzfonds und Nationaleinkommen wirken vielfältige Faktoren ein. Sie nehmen z. T. in entgegengesetzter Richtung auf den Entwicklungstrend dieser Kategorien Einfluß.[8] Unter sozialistischen Produktionsbedingungen wird planmäßig auf die Durchsetzung eines höheren Wachstumstempos des Nationaleinkommens gegenüber dem Ersatzfonds eingewirkt.[9] Dazu bedarf es in der gesamten Wirtschaft des ständigen Kampfes um die rationellste Nutzung aller verfügbaren Kräfte und Fonds. In der Direktive des VIII. Parteitages der Sozialistischen Einheitspartei Deutschlands zum Fünfjahrplan für die Entwicklung der Volkswirtschaft der DDR 1971 bis 1975 wird als der *Hauptweg*, um den Umfang und die Qualität der gesellschaftlichen Produktion zu steigern, deren Intensivierung und die Erhöhung ihrer Effektivität

[8] Vgl. hierzu u. a. W. Barthel, W. Karbstein, W. Schmidt, Statistik des Nationaleinkommens, Berlin 1971, S. 151ff.
[9] Vgl. u. a. R. Reichenberg, Struktur und Wachstum der Abteilung I und II im Sozialismus, Berlin 1968, S. 131ff.

fixiert. Das erfordert, so wird hierzu in der Direktive vermerkt, „die produktivere Nutzung und Erhöhung der Leistungsfähigkeit der umfangreichen Produktionskapazitäten, die rationellere Ausnutzung der Produktionsflächen und -räume, eine höhere Materialökonomie, die Senkung der Kosten, die Durchsetzung der wissenschaftlichen Arbeitsorganisation und die volle Ausnutzung der Arbeitszeit".[10]

Es wurde hier auf einige wichtige Kategorien des gesellschaftlichen Reproduktionsprozesses etwas näher eingegangen, weil auch sie bei den neokeynesianischen Ökonomen im Mittelpunkt ihrer ökonomisch-theoretischen Untersuchungen stehen. Vor allem bezieht sich das auf das Nationaleinkommen.

Für die marxistische politische Ökonomie widerspiegelt das Nationaleinkommen in seiner sozialökonomischen und stofflichen Struktur, in seinem physischen Volumen und Wertumfang, in seiner Entstehung, Verteilung, Umverteilung und definitiven Verwendung das Entwicklungsniveau der gesellschaftlichen Produktivkräfte und Produktionsverhältnisse des gegebenen Landes in globaler Form. Im Kapitalismus drückt sich im Nationaleinkommen als der Summe des gesamten variablen Kapitals und des Mehrwerts der tiefe Klassenantagonismus innerhalb dieser Gesellschaftsformation aus.

Heute ist das Entwicklungs*tempo* des Nationaleinkommens im Sozialismus wie auch im Kapitalismus zu einer der wichtigsten ökonomischen Kategorien überhaupt geworden. In der weltweiten Systemauseinandersetzung zwischen dem sozialistischen und dem imperialistischen Weltsystem entscheidet in letzter Instanz die höhere Arbeitsproduktivität. Die sozialistischen Länder werden ihre Kräfte auch auf ökonomischem Gebiet mehr als bisher verstärken und die Vorzüge des sozialistischen Wirtschaftens voll zur Geltung bringen. Dies findet seine konkrete Erscheinungsform u. a. im schnelleren Wachstumstempo des Nationaleinkommens des sozialistischen gegenüber dem imperialistischen Wirtschaftssystem. Im ökonomischen Wettstreit zwischen Sozialismus und Imperialismus speziell auf deutschem Boden hat die Deutsche Demokratische Republik unter weitaus komplizierteren Bedingungen, als sie in der BRD gegeben waren, den Beweis für die Überlegenheit der sozialistischen Planwirtschaft gegenüber dem staatsmonopolistischen System in der BRD eindeutig erbracht. Die Zuwachsraten des Nationaleinkommens der DDR übertreffen die der BRD. Karl-Heinz Stiemer-

[10] Vgl. Direktive des VIII. Parteitages der Sozialistischen Einheitspartei Deutschlands zum Fünfjahrplan für die Entwicklung der Volkswirtschaft der DDR 1971 bis 1975, Sonderbeilage des ND vom 23. Juni 1971, S. 5

ling hat für den Zeitraum der vergangenen zwei Jahrzehnte errechnet, „daß das vergleichbare ökonomische Wachstum in der DDR um rund ein Drittel höher war als in Westdeutschland".[11] Diese Erfolge waren nur möglich, weil in der DDR die Übereinstimmung zwischen dem hohen Entwicklungsstand der Produktivkräfte und den diesen Bedingungen entsprechenden Produktionsverhältnissen besteht. Die sozialistischen Produktionsverhältnisse ermöglichen die volle Entfaltung aller schöpferischen Potenzen der Werktätigen. Wissenschaft und Technik können sich ungehemmt entwickeln. Das bedeutet nicht, daß die planmäßige proportionale Entwicklung des sozialistischen gesellschaftlichen Reproduktionsprozesses durch die Einwirkung der wissenschaftlich-technischen Revolution unserer Zeit sich nicht komplizierter gestaltet. In der sozialistischen Gesellschaft bestehen jedoch keine *objektiven* Hemmnisse, um auch unter komplizierteren Bedingungen den ökonomischen Wettlauf mit dem Imperialismus zu gewinnen.

Für die Analyse des gesellschaftlichen Reproduktionsprozesses durch die heutigen bürgerlichen ökonomischen Theoretiker bietet – wie gesagt – die moderne bürgerliche kreislauftheoretische Forschung neokeynesianischer Prägung die Grundlage. Hierbei wird insbesondere der Bewegung des Nationaleinkommens im Prozeß der gesellschaftlichen Reproduktion eine vorrangige Beachtung gewidmet. Die Ausgangsbasis für die Klärung dieses zweifellos wichtigen Aspekts des Reproduktionsprozesses bildet die neokeynesianische kreislauftheoretische Grundkonzeption. Danach wird als das sog. einfache Kreislaufgrundschema für die kapitalistische Wirtschaft ein System von Güter- und diesen entgegenlaufenden Geldströmen zwischen den einzelnen aggregierten Wirtschaftssubjekten definiert (vgl. die folgende Abbildung 2).[12] Das Nationaleinkommen[13] ist der Indikator für das Volumen des Kreislaufprozesses. Dieses Grundschema wird durch die Annahme erweitert, daß der *reale* Kreislaufstrom durch Investitionen und der *monetäre* Kreislaufstrom durch finanzielle Mittel ausgedehnt werden kann. Demzufolge werden die Grundbeziehungen des kapitalistischen gesellschaftlichen Reproduktionsprozesses unter Verwendung der Keynesschen Kategorien wie folgt dargestellt: (vgl. Abb. 2)

In einer sog. geschlossenen Volkswirtschaft (d. h. es werden die Außenwirtschaftsbeziehungen unberücksichtigt gelassen) ohne sog. staatliche Aktivität (d. h. die Intervention des imperialistischen Staates in den

[11] Vgl. K.-H. Stiemerling, Stabiles Wachstum – größere Aufgaben, in: ND vom 16. August 1969, Ausg. B, S. 4.

[12] Vgl. A. Stobbe, Wirtschaftskreislauf und Sozialprodukt, a. a. O., S. 53.

[13] Die bürgerlichen Ökonomen verwenden hierfür den Begriff „Sozialprodukt".

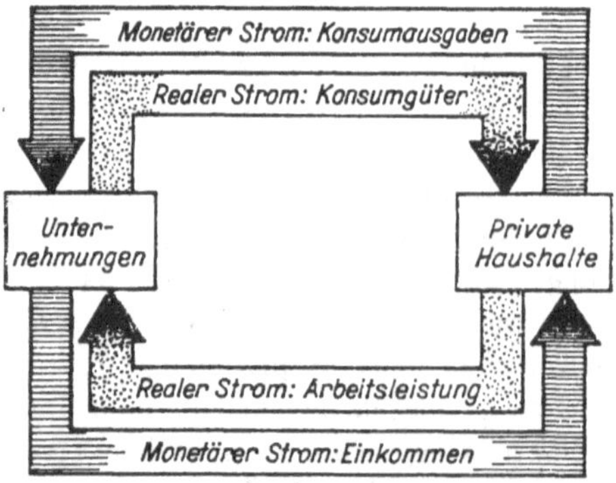

Abb. 2 Grundschema der modernen bürgerlichen Ökonomie über den Wirtschaftskreislauf

gesellschaftlichen Reproduktionsprozeß wird in die theoretische Analyse noch nicht einbezogen) gelten für die Entstehungs- bzw. Verwendungsphase des Sozialprodukts (Nationaleinkommen) einer gegebenen Reproduktionsperiode die folgenden Keynesschen Gleichungen:[14]

entstehungsseitig:

$$Y = C + I \tag{2a}$$

bzw.

verwendungsseitig:

$$Y = C + S. \tag{2b}$$

Diese Keynesschen Grundgleichungen wurden von den Neokeynesianern im Zuge einer angestrebten weiteren Annäherung an die realen ökonomischen Bedingungen im heutigen Kapitalismus durch die Berücksichtigung der Außenwirtschaftsbeziehungen sowie der staatsmonopolistischen Regulierungsfunktion des imperialistischen Staates modifiziert.

Hinsichtlich der Berücksichtigung der sog. „staatlichen Aktivität", wie von seiten der bürgerlichen Ökonomen die staatsmonopolistische Regulierungsfunktion des imperialistischen Staates bezeichnet wird, in diesen kreislauftheoretischen Grundgleichungen wurden die Keynesschen Gleichungen wie folgt erweitert:[14a]

entstehungsseitig:

$$Y = C + I - T_{ind.} + Z \tag{3}$$

bzw.

[14] Hier und im folgenden bedeuten: Y = Sozialprodukt (Nationaleinkommen), I = Nettoinvestitionen, S = gespartes Einkommen, C = Konsumtion (Verbrauch)

[14a] Hier und im folgenden bedeuten: $T_{ind.}$ resp. $T_{dir.}$ = indirekte resp. direkte Steuern, Z = Subventionen des Staates, T_r = Transferzahlungen des Staates (d. h. Zahlungen des Staates, denen keine materiellen Gegenleistungen seitens der Zahlungsempfänger gegenüberstehen, z. B. Zinstilgung des Staates).

verwendungsseitig:

$$Y = C + S + T_{dir.} - T_{r.} \tag{4}$$

Hinsichtlich der Berücksichtigung der Außenwirtschaftsbeziehungen innerhalb dieser neokeynesianischen Grundgleichungen wurde der Saldo der Außenhandelsbilanz (B), wobei dieser Saldo als

$$B = X - M \tag{5}$$

definiert wird, einbezogen.[15]

Aus diesen modifizierten Keynesschen Grundgleichungen wurden auf formalem Wege eine Reihe weiterer ähnlicher Ableitungen als theoretische Basis für wirtschaftspolitische Entscheidungen getroffen. Einzelheiten hierzu sind bereits untersucht worden.[16]

Die kritische Einschätzung dieser neokeynesianischen Grundgleichungen über den kapitalistischen gesellschaftlichen Reproduktionsprozeß ergibt folgendes: Die Gleichung für die Phase der Entstehung des Nationaleinkommens bringt zum Ausdruck, daß dieses sowohl aus Konsumtionsmitteln (C) als auch aus Produktionsmitteln (I) besteht.[17] Sie vermengt in ihrem zweiten Teil durch die Einbeziehung der Kategorien Z und $T_{ind.}$ aus dem Stadium der Umverteilung des Nationaleinkommens materielle und finanzielle Prozesse in eklektischer Weise. Dadurch wird nicht nur der Aussagegehalt dieser Gleichung geschmälert, auch ihre wirtschaftspolitische Praktikabilität wird herabgemindert. In den einzelnen Bewegungsphasen des Nationaleinkommenskreislaufes sind bekanntlich unterschiedliche konkrete Bedingungen gegeben, die ein differenziertes Reagieren über das System der staatsmonopolistischen Regulierung erfordern. So erfolgt die Beeinflussung der Entwicklung des Nationaleinkommens in dessen Produktionsstadium vor allem durch Maßnahmen zur direkten Erhöhung der Ausbeutung. Hierdurch wird bei vorgegebenem Einsatz von variablem Kapital über die Erhöhung der Masse des Mehrwerts das Volumen des Nationaleinkommens gesteigert. Im Stadium seiner Ver-

15 Hier bedeuten: B = Saldo der Außenhandelsbilanz, X = Export, M = Import.

16 Vgl. u. a. K. O. W. Müller, Wirtschaftspolitische Ableitungen aus der modernen bürgerlichen kreislauftheoretischen Forschung zur Regulierung des gesellschaftlichen Reproduktionsprozesses im staatsmonopolistischen Kapitalismus, in: Konjunktur und Krise, 10. Jg., Berlin 1966, S. 145ff.

17 Bereits in dieser allgemeinen Aussage ist an der Gleichung insofern Kritik zu üben, als diese Aussage genau genommen nur für das gesellschaftliche Gesamtprodukt gültig ist, denn das Nationaleinkommen enthält neben den Konsumgütern nur die Produktionsmittel (Produktionsinstrumente!), die über den Ersatz der im Reproduktionsprozeß verbrauchten Produktionsmittel hinaus für die *erweiterte* Reproduktion zur Verfügung stehen.

teilung richtet sich die staatsmonopolistische Beeinflussung des Nationaleinkommens unter den heutigen Bedingungen im Kapitalismus vor allem darauf, den *Zuwachs* an Nationaleinkommen so umzuverteilen, daß die Profite weitaus stärker als die Löhne steigen.[18]

Der imperialistische Staat erwartet von der bürgerlichen politischen Ökonomie solche Instrumentarien vorgelegt zu bekommen, die ihm sowohl die Einsicht in die Struktur des Nationaleinkommens in den einzelnen Phasen seines Kreislaufs als auch eine Anleitung für ein effektvolles Eingreifen in diesen Prozeß bieten. Auch die neokeynesianischen Nationaleinkommenskreislaufgleichungen sind unter diesem Aspekt entwickelt worden.

In die recht komplizierte innere Struktur der neokeynesianischen Nationaleinkommenskreislaufgleichungen dringt die marxistische politische Ökonomie vor allem auch deshalb detaillierter ein, und wir widmen diesem Problem hier einen breiteren Raum, um allen progressiven und an wissenschaftlichen Erkenntnissen interessierten Ökonomen auch außerhalb der sozialistischen Länder den Weg für das wirkliche Verständnis des Wesen der modernen bürgerlichen politischen Ökonomie, insbesondere des Neokeynesianismus, zu ebnen. Zum anderen sind auch bestimmte Illusionen über den angeblich so weitreichenden realen Erkenntnisgehalt der scheinbar ideologieneutralen Ableitungen und Theoreme der modernen bürgerlichen Ökonomie zu überwinden. Damit wird zugleich allen revisionistischen und opportunistischen Auffassungen in bezug auf den Charakter der modernen bürgerlichen Wirtschaftstheorie entgegengetreten. Eines dieser revisionistischen Argumente, nämlich, daß durch die zunehmende Mathematisierung und Formalisierung der modernen bürgerlichen ökonomischen Theorie angeblich ein Prozeß ihrer Verwissenschaftlichung eingesetzt habe, läßt sich am Beispiel der neokeynesianischen Nationaleinkommenskreislaufgleichungen schnell ad absurdum führen. Ähnlich wie bei der Entstehungsgleichung zeigt sich auch bei der verwendungsseitigen Gleichung für das Nationaleinkommen, daß hier materielle und finanzielle Prozesse vermengt ausgewiesen werden. Die Basis dieses vulgärökonomischen Eklektizismus ist primär in der Klassenposition der bürgerlichen Ökonomen zu suchen. Im einzelnen leitet sie sich daraus ab, daß eine Trennung von produktiver und unproduktiver Sphäre der Volkswirtschaft nicht resp. nur unter dem Aspekt der Profitträchtigkeit der einzelnen Wirtschaftssphären getroffen wird.[19]

[18] Vgl. hierzu auch S. 45ff. der vorliegenden Arbeit.

[19] Vgl. hierzu u. a. K. O. W. Müller, Wirtschaftspolitische Ableitungen aus der modernen bürgerlichen kreislauftheoretischen Forschung ..., a. a. O., S. 143ff.

Hieraus entspringt übrigens auch die Ignorierung der Unterscheidung von Primär- und Sekundäreinkommen seitens der Neokeynesianer. Vom vulgärökonomischen Standpunkt aus betrachtet, macht es allerdings keinen Unterschied, ob auf dem kapitalistischen Markt Einkommen als Teil der zahlungsfähigen Gesamtnachfrage aus primärer oder sekundärer Quelle stammt, wenn es nur darum geht, die Kreislaufströme zwischen aggregierten Wirtschaftseinheiten aufzuzeichnen. Hier liegen die Erkenntnisgrenzen der Neokeynesianer. Im folgenden ist deshalb näher aufzuzeigen, worin die tatsächlichen, realen ökonomischen Grundbeziehungen und entscheidenden Charakteristika des Nationaleinkommenskreislaufes, insbesondere im heutigen Kapitalismus, bestehen.

Jede Gesellschaft muß, um leben und sich entwickeln zu können, ununterbrochen produzieren und konsumieren. Bereits Karl Marx wies nach: „So wenig eine Gesellschaft aufhören kann zu konsumieren, so wenig kann sie aufhören zu produzieren. In einem stetigen Zusammenhang und dem beständigen Fluß seiner Erneuerung betrachtet, ist jeder gesellschaftliche Produktionsprozeß daher zugleich Reproduktionsprozeß.“[20]

Innerhalb des gesellschaftlichen Reproduktionsprozesses sind Produktion und Konsumtion die Hauptpole dieses Prozesses. Als vermittelnde Glieder treten die Distribution und der Austausch (Zirkulation) dazwischen. Zwischen diesen Gliedern oder auch Phasen (Elemente) des gesellschaftlichen Reproduktionsprozesses bestehen natürlich zahlreiche Wechselbeziehungen. Diese allgemeine Feststellung trifft, nebenbei bemerkt, auch für den gesellschaftlichen Reproduktionsprozeß im Sozialismus zu. Auch hier bestehen zwischen den einzelnen Phasen dieses Prozesses enge Beziehungen der gegenseitigen Abhängigkeit und Durchdringung.[21] Zwischen der Produktion und Konsumtion und insgesamt zwischen Produktion, Distribution, Austausch und Konsumtion sind im Reproduktionsprozeß vielfältige Wechselbeziehungen gegeben. Die einzelnen Phasen der gesellschaftlichen Reproduktion durchdringen sich. Dadurch stellt sich der Reproduktionsprozeß als ein System ineinander verschlungener und miteinander verketteter Kreisläufe dar, in denen die Glieder und Elemente des Reproduktionsprozesses aufeinander einwirken. Im Gegensatz zu den Reproduktionsbedingungen im Kapitalismus unterliegen diese Wechselbeziehungen im Sozialismus jedoch der gesamtgesellschaftlichen Planung und Kontrolle. Das bedeutet keinesfalls, daß hier nicht auch Widersprüche und Konflikte auftreten könnten. Mit der zunehmenden Ver-

[20] K. Marx, Das Kapital, Bd. I, a. a. O., S. 391.

[21] Vgl. hierzu u. a. H. Koziolek, Bemerkungen zum Kreislauf des Nationaleinkommens im Sozialismus, in: Wissenschaftliche Zeitschrift der Hochschule für Ökonomie, Berlin 1959, 3/1959, S. 217ff.

gesellschaftung der Produktion und der stürmischen Entwicklung der Produktivkräfte unter den konkreten Bedingungen der wissenschaftlich-technischen Revolution stellt die planmäßige proportionale Gestaltung des sozialistischen gesellschaftlichen Reproduktionsprozesses erhöhte und komplizierte Anforderungen an die wirtschaftsleitenden Organe der sozialistischen Gesellschaft. Die ständige Vervollkommnung und Verfeinerung der Planungsmethoden und der Methoden der sozialistischen Wirtschaftsführung überhaupt bilden die Basis für die weitere effektivere Nutzung aller der sozialistischen Gesellschaft zur Verfügung stehenden materiellen und finanziellen Ressourcen. Demgegenüber stoßen unter kapitalistischen Produktionsverhältnissen die Versuche einer gesamtwirtschaftlichen Planung unweigerlich auf die Schranken des Privateigentums an den Produktionsmitteln.

Die vier Stadien des Nationaleinkommenskreislaufes: Produktion, Distribution (einschließlich Umverteilung), Zirkulation und Konsumtion sind zugleich die Bewegungsphasen des einheitlichen gesellschaftlichen Reproduktionsprozesses. Innerhalb dieses Prozesses nimmt die Phase der Produktion den bestimmenden Platz ein. Ihr Charakter bestimmt das Wesen der übrigen Phasen. So setzt sich der in der kapitalistischen Produktionssphäre existente Klassenantagonismus zwischen Proletariat und Bourgeoisie in den auf die Produktion folgenden Phasen fort, nimmt hier allerdings neue Erscheinungsformen an. So werden die Werktätigen in den imperialistischen Ländern beispielsweise in der Phase der Distribution

Tabelle 2

Verteilung des westdeutschen Nationaleinkommens vor und nach der Umverteilung durch den Staatshaushalt

Jahr*	Lohn und Gehalt der Arbeiter und Angestellten		Profite der Kapitalisten		Einkommen der kleinen Warenproduzenten (einschl. mithelfender Familienangehöriger)	
	vor**	nach***	vor**	nach***	vor**	nach***
	der Umverteilung durch den Staatshaushalt					
	Nationaleinkommen insgesamt = 100					
1950	42,1	36,8	36,2	44,3	21,7	18,9
1960	43,1	36,2	42,7	51,8	14,2	12,0
1968****	45,3	36,4	42,6	53,9	12,1	9,7

* = 1950 und 1960 ohne Saarland; 1968 einschl. der selbständigen politischen Einheit Westberlin;
** = Brutto; *** = Netto; **** = Umbasiert

durch die Umverteilung des Nationaleinkommens zugunsten der Monopolbourgeoisie *zusätzlich* ausgeplündert.
Hierzu einige Bemerkungen über die konkreten Verhältnisse in der BRD. Das ehemalige Deutsche Wirtschaftsinstitut in Berlin hat die Entwicklung des Nationaleinkommens in der BRD eingehend untersucht[22] und ist dabei zu folgenden aufschlußreichen Ergebnissen gelangt: (siehe Tabelle 2)
Nach der Umverteilung des Nationaleinkommens ist nur bei den Kapitalisten der Anteil gestiegen. Im Zeitraum von 1950 bis 1968 haben sich, legt man den Berechnungen eine gleichbleibende Beschäftigungsstruktur zugrunde, die Nettolöhne und -gehälter der Arbeiter und Angestellten auf 342,3% (dies entspricht einem Anteil von 25,4% am Nationaleinkommen des Jahres 1968), die Profite der Kapitalistenklasse dagegen auf 678,3% (dies entspricht einen Anteil von 60,8% am Nationaleinkommen desselben Jahres)[23] erhöht. Die Ausschaltung von Veränderungen in der Beschäftigtenstruktur läßt also den brutalen und ausplünderischen Charakter des imperialistischen Systems in der BRD erst in aller Offenheit zutage treten. Diese wenigen Zahlen demonstrieren den sich zunehmend vertiefenden Gegensatz zwischen Lohnarbeit und Kapital. Sie enthüllen die ganze Demagogie in den Floskeln von „sozialer Symmetrie“ und in den Forderungen der westdeutschen Regierung nach Herstellung einer sog. „konzertierten Aktion“. Im Zusammenhang mit der kritischen Einschätzung der neokeynesianischen verteilungstheoretischen Auffassung wird auf diese Probleme zurückzukommen sein.[24]
Einige Bemerkungen zur Verwendungsphase des kapitalistischen Nationaleinkommenskreislaufs. In dieser Phase des Nationaleinkommenskreislaufs – und sie wird von den neokeynesianischen Ökonomen besonders eingehend untersucht – weist das Nationaleinkommen eine differenzierte Struktur auf. Es verkörpert hier in sich die materiellen Mittel für die Kapitalakkumulation und für die Konsumtion der Arbeiterklasse und der Bourgeoisie. Es ist damit in seinem Volumen und in seiner materiellen Struktur ein entscheidender Faktor für die künftige ökonomische Entwickung des Landes. In der BRD beispielsweise wird unter dem Schlagwort der „konzertierten Aktion“ der Versuch unternommen, durch das Eingreifen des Staates bereits in die Primärverteilung des Natio-

22 Vgl. hierzu die statistische Analyse von K. Lungwitz über die Produktion, Verteilung und Umverteilung des westdeutschen Nationaleinkommens von 1950 bis 1968, in: DWI-Berichte, 8/1970 und 9/1970.
23 Vgl. Kurt Lungwitz, Die Verteilung und Umverteilung des westdeutschen Nationaleinkommens 1950 bis 1968, in: DWI-Bericht, 9/1970, S. 34.
24 Vgl. hierzu S. 150ff. der vorliegenden Arbeit.

naleinkommens die Akkumulationskraft der Monopole auf Kosten der Arbeiterklasse zu steigern. Durch die „konzertierte Aktion“ sollen die westdeutschen Gewerkschaften auf ein an den Expansionszielen der Monopole orientiertes volkswirtschaftliches Denken festgelegt werden.

Die Akkumulationsbedingungen des westdeutschen Monopolkapitals haben sich bekanntlich in den vergangenen Jahren verschärft. Dem Staat sind deshalb in dieser Hinsicht zusätzliche Verpflichtungen auferlegt. Neuere marxistische Untersuchungen über die ökonomische Entwicklung in der BRD zeigen, daß hier das Ansteigen der Akkumulation von einer *Abnahme* der Wachstumsraten der Wirtschaft begleitet ist.[25] So reduzierte sich die jahresdurchschnittliche Zunahme des Bruttosozialprodukts (als Synonym für das Nationaleinkommen gesetzt) für die Periode von 1952 bis 1956 von 8,7% auf 6,0%, für die Zeit von 1957 bis 1961 und im Zeitraum von 1962 bis 1966 auf 4,3%. Dagegen erhöhten sich die Akkumulationsraten von 13,8% auf 16,0% und auf 17,8% für die gleichen Zeitabschnitte.

Die permanente Erhöhung der Akkumulationsrate widerspiegelt an sich nichts anderes als die notwendigen verstärkten Anstrengungen der westdeutschen Monopolbourgeoisie im Gefolge der wissenschaftlich-technischen Revolution. Die gegensätzliche Bewegung der Wirtschaftswachstums- und Akkumulationsraten reflektiert die abnehmende Wachstumseffektivität der westdeutschen Wirtschaft. In diesem Zusammenhang zeigt sich u. a., daß zur Sicherung des weiteren Wirtschaftwachstums zunehmend die ökonomischen Potenzen des westdeutschen Staates mobilisiert werden müssen. Einerseits übersteigen die Anforderungen der wissenschaftlich-technischen Revolution die Potenzen selbst der größten Monopole, zum anderen müssen sich die staatsmonopolistischen Aktivitäten auch auf die Schaffung von Voraussetzungen für annähernd normale Kapitalverwertungsbedingungen richten, die für die Monopole überhaupt nicht oder nur unterdurchschnittlich profitabel sind. Dies bezieht sich vor allem auf Maßnahmen zur Verbesserung der Infrastruktur, der Energiewirtschaft, Maßnahmen auf dem Gebiet der Forschung und Bildung, des Sozial- und Gesundheitswesens u. dgl. mehr.

Hinsichtlich der Rolle und Bedeutung des zweiten großen Bestandteiles des Nationaleinkommens in dessen Verwendungsphase, die undividuelle Konsumtion, ergibt sich, daß dieser Teil für die Monopolbourgeoisie im Rahmen der Kapitalverwertung zugunsten des Profits in seiner Dynamik

[25] Vgl. hierzu und zum folgenden Spätkapitalismus ohne Perspektive, a. a. O., S. 112ff.

zu minimieren und dann nur noch unter dem Aspekt der Realisierung des gesellschaftlichen Gesamtprodukts für sie von Interesse ist.
Im Zusammenhang mit der kritischen Analyse der ökonomisch-theoretischen Grundauffassung der modernen bürgerlichen politischen Ökonomie über den gesellschaftlichen Reproduktionsprozeß im heutigen Kapitalismus wurde bisher auf den Beitrag der Neokeynesianer speziell zur Weiterführung der modernen bürgerlichen kreislauftheoretischen Forschung näher eingegangen. Dabei stand berechtigterweise die Untersuchung der neokeynesianischen Auffassungen über den Kreislaufprozeß des Nationaleinkommens im Mittelpunkt unserer Untersuchung. Unter einem weiteren Aspekt ist das Nationaleinkommen als zentrale Kategorie des gesellschaftlichen Reproduktionsprozesses für die Neokeynesianer von grundlegender Bedeutung, und zwar hinsichtlich seiner gesamtwirtschaftlichen Gleichgewichtigkeit. Im folgenden ist deshalb auf den neokeynesianischen Beitrag zur Weiterführung der modernen bürgerlichen gleichgewichtstheoretischen Diskussion einzugehen.

Bei ihrem Bemühen, in die Probleme des gesellschaftlichen Reproduktionsprozesses einzudringen, ist in jüngster Zeit von den bürgerlichen Ökonomen unter dem Einfluß der Neokeynesianer die Frage nach dem *gleichgewichtigen* Einkommen aufgeworfen worden. Ohne Zweifel gehört das Problem der *Gleichgewichtigkeit* der Nationaleinkommensentwicklung im Kapitalismus zu den zentralen Fragen der bürgerlichen politischen Ökonomie. Bereits vor Jahren hat Herbert Meißner nachgewiesen, daß es sich beim Begriff des wirtschaftlichen Gleichgewichts um eine solche Kategorie handelt, die in der gesamten Geschichte der bürgerlichen politischen Ökonomie eine wichtige Rolle gespielt hat.[26] Meißner wies nach, daß im Verfallsprozeß der bürgerlichen politischen Ökonomie diese Kategorie im wirtschaftstheoretischen Lehrsystem von J. M. Keynes ihre subjektivistische Auflösung in dem Sinne erfahren hat, daß es sich jetzt bei der Frage nach dem Wirtschaftsgleichgewicht „nicht mehr um die Beziehung zwischen bestimmten volkswirtschaftlichen Größen, nicht mehr um die Untersuchung volkswirtschaftlicher Proportionen (handelt), sondern es um die Frage (geht), inwieweit die subjektiven Erwartungen, Voraussichten und Planungen der Menschen in Erfüllung gehen und sich mit den wirklich erreichten realen Größen decken.“[27]

[26] Vgl. H. Meißner, Die Entwicklung der Gleichgewichtstheorie als Ausdruck des Verfallsprozesses der bürgerlichen politischen Ökonomie, in: Probleme der politischen Ökonomie, Bd. 5, Berlin 1962, S. 1999ff.
[27] Vgl. ebenda, S. 244.

Diese generelle Feststellung bezüglich der Subjektivierung des Gleichgewichtsbegriffes gilt auch uneingeschränkt für die heutigen Keynesianer. Bevor hierauf näher einzugehen ist, einige Bemerkungen über die tatsächlichen Beziehungen des Gleichgewichts im kapitalistischen gesellschaftlichen Reproduktionsprozeß.
Bekanntlich funktioniert der gesellschaftliche Reproduktionsprozeß im Kapitalismus, auch im heutigen Spätkapitalismus, nur dann, wenn bestimmte Beziehungen innerhalb der stofflichen und wertmäßigen Zusammensetzung des gesellschaftlichen Gesamtprodukts nach Abteilung I und Abteilung II, also der Produktionsmittel- und Konsumgüterproduktion, sowie nach den Wertbestandteilen des gesellschaftlichen Gesamtprodukts, konstantes Kapital (c), variables Kapital (v) und Mehrwert (m), eingehalten werden. Als Bedingung für die Realisierung des gesellschaftlichen Gesamtprodukts bei *erweiterter* kapitalistischer Reproduktion, die für den Kapitalismus typisch ist, gilt die Relation[28]

$$I(v + m) > II\,c. \qquad (6)$$

Die Einhaltung dieser Grundbeziehung ist eine Grundvoraussetzung für ein *gleichgewichtiges* Ablaufen des gesamtwirtschaftlichen Reproduktionsprozesses. In dessen Produktionsstadium sind die materiellen Voraussetzungen dafür zu schaffen, daß in der Verwendungssphäre die Konsumgüter *und* die über das Maß der einfachen Reproduktion des fixen Kapitals in beiden Abteilungen der gesellschaftlichen Produktion hinaus notwendigen Produktionsmittel vorhanden sind. Dies ist die materielle Vorbedingung für eine *gleichgewichtige* Realisierung des Nationaleinkommens bei erweiterter kapitalistischer Reproduktion. Der Wertumfang des Nationaleinkommens entspricht dem Wert der Konsumgüterproduktion und dem Wert des Produktes der Abteilung I, vermindert um den für die einfache Reproduktion des fixen Kapitals in beiden Abteilungen notwendigen Betrages, also:

$$II\,(c + v + m) + [I\,(c + v + m) - c\,(I + II)]. \qquad (7)$$

Zwischen den beiden Abteilungen der gesellschaftlichen Gesamtproduktion ist ein *Austausch* erforderlich, da die Wertbestandteile Neuwert der Abteilung I und Ersatzfonds der Abteilung II nicht diejenige Naturalform besitzen, über die sie im Reproduktionsprozeß zur Verwendung in ihrer Abteilung verfügen müssen. Unter den konkreten Bedingungen der wissenschaftlich-technischen Revolution in unserer Zeit wird bekanntlich in den kapitalistischen wie auch in den sozialistischen Ländern die Struktur des gesellschaftlichen Gesamtprodukts und des Nationalein-

[28] Vgl. hierzu zum folgenden K. Marx, Das Kapital, Bd. II, in: MEW, Bd. 24, Berlin 1963, S. 485.

kommens stark beeinflußt. In der BRD beispielsweise traten im Gefolge des wissenschaftlich-technischen Fortschritts ernsthafte strukturelle Schwierigkeiten zutage. Dies trifft z. B. auf die Kohlen- und Stahlindustrie zu, zeigt sich in der Infrastruktur, auf dem Gebiete der elektronischen Industrie und in verschiedenen anderen Bereichen. Die unmittelbaren Ursachen dieser Komplikationen liegen primär in den kapitalistischen Produktionsverhältnissen begründet, die die spezifischen Formen bedingen, unter denen sich hier die wissenschaftlich-technische Revolution durchsetzt. Die privatkapitalistischen Eigentumsverhältnisse an den Produktionsmitteln, die Konkurrenz der Monopole untereinander, die ständige Jagd nach Profitmaximierung, die Klassenantagonismen u. a. Faktoren setzen Bedingungen, die im gesamtgesellschaftlichen Maßstab eine rationelle Nutzung der Ergebnisse des wissenschaftlich-technischen Fortschritts ausschließen. Generell läßt sich feststellen, daß „der Imperialismus außerstande (ist), den wissenschaftlich-technischen Fortschritt dem Wohle der Menschen nutzbar zu machen, weil er alle Errungenschaften menschlicher Arbeit und des Geistes den Gesetzen des Profits unterwirft.“[29]

Unter den Bedingungen der wissenschaftlich-technischen Revolution gestalten sich die gesamtwirtschaftlichen Reproduktionsbeziehungen im imperialistischen Gesellschaftssystem zunehmend komplizierter. Es verwundert daher nicht, wenn die moderne bürgerliche politische Ökonomie den Fragen der gleichgewichtigen Entwicklung des Nationaleinkommens ihre besondere Aufmerksamkeit widmet. Welche Auffassungen werden von den Neokeynesianern zu diesem Problemkomplex vertreten? Wir erinnern in diesem Zusammenhang an die in der bereits genannten Arbeit von Herbert Meißner getroffene Verallgemeinerung[30], daß der Vulgarisierungsprozeß der bürgerlichen Gleichgewichtstheorie zwei Seiten aufweist: einmal seine Entwicklung von der wissenschaftlichen Reproduktionsbetrachtung bei F. Quesnay[31] bis zur völligen Subjektivierung der Gleichgewichtsbegriffe bei Keynes und seinen Schülern und zweitens den Aspekt, daß dieser Entwicklungsprozeß „im Zusammenhang mit dem Niedergang des Kapitalismus erfolgte und die bürgelicher Theorie gezwungen war, das alte System auf

[29] Vgl. E. Honecker, Bericht des Zentralkomitees an den VIII. Parteitag der Sozialistischen Einheitspartei Deutschlands, a. a. O., S. 20.

[30] Vgl. H. Meißner, Die Entwicklung der Gleichgewichtstheorie ..., a. a. O., S. 199ff.

[31] François Quesnay ist der Begründer des Physiokratismus, des ersten systematischen Lehrgebäudes der bürgerlichen politischen Ökonomie in ihrer wissenschaftlichen Entwicklungsphase. Quesnay hat besondere Verdienste vor allem auf reproduktionstheoretischem Gebiete.

immer neue Weise zu verteidigen, dabei immer mehr von den wirklichen Problemen abzulenken, *zugleich aber neue Oberflächenerscheinungen* in gewissem Maße zu berücksichtigen".[32] Diese Einschätzung hat sich hinsichtlich des Neokeynesianismus voll bestätigt.

Der *Subjektivismus* bei den Neokeynesianern zeigt sich darin, daß, ausgehend von der Keynesschen Grundgleichung

$$Y = C + I, \qquad 2a$$

als *gleichgewichtiges* Nationaleinkommen nur das Einkommen definiert wird, „bei dem die Pläne der Konsumenten und Investoren in Erfüllung gehen, die tatsächlichen also mit den geplanten Werten des Konsums und der Investition übereinstimmen."[33] Das heißt nichts anderes, als daß die aus dem von den individuellen Konsumenten subjektiv gewünschten Konsum sowie aus den von den kapitalistischen Unternehmen subjektiv „geplanten" Erweiterungsinvestitionen sich zusammensetzende zahlungsfähige Gesamtnachfrage[34] auf dem kapitalistischen Markt solch eine Höhe haben muß, daß sie mit dem tatsächlich produzierten Nationaleinkommen übereinstimmt. Liegt eine Überschußnachfrage resp. ein Mangel an zahlungsfähiger Gesamtnachfrage im Verhältnis zum produzierten Nationaleinkommen vor, so herrscht Ungleichgewicht. Dieses Ungleichgewicht, so argumentieren die Neokeynesianer, wird kompensiert durch eine Auffüllung resp. durch den Abbau von Lagerbeständen, durch sog. *ungeplante* Investitionen. Daraus folgt, „daß ein Einkommen nur dann die Bedingungen des Gleichgewichts erfüllt, wenn die ungeplanten Investitionen Null sind."[35]

Die heutigen Keynesianer stellen das Problem des gesamtwirtschaftlichen Einkommensgleichgewichts gleichsam auf den Kopf. Subjektive Konsumenten- und Investoren*wünsche* sind für sie primäre Faktoren und zugleich Kriterien für die Gleichgewichtigkeit des Nationaleinkommens. Sie sehen nicht, daß die individuelle Konsumtion und die Mehrwertakkumulation objektive Größen mit eigenen Bestimmungsgründen sind. Beide Kategorien der Verwendung des Nationaleinkommens sind definitiv begrenzt durch das verfügbare[36] Nationaleinkommen. Konsumtions- und Investitionswünsche können zwar das produzierte Nationaleinkommen in seiner Größe im bestimmten Maße beeinflussen, bestimmen es aber nicht definitiv.

[32] Vgl. ebenda, S. 250. (Hervorhebung vom Autor)

[33] Vgl. hierzu und zum folgenden K. Rose, Einkommens- und Beschäftigungstheorie, in: Kompendium der Volkswirtschaftslehre, Bd. 1, a. a. O., S. 197.

[34] Von den Komponenten Staatsausgaben und Außenhandelssaldo sei im folgenden – der Einfachheit halber – abstrahiert.

[35] Vgl. K. Rose, Einkommens- und Beschäftigungstheorie, a. a. O., S. 198.

[36] Als verfügbares Nationaleinkommen verstehen wir das um den Außenhandelssaldo modifizierte Nationaleinkommen.

Die Neokeynesianer glauben, durch formalistische Konstruktionen diesem Problem auf die Spur zu kommen. Ihre ökonomisch-theoretischen Ableitungen gipfeln in den sog. I-S-Relationen. Sie werden als der angeblich exakte Ausdruck für die Bedingungen einer gleichgewichtigen Nationaleinkommensentwicklung ausgegeben. Die sich gegen Ende der fünfziger, Anfang der sechziger Jahre innerhalb der modernen bürgerlichen politischen Ökonomie abzeichnende Tendenz, den Gleichgewichtsbegriff auf Grund des völligen Bankrotts aller bis dahin gegebenen Erklärungsversuche zur Gleichgewichtigkeit des kapitalistischen gesellschaftlichen Reproduktionsprozesses überhaupt aufzugeben, hat sich also unter dem Einfluß der Neokeynesianer nicht fortgesetzt.

Die von den Neokeynesianern entwickelten I-S-Relationen sind formallogische Ableitungen aus der Keynesschen Konzeption von der zahlungsfähigen Gesamtnachfrage als der angeblich bestimmenden Komponente der Nationaleinkommensentwicklung sowie aus den Keynesschen kreislauftheoretischen Grundgleichungen über das Nationaleinkommen. Innerhalb dieser Abteilungen kommt der Formulierung der Gleichgewichtsbedingung mit Hilfe der bekannten Keynesschen Verbrauchsfunktion eine ausschlaggebende Bedeutung zu.

Aus diesem Ausdruck für die Prämissen wird als neue Bedingung gleichgewichtiger Nationaleinkommensentwicklung die Gleichung

$$S(Y) = I_0 \qquad (8)$$

abgeleitet. Sie soll zum Ausdruck bringen, „daß das Einkommen nur dann ein Gleichgewichtseinkommen ist, wenn die aus diesem Einkommen freiwillig getätigten Ersparnisse mit den geplanten Investitionen übereinstimmen“, bzw. „makroökonomisches Gleichgewicht (herrscht) nur dann, wenn das geplante Sparen der geplanten Investition entspricht. Zwischen diesen Größen sind Unterschiede möglich; solche Unterschiede repräsentieren stets ein Ungleichgewicht, entweder einen Nachfrageüberhang ($I_0 > S_{gepl.}$) oder einen Angebotsüberhang ($I_0 < S_{gepl.}$).“[37]

Diese hier entwickelten mathematischen Ausdrücke für einen Nachfrage- resp. Angebotsüberhang definieren eine derartige Marktsituation jedoch keinesfalls eindeutig. Diese Überhänge können sowohl durch Veränderungen bei den Investitionen als auch im Sparbereich beeinflußt resp. als derartige spezifische Veränderungen erklärt werden. Beispielsweise könnte ein Nachfrageüberhang durch sog. ungeplante negative Investitionen, d. h. durch den Ausbau der Lagerbestände, durch sog. positive ungeplante Ersparnisse, d. h. durch nicht realisierte Geldeinkommen der Bevölkerung,

[37] Vgl. K. Rose, Einkommens- und Beschäftigungstheorie, a. a. O., S. 200. Innerhalb dieser Gleichung bedeutet das Symbol I_0 = geplante Investitionen.

sowie durch sog. ungeplante Ersparnisse bei den kapitalistischen Unternehmen in Form von nicht investierbaren Zusatzgewinnen erklärt und damit nicht zwingend in spezifischer Form definiert werden.
Die gleichgewichtstheoretischen Erörterungen der Neokeynesianer sind also offensichtlich nichts anderes als weitergeführte und ins Detail gehende formallogische Ableitungen aus den Keynesschen Prämissen unter Einbeziehung einiger neuer Aspekte. Diese Festellung gilt übrigens auch für die über die Stabilitäts- resp. Instabilitätsbedingungen des Gleichgewichtseinkommens getroffenen Feststellungen. So wird als Stabilitätsbedingung – auf dessen Ableitung hier aus verständlichen Gründen verzichtet werden kann – definiert: „Ein Gleichgewichtseinkommen ist also nur dann stabil, wenn die Sparfunktion in der Umgebung des Schnittpunktes mit der Investitionsfunktion steiler als die Investitionsfunktion verläuft: Die marginale Sparquote ist größer als die marginale Investitionsquote (als marginale Investitionsquote ist $\Delta I / \Delta Y$ definiert – K. M.).“[38]
Daß sich die Neokeynesianer bei ihren ökonomisch-theoretischen Ableitungen oftmals in formalistischen Auswüchsen verlieren, sollte nicht darüber hinwegtäuschen, daß mit diesen gleichgewichtstheoretischen Untersuchungen Probleme des gesellschaftlichen Reproduktionsprozesses im modernen Kapitalismus angeschnitten sind, dessen theoretische Durchdringung für die staatsmonopolistische Regulierung von erheblicher Bedeutung ist. Insofern haben diese Erörterungen auch ihre praktische Bedeutung für die Monopolbourgeoisie in ihrem Streben nach der störungsfreien Gestaltung des Ablaufs des gesellschaftlichen Reproduktionsprozesses.
In diesem Zusammenhang dürfte, was die Entwicklung speziell in der BRD anbelangt, folgende Überlegung Anlaß zur weiteren Forschung bieten: Die Stimulierung der gleichgewichtstheoretischen Untersuchungen durch die Neokeynesianer in den sechziger Jahren hängt offenbar auch mit dem Übergang zu einem neuen Typ des gesellschaftlichen Reproduktionsprozesses, und zwar der intensiv erweiterten Reproduktion, zusammen.[39] Einhergehend mit diesem Wandlungsprozeß, treten auch für die bürgerliche Wirtschaftstheorie neue Problemstellungen auf. Die auf den gesellschaftlichen Reproduktionsprozeß bezogene gleichgewichtstheoretische Diskussion der

[38] Vgl. ebenda, S. 202.
[39] In den sechziger Jahren haben sich im Vergleich zu den fünfziger Jahren die Reproduktions- und Wachstumsbedingungen in Westdeutschland dergestalt verändert, daß „an die Stelle eines Wachstumstyps, der durch eine beinahe gleichrangige Orientierung auf die extensive und die intensive Erweiterung der Stufenleiter der Reproduktion bestimmt war, ... ein Wachstumstyp getreten (ist), der hauptsächlich durch eine intensiv erweiterte Reproduktion gekennzeichnet ist.“ (vgl. Spätkapitalismus ohne Perspektive, a. a. O., S. 109).

Neokeynesianer ist zweifelsohne eine solche Reflektion der bürgerlichen politischen Ökonomie auf neue Erscheinungen innerhalb der ökonomischen Basis. Die Neokeynesianer bemühen sich um eine ökonomisch-theoretische Lösung dieser offenen Fragen. Die Diskussion hierzu ist noch im vollen Gange.

In unserer Untersuchung über den Neokeynesianismus in der modernen bürgerlichen ökonomisch-theoretischen Analyse der gesamtwirtschaftlichen Prozesse und Erscheinungen des heutigen Kapitalismus wurden die sich auf den gesellschaftlichen Reproduktionsprozeß in seiner Komplexität beziehenden Aspekte, d. h. die kreislauf- und gleichgewichtstheoretische Position der Neokeynesianer kritisch eingeschätzt. In den folgenden Teilen ist nun – aufbauend auf den hier gewonnenen Einsichten – die weitere Modifikation der Grundelemente des Keynesschen politökonomischen Lehrsystems durch die Neokeynesianer zu analysieren. Wir setzen dabei die kritische Auseinandersetzung mit den reproduktionstheoretischen Auffassungen der Neokeynesianer fort, beziehen uns aber jetzt auf Detailaspekte. Insbesondere geht es dabei um die Konzeption über die Grundfaktoren der Entwicklung des Nationaleinkommens, um die Theorie über die multiplikativen Prozesse innerhalb des gesellschaftlichen Reproduktionsprozesses, um die Verteilungstheorie und abschließend um die neokeynesianische Konzeption über die speziell dynamischen Aspekte der gesellschaftlichen Reproduktion im heutigen staatsmonopolistischen Kapitalismus. Nach außen treten sie in der Einkommens- (und die sie ergänzende Beschäftigungs)theorie, als Multiplikator- und Akzeleratortheorie, in der Verteilungstheorie sowie in der wachstums- und konjunkturtheoretischen Forschung der heutigen bürgerlichen politischen Ökonomie in Erscheinung.

4.2. *Der Neokeynesianismus in der modernen bürgerlichen Einkommens- und Beschäftigungstheorie*

Die Frage nach den Faktoren, die die Größe des Nationaleinkommens, und damit im bestimmten Maße auch das Niveau der Gesamtbeschäftigung in der modernen kapitalistischen Wirtschaft bestimmen, ist Gegenstand der modernen bürgerlichen Einkommens- und Beschäftigungstheorie. Als Schwerpunktaufgabe dieser Disziplin wird von neokeynesianischen Ökonomen folgende Fragestellung genannt: „Welche Faktoren bestimmen die Höhe des Volkseinkommens und der Beschäftigung? Auf welche Ursachen gehen Depression und Arbeitslosigkeit einerseits sowie Prosperität und Überbeschäftigung andererseits zurück? Warum wird eine durch Vollbeschäftigung und stabile Preise gekennzeichnete Volkswirtschaft durch Störungen erschüttert, die das System von seiner Ausgangsposition abdrängen? Diese und ähnliche Fragen sucht die Einkommens- und Beschäftigungstheorie zu beantworten. Sie beantwortet sie im Rahmen einer makroökonomischen Betrachtungsweise, einer Analyse also, in deren Mittelpunkt Gesamtgrößen stehen: Gesamtbeschäftigung, Gesamteinkommen und Preisniveau . . .“[40]

In der BRD wird in nächster Zeit die Arbeitskräftelage weiter von zentraler Bedeutung sein, als bis Mitte der siebziger Jahre eine rückläufige Entwicklung der Beschäftigtenzahlen um etwa 3% zu erwarten ist.[41] Diese Bevölkerungsentwicklung ist für die Monopolbourgeoisie der BRD ein weiterer Anlaß, durch verstärkte Rationalisierung und Automatisierung die Verwertungsbedingungen des Kapitals von der natürlichen Bevölkerungsbewegung weitestgehend unabhängig zu halten. Dazu gehört auch die bewußte Aufrechterhaltung eines Arbeitslosenheeres. Es soll einerseits als Druckmittel gegen die Arbeiterklasse wirken, darf andererseits aber nicht solch ein Ausmaß annehmen, daß es sich zu einem das staatsmonopolistische System in sozialer Hinsicht gefährdenden Faktor auswächst. Die Monopolbourgeoisie sieht eine Arbeitslosenquote von rd. 5% als jenes Optimum an zwischen der Förderung der Verwertungsbedingungen des Kapitals und der Sicherung gegen die durch die Arbeitslosigkeit hervorgerufene Systemgefährdung. In diesem Zusammenhang ist zu bemerken, daß ein derartiges Beschäftigungsniveau von der Bourgeoisie demagogisch als mit „Vollbeschäftigung“ gleichzusetzen charakterisiert wird[42], während die wirklich vollbeschäftigte Wirtschaft, bei der also keine Arbeitslosigkeit besteht, mit dem Terminus einer sog. Überbeschäftigung bezeichnet wird. Die „Überbeschäftigung“ stellt nach Meinung der Bourgeoisie und ihrer ökonomischen Theoretiker angeblich eine Gefahr für die Wirtschaft dar, da sie die Löhne hochtreibe und die Wirtschaft in eine Krise führe. Die krisenhaften Erschütterungen der kapitalistischen Wirtschaft haben nun allerdings in einer ansteigenden Lohnentwicklung, wie gerade das Beispiel der letzten Überproduktionskrise in der BRD der Jahre 1966/67 deutlich gezeigt hat, keinesfalls ihre Ursachen. Diese Erschütterungen resultieren

40 K. Rose, Einkommens- und Beschäftigungstheorie, a. a. O., S. 189.

41 Diese Entwicklung vollzieht sich trotz Bevölkerungszunahme. (Vgl. hierzu Spätkapitalismus ohne Perspektive, a. a. O., S. 187f.)

42 So schreibt der westdeutsche Neokeynesianer A. Paulsen eindeutig: „Mit dem Zustand der ‚Vollbeschäftigung‘ gilt es als vereinbar, wenn die Zahl der sich meldenden Arbeitslosen unter 5% der Beschäftigung liegt, diese Zahl selbstverständlich einschließlich aller Formen der Reibungsarbeitslosigkeit.“ (Vgl. A. Paulsen, Neue Wirtschaftslehre . . ., a. a. O., S. 267)

aus objektiven, systemimmanenten Widersprüchen des kapitalistischen Wirtschaftssystems. Die Monopolbourgeoisie ist natürlich darum bemüht, diese Widersprüche durch entsprechende Regulierungsmaßnahmen auszuschalten. Die restriktiven wirtschaftlichen Maßnahmen der Erhard-Regierung unmittelbar vor Ausbruch der Krise 1966/67 entsprachen diesem Erfordernis allerdings nicht.

Von den Neokeynesianern wird versucht, die Probleme der Nationaleinkommens- und Beschäftigungsentwicklung im modernen Kapitalismus einer ökonomisch-theoretischen Klärung zuzuführen. Ausgehend von der Keynesschen Doktrin über die ausschlaggebende Rolle und Bedeutung der sog. wirksamen Gesamtnachfrage für den kapitalistischen gesellschaftlichen Reproduktionsprozeß[43], wird von den Neokeynesianern die Frage nach den Bestimmungsgründen (Determinanten) der zahlungsfähigen Gesamtnachfrage in den Vordergrund der ökonomisch-theoretischen Diskussion unter den bürgerlichen Ökonomen geschoben. „Wenn man also verstehen will", so bemerkt hierzu Klaus Rose, „welche Faktoren die Höhe des Einkommens (der Produktion) und der Beschäftigung bestimmen, so muß die Frage nach den Determinanten der Gesamtnachfrage gestellt werden. Diese Frage ist das Zentralthema der von dem englischen Nationalökonomen J. M. Keynes im Jahre 1936 veröffentlichten ‚General Theory of Employment, Interest and Money', die für die Entwicklung der makroökonomischen Theorie richtungsweisend gewesen ist.

Nach Keynes ist die Gesamtbeschäftigung die abhängige Variable der Gesamtnachfrage, und die Menge der beschäftigten Arbeitskräfte bestimmt ihrerseits die Höhe der Produktion (des Volkseinkommens)."[44] Die Gesamtnachfrage wiederum ist die bestimmende Komponente für die Höhe des Nationaleinkommens.[45]

Entsprechend dieser Keynesschen Grundthese werden von den Neokeynesianern als die Bestimmungsgründe der wirksamen Gesamtnachfrage vier Komponenten angeführt: Die Konsumgüternachfrage der privaten Haushalte (der individuelle Verbrauch), die Investitionsgüternachfrage der kapitalistischen Unternehmen (der produktive Verbrauch), die Staatsausgaben (d. h. der Verbrauch eines Teiles des Nationaleinkommens durch den Staat) sowie ein positiver Außenhandelssaldo.

Bevor die einzelnen Teile der wirksamen Gesamtnachfrage näher kritisch untersucht werden, sei an die generellen Einwände gegen diese Kategorie überhaupt erinnert.

[43] Vgl. hierzu S. 36ff. der vorliegenden Arbeit.
[44] Vgl. K. Rose, Einkommens- und Beschäftigungstheorie, a. a. O., S. 190.
[45] Vgl. ebenda, S. 190.

Das Ausmaß des gesellschaftlichen Reproduktionsprozesses, und damit auch das Niveau der Gesamtbeschäftigung und des Nationaleinkommens, ist im Kapitalismus primär durch die konkreten Bedingungen der Kapitalverwertung bestimmt. Im Zusammenhang mit der kritischen Einschätzung der „wirksamen Gesamtnachfrage“ ist der Umstand zu beachten, daß sich im spätkapitalistischen Wirtschaftssystem bekanntlich u. a. auch die Konkurrenzbeziehungen auf dem kapitalistischen Markt verschärfen.
Die Marktbeziehungen erreichen unter den Bedingungen des staatsmonopolistischen Kapitalismus eine neue Entwicklungsphase, „die ein sehr differenziertes System von neuen Konkurrenzverhältnissen schafft“.[46] Das bedeutet im einzelnen, daß nicht nur bestimmte Monopole die Konkurrenzverhältnisse durchbrechen und daß neue monopolistische Konkurrenzverhältnisse entstehen, sondern daß auch ganze Industriezweige oder andere Bereiche des gesellschaftlichen Reproduktionsprozesses jetzt in einem neuen durch den imperialistischen Staat veränderten Konkurrenzverhältnis zueinander stehen. Die wissenschaftlich-technische Revolution beschleunigt diesen die Marktbeziehungen modifizierenden Prozeß. Aus diesem objektiven Entwicklungsprozeß ergibt sich, daß die Realisierung des gesellschaftlichen Gesamtprodukts nicht nur nach wie vor die schwierigste Hürde innerhalb des kapitalistischen gesellschaftlichen Reproduktionsprozesses bleibt, sondern sie sich noch komplizierter gestaltet. Der dem Kapitalismus innewohnende antagonistische Widerspruch zwischen dem objektiven Drang nach maßloser Ausdehnung der Profitproduktion einerseits und der begrenzten Zahlungsfähigkeit der breiten Schichten der Konsumenten andererseits wird mit dem Übergang zum staatsmonopolistischen Kapitalismus verschärft. Er kann durch die staatsmonopolistische Regulierung auch nicht gelöst werden. Der Entfaltung dieses Widerspruchs wird von seiten der Monopolbourgeoisie jedoch entgegengewirkt. Durch die staatsmonopolistische Regulierung sowie durch einen mit enormem materiellen und finanziellen Aufwand betriebenen Reklamerummel und durch die Manipulierung der individuellen Konsumenten ist es der Monopolbourgeoisie bisher im bestimmten Umfang gelungen, durch eine Stimulierung der Gesamtnachfrage zeitweilig die Realisierungsschwierigkeiten des gesellschaftlichen Gesamtkapitals zu überdecken. Nach Berechnungen westdeutscher Stellen beliefen sich beispielsweise die Werbekosten in der BRD im Jahre 1964 auf rd. 10 Mrd. DM. Im Jahre 1967 erreichten sie bereits einen Umfang von insgesamt 14, 2 Mrd. DM. Der Betrag für das Jahr 1967 entspricht etwa zwei Drittel sämtlicher staatlicher Investitionen die im

[46] Vgl. hierzu und zu dem Folgenden R. Gündel, H. Heininger, P. Hess, K. Zieschang, Zur Theorie des staatsmonopolistischen Kapitalismus, a. a. O., S. 327ff.

gleichen Jahr durchgeführt wurden.[47] Unter dem Begriff „Marketing" ist von der modernen bürgerlichen politischen Ökonomie ein auf die spezifischen Belange der einzelnen sozialen Schichten und Klassen ausgerichtetes detailliertes System zur staatsmonopolistischen Manipulierung des individuellen Verbrauchs entwickelt worden.

Die Heraushebung der zahlungsfähigen Gesamtnachfrage innerhalb der Analyse des kapitalistischen gesellschaftlichen Reproduktionsprozesses geht, wie bereits gezeigt worden ist, auf Keynes zurück. Die neokeynesianische Wirtschaftstheorie hat diese Konzeption ausgebaut und in die moderne bürgerliche einkommens- und beschäftigungstheoretische Analyse eingebracht. Diese Weiterführung durch die Neokeynesianer bezieht sich in erster Linie auf die Erforschung der Bestimmungsgründe der Gesamtnachfrage. Inhalt und Zielsetzung der diesbezüglichen Diskussion unter den bürgerlichen Ökonomen bestehen darin, in die Realisierungsprobleme des gesellschaftlichen Reproduktionsprozesses des heutigen Kapitalismus einzudringen und der Monopolbourgeoisie praktikable wirtschaftspolitische Hinweise zu geben.

Als einer der entscheidenden Ausgangsfaktoren für die Bestimmung der sog. wirksamen Gesamtnachfrage wird von den Neokeynesianern die subjektiv determinierte Keynessche Verbrauchsfunktion angesehen. Als Bestimmungsgrund für die Höhe des individuellen Verbrauchs ist von Keynes bekanntlich die Größe des Realeinkommens genannt worden. Die auf eine komplexe Betrachtung des gesellschaftlichen Reproduktionsprozesses ausgerichtete Keynessche Verbrauchsfunktion hat die Form[48]

$$\frac{C}{P} = f\left(\frac{Y}{P}\right). \tag{9}$$

Entsprechend der Keynesschen Grundgleichung für das Nationaleinkommen

$$Y = C + S \tag{2b}$$

ist diese Funktion durch die Sparfunktion

$$S = S(Y) \tag{10}$$

komplettiert.

[47] Vgl. A. Mehnert, Verbraucher-Manipulierung im Kampf um die Kaufkraft; in: DWI-Berichte, 20. Jg., Berlin 1969, S. 20.

[48] Hier bedeuten C = monetärer Ausdruck des Konsums, Y = Geldeinkommen, P = Preisniveau, $\frac{C}{P}$ = realer Konsum, $\frac{Y}{P}$ = Realeinkommen.

Verbrauchs- und Sparfunktion wurden bereits von Keynes durch die Ableitung der durchschnittlichen[49] und der marginalen[50] Verbrauchs- bzw. Sparfunktion ergänzt. All dies gehört heute zum Allgemeingut der modernen bürgerlichen politischen Ökonomie. Diese zu den grundlegenden Bestandteilen des Keynesschen ökonomisch-theoretischen Lehrsystems zählenden Kategorien wurden – wie gesagt – von den neokeynesianischen Ökonomen weiter ausgebaut. Hierauf ist im folgenden näher einzugehen.

Die Weiterführung der Keynesschen Verbrauchsfunktion entspringt offenkundig aus den durch die Zuspitzung der Widersprüche im kapitalistischen gesellschaftlichen Reproduktionsprozeß erklärbaren Bestrebungen der Monopolbourgeoisie nach verstärkter wirtschaftspolitischer Ausnutzung dieser Kategorie. Hierzu erweist sich eine weitere Aufgliederung dieser Funktion als unbedingt erforderlich. Die Modifizierung der Keynesschen Verbrauchsfunktion durch die Neokeynesianer bezieht sich im einzelnen auf die Berücksichtigung des Einkommensniveaus und der -verteilung, der Zinsrate sowie der subjektiven Preis- und Einkommenserwartungen der individuellen Haushalte. Hierzu einige kritische Bemerkungen.

Ein in der neuen bürgerlichen ökonomisch-theoretischen Literatur oft zitiertes Beispiel für den Einfluß des Einkommens*niveaus* auf die Verbrauchsfunktion ist die schlagartige Ausdehnung der zahlungsfähigen Nachfrage in den USA nach dem zweiten Weltkrieg. In bestimmtem Maße traf dies auch für andere am zweiten Weltkrieg beteiligten imperialistischen Länder zu. Die auf Grund der besonderen wirtschaftlichen Bedingungen während dieser Zeit nicht realisierbare und aufgestaute Massenkaufkraft in Form von Geldakkumulation führte nach Beendigung des zweiten Weltkrieges zu einem explosionsartigen Auftreten von zahlungsfähiger Nachfrage nach Konsum-

[49] Als durchschnittliche Verbrauchs- resp. Sparfunktion wird definiert:

$$\frac{C}{Y} = \text{durchschnittliche Verbrauchsfunktion} \qquad \frac{S}{Y} = \text{durchschnittliche Sparfunktion}$$

[50] Als marginale Verbrauchs- resp. marginale Sparquote gilt:

$$\frac{\Delta C}{\Delta Y} = c = \text{marginale Verbrauchsquote} \qquad \frac{\Delta S}{\Delta Y} = s = \text{marginale Sparquote}$$

Wegen der Beziehung

$$\Delta Y = \Delta C + \Delta S \tag{11}$$

müssen sich die marginalen Quoten $c + s$ zu 1 ergänzen:

$$\frac{\Delta Y}{\Delta Y} = \frac{\Delta C}{\Delta Y} + \frac{\Delta S}{\Delta Y} = 1 = c + s. \tag{12}$$

Daraus folgt u. a., daß die mögliche Konstanz von c oder s notwendig die Konstanz der Komplementärgröße impliziert.

gütern.[51] Dieser spezifische Vorgang ist in seinem Wesen leicht zu erklären. Daß derartige, durch besondere historische Umstände bedingte Prozesse innerhalb der kapitalistischen Wirtschaft über die Modifizierung der Keynesschen Verbrauchsfunktion durch die Berücksichtigung des Einkommensniveaus künftighin in den Griff zu bekommen sein sollen, erscheint jedoch höchst zweifelhaft. Durch die Berücksichtigung des Einkommensniveaus wird die Grundaussage der Verbrauchsfunktion nicht berührt. Diese Funktion ändert sich dadurch nur in ihrer Lage (Niveau). Die Bestimmung dieser *neuen* Lage der Verbrauchsfunktion stellt aber gerade das eigentliche theoretische Problem dar. Hierüber wird unter den bürgerlichen Ökonomen gegenwärtig noch breit diskutiert. Solange die vulgärökonomische Grundaussage der Keynesschen Verbrauchsfunktion dabei unangetastet bleibt, wird diese Diskussion ein fruchtloses Unterfangen bleiben.
Die Berücksichtigung der Einkommens*verteilung* hinsichtlich ihrer Bedeutung für die individuelle Konsumtion verkörpert zweifelsohne einen realistischen Zug in den wirtschaftstheoretischen Auffassungen der Neokeynesianer. Da es sich bei der Nationaleinkommensverteilung um ein Hauptaktionsfeld im System der staatsmonopolistischen Regulierung und um einen Schwerpunkt der gegenwärtigen bürgerlichen Wirtschaftstheorie handelt, wird diese Problematik im Zusammenhang mit der Kritik der speziell verteilungstheoretischen Konzeption der Neokeynesianer noch gesondert behandelt.[52] Hier sei zu diesem Fragenkomplex nur so viel angemerkt: Über die Bedeutung der Einkommensverteilung speziell für die Beeinflussung der Höhe des individuellen Verbrauchs, und damit der Höhe der zahlungsfähigen Gesamtnachfrage als des angeblich entscheidenden Faktors im Realisierungsprozeß des gesellschaftlichen Gesamtkapitals,

[51] Der Kommentator des Keynesschen Hauptwerkes in den USA, Alvin H. Hansen, bemerkt hierzu u. a.: „Während des zweiten Weltkrieges fiel zum Beispiel in den Vereinigten Staaten der Verbrauch im Verhältnis zum Einkommen auf ein anomal niedriges Niveau infolge 1. der Unmöglichkeit zu kaufen (Rationierung der dauerhaften Konsumgüter und Mangel daran,) 2. der hohen Kriegssteuern und 3. der patriotischen Appelle zu sparen. Diese Kaufhindernisse wurden beseitigt, als der Krieg beendet war. Unter diesen Umständen stieg der Verbrauch im Verhältnis zum Einkommen schnell an. Während des Übergangs zu einem normaleren Verhältnis war es notwendigerweise wichtig, daß der Verbrauch (ausgehend von einem im Verhältnis zum Einkommen anomal niedrigen Niveau) entsprechend schneller als das Einkommen steigen sollte. Während der Übergangsperiode war der Verbrauchszuwachs absolut größer als der Einkommenszuwachs.“ (Alvin H. Hansen, Keynes' ökonomische Lehre. Ein Führer durch sein Hauptwerk, hg. v. Prof. Dr. G. Hummel, Stuttgart–Düsseldorf 1959, S. 72).

[52] Vgl. hierzu S. 149ff. der vorliegenden Arbeit.

herrscht unter den Neokeynesianern noch Meinungsstreit. Dies hängt sicher damit zusammen, daß die Verteilung des Nationaleinkommens offen den Klassencharakter der kapitalistischen Gesellschaft zu erkennen gibt. Bekanntlich wurde aus dem Keynesschen Dogma, wonach die sog. Konsumneigung bei den Beziehern höherer Einkommen kleiner als bei den Beziehern geringerer Einkommen ist, vor allem von seiten der Gewerkschaften der Schluß nach einkommensnivellierenden Maßnahmen als Stimulierung für eine Konsumsteigerung abgeleitet. Mit dieser Forderung wurde in bestimmtem Maße dem objektiven Bedürfnis breiter Volksschichten nach Anhebung ihres materiellen Lebensniveaus entsprochen. Dieses typisch *links*keynesianische Argument[53] stieß natürlich sofort auf das Mißfallen der Monopolbourgeoisie. Schon in den ersten Nachkriegsjahren traten bürgerliche Ökonomen auf, so beispielsweise H. Lubell[54] und J. S. Duesenberry[55], die den theoretischen „Nachweis" zu führen versuchten, daß eine Einkommensnivellierung keineswegs nachfragefördernde Effekte, sondern eher, wie Duesenberry behauptete, konsumdämpfende Wirkungen zeitige. Einkommensnivellierungen, die zu Lasten des Mehrwertes notwendig und auch möglich sind, widersprechen natürlich dem Wesen der kapitalistischen Gesellschaftsordnung, die durch den Drang der Kapitaleigentümer nach maßloser Bereicherung und Ausplünderung breitester Volksschichten gekennzeichnet ist. Die Realisierungsschwierigkeiten, mit denen die kapitalistische Wirtschaft periodisch zu kämpfen hat, und die dazu führen, daß ein an Umfang wachsender Teil des Nationaleinkommens durch die unproduktive Sphäre verschlungen wird, ließen sich natürlich mildern, wenn die zahlungsfähige Nachfrage der breiten Volksschichten durch eine gerechtere Verteilung des Einkommens angehoben würde. Noch heute lebt in den kapitalistischen Ländern ein großer Teil der Bevölkerung unter bzw. an der Grenze des Existenzminimums. Eine Umverteilung des Nationaleinkommens auf Kosten der Profite stellt eine legitime Forderung der Arbeiterklasse in ihrem Kampf gegen die wachsende Unterdrückung durch das Monopolkapital dar. So berechtigt jedoch die Forderung der werktätigen Volksmassen nach Verbesserung ihrer materiellen Lebenslage sind, darf dabei aber nicht übersehen werden, daß durch diese Forderungen, die überhaupt nur im härtesten Klassenkampf erfüllt werden, das Wesen des Kapitalismus *nicht* verändert wird. Nach wie vor bleibt die Ausbeutung und Unterdrückung der an den Produktionsmitteln besitzlosen Klasse durch die besitzende Minderheit erhalten.

[53] Zur Frage des Linkskeynesianismus vgl. S. 237f. der vorliegenden Arbeit.

[54] Vgl. H. Lubell, Effects of Distribution of Income on Consumers, in: American Economic Review, Bd. 37, 1947.

[55] Vgl. J. S. Duesenberry, Income, Saving and the Theory of Consumer Behavior, Cambridge (Mass.) 1949.

Einige abschließende Bemerkungen zu den übrigen Kategorien, die im Zusammenhang mit der Weiterführung der Keynesschen Verbrauchs-, und damit auch der sie komplettierenden Sparfunktion, durch die Neokeynesianer in die politökonomische Diskussion unter den heutigen bürgerlichen Ökonomen hineingetragen worden sind: Zinsrate und Einkommenserwartung.

Hinsichtlich der Bedeutung der *Zinsrate* für die Höhe des individuellen Verbrauchs werden von den Neokeynesianern abweichende Auffassungen von der Keynesschen Ansicht vertreten. Man bemüht sich, den praktischen Gegebenheiten des modernen Kapitalismus mehr als zuvor Rechnung zu tragen. Dabei hat man sich zunächst Klarheit über die Bedeutung der Zinsratenbewegung für den Ablauf des gesellschaftlichen Reproduktionsprozesses überhaupt zu verschaffen.

Während Keynes noch davon ausging, daß eine Zinsratenänderung in letzter Konsequenz das volkswirtschaftliche Sparvolumen – und damit den Verbrauch – beeinflußt[56], wird dies heute im allgemeinen nicht mehr akzeptiert.[57]

Neuerdings wird hierzu kategorisch festgestellt: „In der modernen Theorie wird hingegen davon ausgegangen, daß das Sparen weitgehend zinsunelastisch ist; es wäre sogar denkbar, daß mit steigendem Zins das Sparen abnimmt, weil ein bestimmtes Vermögen nunmehr wegen der höheren Zinseinnahmen nach kürzerer Zeit angesammelt werden kann.“[58]

Die Diskussionen um diesen Problemkomplex sind gegenwärtig noch in vollem Gange. Die Klärung der Fragen um die Zinsratenänderung ist vor allem für staatsmonopolistische Regulierungsentscheidungen seitens der Zentralbank der kapitalistischen Staaten von Bedeutung. Wenn die Zinsratenpolitik heute jedoch – im Unterschied zu anderen wirtschaftspolitischen Instrumentarien – mehr in den Hintergrund getreten ist, so liegt dies wohl an dem Umstand, daß nur eine mäßige Wirkung von der Höhe der Verzinsung der Spardeposition auf die Höhe der Sparfonds ausgeht – und das berücksichtigen die Neokeynesianer bei ihren diesbezüglichen Überlegungen – als auch daran, daß die inländische Kreditpolitik von den Monopolen

56 Keynes war sich über die Wirkung der Zinsratenänderung auf den Verbrauch nicht restlos im klaren. Er schrieb u. a.: „Über einen langen Zeitabschnitt werden beträchtliche Änderungen im Zinsfuß wahrscheinlich dazu neigen, gesellschaftliche Gebräuche erheblich zu ändern, und somit den subjektiven Hang zur Ausgabe beeinflussen – obschon es schwierig wäre, zu sagen, in welcher Richtung, es sei denn, daß man von wirklicher Erfahrung ausgehen könnte.“ (J. M. Keynes, Allgemeine Theorie ..., a. a. O., S. 80 f.).

57 Vgl. hierzu u. a. A. Paulsen, Neue Wirtschaftslehre ..., a. a. O., S. 97.

58 Vgl. K. Rose, Einkommens- und Beschäftigungstheorie, a. a. O., S. 195.

durch Beanspruchung des internationalen Kapitalmarktes weitgehend durchlöchert wird.
Die zinstheoretische Diskussion der bürgerlichen Ökonomen ist unter dem Einfluß der Neokeynesianer im beträchtlichen Maße mit geldtheoretischen Fragestellungen verknüpft worden. Es geht im folgenden nun keinesfalls etwa um eine umfassende kritische Einschätzung dieses Bereiches der modernen bürgerlichen ökonomischen Theorie, obgleich natürlich auch dieser Zweig der bürgerlichen Wirtschaftstheorie für das Verständnis der staatsmonopolistischen Regulierung von Bedeutung ist.
Die noch bis zu Keynes' Zeiten allgemein akzeptierte quantitätstheoretisch[59] orientierte geldtheoretische Konzeption der bürgerlichen politischen Ökonomie wurde durch die Keynessche sog. Liquiditätstheorie des Geldes wesentlich modifiziert. Hierbei handelt es sich, vereinfacht ausgedrückt, um die Behauptung, daß der gesamte Geldfonds einer gegebenen Volkswirtschaft nicht nur für die Warenzirkulation verwendet wird (dieser Teil bildet die sog. Kasse für Transaktionszwecke), sondern zum Teil auch für Spekulationszwecke (dieser Teil umfaßt die sog. Spekulationskasse) angesammelt wird. Dabei ist die „Neigung zur Liquidität", auch als sog. Liquiditätspräferenz bezeichnet, der Gradmesser für die Haltung der Spekulationskasse.[60]
Während die Transaktionskasse (L_T) in ihrer Größe als abhängig von der Höhe des Nationaleinkommens angesehen wird, also die Gleichung

$$L_T = kY \tag{13}$$

gilt (dabei ist k als Koeffizient der Kassenhaltung definiert), ist in Weiterführung von Keynes' geldtheoretischem Ansatz die Liquiditätsfunktion als Ausdruck für die Spekulationskasse (L_S) mit der Zinstheorie verbunden worden. Hierfür ist durch die Neokeynesianer die Beziehung

$$L_S = L_S(i) \tag{14}$$

definiert worden. Das bedeutet, daß eine enge funktionale Beziehung zwischen dem Nationaleinkommen (Y), der Geldmenge (M) und dem Zinssatz (i) unterstellt wird.[61] Daraus ergibt sich für die Regulierung des gesellschaftlichen Reproduktionsprozesses im Kapitalismus über geldpolitische Maß-

59 Die Quantitätstheorie des Geldes behauptet, daß die Preise nicht vom Wert der Waren, sondern von der Menge des in der Zirkulationssphäre umlaufenden Geldes abhängig wären, d. h. mit vermehrter Geldmenge steigen die Preise und umgekehrt. Bereits Karl Marx hat diese Theorie widerlegt. (Vgl. K. Marx, Zur Kritik der politischen Ökonomie, in: MEW, Bd. 13, Berlin 1961, S. 133ff.)

60 Vgl. hierzu S. 30f. der vorliegenden Arbeit.

61 Die gesamte Geldmenge (M) setzt sich aus der Nachfrage nach Geld für Transaktionszwecke (L_T) sowie aus der Nachfrage nach Geld für spekulative Zwecke (L_S) zusammen, d. h.

$$M = L_T + L_S = kY + L_S(i) \tag{15}$$

nahmen eine Reihe von Konsequenzen. Wenn beispielsweise in der funktionalen Beziehung für die spekulative Geldnachfrage davon ausgegangen wird, daß diese Nachfrage mit sinkendem Zins zunimmt, und umgekehrt,[62] und diese geldtheoretische Funktion als integrierter Teil in die Gesamtkurve des Geldes[63] mit eingeht, so versteht sich von selbst, daß durch geld-, kredit- und zinspolitische Maßnahmen des imperialistischen Staates auf die Verbesserung der Verwertungsbedingungen des Kapitals Einfluß genommen werden kann. Natürlich gehört die Ausnutzung des Notenbankmechanismus durch den Staat zu den noch heute angewandten Instrumentarien. Seine jedoch eng begrenzte Wirksamkeit läßt diesen Mechanismus vorwiegend unter speziell konjunkturpolitischen, also auf die Ausschaltung der zyklischen Schwankungen des gesellschaftlichen Reproduktionsprozesses orientierenden Aspekten von Bedeutung erscheinen.[64]

Die subjektiven *Preis- und Einkommenserwartungen* der individuellen Konsumenten werden von den neokeynesianischen Ökonomen zur Modifizierung der Verbrauchsfunktion ebenfalls in die theoretische Analyse einbezogen. So schreibt hierzu der westdeutsche Ökonom Klaus Rose: „Preis- und Einkommenserwartungen werden für die Konsumentscheidung ebenfalls von Bedeutung sein. So ist z.B. denkbar, daß die Konsumenten in Erwartung steigender Preise die gegebenen Einkommen mehr verbrauchen, um den erwarte-

62 Die Kurve der Nachfrage nach Spekulationskasse hat die folgende Form: (vgl. Abb. Nr. 3 der vorliegenden Arbeit)

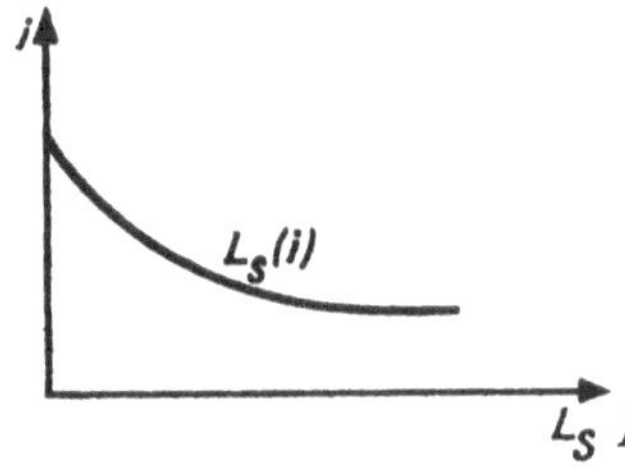

Abb. 3 Kurve der Nachfrage nach Spekulationskasse

63 Vgl. hierzu Abb. Nr. 4 der vorliegenden Arbeit.

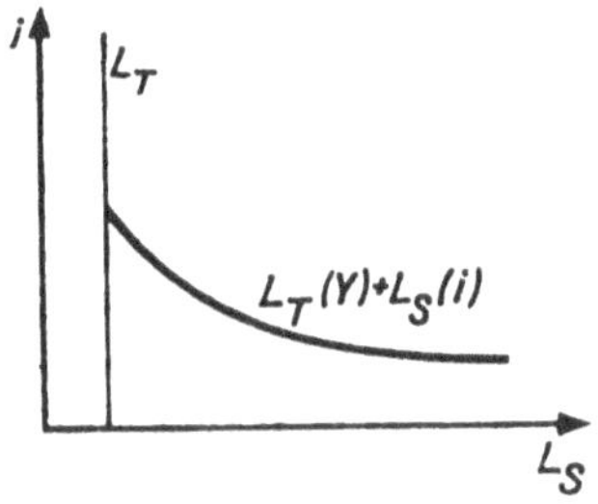

Abb. 4 Gesamtkurve der Nachfrage nach Geld

64 Vgl. hierzu auch S. 182ff. der vorliegenden Arbeit.

ten Preissteigerungen zuvorzukommen; die Konsumtionsfunktion verschiebt sich also nach oben, und die durchschnittliche Konsumneigung steigt. Dagegen werden Änderungen der Einkommenserwartungen weniger die durchschnittliche als die marginale Verbrauchsquote[65] beeinflussen. Rechnet man etwa mit permanenten Einkommenssteigerungen in der Zukunft, so wird die Konsumquote aus einem Zinssatzeinkommen wahrscheinlich größer sein, als wenn diese Einkommenserhöhung nur als einmalige Erscheinung angesehen wird."[66]

Zweifelsohne beeinträchtigen die Annahmen über künftige Preis- und Einkommensentwicklungen im bestimmten Maße die Größe des gegenwärtigen individuellen Verbrauchs. Es handelt sich hierbei aber um ökonomische Größen, die in der theoretischen Analyse zu vernachlässigen sind. Unter kapitalistischen Produktionsverhältnissen ist für die Masse der individuellen Konsumenten die *künftige* Einkommensgestaltung ebenso ungewiß wie die Preisentwicklung für Konsumgüter. Die Neokeynesianer führen hier zwar zusätzliche Faktoren in die ökonomisch-theoretische Analyse des Problems der zahlungsfähigen Gesamtnachfrage ein, diese sind aber von sekundärer Bedeutung und bringen die theoretische Analyse nicht weiter. Die von den Neokeynesianern vorgenommenen Modifikationen der Keynesschen Konzeption über die Bestimmungsgründe der Verbrauchsfunktion haben – zusammenfassend – zu der Auffassung geführt, daß die These ihres Lehrmeisters über die *Stabilität* dieser Funktion heute nicht mehr akzeptiert wird. Damit ist von den neokeynesianischen Wirtschaftstheoretikern die Verbrauchs- und die sie ergänzende Sparfunktion im allgemeiner Form in das Arsenal der heutigen bürgerlichen ökonomischen Theorie eingebracht worden.

Die von Keynes übernommene Kategorie „wirksame Gesamtnachfrage" umfaßt bei den Neokeynesianern, wie bereits angedeutet[67], nicht nur den individuellen Verbrauch, sondern sie beinhaltet *vier* Komponenten: neben der Nachfrage nach Konsumtionsmitteln auch die Nachfrage nach Investitionsgütern, die Staatsausgaben und den Außenhandelssaldo.

Die mit der Komponente „Nachfrage nach Investitionsgütern" verbundenen Probleme sind in den größeren Rahmen der investitionstheoretischen Analyse eingebettet. Auch innerhalb dieses Bereichs der modernen bürgerlichen ökonomischen Theorie ist die neokeynesianische Wirtschaftslehre dominant. Hierauf ist im folgenden einzugehen.

Die Untersuchung der Faktoren, die die Nachfrage nach Investitionsgütern bestimmen, bildet einen Schwerpunkt im Gesamtsystem der heutigen

65 Vgl. hierzu S. 128 der vorliegenden Arbeit.

66 Vgl. K. Rose, Einkommens- und Beschäftigungstheorie, a. a. O., S. 195.

67 Vgl. S. 127 der vorliegenden Arbeit.

bürgerlichen ökonomisch-theoretischen Analyse. Die Kapitalinvestitionen sind für die keynesianischen Ökonomen der eigentliche, das gesamte Wirtschaftssystem bewegende Faktor. So schreibt der westdeutsche Neokeynesianer Paulsen: „Da die Verbrauchsfunktion die Nachfrage nach Verbrauchsgütern als abhängige Variable der Höhe des Einkommens behandelt, ist nicht diese, sondern die nach Investitionsgütern der operative Faktor für die Einkommensbestimmung von der Nachfrageseite her.“[68] Außerdem ist zu beachten, daß Schwankungen im Investitionsvolumen verstärkt auf die Höhe des Nationaleinkommens einwirken.

In der gegenwärtigen Diskussion unter den bürgerlichen Ökonomen um die Bestimmungsgründe der kapitalistischen Investitionsentscheidungen ist ein Zusammenfließen von traditionellen bürgerlichen und speziell neokeynesianischen Auffassungen zu beobachten. Die Einflüsse der traditionellen bürgerlichen politischen Ökonomie zeigen sich darin, daß an der althergebrachten Auffassung festgehalten wird, wonach die gegebene Marktzinsrate das Investitionsniveau bestimmt. Danach sind die Kapitalinvestitionen, wenn $i =$ der z. Zt. gültige Marktzinssatz, durch die Investitionsfunktion

$$I = I(i) \tag{16}$$

bestimmt. Diese Auffassung entspricht durchaus bestimmten realen Erscheinungen in der kapitalistischen Wirtschaft. So zeigt sich beispielsweise, daß mit Veränderungen der Zinsrate im bestimmten Maße Veränderungen im Investitionsvolumen einhergehen. Objektiv geht von der Verbilligung des Leihkapitals ein Anreiz zu Investitionen aus.

Durch Keynes' „Allgemeine Theorie“ wurde bekanntlich die Diskussion unter den bürgerlichen Ökonomen um die Bestimmungsgründe der Kapitalakkumulation durch die Berücksichtigung des *Profitmotivs*, ohne natürlich diesen Terminus direkt zu verwenden, mittels der Konzeption von der sog. „Grenzleistungsfähigkeit des Kapitals“ (r) erweitert. Diese Kategorie umschreibt in der Tat nichts anderes als die äußere Erscheinungsform der profittragenden Eigenschaften des *fungierenden* Kapitals. Sie wird bei den Neokeynesianern zu einem wesentlichen Kriterium für die kapitalistische Investitionsentscheidung überhaupt. Deutlich kommt dies in den neueren Arbeiten bei der Definition des Zusammenhangs zwischen dem Marktzins und der sog. Grenzleistungsfähigkeit des Kapitals zum Ausdruck. So heißt es hierzu bei Klaus Rose: „Offenbar wird ein Gewinn anfallen, wenn die Grenzleistungsfähigkeit des Kapitals den Marktzins übersteigt. Ist der Zins dagegen höher als r, so sind die Zinszahlungen größer als jene Summe, die dem Unternehmer nach Abzug der Anschaffungskosten von den Nettoeinnahmen verbleibt. Unter der Voraussetzung der Gewinnmaximierung

68 Vgl. A. Paulsen, Allgemeine Volkswirtschaftslehre, Bd. 4, a. a. O., S. 43.

wird der Unternehmer so lange investieren, bis die Grenzleistungsfähigkeit eines zusätzlichen Kapitalgutes dem Markszins entspricht."[69]
Die heutigen bürgerlichen Ökonomen halten an dieser doppelgleisigen Bestimmung der kapitalistischen Investitionsentscheidung fest. Die Investitionsfunktion erweitert sich damit zur Form:

$$I = I(i, r). \tag{17}$$

Über die bisher dargelegten Modifikationen hinaus wurde von den Neokeynesianern die investitionstheoretische Diskussion unter den bürgerlichen Ökonomen um zwei für die staatsmonopolistische Regulierung ebenfalls entscheidende Fragestellungen erweitert: Die Unterscheidung eines Einkommens- und eines Kapazitätseffektes der Investitionen sowie die Heraushebung von sog. autonomen und induzierten Investitionen.
Mit der Unterscheidung eines Einkommens- und eines Kapazitätseffektes der Investitionen[70] wurden hinsichtlich der wirtschaftspolitischen Praktikabilität der modernen bürgerlichen politischen Ökonomie dieser nachhaltige Impulse verliehen. Die Abgrenzung dieser beiden Effekte voneinander ist vor allem für die Untersuchung von *langfristigen* Entwicklungstendenzen der kapitalistischen Wirtschaft von Bedeutung. In der modernen bürgerlichen wachstumstheoretischen Forschung finden diese Kategorien ihre Anwendung.
Eng mit diesen hier angeschnittenen Fragen verbunden ist die von den Neokeynesianern getroffene Unterscheidung von Investitionen autonomen und induzierten Charakters. Autonome Investitionen sind solche Investitionen, die, auch wenn sie keinen Kapazitätseffekt aufweisen (z. B. unproduktive Staatsausgaben), durch die Erhöhung der zahlungsfähigen Gesamtnachfrage über eine multiplikative Rückwirkung[71] das Wachstum des Nationaleinkommens positiv beeinflussen. Hiervon sind die sog. induzierten, also abgeleiteten Investitionen unterschieden. Diese sind, im Gegensatz zu den autonomen Investitionen, in ihrer Größe durch die Investitionsfunktion (vgl. Gleichung 17) bestimmt.
Da die von der neokeynesianischen investitionstheoretischen Forschung hervorgebrachten Kategorien und diesbezüglichen wirtschaftstheoretischen Ableitungen zu wichtigen Elementen der modernen bürgerlichen wachstumstheoretischen Forschung geworden sind, ist auf die kritische Einschätzung dieser Auffassungen im Zusammenhang mit der Analyse der modernen bürgerlichen Wachstumstheorie neokeynesianischer Provenienz

[69] Vgl. K. Rose, Einkommens- und Beschäftigungstheorie, a. a. O., S. 213.
[70] Der Kapazitätseffekt der Investitionen besteht darin, daß durch die Investitionen die Produktionskapazitäten anwachsen. Ein derartiges Anwachsen ist in der Regel mit technischen Neuerungen verbunden.
[71] Zum Multiplikatorprinzip vgl. S. 140ff. der vorliegenden Arbeit.

noch näher einzugehen.[72] Jedoch sind unter dem Aspekt des Zusammenhangs von Investitionen und „wirksamer Gesamtnachfrage“ bereits an dieser Stelle folgende generelle kritische Bemerkungen vonnöten: Aus dem Grundschema des kategorialen Systemzusammenhangs im Keynesschen politökonomischen Lehrgebäude (vgl. hierzu Abbildung 1. S. 44) ist deutlich die zentrale Stellung und Bedeutung der Investitionen für die Sicherung der zahlungsfähigen Gesamtnachfrage, und damit der Nationaleinkommensentwicklung, ersichtlich. Die Sicherung der zahlungsfähigen Gesamtnachfrage über die Investitionen ist ein Grundanliegen aller Keynesianer und Neokeynesianer. Keynes selbst sah es zwar noch als ausreichend an, wenn der imperialistische Staat in erster Linie günstige Bedingungen für die Verwertung der *Privat*investitionen schafft; den staatlichen, sog. autonomen Investitionen sprach er im wesentlichen nur eine unterstützende, wenn auch nicht unbedeutende Rolle zu. Nach dem zweiten Weltkrieg haben sich jedoch die inneren Proportionen bei den Investitionen in ihrer Bedeutung für die staatsmonopolistische Regulierung verschoben. Unter den heutigen Reproduktionsbedingungen reicht es für die Sicherung des weiteren wirtschaftlichen Wachstums im Kapitalismus nicht mehr aus, wenn der imperialistische Staat nur allein die Verwertungsbedingung des Kapitals beeinflussen würde. Beziehen wir uns im folgenden auf die Lage in der BRD, so ergibt sich hinsichtlich der objektiven Bedingungen für die Kapitalakkumulation folgendes Bild: Bekanntlich vollzog sich während der sechziger Jahre ein Wandel in den Reproduktions- und Wachstumsbedingungen des westdeutschen Imperialismus. An die Stelle eines Wachstumstyps, der fast gleichrangig auf die extensive und intensive Erweiterung der Stufenleiter der gesellschaftlichen Reproduktion ausgerichtet war, ist ein Typ getreten, der hauptsächlich durch die intensiv erweiterte gesellschaftliche Reproduktion gekennzeichnet ist. Dieser Wandlungsprozeß innerhalb der ökonomischen Basis des westdeutschen Imperialismus spiegelt sich auch in den Akkumulationsbedingungen konkret wider. Sie machen deutlich, welche gewachsene Bedeutung dem imperialistischen Staat für den Verlauf des gesellschaftlichen Reproduktions- und Wachstumsprozesses der Wirtschaft auferlegt und welch enge Grenzen selbst den größten Monopolen bei der Anwendung und Nutzung der modernen Produktivkräfte unter den Bedingungen der wissenschaftlich-technischen Revolution gezogen sind.[73] Die durch die wissenschaftlich-technische Revolution bedingte notwendige Vergrößerung des Investitionsvolumens erfolgt in zunehmenden Maße durch die verstärkte Unterstützung der Monopole

[72] Vgl. S. 166ff. der vorliegenden Arbeit.

[73] Vgl. hierzu und zum folgenden Spätkapitalismus ohne Perspektive, a. a. O., S. 112ff.

über staatliche Investitionen. Seit dem Bestehen der BRD hat sich einerseits die Selbstfinanzierungsquote der Unternehmer verringert, andererseits haben sich die Staatszuschüsse zu den Anlageinvestitionen der Unternehmer und der Anteil der direkten staatlichen Investitionen an allen Investitionen erhöht. Die Gewährleistung und Absicherung der erweiterten gesellschaftlichen Reproduktion des Kapitals, und damit des Wachstums der Wirtschaft, werden immer mehr zu einer Aufgabe des Staates. Dessen Aktivitäten sind dabei vor allem auf die Entwicklung solcher Bereiche der Wirtschaft gerichtet, die einerseits für die privaten Unternehmen entweder überhaupt nicht oder zu wenig profitabel sind, deren Entwicklung aber andererseits unter den Bedingungen der wissenschaftlich-technischen Revolution entscheidendes Gewicht für die Expansion der privaten Monopole besitzt (Infrastruktur, Energie-, und dabei vor allem Atomwirtschaft, Grundlagenforschung, Dienstleistungen auf dem Gebiet der Bildung, des Sozial- und Gesundheitswesens).[74]

Diese knappen Darlegungen deuten an, daß der imperialistische Staat heute im gesellschaftlichen Reproduktionsprozeß eine weitaus gewichtigere Rolle spielt, als es noch zu Keynes' Zeiten der Fall gewesen ist. Dieser Staat muß seine ökonomische Potenzen und die Einflußnahme auf den gesellschaftlichen Reproduktionsprozeß weiter ausbauen.[75]

Für die Monopole sind in der Regel annähernd normale Kapitalverwertungsbedingungen nur noch dann gegeben, „wenn der Staat ständig Zuschüsse für die Errichtung der modernsten Anlagen zahlt, einen Teil dieser in eigene Regie nimmt und durch wachsende Aufwendungen auf den Gebieten der Infrastruktur, der Wissenschaft und Forschung, des Bildungswesens usw. den Monopolen einen wesentlichen Teil der sonst von ihnen aufzubringenden Kosten abnimmt.“[76] Die modernen Produktivkräfte sprengen also auf einer neuen, höheren Entwicklungsstufe die engen Bande ihrer privatkapitalistischen Nutzung. Die Diskussion in den kapitalistischen Ländern um die Energie-, Wissenschafts- und Bildungspolitik sind nur Einzelbeispiele der konkreten Entfaltung des Widerspruchs zwischen dem hochentwickelten Stand der Produktivkräfte und

[74] Vgl. ebenda, S. 113.

[75] Der Bonner Staat tritt übrigens auch als aktiver Förderer der weiteren Zentralisation und Konzentration des Monopolkapitals auf. Dabei beschränkt sich die staatliche Aktivität nicht nur auf rechtliche Erleichterungen für die Konzentrationsbestrebungen. Gegenwärtig schreitet die Konzentration und Zentralisation des Kapitals rasch voran und bringt internationale Monopole hervor. (Vgl. Erich Honecker, Aus dem Bericht des Politbüros an die 9. Tagung des ZK der SED, a. a. O., S. 26.)

[76] Vgl. Spätkapitalismus ohne Perspektive, a. a. O., S. 116

den historisch überlebten Produktionsverhältnissen. Hier greift der imperialistische Staat durch die Beeinflussung der Bedingungen der Kapitalakkumulation systemerhaltend ein. Das Spezifische der ökonomischen Tätigkeit des imperialistischen Staates auf diesem speziellen Gebiete besteht darin, daß er eine Macht darstellt, die, wie keine andere, über die Umverteilung des Nationaleinkommens Kapital mobilisieren kann, aber selbst *nicht* den Bedingungen des alles beherrschenden Zwanges unterliegt, dieses Kapital verwerten zu müssen. Dieser Staat mobilisiert und verwendet Kapital im Interesse des Gesamtsystems des Imperialismus sowie der Aufrechterhaltung der Kapitalverwertung überhaupt. Das bedeutet, daß die Beeinflussung des gesellschaftlichen Reproduktionsprozesses nicht mehr allein abhängig ist von der Kapitalmacht des einzelnen, selbst von Monopol*gruppen*, sondern allein von der Macht und Gewalt des imperialistischen Staates. Damit wird „in der Ökonomik ein an sich dem kapitalistischen Wirtschaftssystem fremder Faktor wirksam, der in seiner gesamten Funktion zunächst selbst nicht der kapitalistischen Konkurrenz und den Verwertungsbedingungen unterliegt."[77]
Dies sind einige neue Aspekte, die zwangsläufig die politökonomischen Fragestellungen der Neokeynesianer beeinflussen. Speziell den *autonomen*, also jenen als außerhalb der inneren Reproduktionsbeziehungen stehend angesehenen Investitionen wird dabei besondere Beachtung zuteil. Sie sind es, hinter denen sich die aus der Umverteilung des Nationaleinkommens durch den imperialistischen Staat absorbierten Akkumulationsmittel verbergen und die von diesem Staat zur Aufrechterhaltung des staatsmonopolistischen Systems eingesetzt werden. Über deren Wirksamkeit im gesellschaftlichen Reproduktions- und Wachstumsprozeß der heutigen kapitalistischen Wirtschaft hat sich die moderne bürgerliche Ökonomie neokeynesianischer Prägung Rechenschaft abzulegen. Diese Fragestellung findet u. a. im Problemkomplex der multiplikativen Wirkung von Investitionen und anderen Ausgaben ihre detaillierte Fortsetzung. Diese Fragen sind im folgenden Abschnitt näher zu untersuchen. Bisher wurden auch in unserer kritischen Untersuchung der modernen bürgerlichen einkommens- und beschäftigungstheoretischen Konzeption die Komponenten Staatsausgaben und Außenhandelssaldo der sog. wirksamen Gesamtnachfrage nicht näher berücksichtigt. Diesen Kategorien wird vor allem als Teil der zahlungsfähigen Gesamtnachfrage auf dem kapitalistischen Markt im Zusammenhang mit der modernen bürgerlichen Multiplikator- und Akzeleratortheorie Bedeutung beigemessen. Auf sie ist im folgenden ebenfalls näher einzugehen.

[77] Vgl. R. Gündel, H. Heininger, P. Hess, K. Zieschang, Zur Theorie des staatsmonopolistischen Kapitalismus, a. a. O., S. 323.

4.3. *Einige kritische Bemerkungen zum Multiplikator- und Akzeleratortheorem in der modernen bürgerlichen politischen Ökonomie*

Obgleich seiner Grundaussage nach schon von Ökonomen vor Keynes entwickelt, gehören das Multiplikator- und Akzeleratortheorem zu den herausragenden Elementen des Keynesschen und neokeynesianischen wirtschaftstheoretischen Lehrgebäudes. Speziell das Multiplikatortheorem, von Keynes im Zusammenhang mit der Verbrauchsfunktion in sein politökonomisches Lehrsystem einbezogen[78], ist von seinen geistigen Nachfahren wie kaum eine andere Kategorie ausgebaut worden. So entstand in der bürgerlichen politischen Ökonomie nach dem zweiten Weltkrieg eine breite Literatur zum Multiplikator- und zu dem diese Kategorie ergänzenden Akzeleratortheorem. Beide Kategorien widerspiegeln in verzerrter Form bestimmte reale Seiten des gesellschaftlichen Reproduktionsprozesses im modernen Kapitalismus.
Von seiten der marxistisch-leninistischen politischen Ökonomie ist auf den Erkenntnisgehalt beider Theoreme wiederholt verwiesen worden[79], so daß hier auf spezielle Aspekte dieser Kategorie einzugehen ist.
Ohne Zweifel gibt es in der Wirtschaft multiplikative Prozesse der unterschiedlichsten Art. Die Steigerung der Produktion innerhalb eines Industriezweiges um einen bestimmten Prozentsatz hat beispielsweise nicht nur innerhalb dieses Wirtschaftsbereiches Veränderungen in den Produktionsbedingungen zur Voraussetzung, es ergeben sich auch Anforderungen an die vorgelagerten und Konsequenzen für die vor allem in vertikaler Sicht nachfolgenden Wirtschaftszweige. Oder, um ein anderes Beispiel anzuführen, die Erhöhung der Ausgaben des imperialistischen Staates für die Kriegsvorbereitung wirkt nicht nur auf die Produktionssteigerung innerhalb der Rüstungsindustrie ein, sondern sie bewirkt darüber hinaus auch Produktions- und Profitsteigerungen in den vorgelagerten Industrien.
Mit Hilfe des Multiplikator- und Akzeleratortheorems unternimmt die moderne bürgerliche politische Ökonomie Versuche, Einsicht in derartige wechselseitig-multiplikative Prozesse zu erlangen. Seit den dreißiger Jahren widmet die bürgerliche politische Ökonomie, beginnend mit einem

78 Vgl. J. M. Keynes, Allgemeine Theorie . . ., S. 97 ff.

79 Vgl. hierzu u. a. : K.-H. Schwank, Lord Keynes' Theorie – weder revolutionär noch wissenschaftlich, a. a. O., S. 209 ff.; L. Alter, ‚Multiplikator' und ‚Accelerationsprinzip' in der bürgerlichen politischen Ökonomie, in: Wirtschaftswissenschaft, 1/1961 S. 25 ff.; I. G. Bljumin, Die Krise der modernen bürgerlichen politischen Ökonomie, a. a. O., S. 228 ff.; Bürgerliche Ökonomie im modernen Kapitalismus, a. a. O., S. 84 ff.

Aufsatz von R. F. Kahn[80], diesem Aspekt des gesellschaftlichen Reproduktionsprozesses eine seitdem nicht mehr nachlassende Aufmerksamkeit. Der Hauptgrund hierfür ist darin zu sehen, daß für die Beurteilung des Ausmaßes der gesamtwirtschaftlichen Auswirkungen der staatsmonopolistischen Regulierungseingriffe in den gesellschaftlichen Reproduktionsprozeß ein geeignetes Instrumentarium gegeben sein muß. Dazu sind nicht nur die ökonomisch-theoretischen Grundlagen dieser Theoreme ausgebaut, sondern auch umfangreiche statistische Untersuchungen über die Größe des Multiplikators und Akzelerators durchgeführt worden. Es zeigte sich dabei, daß der Multiplikator nicht besonders hoch zu sein scheint. Andreas Paulsen verweist auf diesbezügliche statistische Berechnungen, die Multiplikatorgrößen zwischen 2 und 4 ergaben.[81]
Beim Multiplikator und Akzelerator handelt es sich um wichtige Instrumentarien zur staatsmonopolistischen Wirtschaftsregulierung. Sie werden laufend verfeinert. Dies zeigt sich u. a. an den neuerdings zu beobachtenden Bemühungen der bürgerlichen Ökonomen, durch Aufspaltung dieser Theoreme in *Sektoren*multiplikatoren zwecks Detailanalyse spezieller ökonomischer Prozesse sowie durch Berücksichtigung zusätzlicher Faktoren ihren Aussagewert zu erhöhen.
Die sich hinter dem Multiplikator- und Akzeleratortheorem verbergenden Versuche der Neokeynesianer, Gradmesser für die multiplikativen Prozesse innerhalb des gesellschaftlichen Reproduktionsprozesses zu gewinnen, beruhen auf einer Konzeption, die die Grundbeziehungen im Funktionsmechanismus des kapitalistischen gesellschaftlichen Reproduktionsprozesses nicht zum Ausdruck bringen. Multiplikator und Akzelerator sind deshalb in ihrem Aussagegehalt beschränkt. Sie werden als eine formallogische Ableitung aus dem Keynesschen und neokeynesianischen Kategoriensystem über die Grundbeziehungen des kapitalistischen gesellschaftlichen Reproduktionsprozesses gewonnen. So schreibt beispielsweise Andreas Paulsen in allgemeiner Form über das Multiplikatorprinzip: „Über die Bedeutung der Verbrauchausgaben wurde . . . zweierlei festgestellt: sie sind ein Teil der ‚wirksamen Nachfrage‘, . . . und ihre Höhe ist gemäß der Verbrauchsfunktion mit der Höhe des Einkommens verbunden. Verändert sich nun durch eine Veränderung der *gesamten* wirksamen Nachfrage die Höhe des Einkommens, so auch die von der Einkommenshöhe abhängige wirksame Nachfrage speziell nach Verbrauchsgütern, und zwar – weil ja die marginale Konsumquote positiv ist – gleichsinnig wie

80 Vgl. R. F. Kahn, The Relation of Home Investment to Unemployment, in: Economic Journal, Bd. 41, London 1931.
81 Vgl. A. Paulsen, Neue Wirtschaftslehre, a. a. O., S. 116.

auch die Veränderung des Einkommens. Daher werden Veränderungen in der Nachfrage nach Verbrauchsgütern die primäre Wirkung eines die Höhe des Einkommens beeinflussenden Anstoßes *verstärken.* Das ist das *Multiplikatorprinzip.*"[82]

Diese von den Neokeynesianern vertretene Definition des Multiplikators schließt, wie sich gleich zeigen wird, *alle* bis heute entwickelten Multiplikatorformen überhaupt ein. Wenn Paulsen davon ausgeht: „Verändert sich nun durch eine Veränderung der gesamten wirksamen Nachfrage die Höhe des Einkommens", so heißt das, daß *alle* Komponenten der sog. wirksamen Gesamtnachfrage, also nicht nur die Investitionen, in Betracht zu ziehen sind. Hier deutet sich also bereits an, in welcher Form der weitere Ausbau des Multiplikators durch die Neokeynesianer bisher erfolgt ist.

In seiner für die marxistisch-leninistische Auseinandersetzung mit der modernen bürgerlichen politischen Ökonomie so wertvollen Arbeit „Die Krise der modernen bürgerlichen politischen Ökonomie" reduziert I. G. Bljumin die Multiplikatordefinition nur auf die Form des *Investitions*multiplikators. Er schreibt: „Der Multiplikator zeigt das Verhältnis zwischen dem Anwachsen der Kapitalanlage und dem Anwachsen des Einkommens, des Verbrauchs und der Beschäftigung"[83], und an anderer Stelle wird festgestellt: „Die Gemeinsamkeit zwischen Multiplikator und Akzelerator besteht darin, daß der eine wie der andere die Entstehung abgeleiteter Nachfrage und zusätzlicher Erweiterung der Produktion ausdrückt, die durch die ursprünglichen Investitionen hervorgerufen werden, die die bürgerlichen Autoren gewöhnlich als autonome Investitionen bezeichnen."[84]

Bljumins Kritik am Multiplikator- und Akzeleratortheorem leidet unter dieser einschränkenden Definition des Multiplikatortheorems. Die Kritik ist aber weiterzufassen. Von den neokeynesianischen Ökonomen werden folgende *Grundtypen* von Multiplikatorformen unterschieden (die selbst noch in Sektoren- und Multisektorenmultiplikatoren aufgegliedert sein können):

1. Investitionsmultiplikator,
2. Außenhandelsmultiplikator (Export- und Importmultiplikator, Zahlungsbilanzmultiplikator),
3. Staatsausgabenmultiplikator (in den verschiedenen Formen, so als

[82] Vgl. ebenda, S. 101.

[83] Vgl. I. G. Bljumin, Die Krise der modernen bürgerlichen politischen Ökonomie, a. a. O., S. 228/229.

[84] Ebenda, S. 228.

Steuermultiplikator, Transfermultiplikator, selbst Geldschöpfungsmultiplikator usw.).[85]
Durch die Verfeinerungen des Multiplikators, vor allem in Richtung seiner Aufgliederung, ist die Multiplikatortheorie in ihrer wirtschaftspolitischen Praktikabilität insofern attraktiver geworden, als die multiplikativen Prozesse in Detailbereichen des gesellschaftlichen Reproduktionsprozesses eingeschätzt werden können. Ein prinzipieller Wandel im Erkenntnisgehalt dieser Kategorie hat sich jedoch dadurch nicht vollzogen. Betrachtet man die bisherige Entwicklung auf diesem Gebiet der neokeynesianischen Wirtschaftstheorie, so zeigt sich sogar, daß durch formalistische Auswüchse die Anwendungsmöglichkeit dieses Instrumentariums in Einzelfällen eher erschwert worden ist.
Am Beispiel des Außenhandelsmultiplikators neokeynesianischer Prägung zeigt sich dies recht deutlich. Hinter einer breiten Palette ökonomisch-mathematischer Deduktionen verbergen sich in diesem konkreten Falle letztlich doch höchst simple und allgemein bekannte Aussagen. So wird die durch eine Veränderung des Saldos der Handelsbilanz ausgelöste Veränderung im Volumen des Nationaleinkommens durch den *Außenhandelsmultiplikator* dargestellt. Bekanntlich wird der Handelsbilanzsaldo sowohl von der Export- als auch von der Importseite her beeinflußt.[86] Als Ausgangsbasis für die Ableitung des Außenhandelsmultiplikators fungiert die von den Neokeynesianern erweiterte Keynessche Grundgleichung für das Nationaleinkommen

$$Y = C(Y) + I + X - M(Y).^{87} \qquad (18)$$

Durch verschiedene mathematische Operationen – auf die hier nur illustrativ verwiesen werden soll –[88] erhält man letztlich als Ausdruck

85 Zur Kritik des Staatsausgabenmultiplikators in seiner Form als Steuermultiplikator und Multiplikator staatlicher Transferzahlungen vgl. u. a. K. O. W. Müller, Die bürgerliche Kreislauftheorie, a. a. O., S. 145ff.

86 AlleAktiv-resp. Passiv-Posten der Handelsbilanz seien, der Einfachheit halber, in diesen beiden Kategorien zumAusdruck gebracht. Die Ableitung des Multiplikatorprinzips ist dadurch nicht beeinträchtigt.

87 In dieser Gleichung bedeuten: $Y =$ Nationaleinkommen, $C(Y) =$ Konsumtion, dargestellt als Verbrauchsfunktion, $I_0 =$ autonome Investitionen, $X =$ Export, $M(Y) =$ Import, dargestellt als Importfunktion. Die Importfunktion unterstellt,daß mit wachsendem Nationaleinkommen der Import steigt.

88 Durch Differenzieren der Gleichung (18) nach X ergibt sich:

$$\frac{dY}{dX} = \frac{dC}{dY} \cdot \frac{dY}{dX} + 0 + 1 - \frac{dM}{dX} \cdot \frac{dY}{dX}, \qquad (18a)$$

für den Außenhandelsmultiplikator in seiner speziellen Form als Exportmultiplikator die Gleichung

$$dY = \frac{1}{s + m}\, dX.^{89} \tag{21}$$

Worin besteht nun der Erkenntniswert dieses Multiplikators? Es wird in der o. a. Gleichung (21) eine funktionale Beziehung zwischen vier gesamtwirtschaftlichen Kategorien hergestellt: Zuwachs an Nationaleinkommen, Export, volkswirtschaftliche Spar- und Importquote. Diese Beziehung besagt, daß der Exportzuwachs um so stärker (multiplikativ) auf den Zuwachs an Nationaleinkommen einwirkt, je größer der Multiplikator $\frac{1}{(s + m)}$ ist. Dieser Multiplikator wird aber nur dann um so größer sein, je mehr sich die Spar- resp. Importquote resp. beide Quoten zugleich vermindern.

Zweifelsohne bestehen zwischen den hier genannten Kategorien funktionale, und übrigens auch *kausale*, Beziehungen, wobei allerdings über die letzteren die neokeynesianische Ableitung keine Auskunft gibt. Es ist nicht zu bestreiten, daß bei vemindertem Import und verminderter Spartätigkeit die durch einen gestiegenen Export begründete Stimulierung der Gesamtnachfrage auf dem Binnenmarkt sich stärker auswirkt, wenn sie nicht durch gesteigerten Import und gesteigerte Spartätigkeit absor-

woraus sich durch Umformung ableitet:

$$\frac{dY}{dX}\left(1 - \frac{dC}{dY} + \frac{dM}{dY}\right) = 1. \tag{18b}$$

Da nun im Anschluß an Keynes $\frac{dC}{dY} = c$ die marginale Verbrauchsquote und $1 - c = s$ die marginale Sparquote und $\frac{dM}{dY} = m$ die marginale Importquote darstellen und deshalb auch die Gleichung

$$\frac{dY}{dX} = 1 - c + m = 1 \tag{19}$$

$$\text{resp. } \frac{dY}{dX} = s + m = 1 \tag{20}$$

gilt, so erhält man daraus die Gleichung

$$\frac{dY}{dX} = \frac{1}{s + m}. \tag{20a}$$

[89] Innerhalb dieser Gleichung bedeuten dY = Einkommenszuwachs, a und m = marginale Spar- bzw. Importquote sowie dX Exportzuwachs.

biert wird. Diese Erkenntnis ist allerdings trivialer Natur. Sie stellt in ihrem Keim nichts anderes als eine erweiterte Fassung der alten Keynesschen Konzeption von der Stimulierung der zahlungsfähigen Gesamtnachfrage dar.

Bevor wir die Multiplikatortheorie insgesamt kritisch einschätzen, ist zuvor auf die Beziehung zwischen Multiplikator- und Akzeleratortheorem innerhalb der bürgerlichen politischen Ökonomie zu verweisen.

Wir müssen daran erinnern, daß seitens der Neokeynesianer *drei* Grundtypen von Multiplikatoren entwickelt worden sind. Es ergibt sich daraus folgende paradoxe Erscheinung: *Vier* Komponenten der sog. wirksamen Gesamtnachfrage stehen nur *drei* Grundtypen des Multiplikators gegenüber: Das Gegenstück für die Gesamtnachfragekomponente „Konsumgüternachfrage" (individueller Verbrauch von Konsumtionsmitteln) fehlt in diesem Multiplikatorschema. Diese Inkonsequenz ist durch die Herausarbeitung des *Akzelerators* als eines Theorems, das in seinem Wesen nichts anderes als eine spezielle Multiplikatorform darstellt, beseitigt worden.

Der Akzelerator soll die multiplikative Rückwirkung einer Steigerung der Konsumgüternachfrage auf Grund zusätzlicher Investitionen zur Steigerung der Produktionsmittelproduktion auf die Nationaleinkommensentwicklung zum Ausdruck bringen. Er zeigt also das Verhältnis an zwischen der Veränderung der Produktion von Konsumtionsmitteln und der Produktion von Produktionsmitteln, die zu deren Herstellung nötig sind. Andreas Paulsen definiert deshalb den Akzelerator wie folgt: „Der Akzelerator ist der Koeffizient, mit dem die Veränderung der Verbrauchsgüterproduktion multipliziert wird, um den Zusatzbedarf an Kapitalgütern zu erhalten."[90]

Der Akzelerator, von der bürgerlichen politischen Ökonomie auch als Beschleunigungsprinzip bezeichnet, wurde erst von Keynes' Nachfolgern in das Lehrgebäude über die multiplikativen Beziehungen innerhalb des kapitalistischen gesellschaftlichen Reproduktionsprozesses einbezogen. Gegen die formallogischen Ableitungen des Multiplikators, wie auch des Akzelerators, gleich in welcher Form[91], ergeben sich keine Einwände.

90 Vgl. A. Paulsen, Neue Wirtschaftslehre, a. a. O., S. 154.

91 Die drei Hauptformen des Multiplikators und das Akzeleratorprinzip wurden hier im einzelnen kurz charakterisiert. Je nachdem, worauf die multiplikative Wirkung einer Veränderung in einer der Komponenten der sog. wirksamen Gesamtnachfrage bezogen wird, ob auf das Nationaleinkommen oder auf das mit diesem korrelierende Beschäftigungsniveau der gegebenen Volkswirtschaft, wird in der neokeynesianischen Ökonomie zwischen einem *Einkommens-* und einem *Beschäftigungs*multiplikator unterschieden. Alle von uns hier getroffenen

Unabhängig davon halten diese Kategorien aber in doppelter Hinsicht einer wissenschaftlichen Kritik nicht stand. Zunächst ist auf eine Inkonsequenz bei ihrer ökonomisch-theoretischen Ableitung aus den Keynesschen Einkommensgleichungen selbst zu verweisen. Für die Ableitung des Multiplikator- und des Akzeleratortheorems bilden die Grundgleichungen für das *Verwendungsstadium* des Nationaleinkommenskreislaufes die Ausgangsbasis. Der Multiplikator und auch Akzelerator beziehen sich aber in ihren inhaltlichen Aussagen auf Veränderungen im *Produktionsstadium* dieses Kreislaufes. Darüber hinaus beruhen diese Ableitungen auf einer verzerrten Darstellung der Funktionsweise der modernen kapitalistischen Wirtschaft. Bei ihren Konstruktionen gehen die bürgerlichen Ökonomen von der völlig irrealen Annahme aus, daß unter kapitalistischen Reproduktionsbedingungen die Produktion von Nationaleinkommen über Investitionsanreize angeblich völlig *unabhängig* von deren Verwendung (z. B. beim Investitionsmultiplikator) oder aber durch anderweitige Formen der Nachfragestimulierung, z. B. Staatsausgaben (Staatsausgabenmultiplikator) oder durch Exportstimulierung (Exportmultiplikator) schrankenlos erhöht werden könne. Jede beliebige Multiplikatorform unterstellt dieses Ergebnis. Die kapitalistische Produktionsweise wird so als ein im Grunde grenzenlos ausdehnungsfähiges Wirtschaftssystem apologetisiert. Die kapitalistische Wirtschaft findet aber gerade in den ihr innewohnenden antagonistischen Widersprüchen ihre objektiven Grenzen. Bereits I. G. Bljumin schrieb treffend: „Der größte Mangel der Theorien vom Multiplikator und Akzelerator besteht darin, daß sie ein ununterbrochenes Wachstum der kapitalistischen Produktion als Ergebnis der wechselseitigen Stimulierung des einen Industriezweiges durch den anderen annehmen und dabei von den Grenzen absehen, die der Erweiterung der Produktion durch die antagonistischen Widersprüche gesetzt sind. Diese Theorien zeigen nur eine Seite des Zusammenhangs zwischen Investitionen und Verbrauch, die darin besteht, daß das Anwachsen der Investitionen die Einbeziehung zusätzlicher Arbeitskräfte in die Produktion bedeutet, was zur Zunahme der Beschäftigung, des Volkseinkommens und des Verbrauchs führt und gleichzeitig die Erweiterung der Produktion von Produktionsmitteln stimuliert. Diese Theorien umgehen aber die zweite Seite dieses Zusammenhangs, die darin zum Ausdruck kommt, daß neue Investitionen letztlich die Erweiterung der Produktion von Konsumgütern so weit fördern, daß sie über den Rahmen

Feststellungen über die Anzahl der Multiplikatorformen *verdoppeln* sich also in dem hier definierten Sinne. Wir meinen, daß es sich hierbei um eine sekundäre Frage in bezug auf die Beurteilung dieser Kategorien handelt.

der zahlungsfähigen Nachfrage hinausgeht, die infolge der absoluten und relativen Verelendung der Arbeiterklasse begrenzt ist."[92]

Multiplikator und Akzelerator reflektieren verzerrt die multiplikativen Prozesse im kapitalistischen gesellschaftlichen Reproduktionsprozeß. Diese Prozesse verlaufen in der Tat nicht so, wie es durch beide Theoreme ausgedrückt wird. Eine Ausdehnung der zahlungsfähigen Gesamtnachfrage, gleich durch welche konkrete Maßnahme sie ausgelöst wurde, muß keineswegs zu einer entsprechenden Produktionsausdehnung führen. In Abhängigkeit von der zyklischen Bewegung der kapitalistischen gesellschaftlichen Reproduktion bilden sich zeitweilig zum Teil beträchtliche Lagerbestände, die bei einer Ausdehnung der zahlungsfähigen Nachfrage abgebaut werden. Dadurch bleibt ein multiplikativer Effekt dieser Nachfragestimulanz entweder ganz aus oder zeigt nur geringe Wirkungen. Auch führt eine Erhöhung des Staatsverbrauchs – um jetzt eine Form der Staatsausgabenmultiplikators konkret zu betrachten – keineswegs unbedingt zu einer Produktionsausdehnung. Wird beispielsweise der erhöhte Staatsbedarf aus Beständen gedeckt, die nicht wieder aufgefüllt werden, oder aber bezieht sich der Staatsverbrauch auf Produkte solcher Zweige, für deren Produktion selbst wieder Bestände vermindert werden oder nur ein geringer Verbrauch an Produkten anderer Wirtschaftszweige erforderlich ist, so wird sich das Nationaleinkommen durchaus nicht vergrößern. Das trifft u. a. auch dann zu, wenn der zusätzliche Staatsverbrauch durch die Inbetriebnahme stillgelegter Kapazitäten abgedeckt wird. Außerdem wird in den Multiplikatorkonstruktionen der Neokeynesianer nicht beachtet, daß die zusätzlichen Staatsausgaben in Krisenzeiten, die mit dem Ziel getätigt werden, den Trend der wirtschaftlichen Entwicklung wieder aufwärts zu richten, in hohem Maße speziell in finanzielle Kanäle verschwinden (Schuldentilgung, Erhöhung des Bestandes an flüssigen Mitteln) und weniger in fixem und zirkulierendem Kapital angelegt werden. Es verwundert daher nicht, wenn die bisher von der bürgerlichen Wirtschaftsstatistik durchgeführten Berechnungen über die Höhe des Multiplikators und Akzelerators zu doch recht ernüchternden Ergebnissen geführt haben.

Nicht zuletzt ist auch auf den Umstand zu verweisen, daß es zu den Praktiken der Monopole gehört, bei der Ausdehnung der zahlungsfähigen Nachfrage oftmals nicht mit einer Steigerung der Produktion, sondern mit Preiserhöhungen zu reagieren. Das übersehen die bürgerlichen Ökonomen bei ihren Multiplikator-Akzelerator-Konstruktionen geflissentlich.[93]

92 J. G. Bljumin, Die Krise der modernen bürgerlichen politischen Ökonomie, a. a. O., S. 231.

93 Vgl. hierzu auch K.-H. Schwank, Lord Keynes' Theorie – weder revolutionär noch wissenschaftlich, a. a. O., S. 215.

Multiplikator- und Akzeleratortheorem apologetisieren jegliche Form des Verbrauchs, einschließlich des *unproduktiven* und *parasitären* Verbrauchs, als einen angeblich einkommensstimulierenden Faktor. Vor allem die amerikanischen Neokeynesianer haben zur Forcierung des Wettrüstens diese Argumentation ins Feld geführt. Die Politik der forcierten Militarisierung der Volkswirtschaft in den imperialistischen Ländern geht objektiv zu Lasten der breiten Volksschichten. Indem man glaubhaft zu machen versucht, daß ein bestimmtes Maß beispielsweise an Staatsausgaben, die durch die Steuern der breiten Volksschichten aufgebracht werden müssen, ein *höheres* Maß an Einkommens*zuwachs* zur Folge habe, auch wenn diese Ausgaben für die Rüstung verwendet werden, verficht man mit dem Multiplikatorprinzip letztlich nichts anderes als die Profitinteressen der Monopolbourgeoisie. Sie ist der Hauptverdiener an Rüstung und Krieg. Hierin liegt der ganze Widersinn und drückt sich der reaktionäre Klassencharakter der modernen keynesianischen Argumentation auch auf diesem Spezialgebiet aus. *Scheinbar* klassenindifferente Argumente und Theoreme entlarven sich als eine Basis für die ideologische Rechtfertigung des Wettrüstens der imperialistischen Staaten.

Die neokeynesianischen Ökonomen haben das Multiplikatortheorem nicht nur durch die Berücksichtigung einzelner Gesamtnachfragekomponenten erweitert. Sie haben es auch durch die sog. makrodynamische Analyse, d. h. durch die Berücksichtigung der multiplikativen Auswirkungen von Änderungen in den Nachfragekomponenten auf die *nachfolgenden* Reproduktionsperioden weitergeführt. Diese mit den Namen des englischen Ökonomen Robertson und des schwedischen Theoretikers Lundberg verbundenen Untersuchungen bringen in ihrer Grundaussage keine wesentlich neuen Erkenntnisse. Unter Einbeziehung von Verzögerungseffekten, den time-lags, zeigen beide Theoretiker, wie sich durch die Multiplikatorwirkung über den Investitions-Spar-Mechanismus das Gleichgewichtseinkommen von einem Gleichgewichtspunkt zum nächstfolgenden bewegt. Je nach der Art des gewählten Verzögerungseffekts unterscheidet dabei die neokeynesianische Ökonomie zwischen dem Robertson- und dem Lundberg-lag. Beide Formen führen zum selben Ergebnis.

Die Robertson-Lundberg-Modifikationen des Multiplikatortheorems erweitern dieses Theorem insofern, als derartige Anpassungsverzögerungen an die neuen ökonomischen Bedingungen, so z. B. die Anpassung der Produktion an ein gewachsenes Investitionsbedürfnis, tatsächlich zu beobachten sind. Diese theoretischen Ableitungen bewegen sich aber durchweg auf den hier bereits dargestellten und kritisch eingeschätzten Grundprämissen.

4.4. *Der Neokeynesianismus in der modernen bürgerlichen verteilungstheoretischen Diskussion*

Ohne Übertreibung können wir feststellen, daß die neokeynesianische Wirtschaftstheorie auf die Entwicklung und Ausprägung des Charakters der modernen bürgerlichen Verteilungstheorie einen entscheidenden Einfluß ausübt und einen Wandel in den theoretischen Fragestellungen dieses modernen bürgerlichen Problemlehrenkomplexes herbeigeführt hat. In einem in der BRD erschienenen Sammelband zur modernen bürgerlichen Verteilungstheorie wird hierzu vermerkt: „Ähnlich wie in der Wachstumstheorie war es auch in der Theorie der Einkommensverteilung die Lehre Keynes', auf die sich ein Neuaufbau stützte und die zur Grundlage einer rein makroökonomischen Richtung, nämlich der ‚neokeynesianischen' Verteilungstheorie wurde. Zum Unterschied von der lange Zeit vorherrschenden Grenzproduktivitätstheorie und den Monopoltheorien, die ihren Ursprung in der Mikroökonomie – genauer in der Unternehmenstheorie – haben, versucht die neokeynesianische Theorie die Einkommensverteilung aus den Kreislaufidentitäten unter Heranziehung von soziologisch und ökonomisch begründeten Verhaltensgleichungen zu erklären."[94]
Das wohl verbreitetste westdeutsche bürgerliche Lehrbuch zur Geschichte der ökonomischen Theorie bezeichnet die moderne bürgerliche Distributionstheorie als „ein dynamisches, in enger Beziehung zur Kreislauf- und Wachstumstheorie entwickeltes System", wobei der „Keynessche Typ der Verteilungstheorie ... sowohl Monopoltheorien, wie sie von Kalecki, Mitra und anderen Theoretikern vertreten werden, als auch die vom Kreislaufaspekt ausgehenden makroökonomischen Theorien z. B. Bouldings, Kaldors, Schneiders und Bombachs (umfaßt)."[95]
Den ökonomisch-theoretischen Aspekten der Verteilung und Umverteilung des Nationaleinkommens wird von seiten der bürgerlichen politischen Ökonomie in jüngster Zeit wieder verstärktes Interesse entgegengebracht.[96] Dies hängt mit dem Umstand zusammen, daß durch die sich zuspitzenden Widersprüche in den Reproduktionsbedingungen der heutigen

[94] F. Schebeck, Die Erklärung der Einkommensverteilung aus dem Einkommenskreislauf, in: Beiträge zur Theorie der Einkommensverteilung, hg. v. R. Frisch, (West-)Berlin 1967, S. 49.

[95] Vgl. G. Stavenhagen, Geschichte der Wirtschaftstheorie, 4., veränd. Aufl., Göttingen 1969, S. 632.

[96] Vgl. O. Morgenstern, Vorwort zu: Beiträge zur Theorie der Einkommensverteilung, a. a. O. Innerhalb der westdeutschen bürgerlichen verteilungstheoretischen Diskussion wurde mit W. Krelles Arbeit „Verteilungstheorie" (Tübingen 1962) die neue Etappe und zugleich Forcierung dieser Diskussion eingeleitet.

kapitalistischen Wirtschaft bei der staatsmonopolistischen Regulierung des gesellschaftlichen Reproduktionsprozesses die Probleme der Verteilung und Umverteilung des Nationaleinkommens eine wachsende Bedeutung erlangen.

Der staatsmonopolistische Kapitalismus setzt neue objektive Bedingungen für die kapitalistische Profitproduktion. Da aber letztlich auch im staatsmonopolistischen Kapitalismus nur auf das Einfluß genommen werden kann, was an Wert und Mehrwert (Profit) im gesellschaftlichen Reproduktionsprozeß geschaffen wurde, bewirkt der imperialistische Staat zunächst nur eine *Umverteilung* des produzierten Nationaleinkommens.[97] Umverteilung des Nationaleinkommens im heutigen Kapitalismus bedeutet „eine gewaltsame, mit Mitteln der Beherrschung und der Macht herbeigeführte Verteilung gegen die sich aus dem eigentlichen inneren Mechanismus des Kapitalismus ergebende Verteilung und bedeutet zugleich eine qualitativ neue Stufe der monopolistischen Umverteilung".[98] Diese Feststellung ist dahingehend zu ergänzen, daß die durch die staatsmonopolistische Regulierung bewirkte Umverteilung des Nationaleinkommens in ihrer Zielrichtung und gesamtwirtschaftlichen Auswirkung im starken Maße von den konkreten Entwicklungsbedingungen innerhalb des jeweiligen gesellschaftlichen Reproduktionsprozesses abhängig ist. Diese Bedingungen beziehen sich u. a. auf die Kräftekonstellationen zwischen der Arbeiterklasse und der Monopolbourgeoisie, auf das Entwicklungstempo der gesellschaftlichen Reproduktion, auf die Hauptprozesse der Produktionsentwicklung, auf die Beschäftigungslage u. a. Faktoren. Diese wenigen Anmerkungen zeigen also bereits, welche gewichtige Bedeutung der ökonomisch-theoretischen Durchdringung der Verteilungsproblematik in ihrer Komplexität für die Interessen der herrschenden Klasse zukommt.

Es wurde bereits gezeigt, daß die Monopolbourgeoisie in der BRD im beträchtlichen Maße das Nationaleinkommen über den Staatshaushalt zugunsten der herrschenden Klasse umverteilt.[99] Auf diesen Aspekt der staatsmonopolistischen Regulierung ist hier detaillierter einzugehen, da sich in der BRD auf diesem Gebiet neue Momente zeigen. Hier wird diese Umverteilungspolitik – und darin besteht das Neue – durch die im Rahmen der mittelfristigen Finanzplanung betriebene neue Einkommenspolitik zur Beeinflussung auch der *Primär*verteilung des Nationaleinkommens ergänzt. Das bedeutet, daß die Monopolbourgeoisie der BRD über den

[97] Vgl. hierzu und zum folgenden R. Gündel, H. Heininger, P. Hess, K. Zieschang, Zur Theorie des staatsmonopolistischen Kapitalismus, a. a. O., S. 321.

[98] Vgl. ebenda, S. 321.

[99] Vgl. hierzu S. 114ff. der vorliegenden Arbeit.

Staat „jetzt noch viel unmittelbarer in die Klassenauseinandersetzungen ein(greift) und ... auf volkswirtschaftlicher Ebene die ökonomischen Beziehungen der beiden Grundklassen des kapitalistischen Systems im Interesse des Monopolprofits und der Systemerhaltung (reguliert)."[100] Die sozialökonomische Struktur der *Primär*einkommen entwickelte sich in der BRD seit 1950 wie folgt:[101] (siehe Tabelle 3)

Tabelle 3

Bruttoanteile der Klassen am Nationaleinkommen 1950, 1960 und 1968

Jahr*	Bruttolohn und -gehalt der Arbeiter und Angestellten	Bruttoprofit der Kapitalisten	Bruttoeinkommen der kleinen Warenproduzenten (einschl. mithelfender Familienangehöriger)
		Nationaleinkommen insges. = 100	
1950	42,1	36,2	21,7
1960	43,1	42,7	14,2
1968	45,3	42,6	12,1

* 1950 und 1960 ohne Saarland; 1968 einschl. der selbständigen politischen Einheit Westberlin

Offenbar beunruhigte die rückläufige! Entwicklung des Anteils der Kapitaleigentümer am primär verteilten Nationaleinkommen die westdeutsche Monopolbourgeoisie so sehr, daß sie bereits auf dieser Stufe der Verteilung des Nationaleinkommens stärkeren Einfluß auszuüben gewillt ist.[102] Mit solchen Schlagworten der jüngsten Vergangenheit wie „Orientierungsdaten", Herstellung der „sozialen Symmetrie" und dem Ruf nach der „konzertierten Aktion" wurden die Angriffe des westdeutschen Staates auf die Löhne und Rechte der breiten werktätigen Volksschichten getarnt. Die bisherige Praxis auf diesem Gebiet der Klassenauseinandersetzung in der BRD hat gezeigt, daß hiermit eine langfristige Fundierung eines solchen Verteilungsmodus des Nationaleinkommens auf Kosten der

100 Vgl. Spätkapitalismus ohne Perspektive, a. a. O., S. 191.

101 Vgl. K. Lungwitz, Die Verteilung und Umverteilung des westdeutschen Nationaleinkommens 1950 bis 1968, in: DWI-Berichte, 9/1970, S. 32.

102 Der Vergleich des Anteil des primär verteilten Einkommens ist insofern trügerisch, als „der Bruttovergleich nicht berücksichtigt, daß die Zahl der in der materiellen Produktion beschäftigten Arbeiter und Angestellten 1968 um mehr als 3,5 Millionen größer war als 1950, was notwendigerweise ein beträchtliches Anwachsen der Lohn- und Gehaltssummen zur Folge haben mußte, während die Zahl der Selbständigen bei steigendem Profit erheblich zurückgegangen ist." (Ebenda, S. 31/32.)

Werktätigen erreicht werden soll, der für die Profitentwicklung und Absicherung der expansiven und aggressiven Ziele des westdeutschen Imperialismus die besten Voraussetzungen bietet.

Die „konzertierte Aktion“[103] beschneidet im Stadium der Primärverteilung des Nationaleinkommens die Rechte der Arbeiterklasse insofern, als sie die Bindung an sogenannte Orientierungsdaten für die Löhne und Gehälter vorsieht und damit die Tarifautonomie der Gewerkschaften angreift. Die Arbeiterklasse kann nur dann erfolgreich um die Verbesserung ihrer materiellen Lebensbedingungen kämpfen, wenn sie eine *unabhängige* Lohnpolitik durchsetzt und allen Angriffen auf die Tarifautonomie der Gewerkschaften ihre organisierte Kraft entgegensetzt. Jegliches Einlassen auf Orientierungsdaten bedeutet, daß die Gewerkschaften Bedingungen akzeptieren, die immer nur ein für die Bourgeoisie günstiges Verhältnis der Verteilung des Nationaleinkommens nach sich ziehen und die Entscheidungsfreiheit der Arbeiter beeinträchtigen. Orientierungsdaten haben also nur dann einen wirklichen Sinn für die westdeutsche Arbeiterklasse, wenn die Arbeiter tatsächlich in Wirtschaft und Gesellschaft mitbestimmen und derartige Daten für die *Profite* fixiert werden.

Die sich unter den Bedingungen der wissenschaftlich-technischen Revolution komplizierter gestaltenden Bedingungen des gesellschaftlichen Reproduktionsprozesses im Kapitalismus haben die Anforderungen der Monopolbourgeoisie an die bürgerliche politische Ökonomie auch auf verteilungstheoretischem Gebiet gesteigert. Es versteht sich deshalb fast von selbst, daß die noch bis in die heutige Zeit gelegentlich anzutreffende und auf einzelwirtschaftlichen (mikroökonomischen) Untersuchungen beruhende bürgerliche verteilungstheoretische Konzeption[104] nicht mehr den Ansprüchen der Monopolbourgeoisie auf diesem speziellen Gebiete entspricht und sie deshalb auch der wachsenden Kritik selbst aus den eigenen Reihen ausgesetzt ist. So resümiert der westdeutsche bürgerliche Verteilungstheoretiker Erwin Scheele über die *mikroökonomische* Theorie der Einkommensverteilung recht drastisch: „Hinzu kommt, daß wirtschaftspolitisch relevante Fragen an die mikroökonomische Theorie der (funktionellen) Einkommensverteilung nicht gestellt werden können, da die Fragen sich nicht in den Kategorien formulieren lassen, in denen die Theorie die Antworten gibt: Form der Nutzensfunktionen, Markstruktur ...

Diese Schwächen der dargestellten Theorie der funktionellen Einkommensverteilung sind darin begründet, daß die Daten, aus denen die Anteile der

[103] Vgl. hierzu auch S. 194 der vorliegenden Arbeit.

[104] Diese Variante innerhalb der gegenwärtigen bürgerlichen Verteilungstheorie wird in erster Linie durch die vulgärökonomische Grenzproduktivitätstheorie repräsentiert.

Faktoren und des Gewinns am Volkseinkommen erklärt werden, selbst sehr komplexe Größen sind ... Die mikroökonomische Theorie der funktionellen Einkommensverteilung läßt sich nicht in so wenige identifizierbare Parameter fassen, daß sich einfache theoretische Aussagen und wirtschaftspolitische Anweisungen ergeben."[105]

In den letzten Jahren sind von der bürgerlichen politischen Ökonomie verstärkt Bemühungen unternommen worden, durch *gesamtwirtschaftlich* orientierte verteilungstheoretische Modelle Fortschritte in der Durchforschung des Reproduktionsprozesses, und damit bei der Bereitstellung eines praktikablen Regulierungsinstrumentariums, zu erreichen.[106]

Obgleich der Prozeß zur Fixierung dieser gesamtwirtschaftlich orientierten verteilungstheoretischen Konzeption der bürgerlichen politischen Ökonomie noch nicht abgeschlossen ist, zeigt die gesamte bisherige Entwicklung auf diesem Gebiet, daß die neokeynesianische Variante ihre dominierende Position auch zukünftig beibehalten wird. Hierfür sind mehrere Faktoren bestimmend. Sie lassen sich alle auf den gemeinsamen Nenner bringen, daß diese Konzeption am besten den Bedingungen des modernen Kapitalismus und der staatsmonopolistischen Regulierung entspricht, und zwar:

1. Die neokeynesianische Verteilungstheorie ist die *einzige* unter allen übrigen gegenwärtigen bürgerlichen gesamtwirtschaftlich ausgerichteten verteilungstheoretischen Ansätzen, die wegen ihrer Ableitung aus der Keynesschen kreislauftheoretischen Grundkonzeption die Ergänzung zur ebenfalls aus der Kreislauftheorie abgeleiteten modernen bürgerlichen Einkommens- und Beschäftigungstheorie darstellt.

Die neokeynesianische Verteilungstheorie bezieht sich auf das Endstadium des Nationaleinkommenskreislaufes. So definiert Scheele als Gegenstand der neokeynesianischen verteilungstheoretischen Forschung: „Die makroökonomische Distributionstheorie – die auch Theorie der *funktionellen* Einkommensverteilung ist – bestimmt im Zusammenhang mit der Höhe des Volkseinkommens auch dessen Verteilung mit Hilfe der Instrumente, die von und im Anschluß an Keynes für die aggregative Analyse entwickelt worden sind, und mit Hilfe von Werkzeugen, die in ähnlicher Weise durch

[105] Vgl. E. Scheele, Theorie der Einkommensverteilung, in: Kompendium der Volkswirtschaftslehre, Bd. 1, Göttingen 1967, S. 321 f.

[106] Vgl. hierzu die informative Darstellung über die modernen verteilungstheoretischen Ansätze: E. Scheele, Die makro-ökonomische Theorie der Einkommensverteilung, in: Jahrbuch für Sozialwissenschaft, Bd. 13, Göttingen 1962, S. 333 ff. und Bd. 14, Göttingen 1963, S. 141 ff. Vgl. auch: E. Preiser, Distribution: (I) Theorie, in: Handwörterbuch der Sozialwissenschaften, Bd. 2, Stuttgart–Tübingen–Göttingen 1959, S. 620 ff.

Übertragung mikroökonomischer Erkenntnisse auf makroökonomische Zusammenhänge geschaffen wurden."[107]
Scheele verweist außerdem auch auf den Umstand, daß bei der gegenwärtigen diesbezüglichen Diskussion auch solche typisch neokeynesianischen Fragestellungen wie z. B. die Frage nach der wirtschaftsintegrierten Funktion des kapitalistischen Staates, zusätzlich zu berücksichtigen sind. „Sowohl die mikroökonomische als auch die makroökonomische Distributionstheorie müssen die Wirkung der staatlichen Aktivität und der internationalen Arbeitsteilung auf die Verteilung des Volkseinkommens berücksichtigen" bemerkt Scheele, „wenn sie eine vollständige Erklärung geben wollen. Der Staat beeinflußt durch jede seiner Maßnahmen die Güternachfrage und das Faktorangebot und damit auch die relativen Faktorpreise und -mengen, die absoluten Güter- und Faktorpreise, die Höhe der Faktoreinkommen und des Gewinns. Das gleiche gilt für den Güteraustausch und die Faktorwanderungen zwischen der betrachteten Volkswirtschaft und dem Ausland. Staatsausgaben und -einnahmen ebenso wie Export und Import entscheiden mit über die Höhe der Beschäftigung, der Investitionen, des Preisniveaus und beeinflussen daher die Größen, von denen in der makroökonomischen Analyse die funktionelle Einkommensverteilung abhängt."[108]
Durch die enge Wechselbeziehung zwischen der neokeynesianischen verteilungstheoretischen Variante einerseits und der modernen bürgerlichen kreislauftheoretischen Forschung andererseits ist die Verteilungstheorie zugleich die komplementäre Ergänzung zur modernen bürgerlichen wachstumstheoretischen Konzeption neokeynesianischer Richtung. So schließt sich durch das Bindeglied der neokeynesianischen Wirtschaftstheorie ein zusammenfügendes und die Einzelteile im bestimmten Maße vereinheitlichendes Band um die moderne bürgerliche Einkommens- und Beschäftigungs-, Verteilungs-, Wachstums- und, wie sich noch zeigen wird, auch Konjunkturtheorie.
2. *Alle* Varianten der modernen bürgerlichen gesamtwirtschaftlich orientierten Verteilungstheorie beinhalten – mehr oder weniger ausgeprägt – in ihren Prämissen und modelltheoretischen Ansätzen Keynessche und neokeynesianische Kategorien und Theoreme. Dadurch ist ein bestimmtes Maß an formaler Übereinstimmung innerhalb dieser verteilungstheoretischen Variante gegeben. Dieser Umstand veranlaßte den westdeutschen Ökonomen Erwin Scheele, durch eine eklektrische Verschmelzung der sich auf Keynes und seine Nachfolger stützenden verteilungstheoretischen

107 Vgl. E. Scheele, Theorie der Einkommensverteilung, a. a. O., S. 300.
108 Vgl. ebenda.

Konzeption mit der modernen bürgerlichen, ebenfalls gesamtwirtschaftlich orientierten sog. Monopolgradtheorie der Einkommenverteilung[109], einen Versuch zur Überwindung des für die bürgerliche Ökonomie insgesamt mißlichen Zustandes der noch theoretisch ungelösten Probleme der Distribution zu unternehmen.[110]

3. Die Berücksichtigung der vielgestaltigen Aspekte des Umverteilungsprozesses des Nationaleinkommens läßt sich methodologisch nur bewältigen, wenn von den reproduktionstheoretischen Grundlagen ausgegangen wird. Damit wird zwangsläufig auf die neokeynesianische Variante in der modernen bürgerlichen Verteilungstheorie zurückgegriffen, denn im Vergleich zu den übrigen in der heutigen bürgerlichen politischen Ökonomie vertretenen verteilungstheoretischen Konzeptionen stellt eigentlich *nur* die neokeynesianische Variante eine wirklich gesamtwirtschaftlich ausgerichtete Verteilungstheorie dar. Solche Konzeptionen wie die Monopolgradtheorie und z. B. jene bürgerliche Theorie, die nur das alte vulgärökonomische Ertragsgesetz in aggregierter Form präsentieren, sind in ihrem Wesen nichts anderes als eine modifizierte *einzelwirtschaftlich* determinierte verteilungstheoretische Konzeption. Ihre auf einzelwirtschaftliche Erscheinungen und Prozesse im Kapitalismus bezogenen Ansätze und theoretischen Ableitungen werden formal in den Bereich der gesellschaftlichen Reproduktion projiziert, ohne dabei zu berücksichtigen, daß der *gesellschaftliche* Reproduktionsprozeß nicht mechanisch als Summe der Kreisläufe des *individuellen* Kapitals aufgefaßt werden darf. Die neokeynesianische verteilungstheoretische Konzeption umgeht diesen Fehler. Im Unterschied zu den übrigen Varianten der modernen bürgerlichen verteilungstheoretischen Forschung orientiert die neokeynesianische Richtung auf die gesamtwirtschaftlichen Aspekte der Nationaleinkommensverteilung und weist bereits von daher ein höheres Maß an wirtschaftspolitischer Praktikabilität als andere Varianten auf. Damit ist keinesfalls

109 Die sog. Monopolgradtheorie der Verteilung ist eine Variante der bürgerlichen makroökonomischen Verteilungstheorie auf der Basis der aggregierten mikroökonomischen Verteilungstheorie. Sie ist jene Richtung in der modernen bürgerlichen Verteilungstheorie, „welche die in der Wirklichkeit feststellbaren Marktunvollkommenheiten berücksichtigt ..., welche auf Arbeiten von J. Robinson, Chamberlin, A. P. Lerner beruhend, in Kalecki, Preiser, J. Robinson ihre wichtigsten Vertreter besitzt.“ (Vgl. E. Matzner, Der Beitrag der Grenzproduktionstheorie zur Erklärung der Einkommensverteilung, in: Beiträge zur Einkommensverteilung, a. a. O., S. 9.) Diese theoretische Konstruktion ist in ihrer wirtschaftspolitisch-praktischen Wirksamkeit für die Interessen der Monopolbourgeoisie so gut wie Null.

110 Vgl. E. Scheele, Theorie der Einkommensverteilung, a. a. O., S. 340ff.

gesagt, daß mit dieser Doktrin die moderne bürgerliche politische Ökonomie die äußerst komplizierten und politisch diffizilen Probleme des Verwendungs- und Distributionsstadiums des Nationaleinkommenskreislaufes im heutigen Kapitalismus in den Griff bekommen hätte. Abschließend ist deshalb die neokeynesianische verteilungstheoretische Variante innerhalb der bürgerlichen Verteilungstheorie kritisch einzuschätzen.[111]

Mit der Herausarbeitung der neokeynesianischen Verteilungstheorie ist es der modernen bürgerlichen politischen Ökonomie im wesentlichen gelungen, „die Verteilungstheorie aus ihrer Verflechtung mit der Preistheorie und der Unternehmenstheorie, als deren Nebenprodukt sie vielfach anfiel, zu lösen und ihr den Charakter einer selbständigen Disziplin zu geben."[112] Sie stellt die zentrale Frage nach den Faktoren, die den Profit bestimmen, in den Vordergrund der theoretischen Untersuchung. So wird zur Hauptaufgabe der neokeynesianischen Verteilungstheorie ohne Umschweife festgestellt: „Bei der Untersuchung der kreislauftheoretischen Grundlagen der ‚keynesianischen' Verteilungstheorie geht es um die Frage, unter welchen Bedingungen Gewinne als dauerhafte Einkommensart überhaupt existieren können. Die Mikroökonomik hat eine präzise Antwort darauf: Gewinne können auf die Dauer nur existieren als Monopolrenten. Diese können sowohl bei den Faktoren[113] als auch bei den Unternehmen auftreten; sie entstehen dann, wenn der Marktzugang ausgeschlossen ist.

Die makroökonomische Verteilungstheorie stellt dar, daß diese Erklärung nicht ausreicht, da sie – typisch für die Makroökonomik – einfach unterstellt, daß die gesamte monetäre Nachfrage (die Summe aller Erlöse, in

[111] Bei der im folgenden zu erörternden modernen bürgerlichen verteilungstheoretischen Konzeption handelt es sich um ein Musterbeispiel einer *neokeynesianischen* Theorie. Obgleich Kaldor, dessen verteilungstheoretische Konzeption im folgenden von uns als typisches Beispiel neokeynesianischer Analyse untersucht wird, sein Modell selbst als *keynesianisch* bezeichnet, handelt es sich hierbei doch um ein *neo*keynesianisches Modell par excellence insofern, als zwar die Prämissen Keynesschen, die Erweiterungen und Verfeinerungen aber durchaus neokeynesianischen Charakter tragen. Kaldor wurde wegen der Einschätzung seiner Verteilungstheorie als keynesianische und nicht als *neo*keynesianische selbst von seinen Kollegen aus den Kreisen der bürgerlichen Ökonomen gerügt. (Vgl. A. K. Sen, Neo-Classical and Neo-Keynesian Theories of Distribution, in: The Economic Record, March 1963.)

[112] Vgl. hierzu und zum folgenden F. Schebeck, Die Erklärung der Einkommensverteilung aus dem Einkommenskreislauf, a. a. O., S. 50.

[113] Hier bezieht sich Erwin Scheel auf die vulgärökonomische Produktionsfaktorentheorie, die bekanntlich das Kapital, die Arbeit und den Boden als die ursprünglichen Produktionsfaktoren ansieht.

einer geschlossenen Wirtschaft das Volkseinkommen) größer ist als die gesamten Produktionskosten (die in einer geschlossenen Wirtschaft gleich dem gesamten Faktoreinkommen sind). Sie zeigt, daß diese Unterstellung nur unter bestimmten Voraussetzungen statthaft ist."[114]

Die von Keynes entwickelten und von den Neokeynesianern im Detail erweiterten kreislauftheoretischen Grundlagen mußten also unter Berücksichtigung der verteilungstheoretischen Aspekte durch die Einbeziehung des Profiteinkommens erweitert werden. Die Apologetisierung des Profits erfolgt dabei in der Form, daß seine Existenz einfach als gegeben unterstellt wird. Profit wird nicht als die Erscheinungsform der Ausbeutung der Lohnarbeiter durch das Kapital gewertet, sondern als gleichsam a priori gegebener Nationaleinkommensbestandteil in die kreislauftheoretische Analyse einbezogen. Der Profit ist natürlich ein Teil des unter kapitalistischen Produktionsverhältnissen erzeugten Nationaleinkommens. Insofern wäre diese Unterstellung nicht abwegig. Die Frage nach seiner Herkunft, nach seinem Wesen und seinen Bewegungsgesetzen wird aber von den bürgerlichen ökonomischen Theoretikern aus klassenmäßigen Gründen umgangen. Aber erst die Beantwortung dieser grundlegenden Frage bietet die Gewähr für ein tiefes Eindringen in die realen Prozesse und Bedingungen der Distribution und Umverteilung des Nationaleinkommens unter kapitalistischen Produktionsbedingungen. Übrigens unternehmen auch die bürgerlichen Wirtschaftsstatistiker alles nur Erdenkliche, um die wirkliche Größe des Profits und das tatsächliche Ausmaß der *zusätzlichen* Ausplünderung der breiten Volksschichten in der Umverteilungsphase des Nationaleinkommens durch den imperialistischen Staat zu verschleiern.[115]

Von der neokeynesianischen Verteilungstheorie wird der Profit nach folgendem Schema in das Verteilungsmodell eingebaut: Das Nationaleinkommen (Y) wird zunächst als Summe von Löhnen (W) und Gewinnen (Profite) (P) definiert, d. h.

$$Y = W + P. \tag{22}$$

Diese Ausgangsgleichung wird, aufbauend auf Keynes' Spartheorie, durch die *Aufgliederung* der volkswirtschaftlichen Ersparnisbildung in eine Ersparnisbildung aus Löhnen (S_w) und in eine solche aus Profiten (S_p) erweitert. Daraus ergibt sich die Gleichung

$$S = S_w + S_p. \tag{23}$$

[114] Vgl. E. Scheele, Theorie der Einkommensverteilung, a. a. O., S. 330.

[115] Vgl. hierzu u. a. K. Lungwitz, Die Verteilung und Umverteilung des westdeutschen Nationaleinkommens . . ., a. a. O., S. 35.

Dieser Ansatz wird insofern weitergeführt, als nicht mehr, wie noch bei Keynes, mit einer gesamtwirtschaftlichen Sparneigung operiert, sondern eine solche für die Lohnempfänger (sw) und für die Profitbesitzer (sp) unterschieden wird. Aus diesen ökonomisch-theoretischen Prämissen wird die neokeynesianische Verteilungstheorie entwickelt. Im folgenden wird am Beispiel der verteilungstheoretischen Konzeption des bekannten englischen Neokeynesianers N. Kaldor zu zeigen sein, welche Ergebnisse dabei gezeitigt werden.[116]

Die ökonomisch-theoretische Ausgangsposition der verteilungstheoretischen Ableitungen Kaldors trägt durchaus realistische Züge. So ist gegen die Aufteilung des Nationaleinkommens in Löhne und Profite nichts einzuwenden. Auch die Unterscheidung unterschiedlicher Sparquoten aus dem Einkommen der Arbeiter und der Kapitalisten ist gerechtfertigt und geht über Keynes' vereinfachende Annahme hinaus. Kaldor[117] leitet nun daraus als allgemeines Verteilungsmodell, und zwar als Bestimmungsformel für den *Profitanteil* am Nationaleinkommen, die Gleichung

$$\frac{P}{Y} = \frac{\frac{I}{Y} - sw}{sp - sw} \qquad (24)$$

ab.[118] Sie besagt, daß der Profitanteil am Nationaleinkommen von den Sparquoten der Lohnempfänger und Kapitalisten sowie von der Investitionsquote der kapitalistischen Unternehmer abhängig ist. Das ist als eine demagogische Verschleierung der tatsächlichen Verteilungsverhältnisse anzusehen.

116 Vgl. N. Kaldor, Alternative Theories of Distribution, in: Essays on Value and Distribution, London 1960, S. 209ff. Zur Kritik an Kaldors Verteilungstheorie vgl. u. a. K. W. Rothschild, Thema und Variationen. Beziehungen zur Verteilungsformel Kaldors; Wiederabdruck, in: Beiträge zur Theorie der Einkommensverteilung, a. a. O., S. 81ff.

117 Vgl. N. Kaldor, Alternative Theories of Distribution, a. a. O.; vgl. auch: F. Schebeck, Erklärung der Einkommensverteilung ..., a. a. O., S. 56ff.

118 Kaldor hat seine verteilungstheoretischen Ableitungen sowohl in allgemeiner Form als auch für die Bedingungen *wachsender* Wirtschaften bei kurzfristig stabilem und langfristig stabilem Gleichgewicht durchgeführt. Die Verteilungsgleichung erfährt hierbei Erweiterungen, die für die generelle Beurteilung der hier zur Diskussion stehenden verteilungstheoretischen Konzeption aber außer acht gelassen werden können, da sie die Grundaussagen der Kaldorschen Verteilungstheorie nur modifizieren. So wird beispielsweise für das langfristig stabile Gleichgewicht als Verteilungsgleichung abgeleitet:

Natürlich hängt die *Aufteilung* des Nationaleinkommens in Löhne (variables Kapital) und Profite (Mehrwert) *nicht* von irgendwelchen Spar- und Investitionsquoten ab. Diese Aufteilung ist allein durch ökonomische Gesetze und durch den ökonomischen Klassenkampf bestimmt. Die Arbeiterklasse kann ihren Anteil am Nationaleinkommen im Kapitalismus nur durch harte Lohnkämpfe und im beharrlichen Ringen gegen alle Versuche der Monopolbourgeoisie, ihre materiellen Lebensbedingungen zu beschneiden, erhöhen.

In der BRD kommt es vor allem darauf an, den verstärkten Anstrengungen der Monopolbourgeoisie nach Ausweitung ihrer ökonomischen und politischen Machtpositionen und ihrem Machtmißbrauch zu einer antidemokratischen und gegen die Lebensinteressen der Werktätigen gerichteten Lohnpolitik energisch entgegenzuwirken. Um dem berechtigten Kampf der Arbeiterklasse und anderer werktätiger Schichten in der BRD gegen das Monopolkapital zu begegnen, verstärkt das westdeutsche Monopolkapital seinen Angriff vor allem gegen das demokratische Mitbestimmungsrecht der Arbeiter und Angestellten in Wirtschaft und Gesellschaft. Speziell für die westdeutschen Gewerkschaften ergibt sich daraus die Notwendigkeit, den ökonomischen Klassenkampf immer stärker mit dem Kampf gegen das imperialistische System in seiner Gesamtheit zu verbinden.

Kaldors verteilungstheoretische Konzeption trägt zur wirklichen Lösung der anstehenden theoretischen Probleme nichts bei. Sie stellt die Faktoren heraus, die für die Beeinflussung des Nationaleinkommens von Bedeutung sind. Eine Vergrößerung seines Volumens liegt natürlich in erster Linie im Interesse der Monopolbourgeoisie. Die Erhöhung des Nationaleinkommens bildet unter den heutigen Bedingungen des Kapitalismus die entscheidende Grundlage für die weitere Steigerung der Profitmasse bei gleichzeitiger Anhebung des auf das variable Kapital entfallenden Anteils am Nationaleinkommen. Dabei kommt der *Zuwachs* an Nationaleinkommen nur zu einem geringen Teil den Werktätigen zugute; der überaus größte Teil dieses Zuwachses fließt in die Taschen der Monopole.[119]

Es zeigt sich also zusammenfassend folgendes: Der Klassencharakter der Verteilung des Nationaleinkommens auf Arbeitseinkommen (Lohn) und

$$\frac{P}{Y} = \frac{\gamma \frac{K}{Y} - sw}{sp - sw}, \tag{24a}$$

wobei γ als $\frac{\Delta Y}{Y} = \frac{I}{K}$, d. h. als Gleichgewichtsinvestitionsquote definiert ist.

[119] Spätkapitalismus ohne Perspektive, a. a. O., S. 94ff.

auf Einkommen auf Basis von Kapitaleigentum (Profit) wird von den Neokeynesianern nicht aufgedeckt. Der Profit wird als eine Selbstverständlichkeit dargestellt, der im Einkommenskreislauf angeblich von Anfang an gegeben und nicht zu begründen ist. Dieser apologetische Grundzug innerhalb der neokeynesianischen verteilungstheoretischen Konzeption schließt jedoch nicht aus, daß diese Konzeption auf zentrale Kategorien des gesellschaftlichen Reproduktionsprozesses im Kapitalismus orientiert, so z. B. Investitionen, Sparquoten, Profitanteile, die Gegenstand der staatsmonopolistischen Regulierung sind.
Trotz verstärkter Bemühungen der bürgerlichen Wirtschaftstheoretiker auf verteilungstheoretischem Gebiete wird nach wie vor über einen unzureichenden Entwicklungsstand auf diesem Gebiet der ökonomischen Theorie geklagt. Auch sind die in der neokeynesianischen verteilungstheoretischen Konzeption enthaltenen wirtschaftspolitisch-praktischen Aussagen noch zu global, als daß sie den gestiegenen Anforderungen der Monopolbourgeoisie in dieser speziellen Frage bereits genügen könnten. Die gegenwärtige Situation auf diesem Gebiet der bürgerlichen Wirtschaftstheorie ist deshalb auch dadurch charakterisiert, daß verschiedentlich Versuche unternommen wurden, durch eine Verbindung von neokeynesianischer Verteilungstheorie mit anderen verteilungstheoretischen Konzeptionen, beispielsweise mit der sog. Monopolgradtheorie[120], zu praktikableren Lösungen zu gelangen.[121] Die Diskussion unter den bürgerlichen Ökonomen um diese Frage ist gegenwärtig noch im vollen Gange. Künftige Entwicklungen auf diesem Gebiet sind von der marxistisch-leninistischen Kritik der modernen bürgerlichen politischen Ökonomen weiter zu verfolgen.

[120] Vgl. hierzu S. 155. der vorliegenden Arbeit.
[121] Vgl. E. Scheele, Theorie der Einkommensverteilung, a. a. O., S. 340ff.

5. Der neokeynesianische Einfluß auf die dynamischen Aspekte des gesellschaftlichen Reproduktionsprozesses im staatsmonopolistischen Kapitalismus

Die gegenwärtige Lage im Kapitalismus ist u. a. dadurch gekennzeichnet, daß alle imperialistischen Regierungen – auch die in der BRD – dazu übergegangen sind, bewußt das *Wachstum* der kapitalistischen Wirtschaft zu fördern. Das direkte Eingreifen des imperialistischen Systems in die ökonomischen Prozesse und seine Umwandlung gleichsam in eine ökonomische Potenz sind im Ergebnis der Entfaltung des Grundwiderspruchs der kapitalistischen Produktionsweise unvermeidlich geworden.[1] Dem Wachstumstempo der Wirtschaft kommt dabei eine entscheidende Bedeutung für die Durchsetzung der imperialistischen Expansionsbestrebungen zu. Im staatsmonopolistischen Kapitalismus muß der Staat, der sich selbst in eine ökonomische Potenz verwandelt hat, „notwendig mit den ihm zur Verfügung stehenden Mitteln der staatlichen Gewalt in die gesellschaftlichen Prozesse eingreifen, um von dieser Ebene aus die Bedingungen der Profitproduktion und das Funktionieren des längst für seine Ablösung reifen kapitalistischen System(s) . . . (zu)sichern."[2] Daraus leiten sich weitreichende Konsequenzen für die heutige staatliche Wirtschafts- und Finanzpolitik ab. Ihr ist die im Rahmen des Kapitalismus allerdings nicht lösbare Aufgabe gestellt, „prophylaktisch dem Entstehen systembedrohender Disproportionen und Konflikte entgegenzuwirken und die günstigen Voraussetzungen für ein ausreichendes und stabiles Wirtschaftswachstum zu schaffen."[3]

Unsere bisherigen kritischen Untersuchungen der modernen bürgerlichen Auffassungen über den gesellschaftlichen Reproduktionsprozeß im Kapitalismus hatten die Aspekte der Dynamik innerhalb dieses Prozesses ausgeklammert, zumindest nur gestreift. Jedoch der prinzipiellen Bedeutung

[1] Vgl. hierzu u. a. H. Heiniger, P. Hess, Die Aktualität der Leninschen Imperialismuskritik, Berlin 1970, S. 46f.

[2] Vgl. ebenda, S. 48.

[3] Vgl. Spätkapitalismus ohne Perspektive, a. a. O., S. 88.

gemäß, die unter den heutigen Bedingungen im Kapitalismus den Fragen des Wirtschaftswachstums zukommt, sowohl hinsichtlich der ökonomisch-theoretischen als auch der wirtschaftspolitisch-praktischen Probleme, ist im folgenden in einem gesonderten Kapitel auf diese Fragen einzugehen. Selbstverständlich ist auch hier wieder den Aspekten des Neokeynesianismus die vorrangige Beachtung einzuräumen.

Unmittelbar nach der Propagierung des Keynesschen Lehrsystems ist von der bürgerlichen politischen Ökonomie, aufbauend auf den Keynesschen Dogmen, den Aspekten der langfristigen Entwicklung des gesellschaftlichen Reproduktionsprozesses im Kapitalismus im verstärkten Maße Aufmerksamkeit gewidmet worden. Für diesen spezifischen Entwicklungsprozeß innerhalb des Gesamtsystems der bürgerlichen politischen Ökonomie sind in erster Linie objektive Faktoren im Entwicklungsprozeß des kapitalistischen Wirtschaftssystems selbst sowie das Verhältnis dieses Systems zur Entwickung des sozialistischen Weltwirtschaftssystems ausschlaggebend. Im System der heutigen, auf die dynamischen Aspekte des gesellschaftlichen Reproduktionsprozesses des modernen Kapitalismus ausgerichteten bürgerlichen Wirtschaftstheorie, zu der neben der wachstumstheoretischen auch die bürgerliche konjunkturtheoretische Forschung sowie auch die ökonomisch-theoretischen Bemühungen um eine Vereinigung von wachstums- und konjunkturtheoretischer Forschung zu zählen sind, übt die neokeynesianische Wirtschaftstheorie einen bestimmenden Einfluß aus. Dies drückt sich u. a. in solchen Einzelerscheinungen aus, daß beispielsweise J. M. Keynes' Beitrag zur bürgerlichen Wirtschaftstheorie in dem bisher wohl umfangreichsten modernen bürgerlichen Werk über die Geschichte der politischen Ökonomie, in J. Schumpeters „Geschichte der ökonomischen Analyse“[4], nur in einem einzigen Punkt überhaupt für würdig befunden wird, in die Geschichte der ökonomischen Analyse aufgenommen zu werden, nämlich in dem Punkte, „daß Keynes ... der Makrodynamik[5] einen kraftvollen Impuls verlieh – fast alle modernen Werke auf diesem Gebiet nehmen von einer ‚dynamisierten‘ Form seines Modells ihren Ausgang. Dies ist der Punkt, der in einer Geschichte der Analyse hervorgehoben werden muß.“[6]

[4] Vgl. J. Schumpeter, Geschichte der ökonomischen Analyse, zwei Halbbände, Göttingen 1965.

[5] In der modernen bürgerlichen politischen Ökonomie wird im allgemeinen die auf die Untersuchung der Bewegungsvorgänge innerhalb des gesellschaftlichen Reproduktionsprozesses orientierte wirtschaftstheoretische Forschung als „Makrodynamik“ bezeichnet.

[6] Vgl. J. Schumpeter, Geschichte der ökonomischen Analyse, 2. Halbband, Göttingen 1965, S. 1439.

Schumpeter charakterisiert die Bedeutung der Keynesschen Wirtschaftstheorie für die Forcierung der modernen bürgerlichen reproduktionstheoretischen Forschung richtig, indem er hervorhebt, daß in dem Augenblick, da die Keynessche Wirtschaftstheorie ernsthaft angewendet wird, d. h. für die wirtschaftspolitischen Interessen der Monopolbourgeoisie zum Tragen kommen sollte, sich sofort die Notwendigkeit der Ausarbeitung der die Wirtschaftsdynamik betreffenden Partien des in seinen Grundzügen statistischen Lehrsystems ergab.[7] Dieser Prozeß setzte auch sofort nach Erscheinen des Keynesschen Hauptwerkes ein. Zu dieser Zeit waren aber auch innerhalb der ökonomischen Basis des Kapitalismus sowie durch die erfolgreiche Entwicklung des ersten sozialistischen Staates in der Welt, der Sowjetunion, solche objektiven Bedingungen herangereift, die bei der Monopolbourgeoisie ernsthaft Sorgen um ihre Perspektive aufkommen ließen. Hierauf mußte die bürgerliche politische Ökonomie reagieren. Dies geschah bekanntlich durch die schnelle Herausbildung apologetischer wachstumstheoretischer Konzeptionen.[8] In jener für die Gesamtbourgeoisie als Klasse kritischen Situation wird das auf die reproduktionstheoretische Analyse orientierende Keynessche Lehrsystem, das den Bedingungen des entwickelten staatsmonopolistischen Kapitalismus in seinen Grundzügen vollauf entspricht, jedoch den Makel einer kurzfristig-statischen Analyse trägt, lauthals propagiert. Die Keynessche Wirtschaftslehre läßt sich auch in diesem Punkte ergänzen und ausbauen. So wird sie zur theoretischen Basis für die zu dieser Zeit verstärkt einsetzende bürgerliche wachstumstheoretische Forschung. Wenn Schumpeter nun in seiner „Geschichte der ökonomischen Analyse" schreibt: „Da es sich aber einerseits als notwendig erwies, diesen Kern (Schumpeter bezieht sich hier auf die Keynessche Theorie – K. M.) durch dynamische Überlegungen zu ergänzen, und da andererseits sein Werk (unabhängig von ihm) auf eine von einem neuen Interesse an der Makrodynamik beherrschten Situation auf dem Gebiete der neuen Theorie traf, wurde es von der Makrodynamik absorbiert. Infolge der Position jedoch, die sich Keynes' Werk im Denken der Fachwelt erobert hatte, wurde es von der Makrodynamik nicht einfach überschwemmt, sondern es half seinerseits, die letztere zu formen und voranzutreiben – *wofür sich das Keynessche Modell*

[7] Vgl. ebenda, S. 1437.

[8] Zur Herausbildung der modernen bürgerlichen Wachtumstheorie vgl. H. Meißner, Kritik der bürgerlichen Theorie des Wirtschaftswachstums, in: Neue Erscheinungen' in der modernen bürgerlichen politischen Ökonomie, 2. Halbband, Berlin 1961, S. 405 ff.; Bürgerliche Ökonomie im modernen Kapitalismus, a. a. O., S. 376 ff.

auf Grund seiner Einfachheit als besonders geeignet erwies"[9], so ist dieser Einschätzung mit der Ausnahme zuzustimmen, daß angeblich die Einfachheit dieses Lehrsystems Ursache dafür sei, daß die Keynessche Wirtschaftsdoktrin die Basis für die in jener Zeit einsetzende bürgerliche wachstumstheoretische Forschung wurde. Nicht irgendwelche Einfachheit des Systems – es ließe sich außerdem darüber streiten, ob Keynes' Lehrsystem einfach oder kompliziert ist –, sondern allein der ausgeprägt staatsmonopolistische Charakter dieser Doktrin begründet die Stellung der Keynesschen Wirtschaftstheorie als theoretische Basis im System der modernen bürgerlichen wachstumstheoretischen Forschung.
Es geht im folgenden nicht um die allseitige Durchforschung der modernen bürgerlichen Wachstumstheorie. Zu dieser Thematik liegt bereits eine größere Anzahl marxistisch-leninistischer Arbeiten vor. Aufgabe des folgenden Kapitels ist die kritische Einschätzung der Existenz des Neokeynesianismus im System der auf die dynamischen Aspekte des gesellschaftlichen Reproduktionsprozesses ausgerichteten modernen bürgerlichen Wirtschaftstheorie und deren wirtschaftspolitische Ausnutzung im heutigen staatsmonopolistischen Kapitalismus.

5.1. Einige Bemerkungen zur historischen Entwicklung der modernen bürgerlichen Wachstumstheorie

Bezüglich der Entstehungsursachen und der historischen Herausbildung der modernen bürgerlichen Wachstumstheorie hebt Herbert Meißner hervor, daß im Verlaufe der dreißiger Jahre unseres Jahrhunderts, als die Bourgeoisie mehr und mehr von der Sorge um die Perspektive ihres Gesellschaftssystems erfaßt wurde, „das Problem der *zyklischen Bewegung* mit der Frage nach der *langfristigen Entwicklung* verbunden (wurde)".[10] Die moderne bürgerliche Wachstumstheorie erwuchs in der Tat historisch aus der bis zu diesem Zeitpunkt entwickelten bürgerlichen Konjunkturforschung. Die ersten bedeutenderen Arbeiten zur bürgerlichen Wachstumstheorie, die im Anschluß an Keynes' Hauptwerk „Allgemeine Theorie" erschienen und auf den Prämissen dieses Werkes aufbauten, hatten noch einen stark konjunkturtheoretischen Einschlag. Diese Arbeiten widmeten sich der Untersuchung über die Wirkung von Produzenten- und Konsu-

[9] Vgl. J. A. Schumpeter, Geschichte der ökonomischen Analyse, 2. Halbband a. a. O., S. 1438 (Hervorhebung vom Verfasser).
[10] Vgl. Bürgerliche Ökonomie im modernen Kapitalismus, a. a. O., S. 378 (Hervorhebung vom Verfasser).

mentenausgaben auf den zyklischen Ablauf des kapitalistischen gesellschaftlichen Reproduktionsprozesses. Die hier entwickelten Auffassungen stellten eine Kombination des Multiplikator- und Akzeleratortheorems dar. Neben R. F. Harrod, R. Frisch und Alvin H. Hansen war es vor allem Paul A. Samuelson, also fast durchweg bürgerliche Ökonomen des angloamerikanischen Sprachbereichs, die sich bei diesen ersten Schritten zur Herausbildung der bürgerlichen wachstumstheoretischen Forschung hervortaten. Bei seinem Versuch nach einer Quantifizierung der Multiplikator- und Akzeleratorwirkung zeigte Samuelson, daß – sind bestimmte Annahmen unterstellt[11] – das Akzeleratorprinzip konjunkturelle Schwingungen des Nationaleinkommens, und zwar Schwingungen mit abnehmender Amplitude, um das durch die Multiplikatorwirkung beeinflußte Nationaleinkommensniveau hervorruft.[12]

Obgleich die Herausarbeitung des wachstumstheoretischen Problems bei Samuelson schon enthalten, nämlich in Form der Untersuchung des langfristigen Wachstums des Nationaleinkommens als Trendlinie konjunktureller Schwingungen, ist die wachstumstheoretische Fragestellung doch erst nur in ihrer Keimform entwickelt. Das *Konjunktur*- überdeckt noch das *Wachstums*problem. Anders verhält es sich dagegen mit einem Aufsatz von R. F. Harrod aus dem Jahre 1939, in dem auf Keynesscher Basis ein eigentliches Wachstumsmodell ausgearbeitet wird.[13] Jedoch erst nach dem zweiten Weltkrieg wird von Harrod und Domar unabhängig voneinander eine Konzeption entwickelt[14], die für die folgende Zeit – bis Mitte der fünfziger Jahre – der bürgerlichen wachstumstheoretischen Forschung das Gepräge gibt. Erst 1956 werden dann in der Diskussion unter den bürgerlichen Theoretikern über die Frage des Wirtschafts-

11 Dem Samuelsonschen Multiplikator-Akzelerator-Modell liegen folgende Annahmen zugrunde: In jeder Reproduktionsperiode werden in *gleicher* Höhe staatliche Ausgaben getätigt; die marginale Konsumneigung beträgt 0,5; der Akzeleratorkoeffizient wird mit 1 angenommen.

12 Vgl. P. A. Samuelson, Interactions between the Multiplier Analysis and the Principle of Acceleration, in: The Review of Economic Statistics, Bd. 21, 1939.

13 Vgl. R. F. Harrod, An Essay in Dynamic Theory, in: The Economic Journal, Bd. 49, London 1939, S. 14ff.

14 Vgl. R. F. Harrod, Towards a Dynamic Economics, London 1948 (dt.; Dynamische Wirtschaft, Wien–Stuttgart 1949). E. Domar, Capital Expansion, Rate of Growth, and Employment, in: Econometrica, Menasha Wisc,. Bd. 14, 1946, S. 137ff.; ders., Expansion and Employment, in: The American Economic Review, Bd. 37, 1947; ders., The problem of Capital Accumulation, in: American Economic Review, Bd. 38, 1948.

wachstums im Imperialismus durch einen Beitrag des der sog. neoklassischen Richtung[15] angehörenden Ökonomen R. M. Solow neue Akzente gesetzt und eine gewisse Abwendung von den Keynesschen Grundlagen erreicht.[16] Es erfolgt aber keineswegs eine Überwindung oder gar Abkehr von den Keynesschen Prämissen in der bürgerlichen wachstumstheoretischen Forschung. Nach wie vor bleiben diese erhalten und werden weiter ausgebaut. Überhaupt ist es unzulässig, eine Kluft zwischen der Keynesschen und der neoklassischen Variante innerhalb der modernen bürgerlichen wachstumstheoretischen Forschung zu ziehen. Zwischen beiden Konzeptionen bestehen keine prinzipiellen Gegensätze. Seit einigen Jahren ist sogar das Bestreben zu beobachten, beide Konzeptionen in der Form zu verschmelzen, daß aus beiden Varianten das für die Durchsetzung der wirtschaftspolitischen und ideologischen Interessen der Monopolbourgeoisie Brauchbare übernommen und das diesen Zielen Hemmende fallengelassen wird.[17]

Die neokeynesianische wachstumstheoretische Konzeption, die bis Mitte der fünfziger Jahre *allein* das Feld der modernen bürgerlichen wachstumstheoretischen Forschung beherrschte, wurde nach dem zweiten Weltkrieg von R. F. Harrod und E. D. Domar ausgearbeitet und von N. Kaldor[18]

[15] Zur neoklassischen Richtung der modernen bürgerlichen politischen Ökonomie vgl. auch S. 173ff., der vorliegenden Arbeit.

[16] Es handelt sich hierbei um die Arbeit von Solow „A Contribution to the Theory of Economic Growth“ aus dem Jahre 1956 (in: Quaterly Journal of Economics, London 1956, S. 65ff.), mit der die sogenannte neoklassische Variante innerhalb der modernen bürgerlichen Wachstumstheorie begründet worden ist. Die sog. neoklassische Richtung innerhalb der modernen bürgerlichen politischen Ökonomie stellt den Versuch dar, durch ein Anknüpfen an bestimmte Teile der klassischen bürgerlichen politischen Ökonomie und an die von der Klassik noch beeinflußten ersten bürgerlichen Vulgärökonomen – so z. B. J. B. Say, R. M. Malthus – eine Brücke zwischen diesen Wirtschaftstheorien und der heutigen imperialistischen bürgerlichen politischen Ökonomie zu schlagen. Man will so alle aus der früheren Zeit der Entwicklung der bürgerlichen politischen Ökonomie und für heute als nützlich eingeschätzten Theoreme übernehmen, ohne zu sehen, daß hier zwei völlig unterschiedliche Entwicklungsperioden der politischen Ökonomie verquickt werden sollen; ein wahrlich untauglicher Versuch. (Zur neoklassischen Variante in der modernen bürgerlichen wachstumstheoretischen Forschung vgl. auch Bürgerliche Ökonomie im modernen Kapitalismus, a. a. O., S. 390ff.)

[17] Vgl. K. O. W. Müller, Zu aktuellen Problemen in der westdeutschen bürgerlichen Ökonomie, in: Wirtschaftswissenschaft, 17. Jg., Berlin 1969, S. 484ff.

[18] Vgl. N. Kaldor, A Model of Economic Growth, in: Economic Journal, London 1957.

später in einigen Punkten erweitert. Hierauf ist im folgenden näher einzugehen:

Es lassen sich zwei Grundtypen dieser Wachstumsmodelle unterscheiden, wobei die zweite Form als Weiterführung der ersten zu verstehen ist:

1. die Harrod-Domar-Modelle (mit instabilem Wachstumsgleichgewicht)
2. die Kaldor-Modelle (mit Stabilisierung des gleichgewichtigen Wachstums)

Allen diesen neokeynesianischen Wachstumsmodellen ist zunächst ihre Ableitung auf Basis des Keynesschen und neokeynesianischen Kategoriensystems gemeinsam. Dadurch sind sie an sich in ihrem Grundcharakter bereits eindeutig bestimmt. Folgende Elemente dienen als kategoriale Bausteine für diese Modelle und die aus ihnen abgeleiteten Theoreme: die Keynesschen Grundgleichungen für das Nationaleinkommen, und zwar:

$$Y = C + I \tag{2a}$$

und

$$Y = C + S \tag{2b}$$

sowie die subjektivistisch determinierte Sparfunktion

$$S = S(Y). \tag{10}$$

Außerdem wird die Investitionsfunktion in ihrer allgemeinsten Form[19]

$$I = I(\dot{Y}) \tag{25}$$

sowie der Kapazitätseffekt der Investitionen, ausgedrückt durch die Definitionsgleichung[20]

$$I = \dot{K} \tag{26}$$

berücksichtigt, ein Umstand, der noch von Keynes selbst bei seinen Ableitungen über die Wirkung von Nettoinvestitionen auf den Ablauf des gesellschaftlichen Reproduktionsprozesses vernachlässigt wurde. Bekanntlich war Keynes mit dem für die damalige Bourgeoisie ernsten Problem der akuten Nichtauslastung von Produktionskapazitäten großen Ausmaßes zur Zeit der Weltwirtschaftskrise und der damit einhergehenden Massenarbeitslosigkeit konfrontiert. *Zusätzliche* Investitionen wurden von ihm deshalb allein unter dem Aspekt ihrer stimulierenden Wirkung auf das Wachstum des Nationaleinkommens (Einkommenseffekt der Investitionen) durch die Ausdehnung der sog. wirksamen Gesamtnachfrage untersucht. Für *wachstumstheoretische* Untersuchungen ist jedoch der Kapazitätseffekt der Investitionen ebenfalls in die Untersuchung einzu-

19 $\dot{Y}$ bedeutet die Veränderung der Variablen in der Zeit, ist also als $\dot{Y} = \frac{dY}{dt}$ definiert.

20 Diese Gleichung besagt, daß durch zusätzliche Investitionen ein gleichgroßer Zuwachs am Bestand des Kapitals, deshalb die Form $\dot{K}$, erfolgt.

beziehen. Unter den konkreten Bedingungen relativ hoch ausgelasteter Produktionskapazitäten ist der Kapazitätseffekt der Investitionen heute für die bürgerlichen Ökonomen von weitaus größerem Interesse als zu Keynes' Zeiten.

Im folgenden sind die Wachstumsmodelle der Neokeynesianer Domar, Harrod und Kaldor näher einzuschätzen.

E. D. Domar propagierte nach dem Kriege ein Wachstumsmodell, das die Bedingungen für ein gleichgewichtiges Wirtschaftswachstum unter kapitalistischen Produktionsverhältnissen aufzeigen soll. Ausgangspunkt für ihn ist die Berücksichtigung des Einkommenseffektes der Investitionen, ausgedrückt durch die Gleichung[21]

$$\dot{Y}_{,} = \frac{1}{s} \dot{I}, \tag{27}$$

sowie die Berücksichtung des Kapazitätseffektes derselben, ausgedrückt durch die Gleichung

$$\dot{Y} = \frac{1}{\beta} I, \tag{28}$$

wobei unter $\frac{1}{\beta}$ die „Produktivität der Investition" verstanden wird.[22] Im Anschluß an Domar hat sich in der heutigen bürgerlichen politischen Ökonomie unter dem Einfluß von N. Kaldor hierfür der Begriff Kapitalkoeffizient (β) durchgesetzt, wobei dieser als Relation zwischen Kapital und Nationaleinkommen definiert wird.

Domar stellt die für die Profitinteressen der Monopolbourgeoisie durchaus gewichtige Frage nach den Bedingungen gleichgewichtigen Wirtschaftswachstums unter kapitalistischen Produktionsbedingungen. Kann es solch ein Wirtschaftswachstum unter derartigen Bedingungen überhaupt geben? Die kapitalistischen Produktionsverhältnisse schließen bekanntlich tiefe, antagonistische Widersprüche in sich ein, die dazu führen, daß die gesamtwirtschaftlichen Proportionalitätsbedingungen, die eine wesentliche Voraussetzung gleichgewichtigen Wirtschaftswachstums darstellen, sich selbst nur in mehr oder weniger starken periodischen Erschütterungen des gesamten gesellschaftlichen Reproduktionsprozesses durchsetzen. Die Systemwidersprüche innerhalb des kapitalistischen gesellschaftlichen Reproduktionsprozesses bewirken darüber hinaus, daß das Gesamtsystem der Wachstumsfaktoren nicht in sich harmonisch abgestimmt wirksam

[21] Der Koeffizient $\frac{1}{s}$ drückt die marginale Sparquote aus.

[22] Domar verwendet hierfür das Symbol δ.

ist. So sind z. B. die Investitionen der kapitalistischen Unternehmer durch die konkreten Bedingungen der Profitproduktion, die Bildungsinvestitionen dagegen stärker durch fiskalische Prioritäten, die Kapitalakkumulation für variables Kapital vorwiegend durch lohnpolitische Momente und die Bedingungen des ökonomischen Klassenkampfes usw. determiniert. Das letzte und treibende Motiv des kapitalistischen Wirtschaftens überhaupt, der höchstmögliche Profit, wirkt über ein detailliertes System wirtschaftspolitischer Einzel(Unternehmens-) und Kollektiv(Staats-,Monopol)entscheidungen auf die konkreten Bedingungen des Wirtschaftswachstums im Kapitalismus ein. Dem imperialistischen Staat kommt hierbei die Aufgabe zu, die Bedingungen für ein möglichst störungsfreies, stabiles und langfristiges Wirtschaftswachstum zu garantieren.[23]

Bei Domar reduziert sich die Analyse der Bedingungen gleichgewichtigen Wirtschaftswachstums auf nur einige wenige aussagekräftige Thesen und Theoreme. Für ihn besteht dynamisches Gleichgewicht dann, wenn die gesamtwirtschaftlichen Produktionskapazitäten in jedem Augenblick dem Volumen des Nationaleinkommens entsprechen, d. h. die materiellen Produktionsbedingungen werden voll genutzt.[24] Dies ist offensichtlich nicht nur eine recht simple Auffassung, sondern auch eine illusionäre Maximalforderung insofern, als die *volle* Auslastung der Produktionskapazitäten und des Arbeitskräftereservoirs für die kapitalistische Wirtschaft nicht typisch, bestenfalls nur kurzfristig in der Hochkonjunkturphase des kapitalistischen Krisenzyklus zu beobachten ist. Mit der Vertiefung der allgemeinen Krise des Kapitalismus nimmt die volle Auslastung der Produktionskapazitäten gesetzmäßig ab. Zugleich besteht ein Arbeitslosenheer in allen imperialistischen Ländern.

Domar stellt die Frage nach den Bedingungen, die im Prozeß der kapitalistischen gesellschaftlichen Produktion gegeben sein müssen, damit der Zustand voller Kapazitätsauslastung bestehen bleibe. Er überträgt dabei diese unrealistische Konzeption auf die Bestimmung des gleichgewichtigen Wirtschaftswachstums. Domar formuliert diese Bedingungen in seiner bekannten Gleichung gleichgewichtigen Wachstums:

$$Y_t = Y_o \cdot e^{\frac{s}{\beta} t}. \qquad (29)$$

Soll also in der Volkswirtschaft langfristig Gleichgewicht in dem Sinne herrschen, daß das Nationaleinkommen stets gleich der Produktions-

23 Vgl. hierzu auch Kapitel 6 der vorliegenden Arbeit.

24 Vgl. E. D. Domar, Capital Expansion, Rate of Growth and Employment, a. a. O., Wiederabdruck in: Essays in the Theory of Economic Growth, New York 1957.

kapazität ist, dann müssen das Nationaleinkommen, die Nettoinvestitionen, die Ersparnisse und der Kapitalbestand, die alle in dieser Gleichung enthalten sind[25], gemäß einer Zinseszinsfunktion mit konstanter Rate $\frac{s}{\beta}$, die als Gleichgewichtsrate bezeichnet wird, wachsen.

Domars Wachstumsgleichung hat mit dem realen Sachverhalt in der modernen kapitalistischen Wirtschaft allerdings nichts zu tun. Anstelle einer sachlichen Einschätzung wird der sich mit dieser Gleichung abmühende Leser, damit er nun nicht ganz leer ausgehe, mit Banalitäten und das um die Perspektive des Kapitalismus beunruhigte Gewissen des Bourgeois mit beschönigenden Aussichten über das kapitalistische System entschädigt. Worum geht es bei dieser Domarschen Gleichung im Grunde genommen? Diese Gleichung enthält im wesentlichen durch die Wachstumsrate $\frac{s}{\beta}$ ihr Gepräge, wobei s die Sparquote und β den Kapitalkoeffizienten darstellen. Danach hätte sich ein einmal in Gang gesetzter Prozeß an Kapitalakkumulation *permanent* forzusetzen, und zwar mit einer Rate, die durch die *konstante* Relation zwischen Sparquote und Kapitalkoeffizienten gekennzeichnet ist. Eine derartige Entwicklung ist in der kapitalistischen Wirtschaftspraxis jedoch nicht anzutreffen. Die Kapitalakkumulation unterliegt bekanntlich erheblichen *Schwankungen*, die eng mit der zyklischen Bewegung des kapitalistischen gesellschaftlichen Reproduktionsprozesses verbunden und unter den heutigen Bedingungen vor allem auch stärker an die wechselnden politischen Situationen gebunden sind. Die antagonistischen Widersprüche innerhalb der kapitalistischen Wirtschaft führen zu tiefgreifenden Erschütterungen im Ablauf des gesellschaftlichen Reproduktionsprozesses und beeinflussen damit den Grad der Auslastung der Produktionskapazitäten wie auch den Grad der Kapitalakkumulation. Eine kontinuierliche Kapitalakkumulation, die Domar in seiner Gleichung unterstellt, hat es niemals gegeben; sie wird unter kapitalistischen Produktionsbedingungen auch niemals erreicht werden. Dem stehen objektive Widersprüche im System des Kapitalismus selbst entgegen.

Domars Gleichung bietet außerdem keine Aussagen über die kausalen Beziehungen innerhalb des gesellschaftlichen Reproduktionsprozesses im modernen Kapitalismus.

[25] Zur mathematischen Ableitung dieser Wachstumsgleichung sowie der Gleichgewichtswachstumsrate $\frac{s}{\beta}$ vgl. G. Bombach, Wirtschaftswachstum, in: Handwörterbuch der Sozialwissenschaften, 12. Bd., Stuttgart–Tübingen–Göttingen 1965, S. 776ff.

R. F. Harrod geht in seinen wachstumstheoretischen Konstruktionen über Domar hinaus. Er stellt die Frage nach den Stabilitätskriterien des gleichgewichtigen Wirtschaftswachstums im Kapitalismus. Damit berührt er zweifelsohne ein aktuelles Problem der modernen bürgerlichen wachstumstheoretischen Forschung.

Harrod unterscheidet drei Arten von Wachstumsraten: die tatsächliche (Gy) und die gleichgewichtige Wachstumsrate des Nationaleinkommens (Gy^W) sowie die sog. natürliche Fortschrittsrate (Gy^N). Er verbindet seine Differenzierung in den Wirtschaftswachstumsraten mit der Frage sowohl der langfristig-konjunkturellen als auch der Frage nach der perspektivischen Stabilität des kapitalistischen Wirtschaftssystems.

Mit Harrods These, daß Diskrepanzen zwischen der tatsächlichen und der gleichgewichtigen Wachstumsrate zu konjunkturellen Schwankungen führten, vor allem aber mit seiner Behauptung, daß ein Zurückbleiben der tatsächlichen Wachstumsrate hinter der sog. natürlichen Fortschrittsrate, also die Bedingung

$$Gy < G_Y^N, \qquad (30)$$

einer säkularen Instabilität des kapitalistischen Systems gleichzusetzen sei, wurden von ihm Teilfragen der Perspektive des Kapitalismus angeschnitten. Als angeblich gleichgewichtige Wachstumsrate definierte Harrod

$$G_Y^W = \frac{s}{C_r}, \qquad (31)$$

wobei der Ausdruck C_r als der von den kapitalistischen Unternehmern angestrebte optimale Kapitalkoeffizient (β) anzusehen ist. Differenzen zwischen dem optimalen Kapitalkoeffizienten C_r und dem tatsächlichen Kapitalkoeffizienten C verursachen nach Harrod Schwankungen im Wachstumsgleichgewicht, da die Größe s (die Sparquote) als autonome Größe definiert ist.

In der ökonomischen Realität des staatsmonopolistischen Kapitalismus sind die Wachstumsbedingungen nun doch offenbar komplizierterer Natur, als sie Harrod annimmt. Veränderungen im Kapitalkoeffizienten haben natürlich Einfluß auf das Entwicklungstempo des gesellschaftlichen Reproduktionsprozesses, sie können aber nicht die Ursache sein, sondern nur als eines der Symptome für Veränderungen innerhalb dieses Prozesses gedeutet werden. Dessen Dynamik ist durch tieferliegende Faktoren und Ursachen bestimmt, wobei das *Wachstum* der kapitalistischen Wirtschaft selbst nur eine der speziellen Bewegungsformen des Kapitals ist; Krisen, wirtschaftliche Stagnation sind weitere Formen.[26] Das Wachstum der

[26] Bereits aus diesem Zusammenhang leitet sich ab, daß die marxistisch-leninistische Analyse des Wirtschaftswachstums im Kapitalismus auf der Basis der all-

kapitalistischen Wirtschaft ist in erster Linie durch den Entwicklungsstand und das Ausmaß der Produktivkräfte, durch den Reifegrad und die konkreten Erscheinungsformen des Widerspruchs zwischen diesen Produktivkräften und den herrschenden Produktionsverhältnissen sowie durch das jeweilige Tempo der Kapitalakkumulation bestimmt. Alle diese Grundfaktoren wirken komplex und dürfen in ihrer Wirkung auf das Wirtschaftswachstum nicht *isoliert* gefaßt werden. Sie durchdringen sich gegenseitig. So hängt beispielsweise die Akkumulationsrate von der Höhe der Mehrwertrate, diese wiederum u. a. von den konkreten Kampfbedingungen der Arbeiterklasse ab usw.

Wenn Harrod also die Diskrepanzen zwischen dem effektiven und dem „geplanten" Kapitalkoeffizienten zum bestimmenden Faktor für das Wirtschaftswachstum im Kapitalismus erhebt, ersetzt er die Kausalfaktoren durch Phänomene oberflächlicher Reflexionserscheinungen der Wirkung dieser Faktoren. Er bleibt damit in dieser Frage auf der empirischen Stufe der Durchforschung des Wirtschaftswachstums im Kapitalismus stehen.

Die insgesamt pessimistische Auffassung Harrods über die Entwicklungsperspektive des kapitalistischen Wirtschaftssystems drückt sich u. a. darin aus, daß er nicht nur davon ausgeht, daß das Zurückbleiben der tatsächlichen Wachstumsrate hinter der sog. natürlichen Fortschrittsrate als säkulare Instabilität gedeutet wird, sondern daß er auch annimmt, daß das Zusammenfallen von natürlicher Fortschrittsrate und gleichgewichtiger Wachstumsrate selbst nur ein Zufall ist. Bei Harrod „ist gleichgewichtiges Wachstum in der Regel suboptimal in dem Sinne, daß ständig Chancen der Wohlstandsvermehrung vergeudet werden, und für ihn besteht somit das Ziel der Wirtschaftspolitik darin, die gleichgewichtige soweit wie möglich an die natürliche Fortschrittsrate heranzuführen."[27]

Harrod erkennt unbewußt, daß im heutigen Kapitalismus die Produktivkräfte nicht nur nicht voll ausgenutzt werden, sondern daß nur noch durch die staatsmonopolistische Regulierung deren annähernde Ausnutzung möglich ist. Die Schwäche in seinen ökonomisch-theoretischen Ableitungen besteht trotz seiner realistischen Auffassung über die langfristige systemimmanente Instabilität im Kapitalismus darin, daß er bei der *Beschreibung* der Phänomene stehen bleibt. Das Wesen dieser Prozesse, die Frage nach dem Widerspruch zwischen dem hohen Stand der Entwicklung der gesell-

seitigen Erforschung der Bedingungen und Gesetze des gesellschaftlichen Reproduktionsprozesses erfolgen muß. Dazu zählt auch die Erforschung des kapitalistischen Krisenzyklus unter den heutigen spätkapitalistischen Bedingungen.

27 Vgl. G. Bombach, Wirtschaftswachstum, in: Handwörterbuch der Sozialwissenschaften, 12. Bd., a. a. O., S. 779.

schaftlichen Produktivkräfte und den diesem Niveau nicht entsprechenden Produktionsverhältnissen wird von ihm bewußt nicht gestellt. Der Entwicklungsstand der modernen Produktivkräfte erfordert die Aufhebung des Privateigentums an den Produktionsmitteln und damit die Vergesellschaftung der materiellen Produktionsergebnisse. Sind die Produktivkräfte gesellschaftliches Eigentum, so sind die materiellen Bedingungen und alle entscheidenden Voraussetzungen gegeben, um durch ihren planmäßigen Einsatz solch ein Wirtschaftswachstum zu erzielen, das dem natürlichen Wachstum (im Sinne Harrods) entspricht. Diese progressiven Konsequenzen zieht Harrod jedoch nicht aus seinen Vergleichen der einzelnen Wachstumsratenkategorien.

Die Stabilitätsdiskussion, die sofort nach Harrods Beitrag in der bürgerlichen politischen Ökonomie einsetzte, wurde in apologetischer Manier auf die sekundäre Frage nach der Substituierbarkeit bzw. Limitationalität[28] der sog. Produktionsfaktoren reduziert. Die Frage nach der Stabilität bzw. Instabilität des wirtschaftlichen Wachstums im modernen Kapitalismus ist natürlich von der Frage nach dem Grad der Ersetzbarkeit der einzelnen Arten des Kapitalvorschusses weitestgehend unabhängig. Substitution und Limitationalität der sog. Produktionsfaktoren beziehen sich auf durchaus lösbare ökonomisch-technische Beziehungen. Das Wachstum der spätkapitalistischen Wirtschaft ist in erster Linie weniger von dieser mehr technologischen Frage, als vielmehr davon abhängig, in welchem Maße es der Monopolbourgeoisie gelingt, den Widerspruch zwischen dem hochentwickelten Stand der Produktivkräfte und den diesen Bedingungen nicht entsprechenden Produktionsverhältnissen zeitweilig zu mildern. Dieser grundlegende Widerspruch im Kapitalimus ist heute nur noch durch eine permanente staatsmonopolistische Regulierung zwar nicht lösbar, aber dadurch in eine mögliche Bewegungsform gestellt. Harrod hatte mit seiner wachstumstheoretischen Konzeption, die sowohl die Möglichkeit einer konjunkturellen als auch einer längerfristigen (säkularen) Instabilität des kapitalistischen Wirtschaftswachstums nicht ausschließt, einen pessimistischen Zug in die moderne bürgerliche wachstumstheoretische Diskussion hineingetragen. Schon aus ideologischen Gründen konnte eine solche Konzeption auf die Dauer von der Monopolbourgeoisie nicht akzeptiert werden. Mit der Herausbildung der sog. *neoklassischen*

[28] Substitution (Ersetzbarkeit) und Limitationalität (Begrenzung) der sog. Produktionsfaktoren beziehen sich auf technische Aspekte des Reproduktionsprozesses. Zweifelsohne ist der Einsatz von Kapital bis zu einem bestimmten Grade substitutiv; so kann z. B. variables Kapital durch Erhöhung des Fixkapitalbestandes ersetzt werden. Hier sind aber Grenzen gesetzt, die den Bereich der Limitationalität der sog. Produktionsfaktoren berühren.

Variante innerhalb der modernen bürgerlichen Wachstumstheorie um die Mitte der fünfziger Jahre wurde diese These aufgegeben und eine mögliche Stabilität des Wirtschaftswachstums im Kapitalismus „nachgewiesen.“ Die Frage nach dem Charakter des Wirtschaftswachstums im staatsmonopolistischen Kapitalismus hängt natürlich nicht davon ab, ob die bürgerlichen Theoretiker Modelle mit Substitution oder Limitationalität der Produktionsfaktoren aufstellen und ihre Ableitungen daraus treffen. Wirtschaftswachstum, gleich unter welchen gesellschaftlichen Bedingungen es sich vollzieht, ist durch konkrete Faktoren bestimmt und von spezifischen modelltheoretischen Konstruktionen unabhängig. Jedoch je nach dem, von welchen wachstumstheoretischen Grundmodellen sich die Monopolbourgeoisie beispielsweise in ihren wachstums*politischen* Entscheidungen leiten läßt, üben die ökonomisch-theoretischen Untersuchungen stimulierenden oder hemmenden Einfluß auf den gesellschaftlichen Reproduktionsprozeß im modernen Kapitalismus aus. Harrods die Instabilität des Wirtschaftswachstums implizierenden Wachstumsmodelle erfordern, gerade wegen dieser Prämisse der Instabilität, die permanente staatliche Regulierung des gesellschaftlichen Reproduktionsprozesses. Seine Modelle entsprechen also solchen Reproduktionsbedingungen des Kapitalismus, wo eine kritische Situation die staatsmonopolistische Regulierung dringend erforderlich macht. Sie entsprechen also zutiefst dem Wesen des staatsmonopolistischen Kapitalismus. Die Modelle der neoklassischen Richtung in der heutigen bürgerlichen Wachstumstheorie unterstellen dagegen, wegen der angeblich reibungslosen Substitution der Produktionsfaktoren, eine Stabilität des Wirtschaftswachstums. Sie beinhalten so eine optimistische Konzeption über die Perspektive des Kapitalismus. Unter bestimmten wirtschaftstheoretischen Entwicklungsbedingungen des modernen Kapitalismus, und zwar als sich dieses System in einer konjunkturellen Aufstiegsphase befand, konnten derartige Auffassungen an Boden gewinnen. Sie entsprechen ganz der optimistischen Stimmung der Monopolbourgeoisie in einer derartigen Situation. Außerdem kommt hinzu, daß die neoklassische Wachstumstheorie eine Reihe in der ökonomischen Basis des Spätkapitalismus herangereifter Fragen aufgriff, so z. B. Probleme des wissenschaftlich-technischen Fortschritts, speziell Fragen der Investitionen, die Problematik der Bildungsinvestitionen, die Frage des optimalen Wachstums u. a., und diese Fragen in die bürgerliche wachstumstheoretische Diskussion einführte.[29] Die neoklassische Wachstumstheorie verdrängte bzw. ersetzte aber keineswegs die auf den Keynesschen und neokeynesianischen Prämissen beruhende Richtung innerhalb der

[29] Vgl. Bürgerliche Ökonomie im modernen Kapitalismus, a. a. O., S. 390ff.

modernen bürgerlichen Wachstumstheorie. Ein entscheidender Faktor hierfür besteht darin, daß von seiten der Neokeynesianer selbst, und zwar auf anderem Wege als es die Neoklassiker praktizierten, der Versuch unternommen wurde, die Instabilität des Wachstumsprozesses in ihren Modellkonstruktionen zu überwinden. Diese Versuche sind mit dem Namen von N. Kaldor verbunden, der Mitte der fünfziger Jahre, also zur selben Zeit, da die neoklassische Kritik an der bis dahin allein vorherrschenden Auffassung einsetzte, sog. stabile Wachstumsmodelle unterbreitete.

Kaldor erreichte durch die Einführung einer *variablen* Einkommensverteilung in die Harrod-Domarschen Wachstumsmodelle eine formale modelltheoretische Stabilisierung des kapitalistischen Wirtschaftswachstums.

Die Instabilität im Harrodschen Wachstumsmodell ist bekanntlich dadurch bedingt, daß in der Gleichung

$$G_Y^W = \frac{s}{\beta} \qquad (31\,a)$$

mit unveränderlicher Sparrate (s) und konstantem Kapitalkoeffizienten (β) operiert wird. Werden diese Annahmen aufgegeben, und die objektiven Bedingungen im Kapitalismus bieten dazu Anlaß, so paßt sich die Gleichgewichtswachstumsrate G_Y^W der sog. natürlichen Fortschrittsrate an. Dadurch ist die säkulare Systeminstabilität modellmäßig aufgehoben. Einen ähnlichen Weg, auf den hier vor allem wegen seiner pro-kapitalistischen Konsequenzen aufmerksam zu machen ist, beschreitet Kaldor. Er argumentiert so: Wenn sich die Sparquote (s) ändern würde, wäre eine Annäherung der gleichgewichtigen an die natürliche Wachstumsrate möglich. Dies gilt aus folgendem Grunde: Die gesamtwirtschaftliche Sparquote (s^0) ist durch die Sparquote der Lohnempfänger (sw) sowie durch die Sparquote der Profitempfänger (sp) *und* durch die Verteilung des Nationaleinkommens (Y) auf Lohn (W) und Profit (P) bestimmt. Wird der Anteil des Lohnes am Nationaleinkommen $\left(\frac{W}{Y}\right)$ mit dem Symbol φ und der Anteil der Profite am Nationaleinkommen $\left(\frac{P}{Y}\right)$ mit dem Symbol τ bezeichnet, so gilt für die gesamtwirtschaftliche Sparquote offenbar die Gleichung

$$s^0 = \varphi \,.\, sw + \tau \,.\, sp. \qquad (32)$$

Damit ist zum Ausdruck gebracht – und dies entspricht in dieser globalen Fassung in erster Annäherung auch den ökonomischen Gegebenheiten im Kapitalismus –, daß sowohl aus dem variablen Kapital als auch aus dem

Mehrwert in Abhängigkeit von den in den beiden sozialökonomischen Hauptklassen der kapitalistischen Gesellschaft – die Arbeiterklasse und die Klasse der Ausbeuter – herrschenden Sparmöglichkeiten sich der gesamtwirtschaftliche Sparfonds, und damit auch die gesamtwirtschaftliche Sparquote, bildet. Kaldors wachstumstheoretischer Stabilisierungsmechanismus funktioniert nun aber nur, wenn sich die gesamtwirtschaftliche Sparquote *ändert.* Er unterstellt deshalb, daß die Sparquote der Profitbezieher (sp) stets größer als die der Lohnempfänger (sw) ist, also stets die Relation

$$sp > sw \qquad (33)$$

gilt. Nur wenn diese Ungleichgewichtsbedingung unterstellt wird, ändert sich bei einer Veränderung der Einkommensverteilung die gesamtwirtschaftliche Sparquote. Daraus folgt, daß die gesamtwirtschaftliche Sparquote nur dann erhöht werden kann[30], wenn die Verteilung des Einkommens zugunsten der Profite vorgenommen wird. Allein aus dem Profiteinkommen ergibt sich solch eine Tendenz über den Sparmechanismus, die die gesamtwirtschaftliche Sparquote ansteigen läßt. Hier sind die prokapitalistischen Züge solcher zunächst höchst abstrakt erscheinenden modelltheoretischen Ableitungen versteckt. Zunächst ist dieser Ableitung aber weiter zu folgen.

Kaldor benötigt die variable Sparquote s^0, um eine angeblich mögliche Stabilität des Wirtschaftswachstums im Kapitalismus nachzuweisen. Stabilität ist dabei von ihm in dem Sinne definiert, daß sich die gleichgewichtige Wachstumsrate der sog. natürlichen Fortschrittsrate annähert. Letztere ist aber bekanntlich als die Wachstumsrate bei maximaler Auslastung aller Produktionsressourcen zu verstehen. Wenn also die gleichgewichtige Wachstumsrate *steigen* soll, so ist dies offenbar nur möglich, wenn innerhalb dieser Rate $\frac{s}{\beta}$ die Sparquote *erhöht* wird, denn Kaldor operiert in seinen modelltheoretischen Ableitungen mit konstantem Kapitalkoeffizienten. Hieraus ergibt sich aber folgendes: Angeblich ist nur auf der Basis einer Veränderung der Einkommensverteilung *zugunsten* des Ausbeutereinkommens eine Annäherung an die sog. natürliche Fortschrittsrate möglich, oder anders ausgedrückt, können die materiellen Ressourcen des Kapitalismus voll genutzt werden. Das ist die apologetische Konsequenz aus Kaldors wachstumsmodelltheoretischen Konstruktionen. Sie entlarven sich damit als in ihrem Wesen zutiefst an die Interessen der Ausbeuterklasse gebunden. Kaldor apologetisiert *wachsenden Profit* als Voraus-

30 Die Erhöhung der gesamtwirtschaftlichen Sparquote s^0 ist die Voraussetzung (wird der Kapitalkoeffizient als gleichbleibend unterstellt) für die Erhöhung der gleichgewichtigen Rate des Wirtschaftswachstums G_Y^w, wie aus Gleichung 31 resp. 31 a zu ersehen ist.

setzung für die Ausnutzung der hochentwickelten gesellschaftlichen Produktivkräfte im heutigen Kapitalismus. Die Lösung dieses Problems liegt aber gerade in der Überwindung der kapitalistischen Ausbeutung und Profitproduktion.

Bevor die kritischen Bemerkungen zur historischen Entwicklung der modernen bürgerlichen Wachstumstheorie abzuschließen sind, ist auf die Ausnutzung dieser Teile der modernen bürgerlichen politischen Ökonomie für die Diskreditierung der marxistischen politischen Ökonomie aufmerksam zu machen.

Zur Erfüllung speziell ideologischer Aufgaben wird in jüngster Zeit zur Vertiefung des verderblichen Einflusses des Keynesschen und neokeynesianischen wirtschaftstheoretischen Gedankengutes der an sich alte Trick wieder aufgegriffen, Karl Marx als einen geistigen Vorläufer von John Maynard Keynes hinzustellen. Die aus ihrem natürlichen Klasseninteresse bedingte Hinwendung der Arbeiterklasse zur Marxschen Theorie soll so abgefangen und in Richtung der Orientierung auf den angeblich der Marxschen ökonomischen Lehre wesensgleichen, aber *moderneren* Keynesianismus umfunktioniert werden.

Jeglicher Vergleich zwischen der dem staatsmonopolistischen Kapitalismus adäquaten und dieses System verteidigenden Keynesschen und neokeynesianischen Wirtschaftstheorie mit der marxistischen politischen Ökonomie ist bereits eine Anmaßung. Derartige Manöver der heutigen imperialistischen Ideologen haben keinen anderen Sinn, als allen fortschrittlichen und an wissenschaftlicher Erkenntnis interessierten Kräften, vor allem in der kapitalistischen Welt, die Einschätzung des Charakters der bürgerlichen politischen Ökonomie zu erschweren und die richtige Orientierung im Klassenkampf zu verhindern.

Es wurde bereits dargestellt, daß die Keynessche bzw. neokeynesianische Wirtschaftsdoktrin vorrangig auf die ökonomisch-theoretische Bewältigung des Problems des gesellschaftlichen Reproduktionsprozesses im Kapitalismus ausgerichtet ist. Die Gründe hierfür sind im einzelnen aufgezeigt worden. In diesem Zusammenhang waren zunächst die kreislauftheoretische Analyse und nach dem zweiten Weltkrieg verstärkt auch die wachstumstheoretische Fragestellung für die Anhänger der Keynesschen Theorie von grundlegender Bedeutung. Zu Beginn der fünfziger Jahre hatten sich die Versuche bürgerlicher und rechtssozialistischer Ökonomen verstärkt, das Marxsche ökonomische Lehrsystem in diesen Teilkomplexen mit Keynes auszusöhnen.[31] In seiner Arbeit „Dynamische Theorie bei Marx

[31] Bereits unmittelbar nach Kriegsende wurde auch von rechtssozialistischen

und Keynes" vom Jahre 1950 versuchte der westdeutsche bürgerliche ökonomische Theoretiker Hans Peter zu zeigen, daß ein bestimmter Übereinstimmungsgrad zwischen der Marxschen Theorie der erweiterten Reproduktion einerseits und der wachstumstheoretischen Forschung Harrod-Domarschen Typs andererseits gegeben wäre.[32] Seit diesem Peterschen Aufsatz sind die Bemühungen der bürgerlichen Ökonomen um die Marx-Keynes-Identifizierung nicht mehr abgebrochen. Neuerdings ist diese Problematik in der BRD gleich von mehreren Vertretern der bürgerlichen politischen Ökonomie aufgegriffen worden. Sigurd Klatt, Utta Gruber – eine Schülerin von Hans Peter – und Alfred E. Ott übersteigern sich in ihrem Bemühen, Marx als einen Vorläufer der neokeynesianischen Wachstumsforschung abzustempeln.[33] Dabei werden bestimmte Funktionalbeziehungen innerhalb der Marxschen Reproduktionsschemata herangezogen, um diese Gleichsetzung zu begründen. Die revolutionären Bestandteile und die qualitativen Einschätzungen von Marx zu Fragen des kapitalistischen Akkumulationsprozesses und der kapitalistischen gesellschaftlichen Reproduktion generell werden dabei geflissentlich übergangen. Gewisse äußere

ökonomischen Theoretikern die Konzeption von der angeblichen ideengeschichtlichen Kontinuität von Marx zu Keynes verfochten. So schrieb z. B. Paul Sering in seinen erläuternden Literaturhinweisen zu seinem Buch „Jenseits des Kapitalismus" u. a.: „Daß das Funktionieren einer kapitalistischen Wirtschaft davon abhängt, ob die Unternehmer bereit sind, soviel zu investieren, wie die Gesamtheit der Einkommensbezieher zu sparen wünscht, ist heute von den Wirtschaftstheoretikern aller Schulen anerkannt. Die ältere marxistische Literatur kennt das Problem unter dem Namen der ‚Akkumulation des Kapitals'. Im Rahmen der modernen nichtmarxistischen Theorie ist seine zentrale Bedeutung an zwei Stellen unabhängig voneinander entdeckt worden – in Schweden von der Schule Knut Wicksells, . . . und in England im Anschluß an D. H. Robertson von J. M. Keynes ‚Allgemeine Theorie der Beschäftigung, des Zinses und des Geldes' . . ." (Vgl. P. Sering, Jenseits des Kapitalismus, a. a. O., S. 258.)

32 Vgl. H. Peter, Dynamische Theorie bei Marx und Keynes, in: Jahrbücher für Nationalökonomie und Statistik, Bd. 162, Stuttgart 1950, S. 260ff.; vgl. hierzu auch K. O. W. Müller, Zum Verhältnis moderner bürgerlicher Wachstumstheoretiker zu Karl Marx' Reproduktionsschemata und Profitratentheorie innerhalb der westdeutschen ökonomischen Literatur, in: Ziele, Faktoren, Rationalität des ökonomischen Wachstums, Berlin 1968, S. 299.

33 Vgl. S. Klatt, Wachstumstheoretische Beziehungen in der Akkumulationstheorie von Karl Marx, in: Jahrbücher für Nationalökonomie und Statistik, Bd. 172, Stuttgart 1960, S. 240ff.; U. Gruber, Wachstumstheoretische Beziehungen in der Akkumulationstheorie von Karl Marx, in: Jahrbücher für Nationalökonomie und Statistik, Bd. 172, S. 392ff.; A. E. Ott, Marx und die moderne Wachstumstheorie, in: Der Volkswirt, Nr. 16/1967, S. 637.

Analogien zwischen Harrod-Domarschen Wachstums- und Marxschen Reproduktionsbeziehungen richten sich nur auf einzelne quantitative Reproduktions- bzw. Wachstumsaspekte. Die unterschiedlichen ökonomisch-theoretischen Prämissen sowie die aus den theoretischen Überlegungen gezogenen gegensätzlichen Schlüsse über die Perspektive des Kapitalismus werden von den bürgerlichen Ideologen bewußt verschwiegen. Sie versuchen auf diesem Wege, die staatsmonopolistische Regulierungspolitik eines angeblich stetigen und langfristigen Wirtschaftswachstums im heutigen Kapitalismus den breiten Volksmassen angeblich als eine Politik in Übereinstimmung mit den Marxschen ökonomisch-theoretischen Grunderkenntnissen im Interesse der Arbeiterklasse schmackhaft zu machen.
Ähnliche ideologische Manöver heutiger bürgerlicher Ökonomen, wie sie sich auf wachstumstheoretischem Gebiete zeigen, sind übrigens auch für den Bereich der modernen bürgerlichen kreislauftheoretischen Forschung nachzuweisen. So wird Marx als Vorläufer der heutigen bürgerlichen kreislauftheoretischen Forschung Keynesscher Richtung dem breiten Publikum serviert. Um den „Nachweis“ dieser theoriegeschichtlichen Beziehung zwischen Marx und Keynes hat sich in der BRD insbesondere Vaclav L. Holý „Verdienste“ erworben.[34] Holý behauptete beispielsweise, daß wir in der Marxschen Gleichung für die erweiterte kapitalistische Reproduktion, also in der Relation

$$I(v + m) > II\,c, \qquad (6)$$

angeblich auch Keynes' Grundgleichung für den Nationaleinkommenskreislauf, also die Gleichung

$$Y = C + I \qquad (2a)$$

vorfinden.[35] Er stützt sich dabei auf die These, daß die Marxsche Gleichung das Überschreiten der bisherigen Bedürfnisse der Gesellschaft an konstantem Kapital zum Ausdruck bringt und deshalb diese Gleichung auch in der Form

$$C_1 + m_1 = C_2 + I_1 \qquad (34)$$

zum Ausdruck gebracht werden könne. Sie wird dann als identisch mit der Keynesschen Einkommensgleichung aufgefaßt.
Es ist bereits gezeigt worden, daß die obige Keynessche Gleichung (2a) nur die globale Verwendungsstruktur des Nationaleinkommens für Investitionen und Konsumtion zum Ausdruck bringt und keine Aussage über die Bedingungen und Gesetzmäßigkeiten der erweiterten kapitalistischen Reproduktion enthält. Hierauf bezieht sich aber gerade die Marxsche Glei-

[34] Vgl. Vaclav L. Holý, Über die Zeitgebundenheit der Kreislauftheorien von Quesnay, Marx und Keynes, Zürich 1957.
[35] Vgl. ebenda, S. 137.

chung. Die Gegenüberstellung beider Gleichungen ist also unzulässig, da es sich um inkommensurable Ausdrücke handelt.[36]
Die hier angeführten wenigen Beispiele mögen zeigen, daß die heutigen bürgerlichen und rechtssozialistischen ökonomischen Theoretiker keine noch so skurrilen Wege scheuen, um ihre wirtschaftstheoretischen Überlegungen auch zur Befriedigung speziell ideologischer Bedürfnisse nutzbar zu machen. Derartige theoriegeschichtliche Capriolen, wie die Marx-Keynes-Identifizierung, dienen letztlich ideologiebildenden Zwecken, und zwar einer durch und durch reaktionären Ideologie. Ihnen ist mit aller Konsequenz von seiten der wissenschaftlichen Geschichtsschreibung der politischen Ökonomie entgegenzutreten.
Über die theoriegeschichtlichen Probleme der modernen bürgerlichen wachstumstheoretischen Forschung läßt sich also unter dem hier zur Diskussion stehenden Aspekt der kritischen Einschätzung des Neokeynesianismus zusammenfassend folgendes feststellen: Mitte der fünfziger Jahre hat sich die moderne bürgerliche wachstumstheoretische Forschung in eine neokeynesianische und in eine sog. neoklassische Richtung aufgegliedert. Seit einigen Jahren sind jedoch verstärkt Bemühungen seitens der bürgerlichen Wachstumstheoretiker zu beobachten, und hierin besteht eine neue Tendenz innerhalb dieses Bereiches der modernen bürgerlichen ökonomisch-theoretischen Forschung, die Unterschiedlichkeit beider Richtungen mehr in den Hintergrund treten zu lassen und dafür alle für die Lösung der wirtschaftspolitischen und ideologischen Probleme der Monopolbourgeoisie als wertvoll erscheinenden Elemente aus beiden Varianten zu übernehmen. Über die gegenwärtige Situation in dieser Hinsicht urteilt der deutschsprachige bürgerliche Wachstumstheoretiker G. Bombach so: „Man spricht heute vom Postkeynesianismus als Gegenstück zur neoklassischen Variante. Postkeynesianer und Neoklassiker stehen sich heute als rivalisierende Gruppen gegenüber. Allerdings zeigen beide Varianten mehr Gemeinsamkeiten, als ihre Vertreter zuweilen zuzugeben bereits sind. Diametrale Gegensätze, die anfangs bestanden, sind zu einem großen Teil überbrückt worden, indem in die postkeynesianischen Modelle Substitute für Produktionsfunktionen und Stabilisatoren aufgenommen wurden und die Neoklassiker ihrerseits den induzierten technischen Fortschritt einführten. Heute ist es unmöglich, einer der beiden Varianten den Vorzug zu geben. Es scheint, daß sich bestimmte Phänomene besser mit der einen, andere besser mit der zweiten deuten lassen, ähnlich wie in der theoretischen Physik die

[36] Hinzu kommt, daß Holýs Reduktion der Investitionstätigkeit ausschließlich auf die Abteilung I, also nur (I_1), unzulässig ist und sowohl der kapitalistischen Akkumulation als auch der Marxschen Theorie nicht entspricht.

Wellentheorie des Lichtes lange Zeit neben der Quantentheorie bestehen konnte."[37]

Für die gegenwärtige Entwicklungsetappe der bürgerlichen wachstumstheoretischen Forschung ist die Aufspaltung in die neokeynesianische und neoklassische Richtung nicht mehr von erstrangiger Bedeutung. Zur wirtschaftstheoretischen Fundierung der staatsmonopolistischen Wachstumspolitik wird nicht nur aus dem ökonomisch-theoretischen Arsenal der modernen Keynesianer geschöpft, auch die neoklassischen Wachstumstheoretiker haben eine Reihe von Beiträgen und Überlegungen zur Lösung dieser spezifischen Aufgaben geleistet. „Noch immer ist die Frage kontrovers", bemerkt Bombach, „inwieweit unterschiedliche trendmäßige Zuwachsraten durch die Intensität der Gesamtnachfrage und inwieweit sie produktionstheoretisch zu erklären sind. Die Fakten bestätigen die aus der theoretischen Einsicht folgende Vermutung, daß weder einseitig nachfrageorientierte (keynesianische) noch die nur auf die Entwicklung des Produktionspotentials (makroökonomische Produktionstheorie) abstellenden Erklärungsversuche allein ausreichen."[38]

In diesem Zusammenhang ist auf folgenden Tatbestand aufmerksam zu machen: Die ökonomisch-theoretische Basis für die Berücksichtigung der wirtschaftsintegrierten Stellung des imperialistischen Staates und seiner Regulierungsfunktion im Prozeß des Wirtschaftswachstums bilden die neokeynesianischen Wachstumsmodelle. G. Bombach[39] und W. Krelle[40] haben aufgezeigt, daß der Unterschied zwischen den neokeynesianischen Modellen einerseits und den neoklassischen Wachstumsmodellen andererseits für die Frage der staatsmonopolistischen Wachstumspolitik nicht relevant ist. So vertritt Krelle die These, daß die Abweichungen zwischen den neoklassischen und den neokeynesianischen Modellen erst nach sehr langer Zeit (etwa 30 Jahre) Gewicht erhalten. „Man wird daher gut tun", bemerkt er, „für die Analyse von relativ kurzfristigen Wachstumsvorgängen (etwa für die Periode von 5 Jahren) auf jeden Fall mit den Harrodschen Gesetzmäßigkeiten zu rechnen."[41]

Der westdeutsche bürgerliche Theoretiker H. Michel, der die Frage der staatsmonopolistischen Regulierung des Wachstumsprozesses der modernen

37 Vgl. G. Bombach, Wirtschaftswachstum, a. a. O., S. 766.

38 Vgl. ebenda, S. 794.

39 Vgl. G. Bombach, Quantitative und monetäre Aspekte des Wirtschaftswachstums, in: Finanz- und währungspolitische Bedingungen stetigen Wirtschaftswachstums, Schriften des Vereins für Sozialpolitik, (West-)Berlin 1959.

40 W. Krelle, Investitionen und Wachstum, in: Jahrbücher für Nationalökonomie und Statistik, Bd. 176, Stuttgart 1964.

41 W. Krelle, Investitionen und Wachstum, a. a. O., S. 15.

kapitalistischen Wirtschaft vom bürgerlichen Standpunkt aus wohl am detailliertesten untersucht hat, schließt sich dieser Feststellung an. Er entwickelt seine diesbezüglichen Ableitungen ganz auf neokeynesianischer Basis. Eindeutig wird von ihm festgehalten: „Nach Abwägung verschiedener Gesichtspunkte ergab sich, daß sowohl theoretische als auch empirische Gründe die Annahme eines Grundmodells vom Harrod-Domar-Typ als sinnvoll erscheinen lassen.“[42]
H. Michel analysiert auf modelltheoretischer Basis die Wirksamkeit des Systems staatlicher wirtschafts- und finanzpolitischer Maßnahmen für das Wachstum der kapitalistischen Wirtschaft. Derartige Untersuchungen sind für die praktischen Interessen der Monopolbourgeoisie höchst bedeutungsvoll. Solche Hinweise, wie z. B. die Feststellung, daß weniger über die *kurzfristige* Beweglichkeit der Staatshaushaltspositionen als über die Möglichkeit, „die Anteile der Ausgaben und Einnahmen an Gesamtausgaben bzw. Gesamteinnahmen *langfristig* zu verändern“[43], aktiv Einfluß auf die Wirtschaftswachstumsrate zu nehmen sei, sind von erheblicher praktischer Bedeutung für die Durchsetzung der Profitinteressen der Monopolbourgeoisie. In der BRD werden diese Hinweise berücksichtigt. Bevor auf die wirtschaftspolitische Ausnutzung der speziellen Ableitungen der modernen bürgerlichen Wachstumstheoretiker – insbesondere in der BRD – näher eingegangen wird, sei auf eine weitere, ebenfalls neuere Entwicklungstendenz innerhalb der modernen bürgerlichen politischen Ökonomie verwiesen, die auch für die wirtschaftspolitisch-praktische Aktivität der Monopolbourgeoisie und des imperialistischen Staates relevant ist: die Verschmelzung von moderner *wachstums-* und *konjunktur*theoretischer Forschung auf neokeynesianischer theoretischer Grundlage.

5.2. Zur Verschmelzung von moderner bürgerlicher wachstums- und konjunkturtheoretischer Forschung auf neokeynesianischer Grundlage

Bisher wurde gezeigt, daß der Neokeynesianismus im System der auf die dynamischen Aspekte des gesellschaftlichen Reproduktionsprozesses im modernen Kapitalismus ausgerichteten bürgerlichen Wirtschaftstheorie einen entscheidenden Platz einnimmt. Hinsichtlich der historischen Ent-

[42] Vgl. H. Michel, Zur Beeinflussung des Wachstumsprozesses einer Volkswirtschaft durch staatliche Maßnahmen, (West-)Berlin–Frankfurt (Main) 1965, S. 28.
[43] Vgl. H. Michel, Zur Beeinflussung des Wachstumsprozesses einer Volkswirtschaft durch staatliche Maßnahmen, a. a. O., S. 99f.

wicklung der bürgerlichen wachstumstheoretischen Forschung wurde diese These im vorhergehenden Abschnitt etwas erhellt. Auch unter einem weiteren Aspekt werden durch die neokeynesianische Wirtschaftstheorie innerhalb der gegenwärtigen bürgerlichen politischen Ökonomie in ökonomischtheoretischer Hinsicht richtungsweisende Akzente gesetzt. Wir meinen das Beispiel der seit einiger Zeit zu beobachtenden Tendenz innerhalb der bürgerlichen politischen Ökonomie nach einer Verschmelzung von wachstums- und konjunkturtheoretischer Forschung auf Basis der neokeynesianischen Theorie.

Im historischen Entstehungsprozeß der modernen bürgerlichen Wachstumstheorie in den dreißiger Jahren unseres Jahrhunderts stand bekanntlich die bürgerliche Konjunkturtheorie und -forschung Pate. Nach dem zweiten Weltkrieg wurde dann von seiten der bürgerlichen Ökonomen dem speziellen Problem der Zyklizität in der Entwicklung des gesellschaftlichen Reproduktionsprozesses keine vorrangige Beachtung mehr gewidmet. Die konjunkturtheoretische Forschung wurde auf Kosten der wachstumstheoretischen Forschung in den Hintergrund gedrängt. Dieser theoriegeschichtliche Prozeß ist in erster Linie durch die nur wenig Anlaß zu speziell konjunkturtheoretischen Forschungen bietende wirtschaftliche Entwicklung der imperialistischen Länder nach dem zweiten Weltkrieg, vor allem während der fünfziger Jahre, bedingt. Demgegenüber standen die Probleme des langfristigen Wirtschaftswachstums im Vordergrund.

In Abhängigkeit von den in den letzten Jahren zu beobachtenden zunehmenden ökonomischen Schwierigkeiten in diesen Ländern, die – wie das Beispiel der BRD und neuerdings auch der USA treffend zeigt – auch in einer verstärkten Zyklizität in der Bewegung des gesellschaftlichen Reproduktionsprozesses in Erscheinung treten, ist in jüngster Zeit in der bürgerlichen politischen Ökonomie das Bemühen aufgetreten, den Problemen der *zyklischen Schwankungen* im Wirtschaftsablauf wieder vermehrte Beachtung zu schenken.

Die Charakteristiken dieser neuen Erscheinung innerhalb der bürgerlichen politischen Ökonomie bestehen in folgendem: Es ist festzustellen, daß von einer isolierten Untersuchung des Konjunkturphänomens abgerückt wird. Die neuesten Tendenzen gehen dahin, die konjunkturtheoretische *und* die wachstumstheoretische Analyse eklektisch zu verbinden. Obgleich noch zahlreiche bürgerliche Theoretiker gesonderte Modelle für die Konjunkturanalyse einerseits und die Wachstumsanalyse andererseits entwickeln, sind die Ansätze für eine Vereinigung beider Detailanalysen schon nicht mehr zu übersehen. So wird z. B. im Kompendium für die Volkswirtschaftslehre festgestellt: „Die analytische Trennung der Erklärung des Wachstumsphänomens und der Konjunkturerscheinung ist jedoch nicht sehr erfolgreich, da das Gefüge von Ursachen in beiden Sachverhalten eng miteinander verbunden ist."[44] Auch der bekannte deutschsprachige bürgerliche ökonomische Theoretiker Wilhelm Weber verweist in dem Sammelband zur modernen bürgerlichen Konjunktur- und Beschäftigungstheorie darauf, daß in den neuesten konjunkturtheoretischen Vorstellungen (selbstverständlich der bürgerlichen politischen Ökonomie) die Konjunkturbewegung auch mit der längerfristigen Wachstumsbewegung in Zusammenhang gebracht wird.[45]

Das zu beobachtende Bestreben nach Vereinigung von Konjunktur- und Wachstumstheorie ist mit einer Neubewertung der Zyklizität innerhalb des kapitalistischen gesellschaftlichen Reproduktionsprozesses seitens der bürgerlichen politischen Ökonomie verbunden. Die noch bis unmittelbar in die Jahre nach dem zweiten Weltkrieg allgemein üblichen Erklärungsversuche der Zyklizität des Wirtschaftsablaufs im Kapitalismus (z. B. Theorie der Wechsellage, Überinvestitionstheorie und dgl. mehr) sind heute aufgegeben worden. Die „Konjunktur" wird jetzt als *Fluktuation um den langfristigen Wachstumstrend* definiert. So schreibt der westdeutsche Neokeynesianer A. Paulsen: „Zyklische Ablaufvorgänge werden in der neuesten Theorie als kurzfristige Erscheinungsformen im langfristigen Wachstum aufgefaßt. Dies besonders mit der Fragestellung, ob der Wachstumstrend einen vom System angestrebten gleichgewichtigen Wachstumspfad bezeichnet, um den herum die zyklischen Bewegungen schwanken, oder ob vielleicht der Trend nur das statistisch festgestellte Ergebnis des sich in Stößen und Schwankungen vollziehenden Wachstumsvorganges ist."[46]

Eine derartige Umwertung der Zyklizität der kapitalistischen Wirtschaftsentwicklung ist insofern nicht verwunderlich, als es auf dieser Grundlage methodologisch ein Leichtes ist, Zyklizität *und* Trend der wirtschaftlichen Entwicklung zu vereinen. Hinter dieser Konzeption verbirgt sich die Möglichkeit, den Krisenzyklus im Kapitalismus apologetisch nur noch als Schwankung um einen generell aufwärts gerichteten Wirtschaftswachstumstrend aufzufassen. Die Entwicklung des kapitalistischen Wirtschaftssystems, gleich ob kurz- oder langfristig eingeschätzt, wird damit als im Grunde positiv verlaufend ausgewiesen. Selbst absoluter Rückgang in der ökonomischen Entwicklung erscheint nur noch als Schwingungsampli-

[44] Vgl. K. Elsner, Theorie der Konjunktur und des Wachstums, in: Kompendium der Volkswirtschaftslehre, Bd. 1, Göttingen 1967, S. 269.

[45] Vgl. Konjunktur- und Beschäftigungstheorie, hg. v. W. Weber, Köln-(West-) Berlin 1967, S. 17.

[46] Vgl. A. Paulsen, Allgemeine Volkswirtschaftslehre, Bd. IV, 5. Aufl., (West-) Berlin 1968, S. 129.

tude aufsteigenden Wirtschaftswachstums. Die Zyklizität im kapitalistischen gesellschaftlichen Reproduktionsprozeß als eine Bewegungsform des Kapitals bei der zeitweiligen Lösung der antagonistischen Widersprüche innerhalb dieses Prozesses soll so durch eine optimistisch-illusionäre Doktrin beschönigt werden. Hiermit verbunden ist das zweite Charakteristikum dieser neuen Erscheinung innerhalb der modernen bürgerlichen ökonomischen Theorie. Es besteht in folgendem: Im angestrebten Prozeß der Verbindung von Konjunktur- und Wachstumstheorie muß, da die Analyse des Konjunkturphänomens über rund 2 1/2 Jahrzehnte von der bürgerlichen ökonomischen Theorie vernachlässigt worden ist, auf die Ansätze aus der Zeit der Herausbildung der modernen bürgerlichen Wachstumstheorie zurückgegriffen werden. Es ist bekannt, daß in jener frühen Periode die Wachstumstheorie aus der Konjunkturtheorie heraus erwuchs. Heute wird an diese Ansätze, vor allem an die von den anglo-amerikanischen Theoretikern ausgearbeiteten Modelle der Kombination vom Multiplikator- und Akzeleratortheorem, angeknüpft. Soweit derartige Modelle von einzelnen Theoretikern später ausgeweitet worden sind, z. B. durch A. Smithies im Jahre 1957[47], werden die Ergebnisse dieser Bemühungen jetzt als der *neueste* Erkenntnisstand auf diesem Gebiet propagiert.

Diesem neuen Entwicklungstrend auf konjunkturtheoretischem Gebiet mußte sich beispielsweise auch der wohl prominenteste deutschsprachige Neokeynesianer, Andreas Paulsen, anpassen, der in seiner weit verbreiteten Arbeit „Neue Wirtschaftslehre" noch bis in die Mitte der fünfziger Jahre hinein kritisch gegen diese Multiplikator-Akzelerator-Kombinationsmodelle Stellung bezog[48], heute jedoch gezwungen ist, diesen Modellen seine Reverenz zu erweisen.[49]

Die dritte Besonderheit dieser jüngsten Entwicklungstendenz innerhalb der modernen bürgerlichen wachstums-konjunkturtheoretischen Forschung besteht in der theoretischen Fundierung dieser Vereinheitlichungstendenz auf der Grundlage des neokeynesianischen ökonomisch-theoretischen Gedankengutes. Diese Orientierung ist u. a. auch theoriegeschichtlich insofern begründet, als die ersten Versuche zur Herausbildung der modernen

47 Der amerikanische Ökonom A. Smithies hat in seiner Arbeit „Economic Fluctuations and Growth" (Econometrica, Bd. 25, Jg. 1957) einen derartigen Versuch unternommen, dessen Besonderheit in der Berücksichtigung eines speziellen Investitions- und Konsumausgaben-Effektes, des sog. Ratchet-Effektes, besteht. Auf Einzelheiten kann hier jedoch nicht eingegangen werden.

48 Vgl. A. Paulsen, Neue Wirtschaftslehre. Einführung in die Wirtschaftstheorie von John Maynard Keynes und die Wirtschaftspolitik der Vollbeschäftigung, 4. Aufl., (West-)Berlin–Frankfurt (Main) 1958, S. 299ff.

49 Vgl. A. Paulsen, Allgemeine Volkswirtschaftslehre, Bd. 4, a. a. O., S. 133f.

bürgerlichen Wachstumstheorie unmittelbar auf der Keynesschen Variante in der zeitgenössischen konjunkturtheoretischen Forschung beruhten.
Die bereits in den ersten bürgerlichen Wachstumsmodellen vom Typ der Multiplikator-Akzelerator-Kombination enthaltenen Keynesschen Grundlagen sind in den neuesten Varianten dieser Modelle ebenfalls nachzuweisen, wenn auch in den Details verfeinert.[50] Das führt zwangsläufig dazu, daß auch in der heutigen bürgerlichen statistisch-empirischen Konjunkturforschung, deren Ziel allgemein in der Diagnose und Prognose der kurzfristigen wirtschaftlichen Entwicklung gesehen wird, diese theoretischen Grundlagen zum Vorschein kommen. So stellt Wilhelm Weber hierzu u. a. fest: „Ausgangspunkt für die Erklärung der Schwankungen des Wirtschaftswachstums ist die Schwankung der gesamten Ausgaben bzw. der kaufkräftigen Nachfrage (Keynes).“[51]
Die hier skizzierte Tendenz innerhalb der gegenwärtigen bürgerlichen Wirtschaftstheorie soll zweifelsohne in Richtung einer stärkeren Anpassung der bürgerlichen politischen Ökonomie an die realen Gegebenheiten der kapitalistischen Wirtschaftspraxis führen. Das auf dieser Basis abgeleitete wirtschaftspolitische Instrumentarium wird sich in den Händen der Monopolbourgeoisie um so wirkungsvoller erweisen, je weniger heterogen diese ökonomisch-theoretische Basis ist. Hierbei handelt es sich jedoch – um dies ausdrücklich zu vermerken – nur um *einen* Aspekt in der Beurteilung der Relation zwischen moderner bürgerlicher politischer Ökonomie und staatsmonopolistischer Regulierung des gesellschaftlichen Reproduktionsprozesses im heutigen Kapitalismus.

50 Vgl. z. B. K. Elsner, Theorie der Konjunktur und des Wachstums, a. a. O., S. 269ff.

51 Vgl. Konjunktur- und Beschäftigungstheorie, a. a. O., S. 20.

6. Der neokeynesianische Beitrag zu den wirtschaftstheoretischen Grundlagen der staatsmonopolistischen Wirtschaftsregulierung in der BRD

6.1. Vorbemerkung

Die bürgerlichen Ökonomen betreiben ihre wirtschaftstheoretischen Forschungen keinesfalls um ihrer selbst willen. Sie erfüllen damit sowohl wirtschaftspolitische als auch speziell ideologisch-apologetische Bedürfnisse der Monopolbourgeoisie. Beziehen wir uns im folgenden auf den Beitrag der Keynesianer, insbesondere ihrer heutigen Nachfolger, zur modernen bürgerlichen politischen Ökonomie, so zeigt sich, daß deren Ableitungen im weiten Maße die wirtschaftstheoretischen Grundlagen der gegenwärtigen staatsmonopolistischen Wirtschaftsregulierung auch in der BRD bestimmen. Die Aufgabe der nachfolgenden Untersuchungen besteht darin, zu analysieren, in wessen Interesse und in welcher Weise die keynesianischen und neokeynesianischen wirtschaftstheoretischen Auffassungen die praktische Wirtschafts- und Finanzpolitik der Monopolbourgeoisie der BRD beeinflussen. Vom Standpunkt der marxistischen Kritik der modernen bürgerlichen politischen Ökonomie aus betrachtet, reduziert sich unsere Aufgabenstellung also darauf, die wirtschaftspolitisch-praktische Funktion der neokeynesianischen Wirtschaftstheorie am Beispiel der jüngsten Entwicklung in der BRD näher einzuschätzen.

Ohne den Ergebnissen unserer Untersuchung vorgreifen zu wollen, kann bereits jetzt prinzipiell bemerkt werden: Seit der im Gefolge der tiefgreifenden Wirtschafts- und Finanzkrise des Jahres 1966/67 im Gesamtsystem der staatsmonopolistischen Wirtschaftsregulierung in der BRD vollzogenen Wende, die bekanntlich mit der Ablösung der politischen Alleinherrschaft der CDU/CSU-Regierung und mit dem Eintritt von rechten Führern der SPD in die Bonner Regierung einherging, ist über die wirtschaftspolitische Konzeption der von den rechten sozialdemokratischen Führern gestellten Wirtschafts-, und ab 1969 auch der von ihnen eingesetzten Finanzminister in zunehmendem Maße die Wirtschaftsdoktrin von Keynes und der Neokeynesianer zur theoretischen Untermauerung der staatsmonopolistischen Wirtschaftsregulierung herangezogen worden. So ließ beispielsweise der seitens der SPD im Herbst 1966 in die Regierung der Großen Koalition eintretende Wirtschaftsminister keine Gelegenheit ungenutzt, sich lauthals als Schüler von Keynes zu bezeichnen. Korrekterweise ist hier allerdings anzumerken, daß er seine prokeynesianische Position in dieser Zeit noch mit Verbeugungen vor der *neoliberalen* Wirtschaftstheorie, mit der angeblichen Wahrung einer marktwirtschaftlichen Ordnung und wirtschaftlichen Freiheit der kapitalistischen Unternehmen bemäntelte. Diese wirtschaftstheoretische Position kommt nicht nur in solchen Äußerlichkeiten zum Ausdruck wie beispielsweise in dem programmatischen Titel „Eucken[1], Keynes und ich" eines Artikels im westdeutschen Wirtschaftsjournal „Capital" (vgl. Heft 4/1967) oder in solchen Versprechungen, wie die von den Neoliberalen geforderte Wettbewerbspolitik nach dem Vorbild des Kapitalismus der freien Konkurrenz in ihren „in den späten fünfziger und in den ersten sechziger Jahren verlorengegangenen Konturen kräftig und zeitgemäß wieder aufzufrischen".[2] Sie bekundet sich auch in der Interpretation seiner wirtschaftspolitischen Grundkonzeption als einer „sinnvollen Synthese zwischen dem Freiburger Imperativ des Wettbewers (d. h. der neoliberalen Konzeption – K. M.) und der keynesianischen Botschaft der Steuerung der effektiven Gesamtnachfrage".[3]

Diese Referenzen an den zu dieser Zeit bereits abgewirtschafteten und von der Monopolbourgeoisie nicht mehr ernstgenommenen Neoliberalismus sind in erster Linie als ein ideologisch-taktisches Manöver in bezug auf die Ausräumung von Vorbehalten insbesondere der nichtmonopolistischen Bourgeoisie bei der verstärkten Durchsetzung der staatsmonopolistischen keynesianischen Politik zu werten. In dem Maße jedoch, wie sich die inneren ökonomischen Widersprüche weiter zuspitzten, zeigte sich, daß zu immer offeneren und schärferen Formen der staatsmonopolistischen Regulierung auf keynesianischer Grundlage übergegangen und auf deren demagogische Bemäntelung verzichtet wurde. Hinsichtlich der Rolle und Funktion speziell der Staatsfinanzen innerhalb dieses insbesondere seit der Krise 1966/67 vollzogenen Entwicklungsprozesses in der BRD kommt Hans-Joachim Höhme zu der aufschlußreichen Feststellung, daß „eine der Grundtendenzen der Veränderungen des Staatshaushaltssystems in der BRD . . . also der Übergang von der mit neoliberalen Phrasen getarnten gemäßigten

[1] Walter Eucken ist als das Haupt der neoliberalen, auch Freiburger Schule anzusehen. Er starb 1950.

[2] Vgl. Bulletin des Presse- und Informationsdienstes der Bundesregierung, Nr. 15, vom 14. 2. 1967, S. 120.

[3] Vgl. ebenda, S. 119.

keynesianischen Finanzpolitik zu einer offeneren und schärferen Form dieser Politik als staatsmonopolistische Reaktion auf die Verschärfung der inneren Widersprüche (ist)".[4]

Mißt man diese neoliberalen Beteuerungen am Maßstab der praktischen Ergebnisse der Wirtschaftspolitik dieses früheren Ministers, so erweist sich in der Tat in recht drastischer Weise, daß seine wirtschaftspolitische Konzeption keinesfalls dem marktwirtschaftlichen Illusionen und den bei den Neoliberalen im bestimmten Maße anzutreffenden anti-dirigistischen Bestrebungen entsprochen hat.

Zweifelsohne werden die spezifischen Formen, in denen die Monopolbourgeoisie in den einzelnen imperialistischen Ländern die staatsmonopolistische Regulierung betreiben läßt, von den jeweiligen wirtschaftstheoretischen Auffassungen der Repräsentanten der monopolbourgeoisen Interessen mit beeinflußt. Im entscheidenden Maße werden sie jedoch von den konkreten objektiven Bedingungen des gesellschaftlichen Reproduktionsprozesses und der Konstellation der Klassenkräfte in der jeweiligen Situation bestimmt. Für die staatsmonopolistische Regulierungspolitik der Globalsteuerung, die seit der Krise von 1966/67 in der BRD betrieben wird, bedeutete dies, unter dem Aspekt der Beziehung von bürgerlicher Wirtschaftstheorie und staatsmonopolistischer Wirtschaftsregulierung beurteilt, daß die Theorie Keynes' und die der Neokeynesianer mit ihrer auf die *komplexe* Beeinflussung des gesellschaftlichen Reproduktionsprozesses orientierenden Stoßrichtung, die adäquate wirtschaftstheoretische Basis zu dieser Form der staatsmonopolistischen Regulierung überhaupt darstellt. Keine andere Variante der modernen bürgerlichen Wirtschaftstheorie entspricht diesem Anliegen besser. Gelegentlich anzutreffende Reverenzen an die Neoliberalen werten wir deshalb – neben ihren taktisch-ideologischen Aspekten gegenüber der nichtmonopolistischen Bourgeoisie – außerdem auch als eine ideologische Absicherung des gerade für die Monopolbourgeoisie der BRD charakteristischen Zögerns, bei der staatsmonopolistischen Regulierung nicht allzu weit zu gehen, um den demokratischen Kräften in der BRD kein potentielles Wirkungsfeld für gesamtgesellschaftliche Aktivitäten im Interesse der werktätigen Volksschichten zu schaffen.[5] Andererseits darf auch nicht vergessen werden, daß die

[4] Vgl. H.-J. Höhme, Der Staatshaushalt der BRD, DWI-Forschungshefte 1/1971, S. 67. Zum Komplex der Ausnutzung der keynesianischen Wirtschaftstheorie im System der westdeutschen Staatsfinanzen wird noch detaillierter eingegangen.

[5] Die Furcht der Monopole vor einem nicht in ihrem Interesse liegenden Gebrauch der Programmierung resultiert daraus, daß der Staat heute in zunehmendem Maße zu Regulierungsinstrumenten Zuflucht nehmen muß, die ihrer Form

Neoliberalen selbst keinesfalls etwa Gegner einer staatsmonopolistischen Regulierung sind.[6] Jedoch im Ausmaß und in den Methoden dieser Regulierung üben sie Zurückhaltung.
Im folgenden ist näher auf die Keynesschen und neokeynesianischen wirtschaftstheoretischen Grundlagen der gegenwärtigen staatsmonopolistischen Wirtschaftsregulierung in der BRD einzugehen. Dabei sind die spezifischen Formen dieser Regulierung, d. h. konkret die Politik der Globalsteuerung, unter diesem Aspekt zunächst grundsätzlich einzuschätzen. Dem folgend werden die Haushalts- und die Konjunkturpolitik als die in diesem Rahmen wichtigsten Einflußsphären der keynesianischen Wirtschaftstheorie im System der staatsmonopolistischen Wirtschaftsregulierung zu analysieren sein.

6.2. Keynes und die staatsmonopolistische Politik der Globalsteuerung in der BRD

Die von rechtssozialdemokratischen Ministern seit der Krise vom Herbst 1966 betriebene staatsmonopolistische Regulierungspolitik ist unter dem Schlagwort *Globalsteuerung* allgemein bekannt geworden. Mit dieser Politik wurde dokumentiert, daß die Monopolbourgeoisie der BRD nach dem Abschluß der Restaurationsphase des Imperialismus in diesem Lande zu einer neuen Etappe ihrer aggressiven Innen- und Außenpolitik übergegangen und sie ihre reaktionären Ziele durch ein effektiveres staatsmonopolistisches Regulierungsinstrumentarium ökonomisch zu fundieren gewillt ist.
Es wurde bereits darauf hingewiesen, daß es für die ökonomische Absicherung der Expansions- und Aggressionspläne des Imperialismus in der BRD u. a. auch darauf ankam, eine auf ein stabiles Wirtschaftswachstum ausgerichtete wirtschaftspolitische Strategie durchzusetzen. Hierzu ist *gleichzeitig* die Bewegung des gesellschaftlichen Reproduktionsprozesses in Richtung der Ausschaltung seiner zyklischen, krisenhaften Erschütterungen zu beeinflussen. Aus diesen Erfordernissen leiten sich weitreichende Konse-

nach weit über die kapitalistische Gesellschaftsordnung hinausweisen und die, mit einem anderen Inhalt erfüllt, tatsächlich für den antimonopolistischen Kampf ausgenutzt werden können. Diese Furcht ist natürlich nicht nur der Monopolbourgeoisie in der BRD eigen. Unter den Bedingungen der direkten Konfrontation der beiden entgegengesetzten sozialen Systeme wirkt sie aber in höherem Grade als in anderen Ländern auf die Entwicklung der Methoden der imperialistischen Wirtschaftslenkung ein.

6 Vgl. hierzu S. 85 f. der vorliegenden Arbeit.

quenzen für die staatsmonopolistische Regulierung des gesellschaftlichen Reproduktionsprozesses ab. Um zu verstehen, in welchem Maße bisher die von den Keynesianern und Neokeynesianern propagierten wirtschaftstheoretischen Dogmen ihre Berücksichtigung fanden, ist zuvor auf die objektiven Grundlagen dieser wirtschaftspolitischen Strategie, und zwar auf die Grundlagen der Politik der Globalsteuerung als der spezifischen Form der gegenwärtigen staatsmonopolistischen Regulierung in der BRD, näher einzugehen. Es wird sich zeigen, daß diese von rechtssozialdemokratischen Ministern vertretene Politik nichts anderes als die konkrete Erscheinungsform der wachstums- und strukturpolitischen Strategie und der ihr entsprechenden staatsmonopolistischen Regulierungspolitik der Monopolbourgeoisie der BRD darstellt.
Bekanntlich ist im Verlaufe der sechziger Jahre in der BRD an die Stelle eines fast gleichrangig auf die extensive und intensive Erweiterung des gesellschaftlichen Reproduktionsprozesses ausgerichteten Wachstumstyps solch ein Typ getreten, der in erster Linie durch eine intensiv erweiterte gesellschaftliche Reproduktion gekennzeichnet ist.[7] Dieser Wandlungsprozeß ist nicht nur das Ergebnis der Wirkung einer Reihe objektiver Faktoren[8], sondern auch das Ergebnis der bewußt von den Monopolen betriebenen Politik, ein hinreichendes Wirtschaftswachstum zur Durchsetzung ihrer reaktionären Ziele zu sichern. Die Krise 1966/67 beschleunigte diesen Übergang zur Phase des intensiven Wirtschaftswachstums. Berücksichtigt man außerdem, daß im Verlaufe der sechziger Jahre, im Unterschied zu den fünfziger Jahren, die Wachstumseffektivität des Kapitals[9] zurückgegangen ist, so wird deutlich, daß unter den sich komplizierter gestaltenden Bedingungen der intensiv erweiterten gesellschaftlichen Reproduktion den ökonomischen Potenzen des imperialistischen Staates und seiner Regulierungsfunktion eine wachsende Bedeutung zukommt. Man muß sogar feststellen, daß „ohne den weiteren Ausbau seiner ökonomischen Funk-

7 Vgl. hierzu und zum folgenden: Der Imperialismus der BRD, a. a. O., S. 241ff.; Spätkapitalismus ohne Perspektive, a. a. O., S. 109ff.

8 Hierzu zählen das Erlöschen der Wirkung der spezifischen Nachkriegsfaktoren, das Auftreten struktureller Schwierigkeiten, die Auswirkungen der Aufrüstung u. a.

9 Als Ausdruck für die Veränderung in der Wachstumseffektivität des volkswirtschaftlichen Gesamtkapitals ist hier die Bewegung der Rate des Wirtschaftswachstums zu der der Akkumulationsrate in Beziehung gesetzt, d. h. im einzelnen: Eine wachsende Akkumulationsrate drückt z. B. bei fallender Rate des Wirtschaftswachstums eine abnehmende Wachstumseffektivität des gesellschaftlichen Gesamtkapitals aus (vgl. Spätkapitalismus ohne Perspektive, S. 113f.).

tionen und ohne die Vervollkommnung seines Regulierungssystems ... der Prozeß der Kapitalakkumulation, dem die entscheidende Rolle bei der Sicherung des Wachstums der Wirtschaft und bei der Erweiterung der Macht der Monopole zukommt, unter den Bedingungen der wissenschaftlich-technischen Revolution nicht mehr (funktioniert)".[10] Der imperialistische Staat hat nicht nur Sorge dafür zu tragen, daß die Monopole auf der Basis einer verschärften Ausbeutung und Ausplünderung der Werktätigen ihre Akkumulationskraft steigern können, sondern durch den Einsatz seines ökonomischen Potentials selbst für die Kapitalverwertung annähernd normale Bedingungen zu erhalten. Letzteres bedeutet unter den heutigen Reproduktionsbedingungen, daß der imperialistische Staat den Monopolen weitestgehend die Kosten für die Entwicklung von Wissenschaft und Forschung, für den Ausbau der materiell-technischen Territorialstruktur, der sog. Infrastruktur, für das Bildungswesen u. a. abnimmt. Außerdem ist von seiten des Staates den Monopolen der wachstumsträchtigen Wirtschaftszweige eine besondere Unterstützung zu gewähren. Aus all dem folgt, daß der imperialistische Staat im *verstärkten* Maße in den gesellschaftlichen Reproduktionsprozeß einzugreifen verpflichtet ist.
Dieser hier skizzierte ökonomische Entwicklungsprozeß vollzog sich in der BRD während der sechziger Jahre und führte zur Herausbildung einer neuen Etappe in der Entwicklung der staatsmonopolistischen Regulierung, deren Wesen als Übergang zur staatsmonopolistischen Strukturpolitik zu kennzeichnen ist. Sie ist so zu definieren: „Die staatsmonopolistische Strukturpolitik stellt ... die entscheidende Form dar, mit der das Bonner Regime heute versucht, seine Wachstumsstrategie zu verwirklichen. Sie ist nicht als eine einfache Ergänzung der ökonomischen Regulierungsmaßnahmen um einen neuen Sektor oder um neue Instrumente aufzufassen, sondern als das Bestreben, durch eine längerfristige Koordinierung aller Seiten der Wirtschafts-, Finanz- und Sozialpolitik bestimmte strukturelle Effekte in der Volkswirtschaft auszulösen, die sich als förderlich für die Realisierung der Pläne der Monopole erweisen."[11]
Die seit der Krise 1966 in der BRD beschrittenen neuen Formen und Wege der staatsmonopolistischen Regulierung des gesellschaftlichen Reproduktionsprozesses bilden in letzter Konsequenz einen wesentlichen Bestandteil des auch in diesem imperialistischen Land zu beobachtenden Anpassungsprozesses des gesamten Herrschaftsmechanismus des Monopolkapitals an die veränderten inneren und äußeren Existenzbedingungen. Auch auf die sich in der BRD vollziehende Entwicklung trifft voll und

[10] Vgl. ebenda, S. 116.
[11] Vgl. ebenda, S. 117.

ganz die generelle Feststellung Leonid Breshnews auf dem XXIV. Parteitag der KPdSU über die neuen Entwicklungstendenzen im Imperialismus zu, nämlich daß sich der Kapitalismus den neuen Bedingungen in der weltweiten Klassenauseinandersetzung anzupassen gezwungen ist.[12] Die Spezifik in der Entwicklung des westdeutschen Imperialismus besteht, was das Regulierungsinstrumentarium resp. die Politik der Globalsteuerung speziell anbelangt, darin, daß die Überproduktionskrise der Jahre 1966/67 diesen Entwicklungsprozeß wesentlich beschleunigen half. Diese Krise hatte hier der Monopolbourgeoisie in aller Offenheit die Notwendigkeit des Übergangs zu effektiveren Formen der staatsmonopolistischen Regulierung demonstriert. Sie wurde zum Geburtshelfer der Politik der Globalsteuerung.

Die entscheidenden Instrumente der Politik der Globalsteuerung lassen sich in vier Komplexe zusammenfassen:

1. Staatliche Rahmenplanung durch Zielprojektionen und Orientierungsdaten

Die staatliche Rahmenplanung, die sich auf die geplante Entwicklung solch wichtiger ökonomischer Kategorien wie Nationaleinkommen, Preisentwicklung, Außenwirtschaft und dgl. bezieht, soll den Spielraum für die langfristige Orientierung (5-Jahresspanne) der staatlichen Wirtschaftspolitik fixieren und damit eine Richtschnur für die wirtschaftspolitischen Entscheidungen der Monopole – vor allem in ihrer Investitionspolitik – bilden. Durch ihren orientierenden Charakter beeinflußt die Rahmenplanung mit ihren Zielprojektionen und Orientierungsdaten im bestimmten Maße die längerfristige wirtschaftliche Gesamtentwicklung, ohne aber, wie es die bürgerlichen Apologeten behaupten, damit etwa zu einer *planmäßigen* Wirtschaftsentwicklung zu führen. Nach wie vor bleiben die objektiven ökonomischen und politischen Grundlagen für das Hervorbrechen von Widersprüchen und gewaltsamen Erschütterungen des imperialistischen Wirtschafts- und Gesellschaftssystems von diesen gesamtgesellschaftlichen Planungsversuchen unberührt.

Die Beziehung der staatlichen Rahmenplanung zur Keynesschen und neokeynesianischen Wirtschaftstheorie reduziert sich darauf, daß das ökonomische Kategoriensystem dieses angeblichen Planes in erster Linie dem Arsenal der Keynesianer und ihrer heutigen Nachfahren entstammt. Dies bezieht sich vor allem auf das Nationaleinkommen in seiner Struktur und Verteilung, seinen Wachstumsraten usw. Die moderne bürgerliche volks-

12 Vgl. Leonid I. Breshnew, Rechenschaftsbericht des Zentralkomitees der KPdSU an den XXIV. Parteitag der Kommunistischen Partei der Sowjetunion, a. a. O., S. 31 ff.

wirtschaftliche Gesamtrechnung, die in ihrem Teilkomplex der Sozialproduktsberechnungen, die sich auf das Nationaleinkommen beziehen, das konkrete statistische Zahlenmaterial für diese Planungsversuche bereitzustellen hat, beruht voll und ganz auf den wirtschaftstheoretischen Ableitungen der neokeynesianischen Ökonomen.

2. Die mittelfristige Finanzplanung

Die mittelfristige Finanzplanung als das Kernstück im System der staatsmonopolistischen Globalsteuerung stellt den Versuch dar, den Staatshaushalt als das entscheidende Instrumentarium im gesamten System der staatsmonopolistischen Wirtschaftsregulierung in seiner Wirkung für die Erhaltung des kapitalistischen Systems und der Durchsetzung der monopolbourgeoisen Profitinteressen noch effektiver zu gestalten. Entsprechend dieser zentralen Stellung ist auf diesen Teikomplex der Globalsteuerung gesondert einzugehen.[13]

3. Die sog. „konzertierte Aktion“

Der eigentliche Sinn der „konzertierten Aktion“ ist es, alle an ihr Beteiligten, d. h. neben dem Staat und den Unternehmern insbesondere die Gewerkschaften, auf die Politik der Interessenvertretung der Monopole einzuschwören. Sie trat unmittelbar im Gefolge der Krise 1966/67 als programmatische Forderung nach Beeinflussung der *Primärverteilung* des Nationaleinkommens durch die Ausrichtung der Gewerkschaften auf ein an den Expansionszielen des Monopolkapitals orientiertes volkswirtschaftliches Denken an das Licht der Welt. Die „konzertierte Aktion“ mit ihrer Forderung nach „sozialer Symmetrie“ resp. „symmetrischer“ Einkommensentwicklung erwies sich von Anfang an als soziale Demagogie. Eine derartige Einkommenspolitik entspricht keinesfalls den Profitinteressen des Kapitals. Hinter diesen Parolen verbirgt sich nur die Aufforderung an die Gewerkschaften, in ihren Lohnforderungen sich den angeblichen volkswirtschaftlichen Erfordernissen anzupassen. Das heißt allerdings nichts anderes, als die Profite sich frei entwickeln zu lassen und die Akkumulationskraft der Monopole nicht anzutasten. Eine solche Konzeption entspricht ganz dem Sinn und Wesen der keynesianischen Wirtschaftsdoktrin.

4. Staatliche Geld- und Kreditpolitik

Dieser Teilkomplex aus der Globalsteuerung ist aus dem System der traditionellen bürgerlichen Konjunkturpolitik übernommen. Es muß hier sicher nicht gesondert vermerkt werden, daß natürlich auch das speziell konjunkturpolitische Instrumentarium durch die bürgerliche Ökonomie ständig verfeinert worden ist. Hinsichtlich der Ausnutzung der wirtschaftstheoretischen Erkenntnisse der Keynesianer und Neokey-

[13] Vgl. hierzu S. 206ff. der vorliegenden Arbeit.

nesianer auf dem Gebiete der modernen bürgerlichen Konjunkturpolitik im allgemeinen und der staatlichen Geld- und Kreditpolitik im speziellen bestehen so weitreichende Beziehungen, daß hierauf noch detaillierter einzugehen ist.[14]

Diese vier Hauptkomplexe des Systems der Globalsteuerung wirken zusammen, greifen ineinander und sind komplex eingesetzt. Sie sind dementsprechend in dieser Wechselbeziehung einzuschätzen. Im Ergebnis der kritischen Analyse dieser Teilkomplexe zeigt sich jedoch, daß hauptsächlich für die mittelfristige Finanzplanung sowie für den Komplex der staatsmonopolistischen Geld- und Kreditpolitik die Keynesschen und neokeynesianischen ökonomisch-theoretischen Ableitungen von prinzipieller Bedeutung sind.[15] Diese Teilkomplexe der Globalsteuerung sind deshalb schwerpunktmäßig unter den hier zu untersuchenden Aspekten näher einzuschätzen. Zuvor ist jedoch auf den gesellschaftspolitischen Aspekt dieses Entwicklungsprozesses insgesamt noch kurz einzugehen.

Es wurde bereits angedeutet, daß sich der Übergang zur neuen Form der staatsmonopolistischen Wirtschaftsregulierung in der BRD im entscheidenden Maße im Gefolge der Krise von 1966/67 vollzogen hatte. Der gesellschaftspolitische Aspekt dieses Entwicklungsprozesses besteht nun darin, daß die Monopolbourgeoisie der BRD auf ökonomischem Gebiet mit Hilfe der von rechtssozialdemokratischen Ministern zu vertretenden Wirtschafts- und Finanzpolitik ihre Probleme zu meistern versuchte. Diese ministeriellen Repräsentanten einer staatsmonopolistischen Wirtschafts- und Finanzpolitik aus den Kreisen der rechten SPD-Führung genossen dabei das volle Vertrauen der herrschenden Kreise des Monopolkapitals der BRD. Die Monopolbourgeoisie ging davon aus, daß diese Minister zunächst besser als jeder CDU/CSU-Minister eine Politik durchzuführen in der Lage sind, mit deren Hilfe die Arbeiterklasse, die Intelligenz, die Jugend und andere Schichten des Volkes in das imperialistische System integriert werden sollen und sie auch in der Lage sein könnten, gegen die Gewerkschaften ein für die Erzielung hoher Monopolprofite effektiveres System der staatsmonopolistischen Regulierung durchzusetzen. Sie setzen schließlich auch darauf, daß es unter ihrer Führung eher möglich sein könnte, ökonomisch und ideologisch in die sozialistischen Länder einzudringen. Auf sie trifft also im besonderen Maße zu, was in den Thesen des ZK der KPdSU zum 100. Geburtstag W. I. Lenins über die Rolle der rechten Sozialdemokraten formuliert wird: „Der wichtigste Gehilfe der Bourgeoisie bei ihrer Beeinflussung des Proletariats ist, wie schon zu Lebzeiten Lenins, die rechte

[14] Vgl. hierzu S. 212 ff. der vorliegenden Arbeit.
[15] Vgl. hierzu auch Der Imperialismus der BRD, a. a. O., S. 322 ff.

Sozialdemokratie. Ihre Politik hilft objektiv den Monopolen und dem kapitalistischen Staat, die revolutionären Aktionen des Proletariats zu unterdrücken".[16]

An den *praktischen* Ergebnissen der Wirtschafts- und Finanzpolitik der letzten Jahre in der BRD gemessen, bestätigt sich diese Einschätzung voll und ganz. Auf dem VIII. Parteitag der SED wurde im Bericht des Zentralkomitees u. a. festgestellt, daß in der BRD insbesondere während der letzten Jahre die Konzentration des Kapitals in den Händen weniger Superkonzerne sprunghaft zugenommen hat und ein nie gekannter Grad der Verschmelzung zwischen den Monopolen und dem Staat erreicht worden ist.[17] Der Erste Sekretär des ZK der illegal kämpfenden Kommunistischen Partei Deutschlands, Max Reimann, stellte zu Recht in seinem Diskussionsbeitrag auf dem VIII. Parteitag der SED als die Hauptmerkmale der gegenwärtigen Lage in der BRD u. a. die weitere Konzentration der Macht des Großkapitals und dessen wachsenden Einfluß auf die Gesetzgebung und die Staatsmaschinerie, die inflationäre Preisentwicklung sowie die für die Werktätigen negativen Auswirkungen der Schillerschen „Konzertierten Aktion" heraus. Durch die „Konzertierte Aktion" werden die Arbeiter und Gewerkschaften zum Maßhalten in ihren Lohnforderungen gedrängt, während die Profite der Großkonzerne immer weiter anwachsen.[18] Im einzelnen werden wir das noch belegen.

Betrachten wir zusammenfassend die staatsmonopolistische Politik der Globalsteuerung (als die konkrete Verwirklichung der wachstums- und strukturpolitischen Strategie der Monopolbourgeoisie der BRD) in ihrer Beziehung zur keynesianischen Wirtschaftstheorie, so zeigt sich, daß diese Beziehung in mehr oder weniger stark ausgeprägtem Maße bereits generell für die einzelnen Teilkomplexe dieser wirtschaftspolitisch-strategischen Konzeption besteht. Darüber hinaus ist aber weiter festzustellen: Die von Keynes initiierte und von den Neokeynesianern weitergeführte und im Detail ausgebaute Orientierung der modernen bürgerlichen Wirtschaftstheorie auf die Untersuchung des gesellschaftlichen Reproduktionsprozesses der kapitalistischen Gesellschaft in seiner *Komplexität*, wie auch in seinen einzelnen *integrierten Teilen* (so z. B. Verteilungsaspekte, Wachstum und Zyklizität dieses Prozesses u. a.), hat eine Reihe von Einsichten vermittelt, die für die wirtschaftspolitisch-praktischen Interessen der

[16] Zum 100. Geburtstag Wladimir Iljitsch Lenins. Thesen des Zentralkomitees der Kommunistischen Partei der Sowjetunion, Berlin 1970, S. 42.

[17] Vgl. hierzu E. Honecker, Bericht des Zentralkomitees an den VIII. Parteitag der Sozialistischen Einheitspartei Deutschlands, a. a. O., S. 21f.

[18] Vgl. Diskussionsbeitrag von Max Reimann auf dem VIII. Parteitag der SED, in: ND vom 18. Juni 1971, S. 10.

Monopolbourgeoisie von Interesse sind und heute innerhalb der Globalsteuerung ausgenutzt werden. Ein entscheidendes Wesensmerkmal der Beziehung zwischen der keynesianischen Wirtschaftstheorie und der staatsmonopolistischen Regulierung in Form der Globalsteuerung besteht gerade in dieser generellen, aktiven Übereinstimmung von Wirtschaftstheorie und staatsmonopolistischer Regulierungspolitik. Betrachtet man das Hauptziel sowie die einzelnen Teile der Globalsteuerung und ihre Hauptinstrumente näher, so zeigt sich hinsichtlich ihrer Zielsetzung, und vor allem hinsichtlich der mittelfristigen Finanzplanung und der staatlichen Geld- und Kreditpolitik, die Anlehnung an die Keynessche und neokeynesianische Theorie sehr deutlich.

Zunächst stellt sich also die Frage, wie die Globalsteuerung auf die Realisierung der allgemeinen Zielsetzung der kapitalistischen Produktion überhaupt, der Profitmaximierung, bisher gewirkt hat. Wir erinnern in diesem Zusammenhang daran, daß aus all dem, was bisher über Keynes und seine heutigen Nachfahren entwickelt worden ist, folgt, daß das oberste Ziel der von ihnen vertretenen Lehre in der Sicherung höchstmöglicher Profite besteht. Alle Keynesianer, ob die früheren oder die unserer Tage, sehen hierin ihre eigentliche Hauptaufgabe. Faßt man die bisherigen Ergebnisse der staatsmonopolistischen Wirtschaftsregulierung in der BRD seit Herbst 1966 zusammen, so zeigt sich: Noch niemals gab es hier in der Nachkriegsgeschichte eine solch steile Aufwärtsentwicklung der Profite, niemals war der Anteil der Löhne und Gehälter am Sozialprodukt niedriger und der der Profite höher. Die seit der Krise von 1966/67 betriebene staatsmonopolistische Regulierungspolitik führte zu einer in der gesamten Entwicklung des Imperialismus der BRD bisher nicht erreichten Profitexplosion auf der Basis einer zunehmenden Verschärfung der Ausbeutung der Arbeiterklasse.[19] Zwischen 1966 und 1969 stiegen in den 100 größten Aktiengesellschaften der BRD die Nettoprofite um fast 53%; demgegenüber erhöhte sich die Nettolohn- und -gehaltssumme je Beschäftigten nur um 9,1%. Diese für die Monopolbourgeoisie günstige Entwicklung setzte sich in den folgenden Jahren fort. Die Ausbeutung hat sich zunehmend verschärft. Für das zweite Halbjahr 1973 wird in der BRD mit einer Profitsteigerung von rund 24 Prozent gerechnet.[20] In der BRD geht es also u. a. darum, den immens angewachsenen Rückstand der Löhne hinter den

[19] Vgl. hierzu das interessante statistische Material in der Untersuchung von K. Lungwitz, Profitsteigerung und Lohnrückstand seit 1967, in: DWI-Berichte, 1/71, Berlin, S. 6ff.

[20] Vgl. Erich Honecker, Aus dem Bericht des Politbüros an die 19. Tagung des ZK der SED, a. a. O., S. 25.

Profiten – wie es auch die DGB-Zielprojektionen für die nächsten Jahre vorsehen – abzubauen. Die unter den Schlagwörtern „soziale Symmetrie" und „konzertierte Aktion" betriebene staatsmonopolistische Einkommenspolitik gegen die Tarifhoheit der Gewerkschaften und andere Maßnahmen haben letztlich nur zu einer gewaltigen Steigerung der Profite geführt. Im Jahre 1969 beispielsweise stiegen die Bruttoprofite um 8,5%, obgleich die „Zielprojektionen" nur eine Steigerung um 1% vorsahen.[21] Die von Keynes und den Neokeynesianern permanent geforderte staatliche Förderung der Profitinteressen war für die rechtssozialdemokratischen Minister stets oberstes Gebot wirtschafts- und finanzpolitischen Handelns. Seit dem Regierungsantritt der sozialdemokratisch geführten Brandt/Scheel-Regierung im Herbst 1969 haben die zuständigen Minister mit den verschiedensten Manipulationen die Profitinteressen der Monopolbourgeoisie verfochten.[22] Die rechtssozialistischen Vertreter der Monopolinteressen in der Bonner Regierung haben sich also als gelehrige und tüchtige Schüler von Keynes erwiesen. Das zeigen die Ergebnisse ihrer Wirtschafts- und Finanzpolitik.

6.3. Die Ausnutzung der neokeynesianischen Wirtschaftstheorie bei der staatsmonopolistischen Umgestaltung von Struktur und Wirkungsweise des Staatshaushaltes (Staatsfinanzen) in der BRD

Bei der Durchsetzung neuer Formen der staatsmonopolistischen Regulierung kommt dem Staatshaushalt eine zentrale Bedeutung zu. In den Staatsfinanzen der imperialistischen Länder kreuzen sich im weitreichenden Maße die Widersprüche dieses Gesellschaftssystems. Über die Ausnutzung

[21] Vgl. H. Heininger, „Aufschwung nach Maß", und wie es wirklich kam, in: Neues Deutschland, Nr. 62, vom 3. 3. 1970, S. 6.

[22] Im Frühsommer des Jahres 1970 beispielsweise war die zyklische Entwicklung der Wirtschaft in eine schwierige Situation geraten, die in Fachkreisen mit der komplizierten Lage unmittelbar vor Ausbruch der zyklischen Überproduktionskrise von 1966/67 verglichen wurde. Der Wirtschaftsminister und der damalige sozialdemokratische Finanzminister Alex Möller ergriffen in dieser Situation Maßnahmen, die ganz aus dem instrumentalen Arsenal der Neokeynesianer stammen: Manipulationen in den Staatsfinanzen sowie in der Kreditpolitik durch Stillegung von Staatseinnahmen (in Höhe von 2,5 Mrd. DM) und Rückstellung vorgesehener Staatsausgaben (in Höhe von 2,7 Mrd. DM) sowie Erhöhung des Diskontsatzes der Zentralbank zwecks Drosselung der Vermehrung von Giralgeld.

des Staatshaushalts verwirklicht der imperialistische Staat im wesentlichen seine Funktion als ökonomische Potenz im gesellschaftlichen Reproduktionsprozeß des modernen Kapitalismus. Auch setzt er im wesentlichen auf diesem Wege seine Regulierungsfunktion durch. Das direkte Eingreifen des imperialistischen Staates unter Ausnutzung des Staatshaushaltes in den gesellschaftlichen Reproduktionsprozeß ergibt sich aus der Forderung nach Absicherung der Profit- und Expansionsbedürfnisse der Monopolbourgeoisie und der Sicherung des weiteren Funktionierens des spätkapitalistischen Wirtschafts- und Gesellschaftssystems überhaupt. Die weltweite Systemauseinandersetzung zwischen Sozialismus und Kapitalismus unter den Bedingungen der wissenschaftlich-technischen Revolution stellt an den imperialistischen Staat die umfassende Aufgabe, das spätkapitalistische System innerhalb dieses Wettstreits konkurrenzfähig zu erhalten. Daraus erwachsen weitreichende Konsequenzen für die Gestaltung des Staatshaushalts. So erhält neben der *traditionellen* Funktion des Staatshaushalts, nämlich die inneren und äußeren Staatsaufgaben zu finanzieren (die Finanzierungsfunktion), seine Funktion zur Umverteilung eines wachsenden Teiles des Nationaleinkommens und dessen Einsatz als gesellschaftliches Kapital (Umverteilungsfunktion) sowie seine Regulierungsfunktion zunehmendes Gewicht. Mit der weiteren Entwicklung des staatsmonopolistischen Kapitalismus und der gesetzmäßigen Vertiefung seiner allgemeinen Krise[23] erhöhen sich die Anforderungen des staatsmonopolistischen Gesellschaftssystems an den Staatshaushalt. Der sich aus der schnellen Entwicklung der Produktivkräfte ergebende höhere Vergesellschaftungsgrad der Produktion stellt ebenfalls erhöhte qualitative und quantitative Anforderungen an das imperialistische Finanzsystem als Instrument zur staatsmonopolistischen Regulierung des gesellschaftlichen Reproduktionsprozesses.
Diesen aus der historischen Entwicklung des staatsmonopolistischen Gesellschaftssystems erwachsenden Erfordernissen nach *Ausdehnung* des Staatshaushalts sind objektive Grenzen gesetzt. Diese sind im Privateigentum an den Produktionsmitteln und den darauf beruhenden Profitinteressen der Einzelmonopole, in den antagonistischen Klassenverhältnissen zwischen der Arbeiterklasse und der Monopolbourgeoisie sowie in den divergierenden Interessen einzelner Monopolgruppen untereinander, aber auch zwischen einzelnen Monopolen und dem imperialistischen Staat selbst, begründet. Das bedeutet, daß auf dem Wege der extensiven Aus-

[23] Vgl. hierzu Leonid I. Breshnew, Rechenschaftsbericht des Zentralkomitees der KPdSU an den XXIV. Parteitag der Kommunistischen Partei der Sowjetunion, a. a. O., S. 21.

dehnung des Staatshaushalts allein die vielfältigen Anforderungen an dieses zentrale Regulierungsinstrument nicht mehr befriedigt werden können. Dieser Umstand löste zwangläufig einen Prozeß aus, der den „Ausweg aus den auf die Staatsfinanzen einwirkenden systembedingten Widersprüchen in einer Intensivierung des Einsatzes des Staatshaushalts durch Veränderungen seiner Struktur und Wirkungsweise"[24] bringen soll. Innerhalb dieses Umgestaltungsprozesses des Staatshaushaltes speziell in der BRD, der hier im wesentlichen mit dem Eintritt von rechtssozialdemokratischen Parteiführern in die Bonner Regierung seit Herbst 1966 einsetzte, kommt von seiten seiner ökonomisch-theoretischen Fundierung der neokeynesianischen Wirtschaftstheorie eine entscheidende Bedeutung zu. Bevor diese Beziehung jedoch näher aufzuhellen ist, ist dieser Umgestaltungsprozeß selbst näher zu charakterisieren.[25]

Die Umgestaltung des Staatshaushalts in der BRD als eine Audsrucksform des Anpassungsprozesses des imperialistischen Herrschaftsinstrumentariums an die veränderten inneren und äußeren objektiven Bedingungen bezieht sich sowohl auf seine strukturellen als auch auf funktionelle Veränderungen. Im Grunde genommen vollzieht sich gegenwärtig in der BRD ein Prozeß der Umgestaltung des Staatshaushalts in ein Instrument der staatsmonopolistischen Struktur- und Wachstumspolitik im weitesten Sinne. Dieser Entwicklungsprozeß ist durch drei wesentliche Aspekte gekennzeichnet:

1. Unter dem Druck der inneren und äußeren Bedingungen des gesellschaftlichen Reproduktionsprozesses ist der imperialistische Staat gezwungen, zu einer Politik der *längerfristigen und koordinierten* staatsmonopolistischen Regulierung Zuflucht zu nehmen. Durch die stürmische Entwicklung der Produktivkräfte im Gefolge der wissenschaftlich-technischen Revolution werden auch in den imperialistischen Ländern Struktur- und Wachstumsprozesse ausgelöst, die in ihren zeitlichen und räumlichen Dimensionen neue Lösungen verlangen. Unter *kapitalistischen* Produktionsverhältnissen sehen diese Lösungen so aus, daß die staatsmonopolistische Regulierung möglichst langfristig und breit, d. h. auf den *gesamten* gesellschaftlichen Reproduktionsprozeß bezogen, angelegt wird. Unabhängig davon ist der Imperialismus aber „außerstande, den wissenschaftlich-technischen Fortschritt dem Wohle der Menschen nutzbar zu machen, weil er alle Errungenschaften menschlicher Arbeit und des Geistes den Gesetzen des Profits unterwirft."[26]

[24] Vgl. J.-H. Höhme, Der Staatshaushalt der BRD, a. a. O., S. 13.

[25] Vgl. hierzu ebenda, S. 5ff.

[26] Vgl. E. Honecker, Bericht des Zentralkomitees an den VIII. Parteitag der Sozialistischen Einheitspartei Deutschlands, a.a. O., S. 20.

Objektiv drängt die stürmische Entwicklung der Produktivkräfte im Prozeß der wissenschaftlich-technischen Revolution unserer Zeit mit wachsendem Druck auf ihre Vergesellschaftung. Erst auf dieser Basis ist eine einheitliche, effektive und den gesamtgesellschaftlichen Interessen entsprechende Planung und Leitung des gesellschaftlichen Reproduktionsprozesses möglich. Die Reaktion des spätkapitalistischen Gesellschaftssystems auf diese objektiven Erfordernisse ist – beziehen wir uns allein auf den Staatshaushalt – die Hinwendung zur staatsmonopolistischen längerfristigen Planung auf dem Gebiet der Haushaltspolitik. In der BRD tritt sie in Form der sog. mittelfristigen Finanzplanung konkret in Erscheinung.

2. Der imperialistische Staat ist unter den Bedingungen der wissenschaftlich-technischen Revolution und der weltweiten Systemauseinandersetzung mit dem Sozialismus entsprechend den Erfordernissen der Systemstabilisierung zur Sicherung der Expansions- und Profitinteressen der Monopole verpflichtet. Dazu hat er einen wachsenden Teil des Nationaleinkommens zu zentralisieren und entweder den Monopolen in Form von Subventionen oder Steuervergünstigungen zuzuführen oder als gesellschaftliches Kapital im Profitinteresse der Monopole selbst anzuwenden. Damit ist ein genereller Wandel in der Struktur des Staatshaushalts verbunden. Das bedeutet im einzelnen: Der Staatshaushalt wird im verstärkten Maße als Instrument zur Kapitalmobilisierung eingesetzt. Ohne diesen Einsatz würde das notwendige Wirtschaftswachstum im heutigen Kapitalismus nicht mehr gewährleistet sein. Das privatkapitalistische System kann aus sich selbst heraus die notwendigen Aufwendungen zur Sicherung des wissenschaftlich-technischen Fortschritts und des Wirtschaftswachstums nicht mehr erbringen. Der Staat vergrößert deshalb auf dem Wege der direkten Subventionen oder aber der Steuerbegünstigungen für einzelne Monopole die Verfügungsgewalt der Monopolbourgeoisie über das Kapital. Darüber hinaus zentralisiert der Staat durch die Umverteilung des Nationaleinkommens Mittel, die er selbst als gesellschaftliches Kapital zur Entwicklung von Wissenschaft und Forschung sowie für den Ausbau der Infrastruktur anwendet. Er schafft auf diesem Wege wesentliche Grundbedingungen für ein weiteres Wirtschaftswachstum im Imperialismus. Diese staatlichen Leistungen werden in erster Linie durch die Monopole in Anspruch genommen. Vor allem in der BRD ist durch die jahrelange Vernachlässigung der nötigsten Maßnahmen, vor allem auf dem Gebiet der Infrastruktur, ein riesenhafter Nachholebedarf entstanden, der in den nähcsten Jahren allerhöchste Anforderungen an den Staatshaushalt stellt.[27]

27 Die Prognos-AG, Basel, schätzt den Investitionsbedarf der wichtigsten Infrastrukturbereiche Verkehr, Bildung, Gesundheits- und Sozialwesen sowie Was-

3. Das ökonomische Potential des Staatshaushalts wird im verstärkten Maße zugleich auch unter konjunkturpolitischen Aspekten eingesetzt; seine Funktionen erweitern sich.
Hinter diesem Entwicklungsprozeß verbirgt sich die Durchsetzung der auf die Vermeidung von zyklischen Schwankungen im gesellschaftlichen Reproduktionsprozeß ausgerichteten sog. antizyklischen Haushaltspolitik. Eine solche Politik wird in anderen imperialistischen Hauptländern schon seit längerem praktiziert. Die auf eine *Gleichzeitigkeit* ausgerichtete einerseits langfristig angelegte Haushaltspolitik (entsprechend den Erfordernissen der staatsmonopolistischen Wachstums- und Strukturpolitik) und andererseits kurzfristig orientierte antizyklische Haushaltspolitik (entsprechend den konjunkturpolitischen Erfordernissen) stößt zwangsläufig auf objektive Widersprüche zwischen den einzelnen Prioritäten für den Einsatz des Staatshaushalts, da die Ursachen der Zyklizität des gesellschaftlichen Reproduktionsprozesses nach wie vor weiterbestehen.
Die innere Widersprüchlichkeit im System des imperialistischen Staatshaushalts tritt unter dem hier zu untersuchenden Aspekt als eine Art Zielkonflikt zwischen einer „stabilitäts-“ oder aber einer „wachstumsgerechten“ Haushaltspolitik in Erscheinung. „Diese Entwicklung“, so bemerkt hierzu H.-J. Höhme, „zwingt die herrschenden Monopole immer wieder zu Versuchen, durch ständige Anpassungen und Veränderungen des Staatshaushaltssystems die als Zielkonflikte der staatsmonopolistischen Haushaltspolitik erscheinenden, tatsächlich jedoch aus der kapitalistischen Gesellschaftsordnung resultierenden Widersprüche wenigstens zeit- und teilweise zu lösen.“[28]
Aus diesem hier in seinen Grundzügen charakterisierten Umgestaltungsprozeß des westdeutschen Staatshaushalts, für den – wie bereits angedeutet – die neokeynesianische Wirtschaftstheorie von entscheidender Bedeutung ist, resultieren Entwicklungstendenzen, die ebenfalls eng mit der keynesianischen ökonomischen Theorie verbunden sind. Bei diesen Entwicklungstendenzen handelt es sich um folgende:
Zur Steigerung der Effektivität des Staatshaushalts und zu seiner intensiveren Ausnutzung als Hauptinstrument der staatsmonopolistischen Regulierung sind Bestrebungen im Gange, die Staatsfinanzen weiter zu zentralisieren. Die Verfügungsgewalt der Bonner Regierung über die Mittel des Staatshaushalts soll erhöht werden. Darüber hinaus vollzieht sich sowohl auf der Ausgaben- als auch auf der Einnahmenseite des Staats-

ser- und Energieversorgung bis 1980 auf insgesamt 578 Mrd. DM, wovon 446 Mrd. DM aus dem Staatshaushalt finanziert werden müßten (vgl. H.-J. Höhme, Der Staatshaushalt der BRD, a. a. O., S. 18).

28 Vgl. ebenda, S. 20.

haushalts eine wesentliche Umstrukturierung der Mittel. Auf der Ausgabenseite erlangen immer stärker die Komplexe die Priorität, die die aggressiven Expansionsbestrebungen des Imperialismus in der BRD abzudecken haben (Maßnahmen zur allseitigen Systemstabilisierung und Absicherung des weiteren Wirtschaftswachstums sowie der aggressiven Politik durch forcierte Aufrüstung); auf der Einnahmenseite tritt auf Grund der permanenten Überforderung des Staatshaushalts im zunehmenden Maße die Umverteilung des Nationaleinkommens zu Lasten der Werktätigen durch die Politik der systematischen Staatsverschuldung und durch Steuererhöhungen, die entweder direkt von den Werktätigen getragen oder auf sie abgewälzt werden können, als Charakteristikum hervor. Die hier kurz charakterisierten Grundzüge und die sich daraus ableitenden Entwicklungstendenzen des Staatshaushalts, so wie sie unmittelbar nach der Krise 1966/67 in Erscheinung getreten sind und noch heute fortwirken, sind direkt mit der neokeynesianischen Wirtschaftstheorie, insbesondere in folgender Hinsicht, verbunden:

Die ökonomisch-theoretischen Grundlagen der mit der Umverteilung des Nationaleinkommens verbundenen staatsmonopolistischen Regulierungsprozesse sind in erster Linie im Zusammenhang mit der Modifikation und Erweiterung der Keynesschen Nationaleinkommenskreislaufgleichungen sowie durch die Weiterentwicklung der modernen bürgerlichen Verteilungstheorie, insbesondere durch die Vertiefung des keynesianischen Einflusses auf diesen Problemlehrenkomplex, gelegt worden.[29] Es wurde bereits im einzelnen aufgezeigt, in welchem Maße die Umverteilung über den imperialistischen Staatshaushalt durch Berücksichtigung von Subventionen und Transferzahlungen des Staates, von Steuern usw. innerhalb der Nationaleinkommenskreislaufgleichungen ihre Berücksichtigung finden. Über das System der volkswirtschaftlichen Gesamtrechnungen finden die hier entwickelten wirtschaftstheoretischen Ableitungen ihre konkrete Anwendung bei der lang- und kurzfristigen Gestaltung der Haushaltsbeziehungen sowohl bei der Fixierung von Orientierungsdaten als auch bei der unmittelbaren kurzfristigen Beeinflussung dieser Größen des volkswirtschaftlichen Reproduktionsprozesses speziell unter konjunkturpolitischem Aspekt. Vor allem hinsichtlich des letztgenannten Aspektes dürfte die neokeynesianische Verfeinerung der Multiplikatortheorie durch die Herausarbeitung solcher Instrumentarien wie die eines Staatsausgabenmultiplikators, eines Multiplikators der Transferzahlungen, eines Steuermultiplikators und anderer von Bedeutung sein.[30]

29 Vgl. hierzu S. 110ff. S. 149ff. der vorliegenden Arbeit.
30 Vgl. hierzu S. 142f. der vorliegenden Arbeit.

Die im Zusammenhang mit der Umgestaltung des Staatshaushalts sich vollziehende *Zentralisation* der Staatsfinanzen ist ein Grundanliegen aller sich auf Keynes berufenden bürgerlichen Ökonomen. Der beschleunigten Zentralisation der im Staatshaushalt vereinnahmten Mittel dient in der BRD die Finanzreform. Hierzu einige detailliertere Bemerkungen.

Durch die Finanzreform[31] soll die Verfügungsgewalt der Monopole über die Haushaltsmittel weiter erhöht werden. Sie „wurde von den mächtigsten Monopolen durchgesetzt, um schrittweise die Hindernisse zu beseitigen, die der umfassenden Unterordnung aller Teile des imperialistischen Staates unter die Expansionspläne aus der noch vorhandenen begrenzten politischen und finanziellen Selbständigkeit der unteren Gebietskörperschaften erwachsen".[32]

Die Möglichkeit, daß demokratische und antimonopolistische Kräfte in der BRD auf die Finanzgestaltung der Gemeinden und Länder mehr Einfluß nehmen könnten, als es auf der Bundesebene möglich ist, sowie die immer noch ein beträchtliches Ausmaß einnehmende Finanzhoheit der unteren Gebietskörperschaften ist heute für die Monopolbourgeoisie das Haupthindernis für eine stärkere Koordinierung der Wirtschafts- *und* Finanzpolitik entsprechend den Anforderungen an eine wachstumsorientierte staatsmonopolistische Regulierung bei gleichzeitiger Berücksichtigung spezifisch konjunkturpolitischer Bedürfnisse.

Mit der Anfang 1970 in Kraft getretenen Finanzreform sind bestimmte staats- und finanzrechtliche Voraussetzungen geschaffen worden, um die Länder- und Gemeindefinanzen noch enger in das staatsmonopolistische Herrschaftssystem einzubeziehen. Damit ist die reaktionäre Umgestaltung der Staatsfinanzen in eine qualitativ neue Phase getreten. Deren allgemeine Kennzeichen sind die folgenden:

1. Durch eine Neuregelung der Verantwortung für einige staatliche Aufgaben wird eine weitere Zentralisation der Haushaltsmittel erreicht.
2. Der Finanzausgleich zwischen Bund und Ländern soll sich auf die Dauer so verändern, daß er zugunsten des Bundes erfolgt.
3. Die Gemeinden werden schrittweise in noch größere Abhängigkeit von Bonn, als sie bisher gegeben ist, gebracht.

Die weitestgehende Zentralisation der Verfügungsgewalt des imperialistischen Staates über die Staatsfinanzen zwecks ihres Einsatzes zur staatsmonopolistischen Regulierung ist ein legitimes Anliegen aller sich

[31] Vgl. hierzu u. a. H.-J. Höhme, Die reaktionäre Umgestaltung der Staatsfinanzen – ein Ausdruck der staatsmonopolistischen Widersprüche in Westdeutschland, in: DWI-Berichte, 4/1968, S. 11ff.; ders., Die antidemokratische Bonner Finanzreform, in: DWI-Berichte, 2/1970, S. 12ff.

[32] Vgl. ebenda, S. 17.

auf Keynes berufenden modernen bürgerlichen ökonomischen Theoretiker. Eine derartige Zentralisation ist überhaupt erste Voraussetzung ihres für die Interessen der Monopolbourgeoisie effektvollen Einsatzes. In der BRD verfügen gegenwärtig die Länder und Gemeinden noch über rd. 55–60% der gesamten Staatsfinanzen; bei den staatlichen Investitionen betrug ihr Anteil im Jahre 1968 sogar 83%.[33] Eine Koordinierung der Wirtschafts- und Finanzpolitik im Interesse der reaktionären Aggressionspolitik der westdeutschen Monopolbourgeoisie ist dadurch erschwert.
Die Zentralisationsbestrebungen auf dem Gebiete der Staatsfinanzen ergeben sich einerseits aus dem hohen Vergesellschaftungsgrad der Produktivkräfte. Sie sind für die Durchsetzung bestimmter strukturpolitischer Maßnahmen, vor allem auf dem Gebiet der Infrastruktur und der Bildung, notwendig und entsprechen den objektiven Bedürfnissen der Weiterentwicklung der Produktivkräfte. Andererseits widersprechen sie aber den Interessen der westdeutschen Arbeiterklasse und anderer breiter Bevölkerungsschichten, wenn diese Zentralisationsbestrebungen in den Dienst der Förderung der friedensgefährdenden Aggressivität des westdeutschen Imperialismus gestellt werden. Die demokratischen Kräfte in der BRD haben deshalb die Verpflichtung, gegen die reaktionäre Ausnutzung dieses Reformwerks anzukämpfen. Eine demokratische Umgestaltung der Finanzverfassung erweist sich hier als dringend notwendig. Die derzeitige, von einem sozialdemokratischen Kanzler geführte Koalitionsregierung sollte die Finanzreform nicht auf dem von den Monopolen gewiesenen Weg weiterführen. Durch eine Veränderung in den finanzpolitischen Prioritäten, d. h. durch die Berücksichtigung der Interessen der breiten werktätigen Volksschichten an Stelle der Aggressionsbestrebungen der Monopole, ist eine wirkliche Wende in der Finanzpolitik herbeizuführen.

Bei der Darlegung der wesentlichsten Entwicklungstendenzen im Umgestaltungsprozeß des Staatshaushalts der BRD wurde u. a. auf den Übergang zur längerfristigen und koordinierten Gestaltung des gesamten Systems der Staatsfinanzen und den damit einhergehenden Prozeß der Umgestaltung der inneren Struktur des Staatshaushalts verwiesen. Dieser Entwicklungsprozeß ist Gegenstand der *mittelfristigen Finanzplanung*. Sie selbst ist als das Kernstück der in der BRD unter der Schirmherrschaft von sozialdemokratischen Wirtschafts- und Finanzministern betriebenen Politik der Globalsteuerung anzusehen. Zur ökonomisch-theoretischen Fundierung der mittelfristigen Finanzplanung kommt der Keynesschen

[33] Vgl. ebenda, S. 13.

und neokeynesianischen Wirtschaftstheorie eine prinzipielle Bedeutung zu.

Die bereits vom damaligen Finanzminister der CDU/CSU-Regierung, Franz-Josef Strauß, konzipierte und anschließend von sozialdemokratischen Wirtschafts- und Finanzministern weitergeführte Haushaltspolitik der mittelfristigen Finanzplanung stellt bekanntlich den aus dem sog. Stabilisierungsgesetz[34] abgeleiteten Rahmenplan für die längerfristige Entwicklung der Haushaltsbeziehungen dar. Ausgehend von den gesellschaftspolitischen und ökonomischen Zielen der Monopolbourgeoisie der BRD, sind damit auf finanzpolitischem Gebiete solche Ausgabenprioritäten gesetzt worden, die die reaktionären Ziele der Monopolbourgeoisie absichern helfen sollen. Die mittelfristige Finanzplanung hat die Aufgabe, durch die Umverteilung des Nationaleinkommens zu Lasten insbesondere der Arbeiterklasse, die weitere Aufrüstung, den im Zuge des wissenschaftlich-technischen Fortschritts erforderlichen Ausbau von Wissenschaft und Forschung sowie die Infrastruktur und die umfangreichen Profitstützungen für die Monopole langfristig abzusichern.[35] Konkret verläuft dieser Prozeß in zwei Richtungen: erstens durch die systematische Umstrukturierung der Staatsausgaben zugunsten der expansionswichtigen Aufgaben und zu Lasten der Ausgaben, die den Interessen der Werktätigen entsprechen, sowie zweitens durch die Durchsetzung grundlegender Veränderungen in der Struktur der Deckungsquellen des Staatshaushalts, vor allem durch Verminderung des Anteils der ordentlichen Einnahmen und Anwachsen der Staatsverschuldung sowie Erhöhung der steuerlichen Belastung der Werktätigen.

Die mittelfristige Finanzplanung stützt sich weitgehend auf die theoretischen Überlegungen der Keynesianer und ihrer heutigen Nachfahren. Dies zeigt sich in dreierlei Hinsicht:

1. In der Ausnutzung der neuesten Erkenntnisse der neokeynesianischen Theoretiker über die spezifischen Auswirkungen von Strukturveränderungen in den Staatsfinanzen auf das langfristige Wirtschaftswachstum.
2. In der systematischen Verwirklichung der inflationistischen Politik der Staatsverschuldung (Politik des deficit spending).
3. In der Anwendung der neuesten Erkenntnisse der Neokeynesianer über die anzustrebende Einheit von langfristiger Wachstums- und kurzfristiger antizyklischer Konjunkturpolitik.[36]

[34] Vgl. Gesetz zur Förderung der Stabilität und des Wachstums der Wirtschaft, insbesondere die §§ 9 und 14, in: Bundesgesetzblatt, Teil I, Bonn Nr. 32, vom 8. 6. 1967, S. 581 ff.

[35] Vgl. Spätkapitalismus ohne Perspektive, a. a. O., S. 129 f.

[36] Vgl. hierzu auch S. 182 ff. der vorliegenden Arbeit.

Der erst in jüngster Zeit von den neokeynesianischen Ökonomen näher untersuchte Sachverhalt über die Auswirkung von Veränderungen in der Staatshaushaltsstruktur findet in der mittelfristigen Finanzplanung seinen wirtschafts(finanz)politisch-praktischen Niederschlag. Es wurde bereits gezeigt[37], daß spezielle theoretische Untersuchungen der Neokeynesianer zu der Auffassung geführt haben, daß über den Weg der langfristigen Beeinflussung der Struktur der Einnahmen und Ausgaben des Staatshaushaltes auf das Tempo des Wirtschaftswachstums aktiv Einfluß genommen werden kann. Diese Ableitungen werden in der mittelfristigen Finanzplanung insofern berücksichtigt, als über die langfristige Umstrukturierung der bei der Bonner Regierung unmittelbar zentralisierten finanziellen Mittel künftig nur noch die Rüstung sowie spezifisch wachstumsfördernde Aufgaben als Schwerpunktkomplexe erscheinen. Die staatlichen Ausgaben für den Gesamtkomplex der *Expansionsprioritäten* sollen bis zum Jahre 1973 gegenüber 1969 um rd. 28%, d. h. von 34,7 Mrd. DM auf insgesamt 44,3 Mrd. DM zunehmen.[38] Es ist weiter vorgesehen, daß die Bonner Regierung ihren Anteil an der Investitionsfinanzierung erhöht und vorrangig Infrastrukturinvestitionen durchführt. Außerdem sollen die vom Staat den Monopolen gewährten direkten und indirekten Vergünstigungen künftig strukturorientiert und nicht mehr nach dem „Gießkannenprinzip“ verteilt werden.

Die keynesianische Empfehlung an die Monopolbourgeoisie, über die Politik einer indirekten „geräuschlosen“ Umverteilung des Nationaleinkommens durch die Inflationierung der Währung die Monopolprofite zu erhöhen, findet in der mittelfristigen Finanzplanung ebenfalls ihren Niederschlag. Die Politik der sog. dosierten Inflation wird dabei in erster Linie durch die Zunahme der Staatsverschuldung praktiziert. Die wachsende Staatsverschuldung ist zu einem Element der offiziellen Finanzpolitik der BRD geworden.

Die westdeutschen Staatsfinanzen werden einer systematischen Inflationierung unterzogen. Während in früheren Jahren, noch unter der wirtschaftspolitischen Herrschaft des neoliberalen Wirtschaftsministers und späteren Regierungschefs Ludwig Erhard die Staatsschuld zwar auch zunahm, trat die entscheidende Hinwendung zur keynesianischen inflationistischen Politik des deficit spending aber erst unter der Kiesinger/Strauß/Brandt-Regierung ein. Dies verdeutlichen u. a. folgende Daten über die Entwicklung der Staatsschuld in der BRD: Bei Übernahme der

37 Vgl. hierzu auch S. 181f. der vorliegenden Arbeit.

38 Vgl. H.-J. Höhme, Bonner Haushaltspolitik weiter auf Expansionskurs, in: DWI-Berichte, 4/1970, S. 7/8.

Regierungsgeschäfte durch die Regierung der Großen Koalition im Herbst 1966 war diese Regierung mit der akuten Situation konfrontiert, durch explosionsartige Erhöhung der Staatsschuld im inflationistischen deficit spending-Verfahren der Überproduktionskrise entgegenzuwirken. So erhöhte sich der Jahressaldo der Finanzierung von –0,7 Mrd. DM im Jahre 1966 auf –8,7 Mrd. DM im Jahre 1967.[39]
Die Politik des deficit spending ist in den darauffolgenden Jahren bewußt weiterbetrieben worden. Trotz konjunktureller Aufwärtsentwicklung hielt das Bonner Regime an dieser Methode der zusätzlichen Ausplünderung und Ausbeutung der Werktätigen fest. Die Politik der Staatsschulden gehört heute zum unverzichtbaren Bestandteil der modernen imperialistischen Haushaltspolitik auch in der BRD. Der im Frühjahr 1971 im Zusammenhang mit der Zuspitzung der imperialistischen Währungskrise zurückgetretene sozialdemokratische Finanzminister Alex Möller hatte noch ein Jahr zuvor auf dem Saarbrücker Parteitag seiner Partei erklärt, daß, wenn die volkswirtschaftliche Steuerquote in der nächsten Zeit unverändert gelassen werden soll, es dann unerläßlich ist, „daß wir (hiermit meint Möller die Bonner Regierung – K. M.) in stärkerem Maße als bisher von den Möglichkeiten der Kreditfinanzierung für öffentliche Investitionen Gebrauch machen".[40]
In den Anfang und Mitte 1970 durchgeführten Runden der mittelfristigen Finanzplanung der SPD/FDP-Koalitionsregierung für den Zeitraum bis 1974 ist eine Verschuldung der BRD geplant, die sogar über die Ansätze aus den beiden vorhergehenden Finanzplanungen der Kiesinger/Brandt/Strauß-Regierung noch hinausgeht. In den in den Jahren 1967 und 1968 aufgestellten mittelfristigen Finanzplanungen der Regierung der Großen Koalition waren für den Zeitraum 1968 bis 1971 insgesamt 13,7 Mrd. und für 1969 bis 1972 insgesamt 14,8 Mrd. DM Netto-Neuverschuldungen vorgesehen. In den Finanzplanungen der SPD/FDP-Regierung von Februar resp. Juli 1970 beträgt die Netto-Neuverschuldung für die Jahre 1970 bis 1973 20,3 Mrd. DM und für die Periode 1971 bis 1974 sogar 25,4 Mrd. DM.[41]
Diese hier angeführten Zahlen beziehen sich auf die *Netto*-Kreditaufnahme

[39] Der Jahressaldo der Finanzierung errechnet sich aus dem Differenzbetrag zwischen dem jährlichen Zuwachs an Forderungen und Bankguthaben des Staates (+) und dem jährlichen Zuwachs an Verbindlichkeiten und Schulden des Staates (—). (Vgl. Bruno Warnke/Johann Groß, Der westdeutsche Wirtschaftszyklus in der Phase der ansteigenden Konjunktur, in: DWI-Berichte, 9/1968, S. 9.
[40] Vgl. Die Welt, Ausg. B, Hamburg/(West-)Berlin, Nr. 109 vom 13. 5. 1970.
[41] Vgl. H.-J. Höhme, Der Staatshaushalt der BRD, a. a. O., S. 68.

des Staates.[42] Bereits diese Angaben demonstrieren die inflationistische Haushaltspolitik, die hier in den nächsten Jahren durchgesetzt werden soll, in aller Deutlichkeit. Geht man von den Zahlen zunächst bis 1974 über die *tatsächliche* geplante Verschuldung der BRD aus, d. h. werden entsprechend dem *Bruttoprinzip* alle Kreditmanipulationen der Bonner Regierung in die Betrachtung einbezogen, so nimmt die drohende Gefahr einer *Inflation großen Stils* noch drohendere Formen an. Es ist das Verdienst von Hans-Joachim Höhme, den Versuch zur Berechnung dieser *Brutto*-Kreditaufnahmen unternommen zu haben. Er kommt dabei zu folgenden interessanten Ergebnissen:[43] (siehe Tabelle 4)

Tabelle 4

Vergleich der von 1970 bis 1974 geplanten Brutto- und Nettokreditaufnahmen des Bundeshaushaltes der BRD in Mrd. DM

Jahr	Netto- Kreditaufnahmen	Brutto- Kreditaufnahmen	Jahr	Netto- Kreditaufnahmen	Brutto- Kreditaufnahmen
1970	0,5	3,9	1973	7,4	10,8
1971	2,9	6,6	1974	9,6	14,9
1972	5,5	8,8			

Eine inflationistische Haushaltspolitik führt zwangsläufig zu neuen Preissteigerungen und weiterem Währungsverfall. Die Inflation hat in der BRD in jüngster Vergangenheit bereits solche Ausmaße angenommen, für 1970 und 1971 betrug die Preissteigerung des Bruttosozialprodukts 7,1% bzw. 7,6%, daß sich die Bonner Regierung gezwungen sah, Maßnahmen einzuleiten, die die Preissteigerungen zwar nicht stoppen, aber doch abbremsen sollen. Damit soll die Konkurrenzfähigkeit der BRD auf dem Außenmarkt nicht gefährdet werden. Im Frühjahr 1971 beispielsweise veranlaßte deshalb die Bonner Regierung die Freigabe des DM-Wechselkurses, um den inflationistischen Auswirkungen entgegenzuwirken, die vom US-Dollar auf Grund seiner Aushöhlung im Gefolge des verbrecherischen Vietnam-Krieges auf die westeuropäischen, insbesondere die DM-Währung, im wachsenden Maße ausgingen.

Die westdeutsche Monopolbourgeoisie unternimmt – wie die gesamte bisherige Entwicklung zeigt – große Anstrengungen, um nach altem Keynesschen Rezept die inflationistische Politik zur Erreichung höchst-

42 Unter Netto-Kreditaufnahme wird die Neuverschuldung des jeweiligen Jahres abzüglich der Tilgungsbeträge für die in den Vorjahren eingegangenen Staatsschulden verstanden (vgl. ebenda, S. 69).

43 Vgl. ebenda, S. 69.

möglicher Profite auf Kosten der Werktätigen für sich auszunutzen. Die mit der Staatsschulden-Politik verbundene Geldentwertung trifft die werktätigen Volksschichten immer am härtesten. Gegen die Preissteigerungen wehren sich zu Recht die Arbeiter im Kampf um höhere Löhne. Jürgen Kuczynski hat in einer interessanten Gegenüberstellung der Entwicklung der Lohnerhöhungen als Ausdruck der Klassenkampfvorstöße der westdeutschen Arbeiterklasse und der Reaktion der Monopolbourgeoisie durch Inflation und Erhöhung der Arbeitsleistung auf diese Vorstöße nachgewiesen, daß in den letzten Jahren das Kapital die Profitrate erhöhen konnte und Preis- und Arbeitsleistungssteigerungen zur Steigerung der Ausbeutung geführt haben. Diese Entwicklung verdeutlichen u. a. folgende aufschlußreiche Zahlen:[44] (siehe Tabelle 5)

Tabelle 5

Jahr	Klassenkampfvorstöße der Arbeiter: Lohnerhöhungen in %	Klassenkampfvorstöße des Kapitals: Inflation und Arbeitsleistungserhöhung in %
1965	6,6	8,7
1966	6,2	8,7
1967	2,6	9,9
1968	4,5	10,3
1969	6,7	10,0

Die Keynessche inflationistische Politik ist mit der mit ihr einhergehenden Senkung der Massenkaufkraft kein geeignetes Mittel zur Sicherung eines kontinuierlichen Wirtschaftswachstums. Als Sekundärfolge der deficit-spending-Politik tritt über die Verminderung der Kaufkraft des Geldes ein Nachlassen der Verbrauchernachfrage ein. Dadurch werden die Realisierungsbedingungen des gesellschaftlichen Gesamtkapitals und damit dessen Verwertungsbedingungen beeinträchtigt. Zwar gehen von der Defizitfinanzierung zunächst Ankurbelungseffekte auf den gesellschaftlichen Reproduktionsprozeß aus. Solange Produktionskapazitäten stillliegen und die wirtschaftliche Entwicklung durch eine Stagnation oder Krise gekennzeichnet ist, wirken sich inflationistische Konjunkturspritzen zunächst nicht wesentlich auf die Geldentwertung und den Preisverfall aus. Die Sekundärwirkungen der inflationistischen Haushaltspolitik überdecken aber sofort deren Primärfolgen (Ankurbelungseffekte),

[44] Vgl. J. Kuczynski, Lohn, Preis und Profit unter den Verhältnissen der Inflation, in: ND vom 1. Dezember 1970, S. 4.

wenn der Wiederanstieg der Produktion einsetzt. Das bedeutet, langfristig gesehen, daß die Ankurbelungswirkung der Defizitfinanzierung nur aufrecherhalten werden kann, wenn der Wirtschaft immer neue und immer größere Inflationsspritzen verabreicht werden. Setzt dieser Mechanismus aus oder werden die Inflationsdosen merklich vermindert, so gewinnen die Sekundärfolgen des deficit-spending die Oberhand.[45] Dieser mit einem „Teufelskreis“ zu vergleichende Mechanismus macht den engen Rahmen für die ökonomische Absicherung der Expansions- und Aggressionspläne der Monopolbourgeoisie recht deutlich. Die innere Widersprüchlichkeit dieses Mechanismus hindert die Monopolbourgeoisie aber nicht daran, die Politik des deficit-spending fortzusetzen. Das damit verbundene Problem der chronischen Finanzkrise – übrigens charakteristisch für alle imperialistischen Länder – wird von ihr heutzutage auch gar nicht mehr zu lösen versucht; das Ziel besteht gegenwärtig nur noch darin, den absoluten Zusammenbruch der Staatsfinanzen überhaupt zu verhindern. Es ist eines der allgemeinen Kennzeichen des heutigen Kapitalismus, daß im Prozeß der Vertiefung seiner allgemeinen Krise die Inflation und die Zerrüttung des imperialistischen Währungssystems zu den akutesten Problemen zählen, mit denen sich die internationale Monopolbourgeoisie auseinanderzusetzen hat. Auf dem XXIV. Parteitag der KPdSU konnte Leonid I. Breshnew hierzu u. a. feststellen, daß „die letzten Jahre ... auch durch eine ernste Krise des Valuta- und Finanzsystems des Kapitalismus gekennzeichnet (waren)“, und daß „die gleichzeitige Zunahme der Inflation und der Arbeitslosigkeit ... zu einer ständigen Erscheinung (wurden)“.[46]
In der mittelfristigen Finanzplanung werden außer den bisher behandelten keynesianischen wirtschaftstheoretischen Elementen auch die neuesten Überlegungen der Neokeynesianer über die Einheit von langfristiger Wachstums- resp. Strukturpolitik und kurzfristig ausgerichteter antizyklischer Konjunkturpolitik in die wirtschaftspolitische Praxis umgesetzt. Bereits bei der Bestimmung der Hauptzüge der Globalsteuerung als der spezifischen Form der staatsmonopolistischen Wirtschaftsregulierung in der BRD wurde hinsichtlich ihrer Beziehungen zur keynesianischen und neokeynesianischen Wirtschaftstheorie auf die neuartige Einstellung der bürgerlichen Ökonomen zum Problem der Zyklizität im Ablauf des gesellschaftlichen Reproduktionsprozesses, d. h. zum sog. Konjunkturproblem, verwiesen. Dieser Zusammenhang ist im folgenden näher zu analysieren.

[45] Vgl. Spätkapitalismus ohne Perspektive, a. a. O., S. 140.
[46] Vgl. Leonid Breshnew, Rechenschaftsbericht des ZK der KPdSU an den XXIV. Parteitag, a. a. O., S. 21f.

6.4. *Der Neokeynesianismus in der modernen bürgerlichen Konjunkturpolitik*

Mit dem Übergang zu einer neuen Etappe der staatsmonopolistischen Regulierung des gesellschaftlichen Reproduktionsprozesses in der BRD durch die Politik der Globalsteuerung vollzog sich auch hinsichtlich des Einsatzes des speziell konjunkturpolitischen Instrumentariums eine wesentliche Weiterentwicklung. Es begann sich ein spezifisches Wechselverhältnis zwischen der staatsmonopolistischen Konjunkturpolitik einerseits und der längerfristigen Wachstums- und Strukturpolitik des westdeutschen Imperialismus andererseits herauszubilden. Diese Entwicklung setzte unmittelbar nach der Krise von 1966/67 ein.
Bis hinein in die sechziger Jahre, selbst noch unter der Regierung Ludwig Erhards, waren die Zielsetzung und die Instrumentarien der staatsmonopolistischen Intervention des Staates in den gesellschaftlichen Reproduktionsprozeß im wesentlichen konjunkturpolitischer Natur. Diese Intervention war auf die Sicherung maximaler Profite durch die Vermeidung von krisenhaften Erschütterungen des gesellschaftlichen Reproduktionsprozesses ausgerichtet. Bestimmte strukturpolitische Entscheidungen, die es zweifellos gab, trugen noch punktuellen Charakter. Trotz der ständigen Verfeinerung des konjunkturpolitischen Instrumentariums – diese Entwicklung vollzog sich übrigens in allen imperialistischen Ländern – blieb die staatliche Intervention in den gesellschaftlichen Reproduktionsprozeß nur auf die Korrektur gefährdeter oder bereits verletzter Gleichgewichtsverhältnisse ausgerichtet. Durch dieses Instrumentarium wurden der Volkswirtschaft mehr oder weniger globale Impulse erteilt. Hauptinstrument dieser Politik waren im wesentlichen der Einsatz des traditionellen Notenbankinstrumentariums, also Diskontsatzpolitik, Mindestreservepolitik und Offenmark-Operationen. Die Mittel des Staatshaushaltes wurden noch nicht zur Beeinflussung speziell des zyklischen Verlaufs des kapitalistischen gesellschaftlichen Reproduktionsprozesses eingesetzt. Dies änderte sich schlagartig im Jahre 1967. Mit dem im Jahre 1967 verabschiedeten sog. Stabilisierungsgesetz schuf sich die westdeutsche Monopolbourgeoisie über die Konjunkturausgleichsrücklage zur inflationistischen Haushaltsfinanzierung sowie über die variable Gestaltung der Einkommenssteuersätze Instrumentarien, um auch von seiten der Ausnutzung der Staatsfinanzen auf die zyklischen Schwankungen des gesellschaftlichen Reproduktionsprozesses im Sinne einer *antizyklischen* Haushaltspolitik reagieren zu können.[47]

[47] Vgl. Forschungskollektiv unter Leitung von R. Kowalski, Hintergründe und Ziele des Bonner Stabilisierungsgesetzes, in: DWI-Berichte, 2/1967, S. 2ff.

Mit der Verabschiedung des Stabilisierungsgesetzes verband sich der Übergang zu einer wesentlich tiefergreifenden staatsmonopolistischen Wachstums- und Strukturpolitik, in der die Konjunkturpolitik als integriertes Element eingebettet ist. Sie *allein* entsprach nicht mehr den Anforderungen der Monopolbourgeoisie an die staatsmonopolistische Regulierung. Die Krise 1966/67 hatte dies deutlich werden lassen. So wird hierzu in dem Werk „Spätkapitalismus ohne Perspektive" festgestellt: „Die zyklische Krise der Jahre 1966 und 1967 hatte dem Bonner Regime endgültig klar gemacht, daß die durch die wissenschaftlich-technische Revolution besonders verschärften Widersprüche des kapitalistischen Reproduktionsprozesses mit den Mitteln einer durch einzelne Strukturmaßnahmen ergänzten allgemeinen Konjunkturpolitik allein nicht zu lösen sind. Die angewandten Förderungsmaßnahmen, wie z. B. die Kreditverbilligung oder die Subventionen, beseitigen weder die Kohlenkrise noch die Rückstände in der Infrastruktur, noch die in Wissenschaft und Forschung. Deshalb entschloß sich die Bonner Regierung zum Übergang zu einem neuen Regulierungssystem, das besser als das alte, vorrangig konjunkturpolitisch orientierte bei der Realiseirung der Expansions- und Aggressionspläne der Monopole funktionieren soll."[48] Von seiten der Wirtschaftstheoretiker der SPD, wobei diese Partei es dem bis dahin auf den Erhardschen „Neoliberalismus" festgelegten staatsmonopolistischen Regime in Bonn es erst ermöglicht hatte, zu strafferen Formen der Regulierung überzugehen, wurde das neue Regulierungssystem als „Globalsteuerung" bezeichnet.

Die seit der Krise 1966/67 in der BRD praktizierte staatsmonopolistische Konjunkturpolitik ist neben ihrer Integration in das umfassendere System der Globalsteuerung auf die Ausnutzung einer *antizyklisch* betriebenen Haushaltspolitik zur Sicherung eines stabilen und störungsfreien Wirtschaftswachstums ausgerichtet. Das bedeutet, daß vor allem in der Hochkonjunkturphase des kapitalistischen Krisenzyklus die Haushaltspolitik in dem Sinne antizyklisch eingesetzt wird, daß durch Stillegung der erhöhten Staatseinnahmen des Inflations*tempo* gedrosselt werden soll. Diese Maßnahmen liegen zweifelsohne im Interesse der Absicherung der außenwirtschaftlichen Konkurrenzfähigkeit der inländischen Monopole. In Zeiten der Depression sind diese stillgelegten Mittel zur Erhöhung der zahlungsfähigen Gesamtnachfrage einzusetzen.

Die antizyklische Haushaltspolitik der imperialistischen Staaten ist als eine moderne Spielart der Keynesschen Konjunkturpolitik anzusehen. „Im Anschluß an die Lehren von Keynes", bemerkt hierzu ein westdeutsches Wirtschaftslexikon in bündiger Form, „ist ein wichtiges Mittel der Konjunktur-

[48] Vgl. Spätkapitalismus ohne Perspektive, a. a. O., S. 123.

politik die antizyklische Wirtschaftspolitik durch Bildung von restriktiv wirkenden Budgetüberschüssen im Aufschwung und Zulassung bzw. bewußte Förderung von Budgetdefiziten im Abschwung."[49]

Die im Rahmen der staatsmonopolistischen Globalsteuerung in der BRD betriebene Konjunkturpolitik beruht, wie die bisherige Entwicklung zeigt, ganz auf keynesianischen Grundlagen. Bereits die ersten Schritte auf konjunkturpolitischem Gebiete der im Herbst 1966 die Regierungsgeschäfte übernehmenden Regierung der Großen Koalition zeigen dies recht deutlich. Sie hatte zur Überwindung der Überproduktionskrise spezifisch Keynessche Instrumentarien eingesetzt, und zwar:

1. Zusätzliche staatliche Investitionen durch zwei gesonderte Investitionshaushalte in Höhe von zusammen 5,3 Mrd. DM, die vollständig durch Staatsverschuldung finanziert wurden. Diese öffentlichen Aufträge kamen vor allem den Großkonzernen zugute.
2. Steuervergünstigungen für private Investitionen (Investitionsprämien); eingeführt ab 1. 1. 1967.
3. Erleichterung der Kreditbedingungen durch Zinssenkung.
4. Erhöhung der Kreditschöpfungspotenzen der Banken.

Es ist bekannt, daß durch den massiven Einsatz der Staatsfinanzen die Überwindung dieser Krise beschleunigt wurde und es der Monopolbourgeoisie gelang, die Jahre 1968 und 1969 zu den für sie bisher profitabelsten Jahren der Nachkriegsperiode zu gestalten.

Ein hervorstechendes Charakteristikum der modernen monopolbourgeoisen Konjunkturpolitik, so wie sie seit Mitte der sechziger Jahre nun auch in der BRD in Erscheinung tritt, dürfte neben ihrer vollen Integration in das Gesamtsystem der staatsmonopolistischen Regulierung und der Ausnutzung der Staatsfinanzen für konjunkturpolitische Erfordernisse durch eine antizyklische Haushaltspolitik auch in ihrer engen Verflechtung zur modernen bürgerlichen Wachstums- und Strukturpolitik zu sehen sein. Die Monopolbourgeoisie betreibt heute Konjunkturpolitik nur noch im Rahmen der längerfristig angelegten Politik zur Durchsetzung eines stabilen Wirtschaftswachstums. Die Konjunkturpolitik hat dabei die Aufgabe, das Wirtschaftswachstum in seinem zeitlichen Ablauf so störungsfrei wei nur möglich zu gestalten.

Diesen wirtschaftspolitisch-praktischen Erfordernissen der Monopolbourgeoisie nach Vermeidung von wirtschaftlichen und den damit im allgemeinen einhergehenden sozialen Erschütterungen des spätkapitalistischen Systems entspricht von seiten der modernen bürgerlichen Wirtschaftstheorie die seit einiger Zeit zu beobachtende Hinwendung der Neokeynesia-

[49] Vgl. Dr. Gablers Wirtschafts-Lexikon, 7. Aufl., Wiesbaden 1967, S. 2116.

ner zur Vereinigung von wachstums- *und* konjunkturtheoretischer Analyse bzw. die von ihnen erhobene Forderung nach *zusammenfassender* Betrachtung von langfristigem Wirtschaftswachstum und kurzfristiger Wirtschaftsentwicklung. Das Phänomen des zyklischen Verlaufs des gesellschaftlichen Reproduktionsprozesses im Kapitalismus wird dabei nur noch als Schwingungsamplitude um einen generell aufwärtsgerichteten Wirtschaftswachstumstrend der spätkapitalistischen Wirtschaft aufgefaßt.[50] Die Forderung der heutigen Keynesianer nach zusammenfassender Betrachtung von langfristigem Wirtschaftswachstum und kurzfristiger Wirtschaftsentwicklung beeinflußt auch die wirtschafts- und finanzpolitischen Aktivitäten der Monopolbourgeoisie in der BRD. So wird beispielsweise die mittelfristige Finanzplanung durch eine ad hoc betriebene und auf die Vermeidung zyklischer Bewegungen des gesellschaftlichen Reproduktionsprozesses orientierte staatliche Geld- und Kreditpolitik ergänzt. Die gegenwärtige staatsmonopolistische Wirtschaftsregulierung in der BRD ist als eine langfristig orientierte Wachstums- und Strukturpolitik und zugleich kurzfristig ausgerichtete antizyklische Konjunkturpolitik angelegt. Hinter dieser Zielfunktion verbirgt sich allerdings ein tiefgreifender Widerspruch. Die u. a. auch auf einen reibungslosen Ablauf des gesellschaftlichen Reproduktionsprozesses ausgerichtete mittelfristige Finanzplanung bewirkt objektiv, daß sich die systemimmanenten Widersprüche innerhalb dieses Prozesses dadurch, daß man ihnen neue Bewegungsmöglichkeiten eröffnet, weiter entfalten können. Dadurch entwickeln sich zwangsläufig auch diejenigen Kräfte innerhalb dieses gesamtwirtschaftlichen Prozesses, die speziell die Zyklizität bei der Bewegung des gesellschaftlichen Gesamtkapitals bedingen. Darüber hinaus können die konjunkturpolitischen Maßnahmen mit solchen auf das langfristige Wirtschaftswachstum ausgerichteten Maßnahmen kollidieren. Ein Beispiel hierfür aus der jüngeren Vergangenheit ist die von der Bonner Regierung auf der Grundlage des sog. Stabilisierungsgesetzes im Frühjahr 1969 betriebene Restriktionspolitik zur Abbremsung des Tempos des Wirtschaftswachstums, um dieses Tempo auf einen – wie es hieß – mittelfristigen Wachstumspfad einzuschleusen.[51] Hier zeigt sich übrigens auch, wie die ökonomisch-theoretischen Untersuchungen der neokeynesianischen Wachstumstheoretiker über die verschiedenen Formen des Wirtschaftswachstums[52], angefangen von der gleichgewichtigen bis hin zur optimalen Rate des Wirtschaftswachstums, ihren

[50] Vgl. hierzu S. 184 f. der vorliegenden Arbeit.

[51] Vgl. Konjunkturpolitik für die Monopole, in: DWI-Berichte, 5/1969, S. 2 (129).

[52] Vgl. hierzu S. 164 ff. der vorliegenden Arbeit.

wirtschaftspolitisch-praktischen Niederschlag finden. So wird z. B. in einem Bulletin des Presse- und Informationsamtes der Bonner Regierung verkündet, daß „je mehr sich die Rate des wirtschaftlichen Wachstums der optimalen und angemessenen Wachstumsrate annähert, . . . um so leichter . . . sich sehr viele Strukturumwandlungen im marktwirtschaftlichen Prozeß sozusagen von selbst (vollziehen) . . .“[53]

Der Konflikt zwischen den anspruchsvollen langfristigen Zielsetzungen der Monopolbourgeoisie der BRD einerseits und ihren kurzfristigen konjunkturpolitischen Entscheidungen andererseits zeigt sich auch in anderer Hinsicht. So hängt bekanntlich das Wachstum der Wirtschaft der BRD im beträchtlichen Maße von den Absatzmöglichkeiten der Monopole auf dem Außenmarkt ab.[54] Beispielsweise wurde für das Jahr 1970 Kurs auf einen Export*überschuß* von 11 Mrd. DM genommen. Diese Außenwirtschaftsexpansion läßt sich aber nur realisieren, wenn das Inflationstempo in der BRD *hinter* dem der anderen imperialistischen Länder, vor allem dem der EWG-Länder, als der hauptsächlichsten Importeure, zurückbleibt. Hieraus ergibt sich aber ein objektiver Widerspruch innerhalb der staatsmonopolistischen Regulierung. Inflationsbekämpfung bedeutet einerseits erhöhte Kreditkosten, damit Druck auf die Investitionstätigkeit und somit Beeinträchtigung des Wirtschaftswachstums; Erleichterungen in der Kreditpolitik zur Stimulierung der Investitionstätigkeit bringen dagegen andererseits weiteren Währungsverfall und damit Hemmung der Exportchancen, also auch wiederum Druck auf das Wirtschaftswachstum.

Der als Zielkonflikt zwischen den Erfordernissen der langfristigen Wachstums- und Strukturpolitik einerseits und den Erfordernissen der Konjunkturpolitik andererseits auftretende Widerspruch innerhalb des Gesamtsystems der staatsmonopolistischen Regulierung fand beispielsweise auch in den haushaltspolitischen Auseinandersetzungen des Jahres 1970 zwischen der SPD/FDP-Regierung und der CDU/CSU-Opposition seinen konkreten Ausdruck. Eine zusammenfassende Analyse der hier gegebenen Situation gibt Hans-Joachim Höhme, indem er feststellt: „Die SPD/FDP-Koalition gab bei der Ausarbeitung des Bundeshaushaltes für 1971 und der mittelfristigen Finanzplanung bis 1974 ihre Haltung, die Finanzierung der langfristigen Vorhaben zunächst weitgehend hinter den konjunkturpolitischen Erfordernissen zurückzustellen, wieder auf. Dies widerspiegelt sich in der beträchtlichen Steigerung des Gesamtumfanges des Bundesetats 1971 um

[53] Vgl. Bulletin des Presse- und Informationsamtes der Bundesregierung, Bonn, Nr.10, vom 24. 1. 1968, S. 71.

[54] Es gibt in der BRD Industriezweige, so die Kfz-Industrie, Zweige des Maschinenbaus u.a., die über die Hälfte ihres Produktionsvolumens exportieren.

12 Prozent wie auch in den zum Teil weit über das ursprünglich vorgesehene Maß hinausgehenden Zuwachsraten für einige Wissenschafts- und Infrastrukturbereiche. Die CDU/CSU machte sich dagegen zum Sprecher derjenigen Kräfte des Monopolkapitals, die in ihrem Profitinteresse nach wie vor eine stärker auf konjunkturpolitische Erfordernisse orientierte, auf eine weitere Dosierung der inflationären Entwicklung gerichtete Haushaltspolitik forderten. Den Interessen der Mehrheit der westdeutschen Bevölkerung dienen beide haushaltspolitischen Konzeptionen nicht. Während die CDU/CSU unter dem Vorwand, für Stabilität der Preise einzutreten, kurzfristige Konkurrenz- und Profitinteressen in den Vordergrund stellte und deshalb den Umfang des Bundeshaushaltes zumindest für 1971 noch in einem relativ engen Rahmen haben wollte, entsprach die SPD/FDP-Haushaltspolitik in stärkerem Maße den auf eine langfristige Sicherung des Systems gerichteten Klasseninteressen der Monopolbourgeoisie. Die heftige Kritik der Rechtskräfte an der Finanzpolitik der gegenwärtigen Regierung ist zugleich auch von der Furcht diktiert, die SPD-Führung könnte bei ihren staatsmonopolistischen Reformen in einem zu starken Maße gezwungen werden, Zugeständnisse an demokratische und soziale Forderungen der Arbeiterklasse zu machen."[55]
Es versteht sich von selbst, daß, solange die aus dem Privateigentum an den Produktionsmitteln resultierenden objektiven Widersprüche in der ökonomischen Basis des Kapitalismus weiter existent sind, auch die zyklische Entwicklung der kapitalistischen Wirtschaft, trotz eines noch so verfeinerten konjunkturpolitischen Instrumentariums, nicht außer Kraft gesetzt ist. Da die zyklische Bewegung des kapitalistischen gesellschaftlichen Reproduktionsprozesses objektiv nicht von dessen trendmäßiger Entwicklung zu trennen ist, greift die Widersprüchlichkeit der staatsmonopolistischen Konjunkturpolitik zwangsläufig auch auf die Wachstums- und Strukturpolitik der Monopolbourgeoisie über. Der untrennbare Zusammenhang zwischen der kurz- und langfristigen staatsmonopolistischen Regulierungspolitik stellt die Monopolbourgeoisie und den ihre Interessen vertretenden imperialistischen Staat immer wieder vor die Notwendigkeit, durch ständige Anpassung an die gerade gegebenen konkreten Bedingungen sowie durch wirtschafts- und finanzpolitische Manöver der gesetzmäßig auftretenden Widersprüche Herr zu werden.

[55] Vgl. H.-J. Höhme, Der Staatshaushalt der BRD, a. a. O., S. 41/42.

6.5. *Grenzen der staatsmonopolistischen Wirtschaftsregulierung*

Der in der BRD insbesondere unter Ausnutzung der Keynesschen und neokeynesianischen Wirtschaftstheorie betriebenen staatsmonopolistischen Regulierung sind durch die objektive Existenz der systemimmanenten antagonistischen Widersprüche innerhalb der ökonomischen Basis des Kapitalismus enge Grenzen gesetzt. Die objektiv wirkenden ökonomischen Gesetze im kapitalistischen Wirtschaftssystem können jedoch durch die staatsmonopolistischen Regulierungsmaßnahmen in ihren Auswirkungen und Erscheinungsformen beeinflußt werden. Bevor in diesem Zusammenhang auf die auf der Wirtschaftstheorie von Keynes und der heutigen Neokeynesianer beruhenden Elemente dieses Regulierungssystems näher eingegangen wird, seien einige generelle Bemerkungen über die Grenze der staatsmonopolistischen Regulierung überhaupt, und der sich hieraus abgeleiteten Konsequenzen für die demokratischen und antimonopolistischen Kräfte insbesondere in der BRD vorangestellt.

Die gesamte bisherige Entwicklung sowie die Ergebnisse der seit der Überproduktionskrise 1966/67 beschrittenen neuen Form der staatsmonopolistischen Regulierung zeigen, daß die Grundübel und Widersprüche des Kapitalismus durch diese und die anderen Maßnahmen nicht zu überwinden sind. Die Disproportionen innerhalb des gesellschaftlichen Reproduktionsprozesses haben sich nicht gemildert, sondern eher verschärft. Das bezieht sich sowohl auf die Verschärfung der Disproportionalität in der Verteilung des Nationaleinkommens auf das variable Kapital und den Mehrwert, wodurch zwangsläufig eine Zuspitzung des Realisierungsproblems gegeben ist und so wieder die keynesianischen Maßnahmen zur Stimulierung der zahlungsfähigen Gesamtnachfrage akut werden, als auch auf die Zuspitzung der Widersprüche zwischen den führenden imperialistischen Ländern und der BRD. Durch den Nachfragerückgang auf dem Binnenmarkt infolge der Krise 1966/67 betrieb die Monopolbourgeoisie der BRD bekanntlich eine verschärfte Außenhandelsexpansion, die zu Widersprüchen im internationalen Rahmen führten, und die auch in den Währungskrisen der letzten Zeit ihren konkreten Ausdruck fanden. Der Monopolbourgeoisie ist es darüber hinaus auch nicht gelungen, das im Gefolge der wissenschaftlich-technischen Revolution auftretende Problem der chronischen Strukturkrise in den Griff zu bekommen. Nach wie vor sind die Probleme der Energie, der Landwirtschaft, der Infrastruktur oder aber die auf bildungspolitischem Gebiet ungelöst. Infolge der massiven inflationistischen Konjunkturspritzen zur Überwindung der Überproduktionskrise von 1966/67 sowie der seitdem betriebenen Politik der Staatsverschuldung sieht sich die Monopolbourgeoisie der BRD jetzt dem Phänomen einer anschwellenden Inflationslawine mit allen sich daraus ergebenden Konsequenzen konfrontiert. Die uneingeschränkte Ausrichtung der Wirtschafts- und Finanzpolitik allein auf die Profitinteressen erhöht die Labilität und Widersprüchlichkeit der ökonomischen Entwicklung. Es entwickeln sich im Gefolge dieser Politik soziale Unsicherheit und andere Gefahren für die Bevölkerung in der BRD.

Das Weiterbestehen der objektiven Grundlagen für das Hervortreten ökonomischer Widersprüche und sozialer Konflikte innerhalb des imperialistischen Systems setzen der staatsmonopolistischen Regulierung, gleich in welcher konkreten Form sie in diesem oder jenem Lande in Erscheinung tritt, unüberwindbare Schranken. Die Politik der Globalsteuerung, die ein Wirtschaftswachstum „nach Maß“ garantieren und soziale Stabilität bringen sollte, erreichte weder das eine noch das andere Ziel. Diese Politik war auf die maximale Stärkung der ökonomischen Kraft des westdeutschen Imperialismus im Kampf um seine Hegemoniebestrebungen gerichtet. Die Arbeiterklasse und alle progressiven und antimonopolistischen Kräfte in diesem Lande sollten jedoch nicht übersehen, daß sich trotz der Grenzen und Schranken, die der staatsmonopolistischen Regulierung generell gesetzt sind, die staatsmonopolistische Politik der Globalsteuerung als äußerst wirkungsvoll für die Profitinteressen der Monopole und die Festigung ihrer ökonomischen Positionen erwiesen hat. Das birgt ernste Gefahren für die Entwicklung in den kommenden Jahren in sich.

Der sich in der BRD vollziehende Entwicklungsprozeß ist keinesfalls Ausdruck der Stärke des imperialistischen Systems. Dieses Gesellschaftssystem dokumentiert die Vertiefung seiner allgemeinen Krise und seine wachsende Labilität und historische Überlebtheit dadurch, daß es seine Existenz nur noch mit Mitteln und Methoden einer gesamtgesellschaftlichen Regulierung aufrechterhalten kann, die die Grenzen dieses Systems immer offenkundiger werden lassen. Nach wie vor bleibt die Grunderkenntnis richtig, und sie bestätigt sich immer wieder, daß erst durch die Aufhebung des Privateigentums an den Produktionsmitteln die Gesellschaft über die entscheidenden Voraussetzungen verfügt, um eine wissenschaftlich begründete, den Interessen der Werktätigen und der Entwicklung der Produktivkräfte entsprechende ökonomische Politik einer planmäßigen, proportionalen Entwicklung zu betreiben. In dem Maße, wie die Arbeiterklasse und alle progressiven Kräfte in der BRD diese Grundwahrheit erkennen, lassen sich diese Schwächen des Kapitalismus für eine Stärkung ihrer eigenen Positionen ausnutzen. Hierzu ist die Herstellung der Aktionseinheit aller gegen das Großkapital und für den demokratischen Fortschritt in der BRD kämpfenden Menschen unbedingt erforderlich.[56]

[56] Vgl. hierzu auch E. Honecker, Bericht des Zentralkomitees an den VIII. Parteitag der Sozialistischen Einheitspartei Deutschlands, a. a. O., S. 23.

Die Analyse der Politik der Globalsteuerung in ihrer Komplexität hat gezeigt, daß sie weder den Interessen der Werktätigen entsprach noch wirtschaftliche Stabilität gebracht hat. Durch die Globalsteuerung wurden die grundlegenden Widersprüche des Imperialismus nicht beseitigt. Dieser oder jener Widerspruch wurde bestenfalls in seiner Auswirkung gemildert bzw. in seinem Auftreten hinausgezögert. Insgesamt erhielt dadurch das staatsmonopolistische Gesellschaftssystem zeitweilig einen neuen Spielraum für die Entfaltung seiner Widersprüche. So reifen neue Widersprüche und soziale Konflikte heran.
Mit der Entfaltung des staatsmonopolistischen Systems in der BRD vertiefen sich gesetzmäßig die Klassenantagonismen zwischen der Monopolbourgeoisie und den ausgebeuteten Volksmassen. Die Ergebnisse der staatsmonopolistischen Regulierung bremsen aber diesen Entwicklungsprozeß zunächst. Die zeitweilige Milderung bzw. Hinauszögerung der systemimmanenten Widersprüche führen zu solch einer spezifischen Beeinflussung des Bewußtseins der Arbeiterklasse und anderer breiter Volksschichten, daß diesen Kräften die reale Erkenntnis der sich hier vollziehenden Prozesse erschwert wird. Dies wirkt sich wiederum auf die revolutionären Kampfaktionen dieser Kräfte aus. Dieses ideologische Ergebnis der staatsmonopolistischen Regulierung ist jedoch von begrenzter Dauer. In dem Maße, wie die antagonistischen und objektiven Widersprüche des spätkapitalistischen Systems konkret in Erscheinung treten, das revolutionäre Bewußtsein der Arbeiterklasse wächst und sich die westdeutsche Arbeiterklasse und die anderen demokratischen und antimonopolistischen Kräfte sich der grundlegenden gesellschaftlichen Zusammenhänge immer mehr bewußt werden, verstärken sich ihre Kampfaktionen gegen das imperialistische System. Dabei ist die Frage nach der demokratischen Umgestaltung der Machtstrukturen auf die Tagesordnung des politischen Klassenkampfes zu setzen.
Die Untersuchung der Ergebnisse der staatsmonopolistischen Regulierung in der BRD zeigt also, daß der Monopolbourgeoisie bei ihren Versuchen und Bemühungen, den gesellschaftlichen Reproduktionsprozeß in den Griff zu bekommen, objektive Grenzen gesetzt sind. Wenn die Vertreter des staatsmonopolistischen Regimes in der BRD behaupten, solche Instrumentarien gefunden zu haben, die man nur richtig handhaben müsse, wozu nach ihrer Meinung – und wie könnte es anders sein – in erster Linie die Einhaltung der vom Staat gesetzten Orientierungsdaten für die Löhne durch die Gewerkschaften gehöre, so erweisen sich diese Empfehlungen für die Monopolbourgeoisie als Wunschdenken, für die Arbeiterklasse sollten sie aber ein Signal sein, ihre Kräfte im Kampf gegen das Monopolkapital weiter zu verstärken. In diesem Zusammenhang ist auf ein allgemeines Charakteristikum der staatsmonopolistischen Regulierung überhaupt zu ver-

weisen. Eine ihrer Besonderheiten besteht darin, daß sie in ihren objektiven Auswirkungen entscheidend von den gegebenen gesellschaftlichen Kräften und der Kräftekonstellation abhängt. Dies ist als eine ganz wesentliche Seite im heutigen Kapitalismus anzusehen. Sie bestimmt zugleich auch die objektiv möglichen Änderungen im Gesellschaftsbild des spätkapitalistischen Systems. So sehr die Entscheidungen des imperialistischen Staates auch objektiv bestimmt sein mögen, in jeder Situation bestehen immer verschiedene Möglichkeiten für die staatsmonopolistische Regulierung.[57] Für die Arbeiterklasse und die anderen antimonopolistischen Kräfte in der BRD erwächst daraus die Möglichkeit, aber auch die historische Notwendigkeit, durch aktive Einflußnahme auf die Wirtschafts- und Finanzpolitik den antidemokratischen und gegen die Interessen der Werktätigen gerichteten Kurs der Bonner Regierungspolitik abzuwenden. Die Monopolbourgeoisie selbst hat erkannt, daß sie mit der Globalsteuerung zu Regulierungsinstrumenten Zuflucht zu nehmen gezwungen war, die ihrer Form nach weit über das kapitalistische Gesellschaftssystem hinausweisen, und die – erfüllt mit anderem Inhalt – von den demokratischen Kräften für ihren antimonopolistischen Kampf genutzt werden können.

Am Beispiel einiger Detailkomplexe aus dem Gesamtsystem der gegenwärtig in der BRD betriebenen staatsmonopolistischen Regulierungspolitik, die insbesondere eng mit der Keynesschen und neokeynesianischen Wirtschaftstheorie verbunden sind, seien demokratische Alternativen zu den reaktionären Zielsetzungen der Monopolbourgeoisie aufgezeigt. In erster Linie bezieht sich das auf die Abwendung der forcierten Rüstungspolitik des Bonner Staates. Nach Berechnungen marxistischer Ökonomen verschlang die Aufrüstung in der BRD in den Jahren 1950 bis 1970 über 300 Mrd. DM.[58] Die Rüstung stellt ökonomisch ihrem Wesen nach eine Vernichtung von Nationaleinkommen dar. In dem Maße, wie ihr Umfang zunimmt, führt sie zu einer erheblichen Störung des gesamten gesellschaftlichen Reproduktionsprozesses.[59] Somit beeinträchtigt sie letztlich das weitere Wachstum der kapitalistischen Wirtschaft. Obwohl die Rüstungsproduktion von

57 Vgl. hierzu u.a. R. Gündel, H. Heininger, P. Hess, K. Zieschang, Zur Theorie des staatsmonopolistischen Kapitalismus, a. a. O., S. 324 f.

58 Vgl. H.-J. Höhme, Der Staatshaushalt der BRD, a. a. O., S. 20.

59 Höhme bemerkt hierzu sehr richtig: „Imperialistische Rüstungspolitik führt somit zu volkswirtschaftlicher Fehlinvestition und zu einem absoluten Abzug von der Produktivkraft der Gesellschaft. In dem Maße, in dem ein großer Teil der Potenzen einer Volkswirtschaft von der Rüstung absorbiert wird, werden auf der anderen Seite die Akkumulations- und Konsumtionsmöglichkeiten eingeschränkt, der Reproduktionsprozeß gestört und damit das Wachstum des Nationaleinkommens auf längere Sicht gehemmt." (Ebenda, S. 22.)

den Keynesianern als das geeignetste Mittel zur Absicherung eines ausreichenden Niveaus der zahlungsfähigen Gesamtnachfrage apologetisiert wird, ist nicht zu übersehen, daß durch die *wachstumshemmende Wirkung* der forcierten Aufrüstung die ökonomische Basis für die Fortführung der aggressiven Politik selbst in Mitleidenschaft gezogen wird. Stellt man in Rechnung, daß nach der mittelfristigen Finanzplanung der gegenwärtigen SPD/FDP-Regierung vom Jahre 1970 die Rüstungskosten regelmäßig weiter ansteigen sollen (von 1970 = 23,6 Mrd. DM auf 1974 = 28,8 Mrd. DM)[60] und sie nach wie vor den größten Ausgabenkomplex im Staatshaushalt darstellen, so wird deutlich, daß ihre auf den gesellschaftlichen Reproduktionsprozeß ausgehende *deformierende* Wirkung zunehmen wird. Damit verschlechtert sich zwangsläufig die ökonomische Lage der werktätigen Volksmassen. Diese Entwicklung erfordert ein energisches Veto aller friedliebenden und demokratischen Kräfte. Die Lösung liegt u. a. auch in einer demokratischen Umgestaltung des westdeutschen Staatshaushaltssystems. Selbstverständlich setzt das voraus, daß der Einfluß der expansivsten Gruppen des Monopolkapitals zurückgedrängt und wirksame Schritte in Richtung des Abbaus der aggressiven Politik des westdeutschen Imperialismus in jeglicher Hinsicht unternommen werden. Die durch die Einschränkung der Rüstungsausgaben freiwerdenden Mittel sollten zur notwendigen Verbesserung der Reproduktionsbedingungen der Arbeitskraft, für die Entwicklung der Infrastruktur, der Kultur und anderer Bereiche eingesetzt werden, so wie es im Reformprogramm der SPD den breiten Volksschichten versprochen worden ist. Die von den progressiven Kräften in der BRD geforderten Minimalmaßnahmen zur Begrenzung der Rüstung[61] würden für den Zeitraum 1971–1974 einen Betrag von rd. 40 Mrd. DM freisetzen. Ganz abgesehen davon, daß die forcierte Rüstungspolitik des westdeutschen Imperialismus eine permanente Gefahr für die Erhaltung des Weltfriedens darstellt, bringt sie für die breiten Volksmassen nicht nur eine zunehmende Verschlechterung ihrer sozialen Lage; sie stellt auch eine akute Gefährdung ihrer wirtschaftlichen Existenzgrundlagen dar und erhöht damit die Existenzunsicherheit dieser Bevölkerungsschichten.
Eng mit der Politik der Aufrüstung ist die chronische Inflationierung des Währungssystems verbunden. Die inflationistische Haushaltspolitik entspricht voll und ganz den keynesianischen wirtschaftspolitisch-praktischen

[60] Vgl. ebenda, S. 48f.

[61] Dazu zählen z.B. Reduzierung des Personalbestandes der Bundeswehr und deren Umstellung auf eine Armee mit defensivem Charakter, Verzicht auf die Stationierung ausländischer Streitkräfte u. a. (Vgl. H.-J. Höhme, Der Staatshaushalt der BRD, a.a. O., S. 57ff.)

Empfehlungen an die Monopolbourgeoisie. Der durch die Inflation ausgelöste Umverteilungseffekt bewirkt eine Reduzierung des Anteils der breiten Volksschichten am Nationaleinkommen. Die Forderung nach stabilen Preisen entspricht also den realen Interessen der Werktätigen. Bekanntlich hat die Bonner Regierung schon verschiedentlich versucht, die Befürchtungen der Werktätigen hinsichtlich der chronischen Inflation mit dem Verweis auf die Lage in den anderen imperialistischen Ländern zu zerstreuen. Wenn auch der Anteil der Staatsverschuldung in der BRD noch nicht den Umfang erreicht hat wie beispielsweise in den USA oder aber Großbritannien, wo bereits seit wesentlich längerer Zeit als in der BRD die Keynessche Politik des deficit-spending betrieben wird, so ist die westdeutsche Monopolbourgeoisie aber auf dem besten Wege, diesen Unterschied abzubauen. So erhöhte sich hier die Staatsverschuldung in den Jahren 1961 bis 1968 im Vergleich zu anderen imperialistischen Hauptländern (USA, Frankreich, Großbritannien) am stärksten. Da die Politik der langfristigen Staatsverschuldung in keinerlei Weise der wirtschaftlichen und sozialen Stabilität förderlich ist, erwächst für die antimonopolistischen und demokratischen Volksschichten die Verpflichtung, diesen gefährlichen haushaltspolitischen Kurs der Bonner Regierung abzuwenden. Durch eine demokratische und den sozialen Belangen der Werktätigen entsprechende Umgestaltung des Steuersystems sollten die erhöhten Mittel zur Finanzierung der Staatsaufgaben aufgebracht werden. Dabei sind in erster Linie die enorm gewachsenen Profite der Unternehmer heranzuziehen. Die Steuerprivilegien der Monopole sind abzuschaffen. Insgesamt ist auf eine gerechtere Verteilung des Nationaleinkommens, auch durch die Einschaltung steuerpolitischer Maßnahmen, Kurs zu nehmen. Bereits jetzt zeigt sich jedoch, daß diese Forderungen, die auch vom DGB vertreten werden[62], auf den massiven Widerstand der Monopolbourgeoisie stoßen.

Auf die zentrale Stellung der mittelfristigen Finanzplanung im System der staatsmonopolistischen Globalsteuerung und ihrer engen Beziehung zur Keynesschen und neokeynesianischen Wirtschaftstheorie wurde bereits detaillierter eingegangen. Hierbei zeigte sich, daß dieses Instrumentarium einen weitreichenden Einfluß auf den gesellschaftlichen Reproduktionsprozeß – und damit letztlich auch auf die gesamtgesellschaftliche Entwicklung überhaupt – ausübt. Mit der mittelfristigen Finanzplanung (und nicht nur mit ihr allein) ist ein Regulierungsinstrumentarium geschaffen worden, das im bestimmten Maße, wird ihr *antidemokratischer* Charakter überwunden, im Interesse der breiten werktätigen Volksmassen ausgenutzt werden kann. Hierzu abschließend einige Bemerkungen:

62 Vgl. u. a. Erklärung des DGB an die Bundesregierung vom 22. 10. 1969.

Der antidemokratische Charakter der mittelfristigen Finanzplanung dokumentiert sich u. a. in der weitgehenden Ausschaltung der Legislative bei der Festlegung der finanzpolitischen Entscheidung des Staates. Das Verfahren zur Ausarbeitung dieser auf fünf Jahre bezogenen Planung der Staatsfinanzen reduziert sich bekanntlich darauf, daß ein besonderer Kabinettsausschuß der Bonner Regierung zunächst die Hauptrichtungen der Finanzplanung festlegt, und, nachdem dann dieser Plan vom Bundesfinanzministerium ausgearbeitet worden ist, er von der Bonner Regierung *beschlossen* und anschließend dem Bundesrat und Bundestag zur Kenntnisnahme vorgelegt wird. Damit ist die Einflußnahme der gesetzgebenden Körperschaft auf die inhaltliche Gestaltung der Finanzplanung eingeschränkt.
Die Monopolbourgeoisie verfolgt mit dieser Taktik offenbar zwei Ziele.[63] Einerseits ist durch die weitgehende Ausschaltung des Parlaments bei der Fixierung der langfristigen Gestaltung der Staatsfinanzen eine wesentliche Grundlage zur antidemokratischen Umgestaltung des gesamten Herrschaftssystems in der BRD geschaffen, da sich die Entscheidungen über die Staatsfinanzen auf einen kleinen Kreis von Interessenvertretern der Monopolbourgeoisie reduzieren. Andererseits ist nicht zu übersehen, daß durch die in letzter Konsequenz eingeengte Entscheidungsbefugnis des Parlaments „auch für die Zukunft die von den Profit- und Expansionsinteressen bestimmten Entscheidungen vor eventuellen Einwirkungen demokratischer Kräfte abgesichert werden".[64] Berücksichtigt man darüber hinaus, daß entsprechend den Festlegungen des sog. Stabilitätsgesetzes die Länder und Gemeinden auf der Basis der von der Bonner Regierung vorgegebenen Grunddaten, die sich ihrerseits aus der mittelfristigen Finanzplanung ableiten, ebenfalls Finanzpläne aufzustellen haben, so wird die Unterordnung des gesamten Finanzsystems unter die Interessen der Bonner Regierungszentrale vollauf sichtbar.[65]
Es ist eine Verpflichtung aller fortschrittlichen Kräfte in der BRD, diesen reaktionären und die noch vorhandenen Reste an bürgerlich-demokratischen Freiheiten aushöhlenden Machenschaften der Monopolbourgeoisie und ihrer Erfüllungsgehilfen in der Bonner Regierung entgegenzutreten. Entsprechend der Festlegung des Finanzplanungsrates haben die Länder und Gemeinden erstmals für den Zeitraum 1971–1975 mittelfristige Finanzpläne aufzustellen. Hierfür arbeitet dieser Rat Empfehlungen aus, die aber *durch die Länderregierungen* ergänzt werden sollen. Es sollte jetzt von allen fortschrittlichen Kräften in der BRD geprüft werden, inwieweit über diese die Bonner Politik in bestimmtem Maße einschränkende Festlegung

[63] Vgl. hierzu u.a. H.-J. Höhme, Der Staatshaushalt der BRD, a. a. O., S. 32ff.
[64] Vgl. ebenda, S. 33.
[65] Vgl. hierzu auch Der Imperialismus der BRD, a. a. O., S. 217.

der Einfluß der demokratischen Kräfte auf eine den Interessen der breiten werktätigen Volksschichten ausgerichteten Entwicklung der Staatsfinanzen geltend gemacht werden kann.

Der staatsmonopolistischen Regulierung – gleich in welcher konkreten Form sie durchgeführt wird – sind objektive, im imperialistischen System wurzelnde Grenzen gesetzt. Auch die keynesianische Wirtschafts- und Finanzpolitik vermochte – und vermag – nicht, das Hervorbrechen neuer und tiefgreifender Widersprüche im imperialistischen System zu verhindern. Das Vertrauen der Monopolbourgeoisie in diese Doktrin wird dadurch unterminiert. Innerhalb der Führung der westdeutschen Sozialdemokratie führte die Verschärfung der ökonomischen Widersprüche, insbesondere die Zuspitzung der internationalen Währungskrise und die Beschleunigung des Inflationstempos zu unterschiedlichen Auffassungen über die wirtschaftspolitischen Maßnahmen.[66]

In Zeiten besonders scharfer Zuspitzung der ökonomischen (wie auch politischen und sozialen) Widersprüche im Imperialismus versuchen die bürgerlichen Ökonomen durch die Herausarbeitung ihrer Auffassung nach effektiverer Methoden und Instrumentarien zur staatsmonopolistischen Wirtschaftsregulierung den erhöhten Anforderungen der Monopolbourgeoisie gerecht zu werden. Eine solche Situation ist gegen Ende der sechziger Jahre in den USA, und mit einer gewissen zeitlichen Verzögerung auch in der BRD eingetreten. Die damit einhergehenden Aktivitäten der bürgerlichen Ökonomen bestätigen wiederholt in ihrem Endergebnis nur die engen Grenzen, die der staatsmonopolistischen Regulierung gesetzt sind. Da diese jüngsten Bemühungen der politökonomischen Repräsentanten der Monopolbourgoisie auch die keynesianische Wirtschaftstheorie berühren, ist hierauf im folgenden näher einzugehen.

Gegen Ende der sechziger Jahre kam in den USA unter den bürgerlichen Ökonomen eine Diskussion um die Attraktivität der keynesianischen Wirtschafts- und Finanzpolitik auf. Die sich um den amerikanischen bürgerlichen Ökonomen Milton Friedman sammelnden Theoretiker, auch als Monetaristen oder Chicago-Schule bezeichnet, meinen, in der expansiven Geldmengenpolitik *das* Instrumentarium gefunden zu haben, mit dessen Hilfe die ökonomischen Probleme des heutigen Kapitalismus lösbar wären. Damit befanden sie sich in Kontroverse zu den Regulierungsauffassungen der Keynes-Anhänger, deren Konzeption insbesondere während der sechziger Jahre gerade in den USA zur regierungsoffiziellen Wirtschaftsdoktrin avanciert war.

[66] Vgl. hierzu auch: Karl-Heinz Schwank, Imperialistische Wirtschaftstheorien zwischen Wunschbild und Realität, in: Einheit 4/1973, S. 427f.

Zum tieferen Verständnis der Diskussion unter den bürgerlichen Ökonomen um Friedmans oder Keynes' Konzeption trägt zweifellos die Berücksichtigung der kritischen ökonomischen Situation in dieser Zeit sowohl in den USA wie auch in der BRD bei. Bekanntlich hatten sich gegen Ende der sechziger Jahre in den USA die ökonomischen Widersprüche wesentlich verschärft. Im Jahre 1970 verringerte sich gegenüber dem Vorjahr die Industrieproduktion um rd. 4%. In der Folgezeit kennzeichnen geringe Investitionstätigkeit, hohes Haushalts- und Zahlungsbilanzdefizit und hohe Arbeitslosigkeit die Lage in den USA. Die Rolle des inflationären US-Dollars als imperialistische Leitwährung wurde endgültig verspielt. Die USA repräsentieren sich – so wie es bereits auf dem VIII. Parteitag der SED im Jahre 1971 eingeschätzt wurde[67] – heute mehr denn je als kranke Gesellschaft.

In der BRD spitzten sich zu Beginn der siebziger Jahre die Widersprüche ebenfalls zu. In den Jahren 1971 und 1972 sanken die Raten des Wirtschaftswachstums im Vergleich zu denen der Vorjahre erheblich ab. Das Inflationstempo erreichte ein zuvor nie gekanntes Ausmaß.

Auf dem Hintergrund dieser Verschärfung der ökonomischen Widersprüche entstand – wie gesagt – gegen Ende der sechziger resp. zu Beginn der siebziger Jahre in den USA und in der BRD unter den bürgerlichen Ökonomen eine Diskussion um die effektivste Form der staatsmonopolistischen Regulierung, und zwar ob diese zu handhaben ist als Friedmansche Geldmengenpolitik oder als keynesianische Fiskalpolitik, um so aus dem ökonomischen Dilemma zu gelangen. Mit dem Schlachtruf: „Auf die keynesianische Revolution folgt nun die monetaristische Konterrevolution"[68] zogen die Friedman-Anhänger in die polemische Auseinandersetzung mit dem Neokeynesianismus. Der westdeutsche ökonomische Theoretiker D. Duwendag beschreibt die Situation wie folgt: „Dieses Vertrauen auf die konjunkturstabilisierende Wirkung monetärer Maßnahmen ist heute – angesichts der in der gesamten westlichen Hemisphäre zu beobachtenden Auf- und Abschwungphasen des Wirtschaftsablaufs – in weiten Bereichen erschüttert. Auch die Fiskalpolitik wurde in zunehmendem Maße von diesem Vertrauensschwund erfaßt, unbeschadet der, wie es L. Albert Hahn formulierte, Wiederentdeckung Keynesscher Gedanken-

[67] Im Bericht des Zentralkomitees an den VIII. Parteitag der SED wird festgestellt: „Die Hochburg des Imperialismus (die USA – K. M.) bietet sich – wie es USA-Ideologen selbst zugestehen müssen – als kranke Gesellschaft dar." (Vgl. Erich Honecker, Bericht des Zentralkomitees an den VIII. Parteitag der SED, a. a. O., S. 19.)

[68] Vgl. K.-H. Ketterer, Geldtheorie (I), Die monetaristische Herausforderung, in: Wirtschaftswoche (Der Volkswirt) 25. Jahrgang, 30/1971, S. 23.

gänge durch die deutsche Bundesregierung im Rezessionsjahr 1966. Wegbereiter dieser skeptischen Einstellung waren in den USA vor allem Milton Friedman und die nach seinem Wirkungskreis bezeichnete Chicago-Schule."[69]

Trotz gewisser Erfolge der Friedman-Anhänger bei ihrer Einflußnahme auf die praktische Regulierungspolitik insbesondere in den USA ist mit der von den Monetaristen propagierten Geldmengenpolitik keine Lösung der ökonomischen Probleme, mit denen die entwickelten kapitalistischen Länder gegenwärtig konfrontiert sind, zu erreichen. Friedmans „Lösungsvorschlag" reduziert sich darauf, mittels der Offen-Markt-Politik die Geldmenge jährlich um 3–5% zu erhöhen, um auf diese Weise ein stabiles Wirtschaftswachstum zu erreichen.[70] Bei diesen Überlegungen ließ er sich davon leiten, daß statistische Untersuchungen über längerfristige Zeiträume gezeigt haben, daß eine Ausdehnung des gesellschaftlichen Reproduktionsprozesses mit einem wachsenden Geldvolumen verbunden ist.[71] Daraus leitete er in formalistischer Weise die Forderung nach expansiver Geldmengenpolitik als Steuerungshebel für den Ablauf des gesellschaftlichen Reproduktionsprozesses ab. Auf die speziell politökonomisch-theoretische Untermauerung dieser Regulierungskonzeption kann hier verzichtet werden.[72]

Der illusionäre Charakter der Friedmanschen Konzeption, die in ihrem Kern nur eine neuzeitliche Auflage der alten, bereits von Karl Marx widerlegten, vulgärökonomischen Quantitätstheorie des Geldes darstellt, zeigt sich auf den ersten Blick: Die widersprüchliche und zyklische Entwicklung des kapitalistischen gesellschaftlichen Reproduktionsprozesses allein mit Hilfe von Geldmengenpolitik regulieren zu wollen, ist ein aussichtsloses Unterfangen. Die objektiv erforderliche staatsmonopolistische Regulierung im heutigen Kapitalismus erfordert den Einsatz eines *komplexen* Systems wirtschafts- und finanzpolitischer Maßnahmen. Geldmengenpolitik ist ihrer ganzen Natur nach ein konjunkturpolitisches Instrument zur angestrebten Vermeidung zyklischer Schwankungen im Ablauf des gesellschaftlichen Reproduktionsprozesses. Die Friedman-

69 D. Duwendag, Theoretische Grundlagen der monetären Stabilisierungspolitik, in: Zeitschrift für Nationalökonomie, Bd. 31, Heft 1–2/1971, S. 123.

70 Vgl. Artur Woll, Kritik an Friedmans Konzept, in: Wirtschaftswoche (Der Volkswirt) 23. Jahrgang, 46/1969, S. 43.

71 Vgl. M. Friedman, A. J. Schwartz, A Monetary History of the United States 1867–1960, Princeton 1963.

72 Vgl. Klaus O. W. Müller, Eine neue Variante staatsmonopolistischer Regulierungskonzeptionen – die Neoquantitätstheoretiker, in: Wirtschaftswissenschaft 11/1973, S. 1691ff.

Anhänger *überschätzen* also die Regulierungswirkung des von ihnen angepriesenen Instruments.

Die engen Grenzen der Friedmanschen Geldmengenpolitik und die Nichterfüllung der in sie gesetzten Hoffnungen werden im fortschreitenden Maße der Monopolbourgeoisie wie auch ihren politökonomischen Vertretern bewußt. Dieser Prozeß bestimmt auch den Verlauf der gegenwärtigen Diskussion unter den bürgerlichen Ökonomen um die keynesianische resp. Friedmansche wirtschaftspolitische Konzeption. Es verwundert also angesichts der Primitivität der Friedmanschen Doktrin nicht, daß in jüngster Zeit die Stimmen aus den Kreisen der bürgerlichen Ökonomen gegen die „monetaristische Konterrevolution gegen Keynes" immer lauter werden. Beispielsweise stellte bereits 1971 der westdeutsche ökonomische Theoretiker K. H. Ketterer die Frage: „Erklärt die moderne Quantitätstheorie tatsächlich die Vorgänge in der Wirklichkeit besser als die keynesianische Sicht des Wirtschaftsprozesses, auf die sich die Zentralbanken bisher berufen haben?"[73]

In der Tat ist die einseitige Konzeption der Monetaristen als politökonomisch-theoretische Basis der gegenwärtigen staatsmonopolistischen Regulierung keinesfalls besser als die keynesianische Lehre für diesen Zweck geeignet. Das Gegenteil ist der Fall. Verschiedene Anzeichen deuten bereits darauf hin, daß die geldmengenpolitische Konzeption der Friedman-Anhänger in das weiterspannende Konzept der modernen Keynesianer integriert wird.[74] Auf längere Sicht betrachtet bietet sich derzeit – in Ermangelung anderer Lösungen – die auf J. M. Keynes beruhende politökonomische Konzeption zweifellos noch immer als die für die Interessen der Monopolbourgeoisie attraktivste Variante staatsmonopolistischer Regulierungstheorien an. Die Geldmengenpolitik als konjunkturpolitisches Instrument ist außerdem in diesem Lehrsystem enthalten, allerdings nicht in exponierte Stellung gehoben.[75]

Die jüngste Diskussion um die keynesianische Wirtschaftslehre beweist wiederholt: Keine noch so ausgeklügelte Variante moderner bürgerlicher staatsmonopolistischer Regulierungstheorien wird die Spontaneität im Ablauf des kapitalistischen gesellschaftlichen Reproduktionsprozesses überwinden können. Treffend wird hierzu im Rechenschaftsbereicht auf dem 9. Plenum des ZK der SED generell festgestellt: „Obwohl bekanntlich die bürgerliche Ökonomie ein ganzes Bündel von ‚Theorien' entwickelt hat,

[73] K. H. Ketterer, Geldtheorie (I), a. a. O., S. 23.

[74] Ein jüngstes Beispiel hierfür ist der Aufsatz des amerikanischen Ökonomen H. W.-J. Winjnholds „Monetarists and Keynesians: Towards a Synthesis?", in: Zeitschrift für die gesamte Staatswissenschaft, 128. Bd., 2/1972, S. 216ff.

[75] Vgl. hierzu S. 30f., S. 132f. der vorliegenden Arbeit.

nach denen angeblich alle wirtschaftlichen und sozialen Probleme des Kapitalismus ohne Änderung des Systems lösbar seien, zeigt die Wirklichkeit in hochentwickelten kapitalistischen Ländern unserer Tage, daß sich die staatsmonopolistische Wirtschafts- und Finanzpolitik in einem tiefen, unüberwindlichen Dilemma befindet. Alle Regulierungsmaßnahmen ändern nichts daran, daß sich die kapitalistische Wirtschaft zyklisch entwickelt. Die schon von Karl Marx als Gesetzmäßigkeit entdeckte Anarchie der kapitalistischen Produktion besteht fort; die Arbeitslosigkeit ist eine Dauererscheinung geworden."[76] Diese Einschätzung gilt auch voll und ganz sowohl für den Neokeynesianismus, für die Friedmansche Konzeption wie auch für die angestrebte Integration der Friedmanschen in die keynesianische Regulierungskonzeption.

Das imperialistische Wirtschaftssystem ist objektiv außerstande, mit seinen Widersprüchen und Krisenerscheinungen fertig zu werden.

[76] Erich Honecker, Zügig voran bei der weiteren Verwirklichung der Beschlüsse des VIII. Parteitages der SED, a. a. O., S. 25.

7. Schlußbemerkungen

Im Frühjahr des Jahres 1971 erschien anläßlich des 25. Todestages von J. M. Keynes in dem wichtigsten westdeutschen Wirtschaftsjournal, der Wirtschaftswoche (Der Volkswirt), ein Gedenkartikel, der mit höchster Befriedigung konstatiert, daß Keynes heute als „Symbolfigur der politischen Ökonomie der westlichen Hemisphäre" allgemeine Aufmerksamkeit findet.[1] Diese Feststellung ist keinesfalls übertrieben. Keynes' politökonomische Lehren geben der bürgerlichen politischen Ökonomie nach dem zweiten Weltkrieg weitgehend das Gepräge. In der vorliegenden Arbeit wurde gezeigt, daß durch J. M. Keynes und seine heutigen Nachfolger in erster Linie hinsichtlich der Analyse des gesellschaftlichen Reproduktionsprozesses im staatsmonopolistischen Kapitalismus (dessen Kategorien und einzelnen Erscheinungsformen) ein die gesamte moderne bürgerliche Wirtschaftstheorie und -politik maßgeblich beeinflussender Beitrag geleistet worden ist und noch geleistet wird. Es ist die Annahme berechtigt, daß sich der Einfluß des Neokeynesianismus innerhalb der modernen bürgerlichen politischen Ökonomie sogar künftighin noch verstärken wird. Dafür sprechen u. a. die Umstände, daß der staatsmonopolistischen Regulierung des gesellschaftlichen Reproduktionsprozesses zur Aufrechterhaltung des kapitalistischen Systems eine wachsende Bedeutung zukommen wird. Worin ist diese Entwicklung begründet?

Mit der Vertiefung der allgemeinen Krise des Kapitalismus verschärfen sich sämtliche Widersprüche dieser historisch überlebten Gesellschaftsordnung, und es wächst der Kampf aller antimonopolistischen Kräfte gegen das imperialistische Herrschaftssystem. Die internationale Monopolbourgeoisie unternimmt zwangsläufig alle Anstrengungen, sich diesen neuen Bedingungen anzupassen, und strebt nach einer Stabilisierung des spätkapitalistischen

[1] Vgl. K. G. Zinn, John Maynard Keynes. Ein unorthodoxer Liberaler, in: Wirtschaftswoche (Der Volkswirt), 25. Jg., 16/1971, vom 16. 4. 1971, S. 57.

Systems.[2] Bei der angestrebten Überwindung der sich in den letzten Jahren verschärfenden ökonomischen Widersprüche im imperialistischen Lager (in den entwickelten kapitalistischen Ländern gab es im Frühjahr 1971 etwa 8 Millionen Arbeitslose[3]) sowie hinsichtlich der künftigen Versuche zur Vermeidung von Widersprüchen überhaupt wird der verstärkten staatsmonopolistischen Regulierung des gesamten Wirtschaftsgeschehens eine intensivere Aufmerksamkeit seitens der Monopolbourgeoisie und des ihre Interessen vertretenden imperialistischen Staates zu widmen sein. Daraus erwachsen erhöhte Verpflichtungen für die moderne bürgerliche Wirtschaftstheorie neokeynesianischer Prägung, die – wie wir versucht haben aufzuzeigen – den Bedingungen des staatsmonopolistischen Kapitalismus unserer Zeit am weitestgehenden entspricht. Jedoch in dem gleichen Maße, wie es eine seit nunmehr über drei Jahrzehnte durch die Monopolbourgeoisie betriebene keynesianische Regulierungspolitik nicht vermocht hat, das kapitalistische Wirtschaftssystem vor seinem gesetzmäßigen Verfallsprozeß zu retten, so wird auch in Zukunft damit nur die Agonie des Kapitalismus verlängert werden. Das Schicksal des Kapitalismus ist historisch gesehen bereits besiegelt. Auf dem VIII. Parteitag der SED erklärte Erich Honecker, daß nicht nur das imperialistische Gesellschaftssystem in der BRD keine historische Perspektive besitzt, sondern daß der Imperialismus überhaupt „gezeichnet durch die Verschärfung der allgemeinen Krise, . . . nicht mehr in der Lage (ist), seine 1917 durch die Große Sozialistische Oktoberrevolution verlorene historische Initiative wiederzuerlangen".[4]

Um den Neokeynesianismus in seinem Wesen als den entsprechend den gewandelten ökonomischen Bedingungen des heutigen Imperialismus modifizierten Keynesianismus zu begreifen, wurde der kritischen Untersuchung des Beitrages der Neokeynesianer zur modernen bürgerlichen politischen Ökonomie ein theoriegeschichtlicher Abriß über Entstehung und Entfaltung der Keynesschen Wirtschaftstheorie bis zur Herausbildung ihrer als Neokeynesianismus zu bezeichnenden Entwicklungsstufe vorangestellt. Die Analyse des Neokeynesianismus hat ergeben, daß hierdurch in erster Linie den wirtschaftspolitischen Anforderungen der Monopolbourgeoisie an

[2] Vgl. hierzu Entschließung des XXIV. Parteitages der Kommunistischen Partei der Sowjetunion zum Rechenschaftsbericht des Zentralkomitees der KPdSU, in ND vom 12. April 1971, S. 3.

[3] Vgl. Leonid I. Breshnew, Rechenschaftsbericht des Zentralkomitees der KPdSU an den XXIV. Parteitag der Kommunistischen Partei der Sowjetunion, a. a. O., S. 4.

[4] Vgl. E. Honecker, Bericht des Zentralkomitees an den VIII. Parteitag der Sozialistischen Einheitspartei Deutschlands, a. a. O., S. 20.

die bürgerliche Wirtschaftstheorie entsprochen wird. Die ökonomisch-theoretischen Deduktionen der heutigen Keynesianer bewegen sich vorrangig in Richtung auf die Erarbeitung von Einsichten, die für die staatsmonopolistische Regulierung im gesellschaftlichen Reproduktionsprozeß des heutigen Kapitalismus relevant sind. Es wurde am Beispiel der BRD gezeigt, in welch tiefgreifendem Maße diese Dogmen das wirtschaftspolitische Handeln der Monopolbourgeoisie bestimmen, aber auch welche Möglichkeiten für alle antimonopolistischen und demokratischen Kräfte sich aus dieser Entwicklung ergeben. Die progressiven Kräfte haben in gemeinsamen Aktionen die reale Möglichkeit, den reaktionären Bestrebungen der westdeutschen Monopolbourgeoisie nach Stärkung ihres politischen Gewichts in der weltweiten Systemauseinandersetzung zwischen Sozialismus und Kapitalismus wirkungsvoll entgegenzutreten. „Es entspricht den Notwendigkeiten des Kampfes gegen das Großkapital und für demokratischen Fortschritt in der BRD“, stellte hierzu Erich Honecker auf dem VIII. Parteitag der SED fest, „wenn sich unsere kommunistischen Genossen, Gewerkschafter, sozialdemokratische und christliche Arbeiter, vor allem auch die tapfer um ihre Rechte kämpfende Jugend zur Aktionsgemeinschaft zusammenfinden.“[5]

Das seit Mitte der sechziger Jahre in der BRD angewandte staatsmonopolistische Regulierungsinstrumentarium ist keinesfalls nur schlechthin eine neue Technik der Wirtschaftsregulierung, wie es die Ideologen der Monopolbourgeoisie den breiten Volksmassen glaubhaft zu machen versuchen. Hier handelt es sich in erster Linie um das wirtschaftsstrategische Konzept zur Realisierung der aggressiven Pläne des westdeutschen Imperialismus. Es geht um mehr als nur um ökonomische Probleme. Die Arbeiterklasse und alle demokratischen und antimonopolistischen Kräfte in der BRD sollten die Ergebnisse der Politik des westdeutschen Monopolkapitals auf allen Gebieten genau prüfen. Da die reale ökonomische und soziale Lage der Arbeiterklasse und aller werktätigen Volksmassen immer weniger allein nur von der Entwicklung der Wirtschaft und den wirtschaftspolitischen Maßnahmen abhängt, sondern auch weitgehend von der allgemeinen Entwicklung der Gesellschaft und dem politischen Kurs ihrer herrschenden Kräfte bestimmt wird, ist der ökonomische Kampf der Arbeiterklasse immer enger mit ihrem politischen Kampf zu verbinden. In der Gewichtung der die Lage der Arbeiterklasse bestimmenden Faktoren kommt den politischen Bedingungen eine wachsende Bedeutung zu. Um den erhöhten Anforderungen in der Klassenauseinandersetzung in der BRD von seiten der Arbeiterklasse und aller progressiven Kräfte gerecht zu werden, ist die genaue

[5] Vgl. ebenda, S. 4.

Kenntnis des Klassencharakters des westdeutschen Staats- und Wirtschaftssystems in diesen Kreisen zu vertiefen und die Ideologie des Antikommunismus, insbesondere im Gewande des Sozialdemokratismus, zurückzudrängen. Die neokeynesianische Theorie unterstützt in diesem ideologischen Kampf die Position der Monopolbourgeoisie und weckt illusionäre Vorstellungen über das spätkapitalistische Gesellschafts- und Wirtschaftssystem in seiner Gesamtheit.[6]

Die praktische Ausnutzung der wirtschaftstheoretischen Empfehlungen der keynesianischen Ökonomen ist in den einzelnen imperialistischen Ländern unterschiedlich nuanciert und immer von den gegebenen konkreten Bedingungen abhängig. Einige Bemerkungen zur diesbezüglichen Situation in der Hochburg des Imperialismus, den USA.
In den USA ist die in den sechziger Jahren unter der Regierung von John F. Kennedy und seines Nachfolgers Johnson betriebene Wirtschaftspolitik als der bisher größte praktische Sieg der Keynesschen Wirtschaftstheorie gefeiert worden. Der amerikanische Publizist und in bürgerlichen Fachkreisen als Keynes-Kenner bekannte Robert Lekachman geht in seiner unlängst erschienenen Keynes-Monographie[7] sogar so weit, daß er die Ursachen für das im ökonomischen Wettstreit mit dem sozialistischen Weltsystem in den fünfziger Jahren in den USA erreichte unzureichende Wirtschaftswachstumstempo in einer verfehlten, antiquierten, weil nicht keynesianischen Wirtschaftspolitik sieht. So schreibt er u. a.: „Die Politik, die während der fünfziger Jahre betrieben wurde, spiegelt bis ins Detail die Ideologie eines republikanischen Präsidenten (D. I. Eisenhower – K. M.) und eines Kongresses, der von einer Koalition aus Republikanern vom Lande und Demokraten aus dem Süden beherrscht wurde. Der Mann aber, der diesem Jahrzehnt seinen Stempel aufdrückte, war George Humphrey; er hatte während der meisten Zeit das Amt des Finanzministers inne . . . und vertrat privat wie öffentlich charmant, aber bestimmt eine reaktionäre Wirtschaftspolitik. Humphrey bemühte sich unausgesetzt darum, den Haushalt durch Senkung der Bundesausgaben ausgeglichen zu halten; seiner Politik ließ sich nicht die geringste Einsicht in Keynesianische Lehre ablesen . . . Und im Weißen Haus selbst hielt der in Wirtschaftsfragen ahnungslose General

6 Wir erinnern daran, daß Keynes und seine Nachfolger auch einen gewichtigen Beitrag zur theoretischen Fundierung der staatsmonopolistischen Regulierung in soziologischer und philosophischer Hinsicht geleistet haben. Das bezieht sich sowohl auf die Bewertung des subjektiven Faktors in der gesellschaftlichen Entwicklung als auch auf die Triebkräfte des menschlichen Handelns.

7 Vgl. R. Lekachman, John Maynard Keynes: Revolutionär des Kapitalismus . . ., a. a.O.

Eisenhower starr an seinen einfachen moralischen Auffassungen fest: Defizite seien schlecht für den Charakter, öffentliche Ausgabenpolitik sei reine Verschwendung und Staatsschulden seien eine Bürde, die ohne jede Rechtfertigung von einer Generation auf die nächste übertragen werde."[8]
Es ist nicht zu bestreiten, daß in den sechziger Jahren die auf Keynes und den Neokeneysianismus beruhende staatsmonopolistische Regulierungspolitik in den USA – im Unterschied zu den fünfziger Jahren – eine weitaus größere Bedeutung erlangt hatte. R. Lekachman selbst bringt hierfür zahlreiche Beispiele. Mit der ernsthaften Zuspitzung der wirtschaftlichen Erschütterungen in den USA gegen Ende der sechziger Jahre, vor allem seit Herbst 1969, da die der Keynesschen wirtschaftspolitischen Konzeption zugute gerechnete ökonomische Aufwärtsentwicklung in eine depressive Lage der Gesamtwirtschaft umgeschlagen ist, machte sich hier eine kritische Haltung Keynes gegenüber breit. Als Kritiker fungierten dabei die Neoquantitätstheoretiker[9] um Milton Friedman.[10] US-Amerikas Wirtschaftspolitiker, vom großbürgerlichen westdeutschen Industriekurier einerseits als die „fortgeschrittenen Jünger des britischen Nationalökonomen John Maynard Keynes" charakterisiert und als „Zauberer" gefeiert, die während der sechziger Jahre das „magische Viereck aus Vollbeschäftigung, Währungsstabilität, Zahlungsbilanzausgleich und Wachstum nahezu verwirklichen"[11], wurden jetzt, da die wirtschaftliche Entwicklung nicht mehr diesen Wünschen entsprach, vom gleichen Sprachrohr verketzert. Nicht nur vom Ende eines Nimbus – nämlich des der Keynesschen Wirtschaftspolitik – wurde gesprochen, sondern sogar von einem Menetekel für jene, die – wie es hieß – wirtschaftspolitisch schon den Stein der Weisen gefunden zu haben glaubten.
Eine in den Akzenten differenzierte und unterschiedlich nuancierte Ausnutzung der modernen bürgerlichen politischen Ökonomie durch die Monopolbourgeoisie, gleich ob Keynesscher Provenienz oder aus anderen Quellen stammend, wird uns im internationalen Rahmen immer begegnen. Hier sind die jeweiligen konkreten ökonomischen Bedingungen in Rechnung zu stellen.

Die Monopolbourgeoisie konnte durch die Ausnutzung der modernen bürgerlichen wirtschaftstheoretischen Forschung bei der Durchsetzung

[8] Vgl. ebenda, S. 251f.
[9] Vgl. hierzu auch S. 225ff. der vorliegenden Arbeit.
[10] Vgl. hierzu auch Der Imperialismus der BRD, a. a. O., S. 325.
[11] Vgl. J. Heß, Das Ende eines Nimbus, in: Industriekurier, vom 17. Februar 1970, S. 1.

ihrer Interessen bestimmte praktische Detailerfolge verbuchen. Dieser Umstand wird von den bürgerlichen Ökonomen sofort dazu genutzt, um den Interessen der Monopolbourgeoisie auch auf speziell ideologischem Gebiet zu entsprechen. Dies trifft für den Neokeynesianismus ebenfalls zu. Die neokeynesianische Wirtschaftstheorie ist in ihrer Gesamtheit auch auf die Durchsetzung der ideologischen Funktion der modernen bürgerlichen politischen Ökonomie ausgerichtet. Dadurch, daß die Neokeynesianer mit ihren wirtschaftstheoretischen Dogmen den Anschein erwecken, als ob das kapitalistische Wirtschaftssystem bei angeblich sachkundiger, lenkender Gestaltung auf lange Sicht existenz- und gegenüber dem sozialistischen Wirtschaftssystem sogar konkurrenzfähig sei, erzeugen sie eine illusionäre und reaktionäre Perspektivvorstellung über den heutigen Kapitalismus in seiner Gesamtheit. John Maynard Keynes wird in der kapitalistischen Welt nicht zuletzt deshalb so überschwenglich gefeiert, und es wurden ihm bereits zu Lebzeiten höchste Ehrbezeugungen erwiesen[12], weil er der Bourgeoisie insgesamt neue Hoffnungen einflößte. Keynes, und alle seine Nachfolger bis auf den heutigen Tag, gehen von der Existenzfähigkeit des kapitalistischen Wirtschafts- und Gesellschaftssystems bei Durchführung bestimmter regulierender Maßnahmen aus. Hierin besteht auch der Ansatzpunkt, der es in den imperialistischen Ländern den rechtssozialistischen Theoretikern und Politikern ratsam erscheinen ließ und läßt, die Keynessche bzw. neokeynesianische Wirtschaftstheorie zu einer ihrer Quellen auf ökonomisch-theoretischem Gebiet zu erwählen. Die Rechtssozialisten besitzen bekanntlich keine eigenständige ökonomisch-theoretische Konzeption in dem Sinne, daß diese vielmehr ein eklektisches Gebräu von Lehren aus der älteren und neueren bürgerlichen Wirtschaftstheorie, vermengt mit sozialer Phraseologie und auf Effekthascherei ausgehende soziale Demagogie darstellt. Ihr Wesenszug besteht in Antikommunismus.

Aus dem Arsenal der keynesianischen Wirtschaftslehre haben die rechtssozialistischen Theoretiker und Politiker zum Teil die theoretische Begründung für die staatsmonopolistische Regulierung des gesamtwirtschaftlichen Reproduktionsprozesses und fast durchgängig das wirtschaftspolitische Instrumentarium übernommen. Die Entwicklung in der BRD seit dem Machtantritt der Regierung der Großen Koalition unter Kiesinger/Strauß/Brandt im Herbst 1966 und verstärkt die Entwicklung seit der Machtübernahme der durch die SPD geführten Koalitionsregierung mit der FDP im Jahre 1969 haben dies deutlich gezeigt. Die rechtssozialistischen Führer der Sozialdemokratie in der BRD erweisen sich als würdige Ver-

12 So wurden Keynes' Verdienste u. a. mit dem Lord-Titel gewürdigt.

treter der Interessen des Monopolkapitals. Die bisherigen praktischen Ergebnisse ihrer Wirtschafts- und Finanzpolitik demonstrieren dies in aller Deutlichkeit. Sie scheuen auch keine Mühe, um besonders vor der Arbeiterklasse und den Gewerkschaften ihre Politik als völlig neu und als eine angeblich den Interessen des ganzen Volkes dienende Politik hinzustellen. Übrigens setzt man auch die Massenmedien ein, um die bürgerliche Ideologie – in unserem Falle die keynesianische Wirtschaftstheorie – in die breiten Volksschichten hineinzutragen.[13]

Durch die direkte Konfrontation mit der ganzen Macht des Sozialismus ist der Imperialismus auf dem europäischen Kontinent gezwungen, hier den Realitäten im gewissen Maße Rechnung zu tragen. Er muß sich dem veränderten Kräfteverhältnis anpassen. Hinsichtlich der gesellschaftlichen Entwicklung in der BRD kommt dabei gegenwärtig dem Sozialdemokratismus eine besondere Bedeutung zu. Erich Honecker stellte hierzu auf dem VIII. Parteitag der SED zusammenfassend fest: „Es entsprach durchaus der Logik der Dinge, daß die Monopolbourgeoisie der BRD nach dem Scheitern der Politik der CDU/CSU eine Regierungskonstellation in Bonn anstrebte, die ihre Grundkonzeption unter den veränderten Bedingungen weiter verfolgt. Wie schon so oft in der deutschen Geschichte dieses Jahrhunderts hat sich die Bourgeoisie rechtssozialdemokratische Führer zu Hilfe geholt. Die dabei praktizierte Politik der rechten Führung der SPD entspricht selbstverständlich nicht den Interessen der Mehrheit der über 800000 Parteimitglieder."[14]

Auch in der ideologischen Klassenauseinandersetzung zwischen Imperialismus und Sozialismus setzt die Monopolbourgeoisie in Europa gegenwärtig vor allem auf den Sozialdemokratismus.[15] Die rechten Führer der Sozialdemokratie in der BRD verfügen durch den Besitz der Regierungsgewalt über weitreichende Möglichkeiten, ihre reaktionäre Ideologie zu verbreiten. Hinsichtlich der keynesianischen Wirtschaftslehre können wir feststellen, daß diese rechten sozialdemokratischen Führer in der BRD nicht erst in jüngster Zeit die Keynessche und neokeynesianische Wirtschaftslehre propagieren. Die Ausnutzung dieser Wirtschaftstheorie für ihre Interessen reicht selbst bis in die Jahre nach unmittelbar 1945 zurück. Einen

[13] Anfang April 1967 widmete das I. Programm des Fernsehens der BRD John Maynard Keynes und seinen wirtschaftstheoretischen und -politischen Auffassungen und deren Bedeutung für die heutige Zeit einen ausführlichen Beitrag im Abendprogramm.

[14] Vgl. E. Honecker, Bericht des Zentralkomitees an den VIII. Parteitag der Sozialistischen Einheitspartei Deutschlands, a. a. O., S. 22.

[15] Vgl. hierzu F. Ebert, Der Sozialdemokratismus – eine spezifische Variante bürgerlicher Ideologie, a.a. O., S. 4.

exponierten Platz in diesem Entwicklungsprozeß nimmt zweifelsohne das Godesberger Grundsatzprogramm der SPD vom Jahre 1959 ein.[16] Über die rechtssozialistischen Theoretiker ist so die reaktionäre Ideologie des Keynesianismus und Neokeynesianismus in bestimmtem Maße auch in die Köpfe der breiten Volksschichten eingedrungen. Es besteht wohl kaum ein Zweifel daran, daß in dem antikommunistischen Kampfprogramm, das die rechte SPD-Führung entwickelt hat, und wozu u. a. auch ein „detailliertes antikommunistisches Lehrprogramm (gehört), durch das in der nächsten Zeit Tausende Sozialdemokraten und Gewerkschaftler für die Auseinandersetzung mit dem Kommunismus geschult werden sollen“[17], den politökonomischen Fragen eine keineswegs untergeordnete Bedeutung beigemessen sein wird. Hierauf haben sich die demokratischen und antimonopolistischen Kräfte in der BRD einzustellen. Die Mitte November 1970 gefaßten Münchener Beschlüsse der Führungsgremien der westdeutschen Sozialdemokratie machen deutlich, daß sich die Führungsspitze der SPD zur kompromißlosen Verteidigung des westdeutschen imperialistischen Staates bekennt und den Kampf gegen die sozialistischen Länder zur entscheidenden Aufgabe der Sozialdemokratie erklärt hat. Diese Grundsatzdokumente beweisen, daß die rechten sozialdemokratischen Führer „voll und ganz auf die Positionen des staatsmonopolistischen Herrschaftssystems (in der BRD – K. M.) übergegangen sind“[18] und eine Verschärfung in der ideologischen Auseinandersetzung zu erwarten ist. Dieser ideologische Kampf wird auch auf ökonomisch-theoretischem Gebiet geführt. Von der marxistisch-leninistischen politischen Ökonomie sind dabei im Zusammenhang mit der Aufdeckung der ökonomisch-theoretischen Wurzeln und Grundlagen des Sozialdemokratismus auch all jene Versuche der rechtssozialistischen Theoretiker und Politiker, nämlich das Gift der Keynesschen und neokeynesianischen Wirtschaftstheorie in die Köpfe der Arbeiterklasse hineinzutragen, entschieden abzuwehren.

In diesem Zusammenhang sind einige Bemerkungen über die *„linken“* Keynesianer angebracht. Vorzugsweise in den USA und in England sind insbesondere nach dem zweiten Weltkrieg Anhänger der Keynesschen Wirtschaftslehre aufgetreten, die Keynes' Lehren in Einklang mit den Interessen der Arbeiterklasse zu bringen versuchten. Diese Ökonomen stehen theoretisch auf dem Boden des Keynesianismus und Neokeynesianismus, weisen jedoch hinsichtlich der wirtschafts- und sozialpolitischen

16 Vgl. hierzu K. Langendorf, R. Sieber, Der Keynesianismus und das SPD-Grundsatzprogramm, in: Einheit, Heft 2/1960, S. 315 ff.

17 Vgl. F. Ebert, Der Sozialdemokratismus ..., a. a. O., S. 4.

18 Vgl. Aus dem Bericht des Politbüros an die 14. Tagung des ZK der SED, Berichterstatter Paul Verner, in: ND vom 10.12. 1970, S. 7.

Ableitungen aus dieser Wirtschaftsdoktrin eine Reihe von Besonderheiten auf. Allein die konkreten Maßnahmen, die sie propagieren, sind nicht durchgängig reaktionär. Sie entsprechen zum Teil den Interessen der Arbeiterklasse und breiter Volksschichten und gehen in Einzelfällen, z. B. bezüglich der Einschränkung der Rüstungsausgaben, sogar recht weit. Vielen ihrer durchaus zuzustimmenden Ableitungen stellt die marxistisch-leninistische politische Ökonomie jedoch die Einschränkung entgegen, daß an den Grundlagen des kapitalistischen Systems keine Veränderungen vorgenommen und dieses System letztlich nur seiner gröbsten Auswüchse entledigt werden soll.
Ausgehend von der Keynesschen Grundforderung nach Sicherung der zahlungsfähigen Gesamtnachfrage als der angeblichen Vorbedingung für einen reibungslos ablaufenden gesellschaftlichen Reproduktionsprozeß im Kapitalismus, plädieren die „linken" Keynesianer für eine Anhebung des Massenkonsums durch Preissenkung für Konsumgüter und durch Steuersenkung für niedrige Einkommen und, soweit diese Maßnahmen noch nicht zur Sicherung der nötigen zahlungsfähigen Gesamtnachfrage ausreichen, durch Einsatz der Staatsfinanzen für soziale und kulturelle Zwecke, für die Durchführung von Infrastrukturmaßnahmen, wie Straßenbau, Maßnahmen zur Lärmbekämpfung und dergleichen mehr. Sie wehren sich auch gegen die von Keynes und seinen orthodoxen Schülern propagierten These von der angeblich notwendigen Senkung des Reallohnes der Arbeiter und anderer werktätiger Schichten als Vorbedingung für die Stimulierung des gesellschaftlichen Reproduktionsprozesses. Gesteigerte Rüstungsausgaben als wirtschaftsstimulierende Maßnahmen lehnen sie ab.
Diese hier skizzierten speziellen Züge bei den Linkskeynesianern dürfen in der ideologischen Klassenauseinandersetzung unserer Zeit nicht übersehen werden. Die progressive Haltung des wohl bekanntesten Linkskeynesianers in England, Joan Robinson, zur Frage der Abrüstung ist vorbehaltlos zu unterstützen. In Westdeutschland erwies sich vor allem Fritz Baade als Anhänger dieser Strömung des Keynesianismus. Es gibt in den imperialistischen Ländern ehrlich gesinnte Kräfte, die, ausgehend von Keynes und seinen weiterentwickelten Theoremen, darum bemüht sind, auf ökonomischem Gebiet demokratische Lösungswege zu konzipieren. Hier ist im Einzelfalle zu unterscheiden, in welcher Form diesen Menschen am Beispiel der von ihnen entwickelten Vorstellungen eine *marxistisch-leninistische* Analyse der angesprochenen Probleme nähergebracht und sie mit detaillierten wissenschaftlichen Kenntnissen über die Grundfragen der Gesellschaftsentwicklung im Spätkapitalismus ausgestattet werden können.
Der Linkskeynesianismus ist letztlich ebenso unhaltbar wie der eigentliche, der „orthodoxe" Keynesianismus. Trotz progressiver Ansichten in Tages-

fragen hindern seine Repräsentanten in letzter Konsequenz mit ihren im Grunde *bürgerlichen* ökonomisch-theoretischen Auffassungen die Arbeiterklasse daran, zur marxistisch-leninistischen Weltanschauung vorzudringen, gleich, ob sich der einzelne Theoretiker dessen immer bewußt ist oder nicht.

Das grundlegende Ziel des Keynesianismus, ob in ursprünglicher oder moderner Spielart als Neokeynesianismus, ob in „orthodoxer" oder „linker" Variation, besteht objektiv in der Erhaltung des kapitalistischen Wirtschaftssystems. Die Keynessche Wirtschaftslehre ist in ihrer Gesamtheit und von Anbeginn an als eine *Irrlehre* einzuschätzen, die gegen den historischen Fortschritt wirkt. Die Verkleidung dieser Irrlehre in ein die breiten Volksschichten täuschendes Gewand ändert weder den Charakter dieser Wirtschaftsdoktrin – sie bleibt reaktionäres ökonomisches Gedankengut – noch verliert sie dadurch ihren antihumanistischen Charakter. Unter den heutigen welthistorischen Bedingungen, wo auf Grund der internationalen Erfolge der sozialistischen Staatengemeinschaft der Imperialismus immer mehr daran gehindert wird, den Kampf gegen den Sozialismus frontal und mit militärischen Mitteln zu führen, wird von den Imperialisten die Systemauseinandersetzung auf ideologischem Gebiet zunehmend raffinierter und differenzierter geführt. Dies kann als ein Gesetz unserer Epoche aufgefaßt werden. Wir berücksichtigen es, indem wir gegen *alle* Spielarten der imperialistischen Ideologie offensiv den Kampf führen.

Es wird heute kaum noch möglich sein, über den Keynesianismus und seine heutige Erscheinungsform, den Neokeynesianismus, ein alle Details umfassendes Bild zu entwerfen. Es geht auch nicht um jede Einzelheit. Die vorliegende Arbeit ist in erster Linie als ein Beitrag zur kritischen Auseinandersetzung mit Grundfragen des Neokeynesianismus gedacht. Die Ausstrahlungskraft dieser Doktrin im Bereich der heutigen bürgerlichen Wirtschaftstheorie und staatsmonopolistischen Regulierungspraxis sowie ihre pro-kapitalistische, ideologiebildende Funktion erfordern, daß dem in seinen Grundzügen zutiefst reaktionären Wesen des Keynesianismus und Neokeynesianismus durch die fortschrittliche politische Ökonomie der Arbeiterklasse entgegengetreten wird. Der Neokeynesianismus ist in den Händen der Monopolbourgeoisie ein Instrument zur Aufrechterhaltung ihrer Herrschaft. Er mag den Untergang des Imperialismus verzögern, verhindern kann er ihn nicht. Indem wir dieser Wirtschaftstheorie entgegentreten, ebnen wir dem gesellschaftlichen Fortschritt den Weg.

Verzeichnis der mathematischen Ableitungen
(nach ihrer Reihenfolge im Text)

Gleichungs-nummer	*Gleichung*
1)	$\Delta p > \Delta v$
2a)	$Y = C + I$
2b)	$Y = C + S$
3)	$Y = C + I - T_{\text{ind.}} + Z$
4)	$Y = C + S + T_{\text{dir.}} - T_{\text{r.}}$
5)	$B = X - M$
6)	$I\,(v + m) > IIc$
7)	$II\,(c + v + m) + [I\,(c + v + m) - c\,(I + II)]$
8)	$S(Y) = I_0$
9)	$\frac{C}{P} = f\left(\frac{Y}{P}\right)$
10)	$S = S(Y)$
11)	$\Delta Y = \Delta C + \Delta S$
12)	$\frac{\Delta Y}{\Delta Y} = \frac{\Delta C}{\Delta Y} + \frac{\Delta S}{\Delta Y} = 1$
13)	$L_T = k \cdot Y$
14)	$L_S = L_S(i)$
15)	$M = L_T + L_S = k \cdot Y + L_S(i)$
16)	$I = I(i)$
17)	$I = I\,(i, r)$
18)	$Y = C(Y) + I_0 + X - M(Y)$
18a)	$\frac{dY}{dX} = \frac{dC}{dY} \cdot \frac{dY}{dX} + C + 1 - \frac{dM}{dX} \cdot \frac{dM}{dX}$
18b)	$\frac{dY}{dY}\left(1 - \frac{dC}{dY} + \frac{dM}{dY}\right) = 1$
19)	$\frac{dY}{dX} = 1 - c + m = 1$
20)	$\frac{dY}{dX} = s + m = 1$

20a) $$\frac{dY}{dX} = \frac{1}{s+m}$$

21) $$dY = \frac{1}{s+m}\, dX$$

22) $$Y = W + P$$

23) $$S = Sw + Sp$$

24) $$\frac{P}{Y} = \frac{\frac{I}{Y} - sw}{sp - sw}$$

24a) $$\frac{P}{Y} = \frac{\gamma \frac{K}{Y} - sw}{sp - sw}$$

25) $$I = I(\dot{Y})$$

26) $$I = \dot{K}$$

27) $$\dot{Y} = \frac{1}{s} \dot{I}$$

28) $$\dot{Y} = \frac{1}{\beta} \dot{I}$$

29) $$Y_t = Y_0 \cdot e^{\frac{s}{\beta} t}$$

30) $$G_y < G_y^N$$

31 $$G_y^W = \frac{s}{C_r}$$

31a) $$G_y^W = \frac{s}{\beta}$$

32) $$s^0 = \varphi \cdot sw + \tau \cdot sp$$

33) $$sp > sw$$

34) $$C_1 + m_1 = C_2 + I_1$$

Namenregister

Sachregister

FSC
www.fsc.org
MIX
Papier | Fördert
gute Waldnutzung
FSC® C083411

Kolibri 360 GmbH
Ferdinand-Jühlke-Straße 7
99095 Erfurt, Deutschland
produktsicherheit@kolibri360.de